预算公开国际比较研究

International Comparative Study of Budget Openness

李燕 肖鹏 主编

中国财经出版传媒集团
经济科学出版社
Economic Science Press

前　言

　　预算公开透明是现代预算制度的重要准则和基本特征，是实现财政民主和有效财政监督的重要前提，也是社会公众监督政府预算权力行使的基础，因此，预算公开透明是良好财政治理的关键要素。随着中国公共财政框架体系的逐步建立与完善，预算在保证政府对有限公共资源的配置及使用上的合规有效，强化人大对各级政府、各预算部门和单位在财政资金使用上的控制等方面，正在发挥着越来越重要的作用。

　　就我国的改革实践来说，随着公共财政理念的不断推进，政府预算信息日益受到关注。由此，深化财政改革，建立民主、科学、规范、有效的预算管理与监督机制的最佳结合点和切入点应从预算公开透明入手，它是打造阳光财政的前提。我国自20世纪90年代以来进行了一系列以预算公开透明，加强预算民主监督为目标的制度构建与实践，政府预算信息公开经历了从保密到向人大代表部分公开，再到如今面向社会公众公开，从预算文本公开到预算过程的公开，从被动公开到主动公开的过程。

　　党的十八届三中全会通过的《中共中央关于全面深化改革若干重大问题的决定》中提出，实施全面规范、公开透明的预算制度。这一要求被写进了2014年新修订的《中华人民共和国预算法》（下称《预算法》），对各级政府及其组成部门的预算公开做出了法律规定。第一，预算公开，是全面的公开。既包括中央预算公开，也包括地方预算公开；预算、预算调整、预算执行情况、决算都要公开；不但政府预算要公开，部门预算（含单位）也要公开；预算执行中进行政府采购的情况、审计部门对预算执行和其他财政收支的审计工作报告等内容也要公开。即预算活动的全部内容，除了涉及国家秘密的以外都要向社会公开。第二，预算公开，既规范全面，也突出重点。在全面公开的原则下，特别强调对一些重要事项，如政府预算中本级政府财政转移支付安排、执行的情况以及举借债务的情况，部门预算中包括"三公经费"在内的机关运行经费的安排使用情况要作出重点说明。第三，预算公开，是具有可操作性的公开。《预算法》作对预算公开内容、时间、主体等都作了明确、具体的规定，使得法律关于预算公开的规定更具有可执行性、可操作性，更能落到实处。因此，深入贯彻落实预算公开的法律规定，是强化预算监督，促进透明政府、法治政府、廉洁政府建设的重要保证。

　　从世界范围来看，现代预算制度的产生发展历程与现代法治国家的建设如影随形。20世纪90年代以来，在经济全球化加速发展的背景下，许多发达国家和发展中国家，通过专门的立法，规定政府必须公开披露所要求的财政预算信息，开始将政府治理的重点转向提升预算透明度与预算绩效方面。正是在这种国际背景下，预算公开日益受到公共资金的承担者和公共政策制定者的关注，并成为加强财政管理的重要目标。"他山之石，可以攻玉"，《预算公开国际比较研究》一书编写的目的，就在于全面、完整、系统地提供世界主要国家预算信息公开的法律及制度规范，归纳总结这些国家在预算信息公开和建立现代预算制度过程中的成功经验与教训，为预算理论和实际工作者以及社会各方了解他国预算公开制度的发展历程、管理模式、法律体系、关键改革等提供文献资料及经验借鉴，同时也可以为我国推进政府和部门预算公开工作提供决策参考。

《预算公开国际比较研究》一书选择了美国、英国、德国、澳大利亚、新西兰、日本、俄罗斯、印度等国家的预算信息公开进行研究。根据各国的特点，主要采用了文献研究和比较研究的方法，侧重梳理介绍了这些国家政府预算公开透明的法律依据及管理制度，主要包括组织体系、管理流程、管理制度、监督机制、法律法规以及预算改革的趋势等相关内容，重在诠释各国预算公开的基本事实和最新改革动态，力图总结出可供我国借鉴之处。

本书分为上、中、下三篇，上篇分国别系统归纳整理了这些国家预算公开的做法。主要包括：公开的法律依据、公开目标、公开范围、公开内容、公开方式与途径、公开的责任机构等内容，以反映各国预算公开的特色。中篇分国别进行了比较，即在上篇基础上比较分析各国在公开的法律依据、公开目标、公开范围、公开的内容、公开的方式与途径、公开的责任机构等方面的相同点与差异点，总结归纳各国预算公开的一般共性规律与特殊做法。结合各国的政治体制特征、经济发展阶段、文化等因素，剖析产生这种差异的原因。下篇则提炼出各国预算公开制度框架对中国预算公开的借鉴价值。我们期望，通过不断提高各方预算公开的意识，以及完善法律法规及制度体系，改进预算管理流程，实现为中国预算公开透明提供良好的法律和制度环境以及技术支撑，促进我国的预算监督工作尽快走上法制化、规范化的道路，使财政真正成为国家治理的基础和重要支柱。

本书是在李燕教授主持的国家社会科学基金重点项目"建设现代预算制度研究——基于制约和监督权力运行的视角"（14AZD022）的阶段性成果及财政部与高校共建课题《预算信息公开国际比较》的基础上，依托中央财经大学政府预算管理研究所的研究项目，进行内容补充完善与调整后形成的。参与本书编写的人员主要有：中央财经大学的李燕、肖鹏、王淑杰、姜爱华、杨华、马金华、卢真、李升、李贞、童伟、高秦伟、于文豪等以及上海财经大学公共经济与管理学院的邓淑莲、曾军平、彭军、温娇秀、马志远等。全书由李燕教授进行框架的设计及内容的统筹，李燕教授、肖鹏教授进行了书稿的完善及总纂。

在本书付梓出版之际，感谢财政部综合司、人事教育司、预算司以及中央财经大学中国财政发展协同创新中心所搭建的课题研究平台，也感谢中央财经大学副校长李俊生教授、研究生院院长马海涛教授在本书的研讨论证中给予的指导和帮助，同时感谢中央财经大学财税学院领导和老师们的鼎力支持！

本书主要基于各国相关网站、政府预算报告、最新立法及政策方案、各种统计年鉴等所载大量一手资料和有关文献编纂而成，力图尽可能客观地反映各国近况。但是，由于研究对象和内容分散等各种因素制约，本书还存在许多疏漏与缺憾，欢迎批评指正，以期在今后的研究中做进一步改进。

编写组

2016.10

目录 contents

上篇 典型国家预算公开制度介绍篇

第一章 美国政府预算公开制度 / 3
  一、美国预算公开的发展历程 / 3
  二、美国预算公开的法律依据 / 6
  三、美国预算公开的目标定位 / 7
  四、美国预算公开的责任机构 / 8
  五、美国预算公开的范围与内容 / 9
  六、美国预算公开的方式、形式、途径与期限 / 20
  七、美国预算公开的例外事项处理 / 23
  八、美国预算公开中的公众参与 / 25

第二章 英国政府预算公开制度 / 27
  一、英国预算公开的发展历程 / 27
  二、英国预算信息公开计划 / 30
  三、英国预算公开的内容 / 34
  四、英国预算公开的方式 / 41
  五、英国预算公开的途径 / 44
  六、英国预算公开的期限 / 49
  七、英国预算公开的法律体系 / 51

第三章　德国政府预算公开制度 / 60

一、德国预算公开的法律依据 / 61

二、德国预算公开的目标定位 / 63

三、德国预算公开的责任机构 / 64

四、德国预算公开的范围与内容 / 67

五、德国预算公开的例外事项处理 / 79

六、德国预算公开的方式、形式、途径、期限与对话机制 / 80

第四章　澳大利亚、新西兰政府预算公开制度 / 84

一、澳大利亚、新西兰预算公开的发展历程 / 84

二、澳大利亚、新西兰预算公开的法律依据 / 88

三、澳大利亚、新西兰预算公开的责任机构 / 91

四、澳大利亚、新西兰预算公开的目标定位 / 92

五、澳大利亚、新西兰预算公开的内容 / 94

六、澳大利亚、新西兰预算公开方式与途径 / 98

七、澳大利亚、新西兰预算公开的例外事项处理 / 101

八、澳大利亚、新西兰预算公开的效应评估 / 102

第五章　日本政府预算公开制度 / 104

一、日本预算公开的发展历程与方向 / 104

二、日本预算公开的法律依据 / 107

三、日本预算公开的目标定位 / 115

四、日本预算公开的责任机构 / 117

五、日本预算公开的范围与内容 / 121

六、日本预算公开的方式、形式、途径、期限与对话机制 / 127

七、日本预算公开的例外事项处理 / 136

第六章　俄罗斯政府预算公开制度 / 140

一、俄罗斯预算公开的法律依据 / 140

二、俄罗斯预算公开目标和实施方案 / 143

三、俄罗斯预算公开的责任机构 / 149

四、俄罗斯预算公开的主要内容 / 153

五、俄罗斯预算公开的技术保障 / 155

六、俄罗斯预算公开的细化程度 / 157

七、俄罗斯预算公开的例外事项处理 / 162
　　八、俄罗斯预算公开发展趋势 / 164

第七章　印度政府预算公开制度 / 167
　　一、印度政治体制与财政概况 / 167
　　二、印度预算公开的法律依据 / 170
　　三、印度预算公开申请的管理 / 171
　　四、印度预算公开申请的处理流程 / 172
　　五、印度预算公开的例外事项处理 / 172
　　六、印度预算公开的途径 / 173
　　七、印度预算公开的内容 / 173
　　八、印度预算公开中存在的问题 / 174

中　篇　典型国家预算公开制度比较篇

第八章　各国预算公开的历程及方向比较 / 179
　　一、各国预算公开发展历程的共性 / 179
　　二、各国预算公开历程的个性 / 185

第九章　各国预算公开的法律依据比较 / 188
　　一、基本法 / 188
　　二、信息自由法 / 190
　　三、财政（预算）法 / 193
　　四、其他法律依据 / 195
　　五、各国预算公开法律依据的规律 / 199

第十章　各国政府预算公开目标定位的比较 / 203
　　一、各国政府预算公开目标 / 203
　　二、各国预算公开目标的相同之处 / 206
　　三、各国预算公开目标的不同之处 / 208

第十一章　各国预算公开责任机构的比较 / 210
　　一、各国政府预算公开责任机构 / 210
　　二、各国预算公开责任机构的相同之处 / 219

三、各国预算公开责任机构的不同之处 / 220

第十二章 各国预算公开内容范围的比较 / 221

一、国际货币基金组织（IMF）关于财政信息公开内容的框架 / 221

二、各国预算公开的报告体系构成 / 222

三、各国部门预算公开的内容比较 / 225

四、各国与财政拨款相关的机构与组织的预算公开 / 226

五、各国预算公开的分类方法及统计口径 / 226

六、各国预算公开内容的共性与特点 / 227

第十三章 各国预算公开方式、形式与对话机制比较 / 230

一、各国预算公开的方式 / 230

二、各国预算公开的形式 / 233

三、各国预算公开的途径 / 235

四、各国预算公开的频率 / 236

五、各国预算公开的对话机制 / 237

第十四章 各国预算公开例外事项处理的比较 / 241

一、各国预算公开例外事项的确定原则 / 241

二、各国预算公开的例外事项 / 243

三、各国预算公开例外事项的法律依据 / 249

下 篇 典型国家预算公开制度借鉴篇

第十五章 对我国预算制度公开的启示 / 257

一、各国预算公开历程的启示 / 257

二、各国预算公开的目标定位 / 259

三、各国预算公开的责任机构 / 261

四、各国预算公开的内容与范围 / 263

五、各国预算信息公开方式和途径 / 264

六、各国预算信息公开的例外事项及依据 / 271

第十六章 中国预算公开现状与提升路径 / 277

一、中国预算公开透明的历程 / 277

二、中国预算公开的影响因素 / 282

三、中国预算公开的制度保障与技术支撑 / 285

主要参考文献 / 292

上 篇

典型国家预算公开制度介绍篇

第一章
美国政府预算公开制度

一、美国预算公开的发展历程

(一) 美国预算公开历程的回顾

第一阶段：危机催生的预算公开

美国预算信息公开的实践始于20世纪初纽约市政研究局创设的预算展览。1907年，纽约市政府巨大的财政支出及爆发的公债兑付危机促使其于1908年推出了美国历史上第一份现代公共预算，预算制度开始在公共财政管理领域成为一项标准制度。1909年塔夫脱担任美国总统后，受困于巨大的财政赤字问题，因此于1912年发表著名的"国家预算的需要"一文，全面阐述联邦政府公共预算改革的原则，将预算的权力从议会逐步转移到行政部门，成为美国"预算民主公开"历程的里程碑。

第二阶段：预算公开的规范化和法制化

1921年美国国会通过的《预算与会计法案》（Budget and Accounting Act of 1921）开启了美国预算公开的步伐，使美国预算公开程序化和制度化。具体规定每年2月份的第一个星期一总统应将预算草案递交给国会，这一草案同时也在网上全文公开。1966年通过的《信息自由法案》（Freedon of Information Act）明确了政府在向民众提供信息方面的义务及细节，规定除国防与国家安全有关的九大例外事项外，其余例外事项都要公开。1972年的《联邦咨询委员会法》（The Federal Advisory Committee Act）和1976年的《政府阳光法案》（Government Sunshine Act）又分别对预算制定和实施过程中非常重要的两种会议形式——专业委员会会议和听证会议，提出了明确的信息公开要求。

第三阶段：预算公开方式的现代化

随着信息技术和互联网技术的发展，公众获取信息的手段发生了巨大的变化，这极大地促进了政府财政预算信息的公开。1996年美国对《信息自由法案》（Freedon of Information Act）作了一次重大修改，对电子信息的检索、公开等问题进行了规范，以解决政府信息电子化和政府对信息请求反应迟缓给政府信息公开带来的问题。基于 1966 年《信息自由法案》（Freedon of Information Act）信息公布的原则和精神，1996 年美国时任总统克林顿签署了《电子信息自由法修正案》（Electronic Freedon of Information Act Amendments），要求采取更多方式公布政府信息。该修正案推进建立了政府预算公开的互联网主页，与联邦政府信息实现了链接，有关联邦政府预算的大量文件和数据，都在网上予以公布。

（二）发展趋势的展望——大数据时代的预算公开

从美国最近几年的预算公开实践来看，有以下几个发展趋势：

1. 政府通过建立专门的预算公开网站和机构统一公开各项支出

美国预算信息公开已经进入了一个新的阶段以适用互联网大数据时代的发展。在改进政府财务报表的内容之外，利用互联网这一简便有效的方式向社会公开财政信息。2006 年，国会通过了由参议员奥巴马和科伯恩牵头发起的《联邦资金责任透明法案》，该法案详细规定了政府公开财政使用情况的范围，构建了美国政府财政公开的门户网站。① 这个法案的通过，大大提升了美国财政透明程度，所建设的政府财政公开门户网站也获得了"财政搜索引擎"的美誉。根据《联邦资金问责和透明法案》（Federal Funding Accountability and Transparency Act）应该公开政府购买服务等预算信息的要求设立的专门"支出网站"（http：//www.usaspending.gov/），利用网络互动报告系统披露自 2000 年以来拨付给各个机构的联邦资金的用途和去向。"支出网站"还对 30 多万个政府合同商所承包的项目进行跟踪、搜索、排序、分析和对比，其数据每两周更新一次。根据《美国再投资和经济复苏法案》（U.S. reinvestment and Economic Recovery Act）的责任和透明度要求设立"复苏网站"（http：//www.recovery.gov/），披露应对 2008 年金融危机以来联邦政府措施。②

2009 年 1 月，美国总统奥巴马签署了《开放透明政府备忘录》（Open and Transparent Government Memo），要求建立更加开放、透明、参与、合作的政府，随后，数据门户网站 Data.gov 上线。2009 年 12 月 8 日，美国管理与预算办公室（OMB）发布了《开放政府的指令》（Open Government Directive），命令各个联邦部门必须在 45 天之内、在 Data.gov 上至少再开放 3 项高价值的数据，其中就包括相关政府预算信息。

2010 年 10 月，美国总务管理局的公款丑闻使全社会再一次对政府公开的财政信息的有效性进行质疑。进行过滤、分析和比较后，立法机构发现信息公开未能有效防止预算资金浪费的根本原因不在于有没有公开，而在于公开的数据没有解决有效性的问题，官员和政府可以通过技术手段蒙蔽公众。于是美国国会在 2011 年 6 月又提出了

---

① 在美国政府建立预算支出信息公开网站之前公益组织"OMB 监督"（OMB Watch）已经在 2006 年推出了美国首个公共支出的数据开放网站——www.Fedspending.org。美国的联邦政府虽然很早就开始公开发布公共支出的信息，但这种发布是零散的、不系统的，其发布形式可能是新闻发言、文字简报，也可能是电子数据，很不统一，而 Fedspending.org 能够逐条跟踪、记录、分析、加总 OMB 发布的每一笔财政支出。

② 陈立齐：《美国联邦政府财务报告的新发展》，载于《预算管理与会计》2011 年第 11 期。

《数字责任和透明法案》(Digital Accountability and Transparency Act),对各个部门的数据定义、上报的格式和数据力度进行了统一规定,并成立一个实体委员会,专门负责财政信息的公开工作。

2. 政府与民间机构合作共同推进预算公开

在"官民合作"中,政府机构与民营企业、非营利组织等广泛合作共同推进美国的预算公开。美国 2009 年 10 月开通"支出网站"实际上是完全继承了 2007 年由公益组织"OMB 监督"开发的 fedspend.org 网站,联邦政府对"OMB 监督"的财政补贴部分弥补了其前期开发成本。

3. 预算公开越来越细化,翔实程度不断提高

2013 年美国第一次 50 个州政府全部在网上公布了财政支出的账本记录信息(这一行动也被称为透明 2.0),而在 2009 年只有 32 个州提供细化到账本记录的信息。[①] 虽然各个州提供的透明程度有所差别,但总的趋势越来越透明,各个州政府之间的差距在不断缩小。如果按提供政府支出账本记录信息详细程度划分,50 个州可以分成五个等级:主导地区 A 级(7 个州)、赶超地区 B 级(9 个州)、新兴地区 C 级(22 个州)、落后地区 D 级(7 个州)、失败地区 F 级(5 个州)见图 1-1。

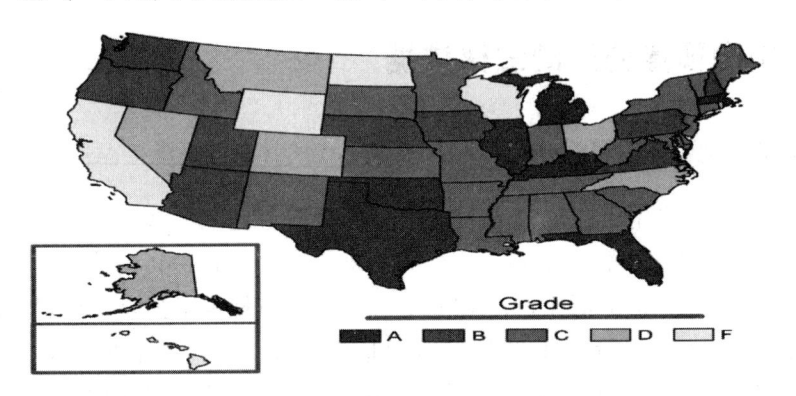

图 1-1　2013 年美国各州预算透明度

资料来源:Following the Money 2013:"How the 50 States Rate in Providing Online Access to Government Spending Data" at http://uspirgedfund.org/sites/pirg/files/reports/USP_Following_the_Money_screen_final.pdf.

4. 预算公开的国际合作日渐频繁

2011 年 9 月美国作为联合主席国与其他 7 个国家共同宣布发起"开放政府伙伴关系"(Open Government Partnership, OGP)。这一举措有利于美国政府吸收其他国家各种有效的想法,并互相学习如何使用新工具以提高政务透明度。

2013 年 10 月,在伦敦举行的"开放政府伙伴关系"峰会上,美国宣布一项新的

---

① Following the Money 2013: "How the 50 States Rate in Providing Online Access to Government Spending Data" at http://uspirgedfund.org/sites/pirg/files/reports/USP_Following_the_Money_screen_final.pdf.

《美国开放政府全国行动计划》(U. S. Open Government National Action Plan),该计划包括6项进一步推动政务公开工作的新承诺。其中这些承诺包括扩展开放数据,使《信息自由法》(Freedom of Information Act,FOIA)更现代化,提高财政透明度等。开放数据能激发创新,从而带动经济增长并增进政府的透明度和问责。提高财政透明度包括进一步提高联邦税款使用情况的透明度,具体措施包括使联邦支出数据在USAspending. gov网站上更容易获取,使美国人民能够更容易地了解到谁收到了税款,这些实体或个人位于何处以及他们收到的数额。

5. 预算过程中"公众参与度"不断提高

"公众参与"是预算公开透明提出的基础,同时也是预算公开的重要方面。2011年9月,美国白宫开通白宫请愿平台(We the People),美国公民可在一个名为"我们人民"的白宫子网页上,根据自己关心的重要议题提交请愿书,参政问政。2013年,美国宣布的《美国开放政府全国行动计划》(U. S. Open Government National Action Plan)中,同样提出在政府信息公开的过程中应增进公民的参与权,注重于改进公民社会的法治和监管框架,推动政府——公民社会合作的最佳规范,并设想在全球支持公民社会的新颖和创新的途径。

二、美国预算公开的法律依据

(一)联邦政府预算公开的法律依据

美国《宪法》首先保证了政府预算信息的公开,美国《宪法》第一条第九款规定:"一切公款收支的报告和账目,应经常公布"。美国于1946年制定了《行政程序法》(Administrative Procedure Law,APA),该法第3节规定了公众有权得到政府信息。1966年美国通过和实施了旨在促进联邦政府信息公开化的行政法规《信息自由法案》(Freedom of Information Act,FOIA),这一法案规定了与预算相关的除国防与国家安全有关的九大例外事项外,其余事项都要公开,这极大地扩展了可以向公众披露的政府信息的范围,成为当今世界上政府信息公开方面最为完备的法律之一,被世界其他各国纷纷效仿。1972年通过的《联邦咨询委员会法》(The Federal Advisory Committee Act)和1974年通过的《联邦隐私权法》(The Federal Privacy Act)中更进一步规定会议、文件公开与保密以及与信息有关的公开和保密事宜。1976年通过的《政府阳光法案》(Government Sunshine Act)要求政府将政府财政支出预算信息公开以利于新闻、舆论和公众的监督。另外,1996年出台《电子情报公开法修正案》(Amendment of the Public Information Disclosure Act)。最近几年,美国又出台了《联邦资金责任透明法案》(Federal funding accountability Transparency Act)、《以公开促进政府效率法》(The Open Government Act of 2007)等促进预算公开的法案。在这一系列法案下,美国实现了财政预算的公开以及支出的各个分项和各级次的全部对外公开。

（二）联邦政府预算公开的行政条例

1996 年美国时任总统克林顿签署了《电子信息自由法修正案》（Electronic Freedom of Information Act Amendments），要求采取更多方式公布政府信息。2013 年 5 月 9 日美国总统奥巴马签署行政命令 13642 号，要求政府必须公开并提供政务信息。特别地，对于 OMB 在其政策发布之后 30 天、90 天及 180 天要完成的工作都做了具体明确的规定，这对政府预算信息的公开做出了更为细致的时间规定。

（三）州和地方政府预算公开的法律依据

在联邦体制下，联邦政府和州政府、地方政府是各自独立的政府，联邦政府对地方政府预算公开没有具体规定和要求，有关预算公开的事项由各州自行决定。州和州以下政府通过的《阳光政府法案》（Government in the Sunshine Act）和《公共记录法案》（Public Records Act）是州政府和地方政府公开预算信息的重要依据。在这里以亚利桑那州为例进行分析，其余各州的情况与亚利桑那州类似。亚利桑那州的《公共记录法案》（Arizona Public Records Law）规定"亚利桑那州并不存在信息公开的豁免机构。每个政府工作人员（officer）和公共机构（public body）都有保持、维护公共记录的责任和义务"，在亚利桑那州没有特定的预算信息是不能公开或例外的。

三、美国预算公开的目标定位

美国联邦政府会计准则遵循委员会（FASAB）发布的第 4 号概念公告表明了美国政府合并财务报告的目标读者主要为公众及其中介、国会成员、政府行政官员和项目管理者。从其目标可知联邦政府财务信息公开的目标定位在于：解释公共受托责任（财政资金是公共资金，政府有责任向社会公众公开，从而有利于加强社会公众对政府的监督）、服务财政管理需要、加强社会监督和其他特殊目标。对此，FASAB 在 1996 年公布的《联邦政府会计概念和标准》（Overview of Federal Accounting Concepts and Standards）有明确的说明，具体见专栏 1－1。①

专栏 1－1

联邦财务报告的目标

➢ 预算完整性

联邦财务报告应协助实现政府责任：对于通过征税或其他手段筹措资金，使他们的支出与建立政府某个财政年度预算的拨款法律和相关法律规则保持一致。联邦财务

---

① 艾伦·希克：《联邦预算——政治、政策、过程》（第三版），中国财政经济出版社 2011 年版，第 258 页。

报告应当提供信息帮助读者确定：预算资源如何被获取并使用，以及获取和使用预算资源是否有合法授权；预算资源的现状如何；预算资源的使用信息如何同项目运作的支出信息相联系，预算资源现状的信息是否和其他资产和债务的会计信息一致。

> 运作绩效

联邦财务报告应该用来帮助报告使用者评价报告主体的服务努力、成本和完成情况，这些努力和成果获取资金的方式，以及主体的资产和债务管理。联邦财务报告提供的信息应该能够帮助读者确定：具体活动和项目成本以及这些成本的组成和变化；与联邦项目有关的努力和成果，以及随着时间产生的成本变化；政府管理其资产和债务的效率和效果。

> 管理工作

联邦财务报告应该有助于报告使用者评估政府运行和投资对国家的影响，以及政府和国家财政条件由此已经、或将要发生的任何变化。

> 系统和控制

联邦财务报告应当有助于使用者理解财务管理系统、内部会计和行政控制是否足以保证：交易执行遵守了预算和财政法律及其他要求，与授权目标一致并根据联邦会计准则进行记录；资产得到正当保护以防止欺诈、浪费和滥用；绩效评估信息有充足的支持。

类似的，美国州和地方政府的政府会计准则委员会（GASB）1987年发布的第1号概念说明了政府财务报告的目标：（1）阐明和评估政府受托责任；（2）评价政府运营结果；（3）评估政府提供服务的能力。这些目标来源于立法机关、监察机构、投资者和债权人这三类主要信息使用者的信息需要。

四、美国预算公开的责任机构

（一）立法部门

在促进预算信息公开中，立法部门的主要职责在于制定预算公开的相关法案。联邦政府制定联邦的《阳光政府法案》和《公共记录法案》，州政府各自制定各自的《阳光政府法案》和《公共记录法案》。

在美国，审计部门隶属于立法部门，属于典型的立法型审计。审计机构在预算公开中的职责是负责审查预算信息公开的真实性等，但不负责政府预算公开方面的内容。当然，审计机构需要公开财政审计信息。

（二）行政部门

美国是典型的财政分权国家，联邦、州和地方政府的财政都是独立的，"一级政府、一级预算"，各级政府负责公开各自的预算。每级政府的预算办公室（Budget Office）负责本级政府所有预算信息公开，预算单位不负责预算信息公开，但一些部门的网站也会主动公布本单位的部门预算信息。

(三) 司法部门

司法部门的职责是在政府机构违背相关法律时,强制要求政府公开预算信息,比如公民在向行政机构申请预算信息公开受阻时接受公民诉讼并做出裁决。在联邦制国家,美国联邦法院接受要求联邦政府公开预算的诉讼而不接受要求州政府公开预算的诉讼。

五、美国预算公开的范围与内容

美国政府向公众公开的财政信息主要由政府年度预算报告(内含部门预算)和年度综合财务报告组成。

(一) 联邦政府预算公开体系的构成

1. 联邦政府预算

美国联邦政府向社会公开的预算文件包括预算指导方针文件、功能分类和经济分类文件、部门分类文件(联邦预算报告按政府机构列出了23个联邦政府部门和机构的部门预算)等,其中在部门预算的附属文件中,预算内容细化到每一个具体的支出项目。预算包含了大量的"预算偏好",展示了总统已经完成的计划以及承诺要实现的目标,强调了主要的政策建议与变化,并以职能、机构与账目的方式展示支出数据。预算案为每一年度的拨款账户提供了现有拨款以及变更建议的说明、一份对该账号内项目及绩效的简要项目描述、一份项目与财务明细表、各账号支出目标表和雇员概述。下面以2016年度的联邦政府预算为例说明美国中央政府预算的主要构成(见专栏1-2):①

专栏 1-2

联邦政府预算主要构成部分

➢ 美国政府预算

2016年度的政府预算(the budget)总共141页,包括总统向国会提交预算时的咨文、对总统预算优先考虑问题的说明、按照政府机构组织的预算支出概要以及简要的预算表格。

➢ 预算分析书

美国2016财政年度政府预算分析展望书(Analytical Perspectives)总共406页,包括针对专门领域的一些分析,或者对预算数据提供非常有意义的解释,具体包括经济

---

① 2016年度的美国联邦政府预算报告来自http://www.whitehouse.gov/omb/budget。

和账户分析、联邦收入分析、联邦支出分析、联邦借贷和债务分析，以及其他的技术性解释。此外，预算分析展望书还包括一些详细的补充性资料表，分别按照机构、账户、功能、子功能及其项目等进行罗列与说明。

➢ 附录

与其他预算文件相比，附录（Appendix）包含更加详细的项目和拨款账户信息。2016 年度预算附录总共 1396 页，包括构成预算的不同拨款项目和基金的详细信息，主要是供国会拨款委员会使用，对于每一个机构都列出了预计的拨款环境、每个账户的预算计划、法律建议、应该完成的工作说明、所需要的资金，以及计划运用的拨款条款等背景资料。很多数据既有绝对数，又有增速、占 GDP 比重等相对数，非常简单易懂。

➢ 历史图表

2016 年度的历史图表（Historical Tables）总共 364 页，展示了关于收入、支出、盈余或赤字、联邦债务和联邦雇员发展趋势的年度预算数据，有些事例中的数据不仅可以回溯到 1940 年甚至更早，一些指标还提供至 2016 年或 2020 年的预计数。并且这些数据已经尽最大可能地被调整过，使其与 2016 年的预算保持一致性和历史可比性。

除上述主要内容外，美国联邦政府预算还包括 6 页纸的总统预算咨文（The Budget Message Of The President）、76 页纸的对 2014～2024 年预算收支的中期展望（Mid-Session Review）、预算概况（Budget Overview）、补充资料（Supplemental Materials）和机构的事实表格（Agency Fact Sheets）、主要问题的事实表格（Fact Sheets on Key Issues）等。

部门预算包括的内容有：(1) 部门的预算摘要，介绍部门改革、项目评估、支出变化和战略目标等；(2) 分项列明部门承担的各项职能、预算强调的重点以及预算资金数的详细说明；(3) 本部门内的预算支出，如雇员津贴、部门管理费用等；(4) 表格形式的各项数据。支出报告按功能分类，每一个部门的支出被划分为三个部分：政府经营支出、对地方政府的补助和资本项目支出。政府经营性支出是维持政府各部门正常开展工作的支出，它列出了在该部门工作人员的总数，并按开展的不同项目进行细分。政府部门的经营性支出按功能划分为五个部分：人员经费（工资福利支出）、差旅费、设备购置费、合同服务费和设备维护费。对地方的补助是上级政府收入向地方政府的转移支付，可划分为不同的项目，还可以细分到每个具体政府拨款援助项目的金额。资本项目支出是相对于经营性支出而言，这部分支出又被细分为不同的项目，每个项目都有更具体的信息。预算文件还列出与以上三部分支出相对应的所有政府基金收入来源，包括一般基金、特殊收入基金和资本项目基金。每项收入来源的详细信息包括所有的税收、收费、联邦政府的拨款、为资本项目的发债收入、数年来每项收入来源的变化趋势、每项收入来源的法律依据和立法过程、每项收入所属的政府基金信息。税收信息包括个人所得税按不同收入水平的纳税人分类缴纳的税收收入分布信息，企业所得税按行业集团分类缴纳的税收收入分布信息。①

美国联邦政府部门预算除国家机密不得公开的信息外全部向社会公开，其中国防部、外交部和国家安全机构（2010年首次发布完整预算信息）的公开的预算信息内容与其他部门完全类似，在公开时间、内容、细化程度上没有丝毫差别。联邦政府机构的部门预算由财政部门统一负责公开，各个部门在预算批复后也会在各自官方网站的专门模块上公开，以便公众查询。

2. 联邦政府财务报告②

美国政府财政信息不仅包括年度收支预算信息，还包括资产、负债等财务信息以及统计信息。有关政府资产负债的信息都可以在联邦政府年终综合财务报告中获得。

在每个财政年度（每年的9月30日）结束的几个月后，单独的部门财务报告和作为一个整体的美国政府财务报告会向公众公布，以反映一年来政府财务业绩和年底财务状况的全景。根据政府会计准则委员会的2006年的规定（Codification of Governmental Accounting and Financial Reporting Standards），综合年度财务报告由简介、财务与数据三部分组成。简介部分包括一封介绍政府交易与一般信息的介绍信，其中会列出主要官员并提供一张组织结构图说明相关部门的职责与责任。财务部分包括了各种财务报表，由于政府对基金的多种使用形式，每种基金都有几种不同的报表形式。为方便公众了解不同基金间的转账情况，财务报告需要清楚地标出转账——说明收入的来源与转移的收入。统计数据部分会提供一些数据的历史发展趋势情况，如最近10年不同来源的收入。③

2014年度的联邦政府财务报告主要包括财政部长的报告（A Message from the Secretary of the Treasury）、公民读本（A Citizen's Guide）、管理层讨论与分析（Management's Discussion and Analysis）、财务报告审计结果（Statement of the Comptroller General of the United States）、财务报表（Financial Statements）和附注等几个主要部分。其中财务报表为联邦政府合并财务报告的主要组成部分。下面以2014年度的联邦政府财务报告为例对于部分财务报表进行说明（见专栏1-3）：④⑤

专栏1-3

联邦政府财务报告主要报表

➢ 净成本表（Statements of Net Cost）

净成本表列报了2013年度和2014年度的政府运营费用，分别列示了各个部门

---

① 曹顺宏：《美国的信息公开制度》，载于《学习时报》2011年11月21日。
② 陈立齐：《美国政府的财务报告》，载于《预算管理与会计》2010年第9期和第11期。
③ 罗伯特·李等：《公共预算体系》（第八版），中国财政经济出版社2011年版，第318页。
④ 2014年度的美国联邦政府财务报告来自http://www.fiscal.treasury.gov/fsreports/rpt/finrep/fr/fr_index.htm。
⑤ 肖鹏：《美国政府预算制度》，经济科学出版社2014年版，第298页。

各自成本、收益以及最后的净成本数额。各个机构部门按照总成本由高到低的顺序依次排列。

> 运营与净资产变动表（Statements of Operations and Changes in Net Position）

与净成本表共同构成损益表。包括税收收入和罚没收入等不同于净成本表中列示的政府提供商品和服务所得的收益，政府运营费用以及和财务状况相关的事项调整和未匹配交易。

> 资产负债表（Balance Sheets）

由资产、负债和净资产三部分组成。资产指联邦政府所拥有的能够满足其未来财政活动使用需求的资源，负债指联邦政府所应承担的由于过去财政事项形成的需要政府资源偿还的义务。

> 净运营成本和统一预算赤字协调表（Reconciliations of Net Operating Cost and Unified Budget Deficit）

用于显示由于以权责发生制为计量基础和预算体系中收付实现制为主的计量基础之间的差异造成的净运营成本与预算赤字的不匹配。

> 统一预算和其他活动现金余额变动表（Statements of Changes in Cash Balance from Unified Budget and Other Activities）

向公众解释预算支出的变动和现金余额变动之间存在的差异。

> 社会保险表（Statements of Social Insurance）

2014年联邦政府财务报表还包括保险数额变化表（Statement of Changes in Social Insurance Amounts）。反映财政年度各项社会保险项目的相关财务状况。

其中"净成本表"和"运营与净资产变动表"与企业财务报表中的损益表相对应，"统一预算和其他活动现金余额变动表"与企业财务报表中的现金流量表相对应，"资产负债表"与企业财务报表中的资产负债表相对应，"净运营成本和统一预算赤字协调表"则解释了应计赤字数目（净运营成本）和现金赤字数目（统一预算赤字）的差异（见表1-1）。

表1-1　　　　　　　　　美国政府净成本报表

	总成本	收入	小计	假设变更的损益	净成本
卫生部					
国防部					
……					
国库					
其他机构					
总　计					

"净成本表"的主要目的是告知美国人民关于联邦政府提供的福利和服务的成本。在2014财年净成本表中，各个部门的总费用单独地进行报告，并与其出售产

品和服务的收入相匹配，该表的净成本计算表明了特定受益和普通纳税人的负担程度（见表1-2）。

表1-2 运营和净资产变动表

		未指定用途的一般基金	指定用途的专项基金	冲销	整合
收入：					
	个人所得税和代扣所得税				
	公司所得税				
	消费税				
	失业税				
	关税				
	不动产和捐赠税				
	其他税收收入				
	杂项收入				
	政府间利息				
	总收入				
政府经营净成本：					
	净成本				
	政府间利息				
	总净成本				
政府间转移支付：					
	非配套交易与平衡				
净经营（成本）/收入					
期初净额					
	前期调整				
	会计原则				
	净经营(成本)/收入				
期末净额					

联邦政府的年终资产负债表报告了确认为资产的经济资源和确认为负责的财务责任与余额。当然，资产负债表本身不包括自然文化遗产等资产和或有负债，但这些内容会在附注中加以解释说明（见表1-3）。

表 1-3　　　　　　　　　　　美国政府 2014 年资产负债表

		2014 年	2013 年
资产：			
	现金与其他货币性资产		
	净应收账款和税款		
	净应收贷款		
	净资产投资		
	净存货和相关资产		
	净不动产、厂房、设备		
	债务及股本证券		
	国有企业投资		
	其他资产		
	资产总额		
	国家预留土地与文化遗产		
负债：			
	应付账款		
	公众持有的联邦债券		
	应付联邦雇员和退伍军人的福利费		
	环境和处置负债		
	到期应付负债		
	保险和政府担保项目负债		
	贷款担保负债		
	其他负债		
	负债总额		
	承诺和或有费用		
净额：			
	指定用途的基金		
	未指定用途的基金		
	总净额		
	总负债与净额		

(二) 州政府预算公开体系的构成

1. 州政府预算构成部分

亚利桑那州政府公开的2016年度预算报告包括四部分内容：

预算摘要（Budget Summary Book），由预算咨文、预算摘要和其他三部分内容构成。

部门预算（Agency Detail Book），各个部门预算的详细内容。部门分类下按项目分类与经济分类，没有联邦政府的部门分类。

预算资金来源与使用者（Sources of Uses of State Funds），收入信息完全展现，不仅对州政府，每个部门、每个基金的收支状况都详细展示，没有未展示的收入信息。

附录（appendix），由一般基金资产负债表、一般基金收入表（州政府税收、部分收费收入）、其他专项基金收入表、2012财年各部门按性质分的预算支出表、2013财年各部门按性质分的预算授权拨款数表、2014财年各部门按性质分的预算请求表、2014财年各部门按性质分的预算建议数表、2015财年各部门按性质分的预算请求表、2015财年各部门按性质分的预算建议数表、各部门行政成本表等11张表格构成。

除此之外还包括2014~2016年联邦声明基金（Statement of Federal Funds 2014 - 2016）、拨款限额计算（Appropriations Limit Calculation）等部分。

2. 州政府部门预算

透过亚利桑那州教育局的部门预算，可知美国地方政府部门预算公开的内容。

亚利桑那州教育局2014年度的部门预算内容[①]

a. 教育局的职能简介

b. 部门预算摘要（Agency Budget Summary）。按预算资金来源性质（一般基金、专用基金和非专用基金）列示2014年的实际预算支出数、2015年立法机关批准的预算数、2016年与2015年预算的变化数和2016年的预算支出建议数（见表1-4）。

表1-4

	2014年实际	2015年批准的	2016年净变化	2016年建议数
一般基金				
专用基金				
非专用基金				
机构总数				

c. 预算要点（Main Points of Executive Recommendations）。预算要点列示2016年教育局重点项目的预算拨款建议数（见表1-5）。

---

① "State of Arizona Comprehensive Annual Financial Report, for the fiscal year ended June 30, 2014" at https://gao.az.gov/financials/CAFR/FY12_CAFR - 021513.pdf.

表 1–5

	2016 财年
入学人数增长	
……	
学生基金废除	

d. 主要执行计划与拨款建议（Major Executive Initiatives and Funding Recommendations）分别介绍该计划的主要内容以及执行该计划的原因和需要配套的预算数额。

e. 预算基线建议（Baseline Recommendations）。说明预算基线调整的原因及变化大小等情况。

f. 绩效目标（Performance Measures）。说明以前年份的绩效值和预算年度的绩效目标。

g. 预算表格。包括预算拨款建议（Recommended State Appropriations）、专用基金拨款（Special Line Appropriations）和非专用基金（Non-Appropriated Funds）等预算表格，其中预算拨款建议是一张关键预算表格，列示了按项目、按支出目标、按资金来源分的预算数（见表 1–6）。①

表 1–6　　　　　　　　　　　　预算拨款建议

	2014 年支出	2015 年拨款	2016 年净变化	2016 年建议
按功能分： 问责及评估 …… 　总　计				
按支出性质分： 个人服务 …… 转移 　总　计				
按资金来源分： 一般基金 …… 语言发展技术基金 　总　计				

3. 州政府财务报告

大多数美国州和地方政府把综合年度财务报告放在政府门户网站和公共图书馆里，

---

① 按项目分类似于我国的按功能分类，按支出目标分类似于我国的按经济性质分类。

以便公众查阅。根据美国第 34 号政府会计准则《州和地方政府财务报表及管理层阐述和分析》，州和地方政府的综合财务报表主要包括三个部分：管理层阐述和分析、基本财务报表和要求披露的补充信息，其中基本财务报表由政府整体财务报表（净资产表和业务表）、基金财务报表（政府基金财务表、业主基金财务表和信托基金财务报表）和财务报表附注三部分构成。以亚利桑那州 2014 年的政府财务报告为例，基本财务报表（basic financial statements）总共报告了政府整体财务报表（government-wide financial statements）、政府基金财务报表（government funds financial statements）、业主基金财务报表（proprietary fund financial statements）、信托基金财务报表（fiduciary financial statements）、组成单位财务报表（component units financial statements）和大学—附属单位财务报表（universities-affiliated component units financial statements）构成，且每类报表都包含净资产表和业务表，一些报表还包含资产负债表、现金流量表。① 其他各州政府报告的财务报表在形式与亚利桑那州有所不同，但报告的内容是类似的，为更进一步了解州政府财务报告的详细内容，专栏 1-4 提供了科罗拉多州 2014 年的政府财务报告的主要报表：②

专栏 1-4

科罗拉多州 2014 年政府财务报告主要报表

表 1　　　　　　　　　　　　一般基金资产负债表

	一般机构	资源开采	高速公路	资本项目	教育	其他政府部门	总计
资产：							
现金与现金池							
净应收税款							
其他净应收账款							
其他政府的应收款							
其他基金的应收款							
其他组成单位的应收款							

---

① "State of Arizona Comprehensive Annual Financial Report, for the fiscal year ended June 30, 2014" at https://gao.az.gov/financials/CAFR/FY12_CAFR-021513.pdf.

② "STATE OF COLORADO COMPREHENSIVE ANNUAL FINANCIAL REPORT FOR THE FISCAL YEAR ENDED JUNE 30, 2014" at http://www.colorado.gov/dpa/dfp/sco/cafr12/cafr12.pdf.

续表

	一般机构	资源开采	高速公路	资本项目	教育	其他政府部门	总计
存货							
预付款、预支款和延付款							
限定用途的现金和现金池							
受限制的投资							
受限制的应收款							
投资							
其他长期投资							
资产总额							
负债：							
应缴税款退还							
应付账款和应计债务							
TABOR 退款责任							
对其他政府的负责							
对其他基金的负债							
递延收入							
应付缺勤补充							
应付索赔和判决应付款项							
其他当前债务							
为他人保管的存款							
总负债							
基金余额：							
存货							
永久基金本金							
预付款							
受限制							
已安排的							
未安排的							
总基金余额							
总负债和基金余额							

（三）部门预算的公开

无论是联邦政府还是州政府与地方政府，各个部门预算公开内容不因财政经费保障程度的差异而有变化（联邦政府的情报部门等涉及保密事项除外）。各部门的预算由各级财政部门统一负责公开，因而在公开时间、公开内容、细化程度上不因部门而有差别。

（四）公务花费的公开

为控制公务用车和用餐支出，美国联邦政府的公务局对联邦政府雇员出差制定了严格的餐费标准。在其网站上很容易查到而且细化到可以根据每个邮政编码查找。机动车是主要的交通工具，政府部门的公务车一般都有严格的监控，只能用于公务，不能用于私人事务。为了降低监控成本通常通过里程测算的方法来检查公务人员是否将公车用于私人事，当然部分公务车也通过安装 GPS 来监视公务车的使用。由于美国政府保有的车辆有限，公务人员也会偶尔使用私人的车辆办理公务。政府部门通常会根据里程给雇员补贴 对于那些外地出差的公务用车费用也是通过计算里程来给予一定的补贴。补贴的标准可以在公务局网站上查到，各州和地方的标准有所不同，但是都采用类似的方法来控制支出。而且餐费和里程补贴会根据客观情况变化进行适时调整，尤其是里程补贴，由于油价的变化里程补贴在一年内可能调整几次。但是所有的变动都必须通过联邦政府公务局先行公布，然后再开始正式实施。[①]

（五）公开信息的分类方法及统计口径

美国联邦政府预算公开信息按部门可以分为卫生部、国防部、教育部等政府机构的部门预算，每个部门的预算支出又可以分为按功能分类和按经济性质分类的支出信息，同时每个部门还会提供各个项目支出的明细资料。

采用大口径的预算信息公开统计方法，所有的政府性基金都纳入的预算公开的统计范围。在政府财务报告体系中也同时纳入了财务资源和非财务资源的信息，让公众尽可能全面地了解政府掌握的资源。

（六）预算信息公开度的把控

美国的预算的公开程度不因使用者不同而有所差别，无论是提交给立法机构还是向公众公开的综合政府预算都是同一本预算，政府机构提交给财政部门的预算与向社会公开的也是同一本预算而不存在"两本账"或"三本账"的问题，预算信息公开做得尽可能详细。

---

① 牛美丽：《政府预算信息公开的国际经验》，载于《中国行政管理》2014 年第 7 期。

六、美国预算公开的方式、形式、途径与期限

(一) 公开的方式

主动公开和依申请公开是美国预算公开的两种基本方式。联邦政府预算通过网络公开、出版光盘、公共图书馆三种途径主动公开,而州政府预算主要通过网站主动公开。

联邦政府对行政机关主动公开的信息以列举法来规定,这包括"及时地在《联邦登记》上公布的信息"和"保证公众可以查阅、复制的信息"两种情况。《联邦登记》主要公布四大类联邦政府信息,即总统文件、联邦机构的法规条例、联邦条例草案和行政机关的各项通知。按照规定,应予公布的政府信息应从各制发机关汇总到联邦登记办公室,除非遇到特殊情况,联邦登记办公室应该在收到文件后的第3个工作日公布。对于案件的最终裁决、《联邦登记》上没有公布的政策说明与解释、行政人员手册等,行政机关要编制索引以满足公民随时查阅、复制的需要。考虑到这类信息涉及范围广、类型多,所以采取概况性的规定,在没有人申请时行政机关对这类信息没有公开的义务。

《信息自由法》规定对于《联邦登记》和政府出版物上找不到的政府信息,个人和团体应当以书面形式提出查询申请(见专栏1-5),政府应在10日以内作出决定。对于拒绝提供信息的决定,当事人可以提出复议,政府机构收到复议申请后要在20日以内作出答复:或者提供信息,或者指出根据哪条例外情况无法提供信息。在符合某些条件的情况下,申请人也可以申请加急办理。提供信息可以合理收费,但申请人可以申请减免费用,对媒体不得收费。如果20天内未能获得全部或部分的申请信息,申请人可以向政府部门的上诉官员上诉,上诉被驳回或是20天内未得到答复可向法院起诉,如果20天内申请未得到答复可直接向法院起诉,胜诉后法院将命令政府部门提供信息。[①]

美国《信息自由法》对信息公开申请人并没有太多的限制,任何自由人(包括外国人)和法人都在法律适用范围之内,任何行政部门、军事部门、政府公司、政府控制的公司或其他隶属行政部门的机构和独立性质的管制机构都要对信息公开申请作出积极的回应。

专栏1-5

《信息自由法》 的申请信

尊敬的＿＿＿＿＿＿＿＿:

本函是基于《信息自由法》的申请。

[①] A Citizens Guide on Using the Freedom of Information Act and the Privacy Act of 1974 to Request Government Records: Second Report——By the Committee on Government Reform of the House of Representative of the United States.

本人申请提供下列文件的副本（或者包含下列信息的文本）：（尽可能确切的指明文件与信息）。

为了帮助决定本人的状态，以达到决定费用的适用性之目的，您应当知道本人是（插入适当的申请者和申请目的的描述）。

【申请者描述样本】：①与_____报纸（杂志，电视台等）合作的新闻媒体的代表，且本申请作为新闻收集而非商业用途而制作。②与教育或者非商业性的科学机构合作，且本申请为了学术或者科学目的而非商业用途而制作。③个人为了个人用途、非商业用途而搜寻信息。④与私人公司合作并为了公司业务用途而搜寻信息。

【可选】本人愿意为本申请支付最高为_____美元的费用。若您预计到费用会超过该上限，请先行通知本人。

【可选】本人申请撤销本申请所产生的所有费用。向本人披露所申请的信息属于公共利益范畴，因为该信息可能会对公众了解有关政府运作或行为有显著贡献，且它并不主要属于本人的商业利益范围。【加入具体的细节，包括申请者将如何为了公益散播所申请的信息。】

【可选】本人申请所搜寻的信息以电子格式提供，本人想通过个人电脑硬盘（或者CD光盘）收取信息。

【可选】本人要求本人的申请得到加急处理，因为_____。【加入关于"紧迫的需要"的具体细节，比如作为一些"主要涉足于传播信息"的人，以及有关"告知公众有关实际的或者声称的联邦政府行为的急迫性"的具体内容。】

【可选】本人还附上了电话号码，若有必要，可以通过该号码于_____时间段联系本人，商讨申请的情况。

感谢对本申请的考虑。

此致，
姓名

（二）公开的形式

美国政府预算的公开形式具有多样性，除了基本表格和预算说明外，还会应用更为直观的饼状图、趋势图等图形对预算数据进行横向和纵向比较。

（三）公开的途径

美国联邦政府的所有预算文件都可以免费在美国财政部（United States Department of the Treasury）和管理与预算管理办公室（Office of Management and Budget，OMB）的官网以及政府印刷办公室（Government Printing Office，GPO）网站下载，[①] 其中文字部分的预算信息提供 PDF 版本，数据部分的预算信息提供 excel 版本，以方便用户进行数

---

① OMB 的网站为http：//www.whitehouse.gov/omb/budget，GPO 的网站为http：//www.gpo.gov/fdsys/browse/collectionGPO.action？collectionCode=BUDGET。

据处理。除了专门的政府网站之外，美国的社会大众还可以在民间的网络上查找政府预算的信息：YouTube、Flickr、Twitter。

联邦政府总预算和部门预算是了解联邦财政预算最为综合的信息来源，但对于对某些项目或机构感兴趣的人要了解预算细节的补充性信息，还可以从以下一些由联邦部门与机构编制的文件中获取：一是在总统向国会提交预算后不久，各行政机构向媒体发布的简报，很多机构会在预算公布的当日或次日召开媒体情况说明会，提供机构项目与财务的详细信息；二是每个联邦机构为其拨款听证会准备的申辩材料，这些材料通常会在听证会举行几个月后公布出来，但也可能在更早的时候从联邦机构或有关国会活动的网络资源中获取；三是供内部使用由联邦机构编制的内部预算，内部预算会在预算年度内持续更新，但通常不会主动向大众公开。①

（四）公开的期限

美国联邦政府和州政府预算公开的时间都非常及时，在向议会提交预算报告的同时（大部分年份在2月份）在网上全部公开本级年度预算报告。从近五年的联邦政府预算来看，联邦预算过程时间安排表虽没有发生变化，但总统向国会提交预算时间的变化使预算公布时间也相应发生变化。2012年度的预算报告在2011年2月14日（星期一）公开，2013年度的预算报告在2013年2月13日（星期一）公开，2014年度的预算报告在2013年4月10日（星期三）公开，2015年度的预算报告在2014年3月4日（星期二）公开，2016年度的预算报告在2015年2月2日（星期一）网上公开（见表1-7）。

表1-7　　　　　　联邦政府年度预算的工作节点安排安排

时　　间	要完成的行动
2016年1月第一个星期一到2月第一个星期一	总统提交预算
6个星期后	国会有关委员会向两院预算委员会报告预算估计
4月15日	完成国会的预算决议工作
5月15日	众议院可能开始考虑年度拨款法案（即使预算决议未经同意）
6月10日	众议院拨款委员会报告最后的年度拨款法案
6月15日	国会完成"预算协调法案"
6月30日	众议院完成拨款法案工作
7月15日	总统提交中期预算审查报告
10月1日	财政年度正式开始

资料来源："Analytical Perspectives, Budget of the United States Government, Fiscal Year 2016"。

---

① 艾伦·希克：《联邦预算——政治、政策、过程》（第三版），中国财政经济出版社2011年版，第86页。

除了公布年度预算报告和综合财务报告外，美国政府还定期公开其他一些财政信息，具体见表1-8。

表1-8　　　　　　　　　　其他财政信息公开情况

范围	数据内容	编制发布机构	数据来源	频率	及时性
广义政府或公共部门操作	预算内外收支赤字盈余	商务部经济分析局	联邦财政数据来自联邦政府预算、会计和管理信息，州和地方政府数据主要来自五年一次的普查、政府年度普查和各州及地方政府的税收报表	季度（财政收支及收支差额）；年度（非金融部门公共企业的总盈余/赤字）	1个月（基本支出和总投资）；62天（第二季度基本收入数据）；92天（第四季度数据）；7个月（非金融部门公共企业的总盈余/赤字）
	赤字融资	美联储	主要元数据来自国民收入支出账户表、月度国库报告	季度	9~11周
中央政府操作	预算内外收支赤字盈余	国库部	数据基于实际决算，主要来自联邦拨款委员会的月度会计报告和联邦储备银行的每天报告	月度	一般来说是14个工作日，不迟于下一个报告月的月末。每一财年最后一个月（9月）的报告受制于年度报告的要求不迟于10月31日公布
中央政府债务	预算内外显性债务	国库部	公共债务会计与报告系统，主要来自美联储和国库公共债务局的每日报告	月度	美国公共债务月度报告：月度的4个工作日，不迟于下一个月度报告结束后的8天；美国国库月度报告：月度的14个工作日，不迟于下个报告月末

资料来源：赵大全：《公共财政的公共性与透明度问题研究》，财政部科学研究所博士论文，2011年。

七、美国预算公开的例外事项处理

除美国联邦政府存在一些预算公开的例外事项外，美国的州和地方政府不存在信息公开的例外事项。如亚利桑那州的《公共记录法案》规定"亚利桑那州并不存在信息公开的豁免机构。每个政府工作人员（Officer）和公共机构（Public Body）都有保持、维护公共记录的责任和义务"。[①]

---

① http://www.rcfp.org/open-government-guide.

（一）预算公开例外事项的确定原则

根据《信息自由法》，涉及国家机密、商业机密、个人隐私和内部行政行为的信息可以不公开。不过，美国联邦政府公开了国防、外交和公共安全等传统认为涉及国家秘密的部门的预算信息，且公开的时间、完整程度和详细程度和教育、卫生等其他部门基本没有差别。

（二）预算公开的例外事项

1966年《信息自由法》规定了九项豁免公开的政府信息：（1）根据总统行政命令明确划定的国防或外交秘密；（2）纯属行政机构内部的人事规章和工作制度；（3）其他法律明确规定不得公开的信息；（4）第三方的商业秘密以及第三方向政府机构提供的含有特惠或机密情况的金融、商务与科技信息；（5）除了正与该机构进行诉讼的机构之外，其他当事人依法不能利用的机构之间或机构内部的备忘录或函件；（6）公开后会明显地不正当侵犯公民隐私权的人事、医疗档案或类似的个人信息；（7）为执法而生成的某些记录和信息；（8）金融管理部门为控制金融机构而使用的信息；（9）关于油井的地质的和地球物理的信息。

但这九条豁免公开的政府信息并没有完全阻挡联邦政府公开国防、外交和安全部门的预算信息：国防部预算对各军种的人员经费、行政经费和武器装备的购买费用都有详细的列举，国土安全部（Department of Homeland Security）的预算详尽程度跟一般行政部门没什么区别，司法部下设有联邦调查局（FBI），FBI的预算详尽程度与一般部门的预算也没什么差别，按项目分类和经济分类来列举。

美国联邦政府预算相对不公开的是情报部门的预算，但仍可以从美国科学家联合会官方网站（http：//www.fas.org/irp/budget/index.html）找到从2006年以来的情报预算支出总额信息。美国情报部门的预算支出主要有国家情报项目（National Intelligence Program，NIP）和军事情报项目（Military Intelligence Program，MIP）构成，分别由国家情报办公室（Office of the Director of National Intelligence）和国防部负责公开。在美国科学家联合会网站中还可以找到国家情报办公室和国防部下属机构国家侦察办公室（National Reconnaissance Office）、国家地理空间情报局（National Geospatial Intelligence Agency）的等部门经国会批准的预算文件，虽然没有像教育等部门详细的人员支出、项目支出信息（这些项目支出的具体数字进行了留白或涂黑等技术处理），但仍有各个支出项目的简要描述。

（三）预算公开的例外事项的法律依据

1. 美国宪法（Constitution of the United Stats）

宪法在第1条第5款第3节规定：每院应有本院会议记录，并不时予以公布，但需要保密的部分除外。美国宪法虽然主体秉承公开的精神，但同时也赋予了美国行政管理部门一定的保密权力。

2. 美国信息自由法（Freedom of Information Act）

1966 年的《信息自由法》规定了九项豁免公开的政府信息，为预算公开的例外事项提供了法律依据。

3. 国会预算与扣押控制法（Congressional Budget and Impoundment Control Act）

美国 1974 年《国会预算与扣押控制法》在第 203 条"公众获取预算数据"部分特别说明了例外条款。"公众复制预算数据信息不适用于以下信息、数据、估算和统计资料：（1）法律特别规定不予公开；（2）由于国防原因需要保密的事项，或者美国外交中的秘密行为；（3）与某个特定的人相关的交易信息和特殊财务或商业信息，且这类信息是政府以秘密方式获取的，而非为获得某项财政或者其他津贴而申报的，为防止对该特定人的竞争地位造成不恰当的伤害，应予以保密；（4）一经公开就会构成对人身隐私权明显侵犯的人事、医疗数据及类似数据。"

八、美国预算公开中的公众参与

通过政府自身的透明度去改善治理是不充分的，伴随着公众参与预算过程机会的加大，能够最大化预算公开的积极效用。从 20 世纪 90 年代起，美国联邦政府对州政府及地方政府在预算过程中扩大公民参与的机会分别作出规定，因而形成了公民参与政府预算的不同机制。一是举行开放式会议和听证会。美国政府举行预算听证会是十分常见的，听证会也是吸引公众的主要方法。二是进行民意调查，1994 年进行的全美城市和乡村调查表明 21% 的城市与 8% 的乡村政府在他们的政府预算过程中采用了民意调查。随着参与式预算的发展，这一数字必定会有所上涨。三是组织公民预算编制委员会或专题小组。美国地方政府目前采用不同的方法扩大委员会的成员资格，包括在地方报纸上、公开频道上宣传委员会的开放性，留心在社区工作的市民并邀请他们参加或者邀请各社区的参与竞选和当选的志愿者为委员会提供志愿服务。专题小组是一种更为精细的手段，城市管理者采用专题小组和预算培训会议，提供了一个培训公众预算知识的很好的机会。最后是发挥社区委员会的作用以及共享政府数据库。国际预算组织发布的《2015 年预算公开调查》中认为美国仍然有待提高公众参与预算的空间（见表 1-9）。

表 1-9　国际预算组织《2015 年预算公开调查》公众参与预算调查

要求	调查结果
咨询前遵守的过程	
公众参与的正式要求	存在但是较为薄弱
公众参与的目标说明	存在但是较为薄弱
SAI 在公布审计报告之外沟通审计结果	存在，强

续表

要　　求	调查结果
咨询过程中	
行政机构发展在预算规划期间的参与机制	存在但是较为薄弱
立法机构举行公开听证会讨论宏观经济的预算框架	存在，强
立法机构就个别机构的预算举行公开听证会	存在，强
在立法机构的预算公开听证会上，公众有作证的机会	存在，强
行政机构发展在预算执行期间的参与机制	存在但是较为薄弱
SAI 开发审议议程的参与机制	存在但仍有提高空间
咨询后遵守的过程	
行政机构对公众建议的反馈	不存在
立法机构公布预算听证会报告	存在，强
SAI 对公众建议的反馈	不存在

注：SAI 为最高审计机构。

第二章
英国政府预算公开制度

政府预算是经过法定程序批准的、具有法律效力的政府年度财政收支计划,是社会公众对政府和政府官员"非暴力控制"的有效途径。预算为公众提供了一个相对开放的渠道,公众可以确信他们的纳税没有被用于私人目标,也没有被乱用和浪费掉,而是用在了政府向他们承诺的公共事务上。没有预算的政府是"看不见的政府",而"看不见的政府"必然是"不负责任的政府","不负责任的政府"不可能是民主的政府(马骏,2010)。预算改革的目标也就在于要把"看不见的政府"变为"看得见的政府",实现预算公开和财政民主。英国作为第一个建立现代预算制度的国家,在预算控制和信息公开方面,有很多有益的做法可资借鉴。本章集中研究英国预算公开的历程、主体、内容、途径、法律法规体系等制度建设。

一、英国预算公开的发展历程

19世纪30～80年代是英国议会的"黄金时期",这一时期议会掌握着真正的实权,政府和内阁只是贯彻议会意志的一个办事机构。如果议会对政府不满,它可以使政府垮台,而不必经过新的大选。从议会对政府预算的控制来看,19世纪下半叶,格莱斯顿的改革使议会的预算控制权达到其最高点。然而,以1867年的第二次议会改革为分界线,包括预算控制权在内的政治权力开始由议会向政府行政部门转移。1867年的议会改革后,随着选民的增多和政党政治的成熟,任何人要想成为议员必须首先得到政党的支持,而议员进入议会后就必须服从于自己所在党的领袖。这样一来,议会实际上就控制在政党手中。在通常情况下,执政党在议会中都拥有多数席位,所以内阁和政府的提案基本上都能获得通过。到20世纪60年代,政府已经完全控制了议会。在预算程序中,政府和议会形成了这样一种权力格局:预算的编制、执行完全由政府负责,议会拥有批准的预算权力。但19世纪末以来,议会往往原封不动地通过政府的预算草案。这是因为,一个在议会中拥有明显多数的政府完全能够确保其预算草案按照提交时的形式通过。

(一) 1911 年《官方保密法》的颁布至 1978 年《官方信息公开法案》颁布之间的预算信息不公开阶段

随着政府权力的扩大，政府对自己的信息愈加保密。虽然国家预算的概念起源于英国，然而英国行政文化中有根深蒂固的保密性传统，为了信息保密，英国政府在 1911 年制定了《官方保密法》(Official Secrets Act)，其第二条规定，任何未经授权披露政府信息的行为均构成犯罪。这样，英国政府就将有关政府事务的信息，包括预算信息全部牢牢掌握在自己手里。这样严格的保密措施使得英国的预算从不公开到公开历经了一番漫长的政治改革考量和两权博弈过程。打破这层严格保密"坚冰"的是 1971 年的"弗兰克斯报告"(Franks Report) 和 1978 年的《官方信息公开法案》(The Official Information Disclosure Act)。

(二) 1978 年《官方信息公开法案》实施以来的预算信息逐步公开阶段

1971 年，英国成立了一个对 1911 年颁布的《官方保密法》第二条的运用进行审查的委员会。第二年，该委员会提交了"弗兰克斯报告"，结论是，《官方保密法》的运用结果不能令人满意，应当进行改变。建议将信息保密的范围严格限制在有关国防、外交、内部安全等保密信息，有可能帮助犯罪活动或者阻止执行法律的信息，内阁文件和私人委托政府管理的信息，而开放其他政府信息，包括预算信息。1978 年，英国下议院弗罗德议员提出《官方信息公开法案》的提案。其内容有：(1) 确立使用政府信息的权利；(2) 废止《官方保密法》第二条；(3) 建议制定法律取代《官方保密法》。"弗兰克斯报告"和《官方信息公开法案》的提案并没有在立法程序上取得任何实际成果，只是为后来的政务公开作了思想方面的准备。这个阶段的工作打破了英国行政文化中政府信息严格保密的坚冰。

1980～1991 年，政府预算公开随着政府政务公开一起，进入初步尝试阶段。初步尝试以"部长管理信息系统"和"财务管理方案"为标志，其成果是《数据保护法》(Data Protection Law)、《利用地方政府信息法》(Using Local Government Information Law) 和新《官方保密法》(Official Secrets Act) 三项法律。部长管理信息系统是撒切尔政府中的环境大臣赫塞尔廷于 1980 年在自己主管的环境部里建立的管理机制和技术，目的是使高层领导能够随时了解部里的情况。1982 年，部长管理信息系统被正式扩展到政府各部门，该系统的名称也随之改变为财务管理方案。财务管理方案由财务部颁布，内容并不限于财务管理，它包括公共管理的很多内容，因此，财务管理方案其实是部长管理信息系统的扩展、延伸和系统化。英国"部长管理信息系统"和"财务管理方案"是英国政府在严格意义的政务公开方面进行的第一次尝试。首先，它们突破了单纯要求信息公开的范畴，进入了政府改革或者说公共管理改革的范围。其次，它们是首次将信息技术与政府改革相结合，从而首次从信息角度推进政府事务管理。这两项改革举措起步于信息系统，以信息作为改革突破口，但是，其发展轨迹没有导向预算信息公开或政务公开，最终却导向了当时英国公共管理改革的主旋律——效率。

因为，公共管理改革和预算公开在很大程度上受政府执政理念的影响。当时，以撒切尔夫人为首相的保守党政府执政，在公共管理领域推行改革的主题是"效率"，改革的基本途径是"市场化"，基本理念是"私有化优于公有化"。这种新自由主义的意识形态主导了英国公共管理改革的一切举措。作为信息公开和政务公开的初步尝试，管理信息系统和财务管理方案很快就被淹没在效率的主旋律中。

但是，单纯的信息公开工作在这个阶段却取得了初步实质性的成果，通过了在几个特殊领域的信息公开的法律。1984 年，英国通过《数据保护法》（Data Protection Law），赋予个人查看储存在计算机中关于自己信息的权利。但该法仅适用于自动运行的设备记录的信息，不包括人工记录的信息。同时，该法仅适用于个人信息，公司和其他组织不受该法管辖。同年，通过《利用地方政府信息法》。该法不仅规定了使用政府文件的权利，还规定了参与政府会议以及了解会议背景文件的权利。1989 年，通过新的《官方保密法》，大大缩小并严格限制需要保密的官方文件范围，该法还规定受保护信息的依据是披露该信息可能产生损害，这就为日后《信息公开法》（Information Disclosure Act）的制定扫除了障碍。

1991 年，梅杰首相上台，撒切尔政府以"效率"为中心、以"市场化"为基本途径的改革被以《公民宪章》为旗帜的新一阶段改革取代，从而使英国中央政府政务公开（包括预算公开）进入新的实质性启动阶段。所谓"公民宪章"，基本含义就是由政府出面为所有承担公共服务的机构和部门制定原则和职责，同时赋予公民、组织或个人以一定的权利和自由。其目的是为了改善公共机构提供服务的"质量、选择、标准和价值"。"公民宪章"的适用范围是具有一定垄断性质的公共部门和公共服务单位，包括铁路、邮政、水电、环境卫生、城市公交、公共文化设施、户籍管理、公共安全、执照核发等部门。《公民宪章》触及到了政务公开的核心。首先，《公民宪章》是一项公共管理改革举措。它确立了公众利益优先的基本原则，通过改善政府运作方式，从而更好地为公众提供公共服务。其次，《公民宪章》选择信息公开作为改善政务的突破口，明确规定公共服务信息必须向公众公开，使公众利益优先原则得到具体落实。这样，信息公开和政务公开相互结合，信息公开是以改善公共服务为目的，政务公开通过信息公开的具体途径得到落实。《公民宪章》同时也为政府预算公开确立了基本原则，明确了基本实施途径。

（三）2000 年《信息公开法》通过以来的预算公开常态化阶段

1997 年，工党在大选中击败保守党，上台执政。工党政府上台之后即采取一系列措施推进政府信息公开工作，最重要的措施就是完成信息公开的立法。英国首相布莱尔把信息公开同民主国家中的人权相联系。1997 年 12 月，布莱尔政府发表《你的知情权》（Your Right to Know）白皮书，明确提出了制定《信息公开法》（Information Disclosure Act）的目的："政府从一开始就没把信息自由法当做一项孤立的立法，而是当做其全面宪法改革的一个部分，旨在提供一种新的统治方式，这种方式是透明的、负责的、把选民当做公民而不是臣民的统治方式。"这就从理论上确定了信息公开和政务公开之间的联系：信息公开是手段，政务公开才是目的。1999年12月，《信息公开法》公布。2000年11月30日，《信息公开法》获得通过。2005年1月1日，《信息公开法》正式生效（见表2-1）。

《信息公开法》对预算公开有重大意义。政府根据《信息公开法》的细则定期对外公布预算前报告、预算报告、资源会计报告（政府财务报告）以及月度报告等内容。预算报告包括《经济和财政战略报告》、《财政说明和预算报告》。其中，前者主要用来概述政府未来的长期目标、战略以及如何实现财政目标，后者则主要描述了政府短期经济、财政预测和预算中包含的政策细节。除此之外，英国政府还对外公开很多与预算有关的文件，如财政部、国内收入署、海关总署等部门发布的文件，作为其部门预算的补充，解释收支措施的背景与细节等。另外，《信息公开法》赋予英国公民监督政府如何花钱的权利，而且监督的渠道多种多样。首先中央政府会在国家财政部网站上公布上一年的财政花销，每一笔账都清楚明了地按其用途进行分类并用PDF格式记录，并同时公布下一年的预算报告。地方政府也会在其网站上公开地方预算，公民只需要登录当地政府的网站便可以查询细到每天在自己家门口做清洁的环保工人的月收入。同时，国家统计局也会按年度公开统计数据，其中涵盖了政务花销的各项细节。

表2-1　　　　　　　　　　　英国预算公开大事年表

	时间（年）	事件名称
预算制度形成	1215	《大宪章》
	1689	《权利法案》
	1787	《统一基金法案》
预算信息公开	1971	《弗兰克斯报告》
	1978	《官方信息公开法案》
	1980~1991	《数据保护法》、《利用地方政府信息法》和新《官方保密法》的颁布
	1991	梅杰首相发动以"公民宪章"为旗帜的改革
	2005	《信息公开法》正式生效

二、英国预算信息公开计划

为了方便各部门更好地履行政府信息公开的义务，英国信息委员办公室（Information Commissioner's Office，ICO）专门制定一套政府信息公开计划的模板，其中具体分为两个版本。其中一个版本是针对某些特殊的政府部门，这一类的政府部门所掌握的政府公共信息并不是都要公开，只是部分公开；另一个版本是通用的，除了上述的特殊部门以外的各部门都适用这个版本（见专栏2-1）。

专栏 2-1

英国信息公开的相关监督管理机构职责

➢ 信息委员（Information Commissioner）

根据《信息自由法案》，指定"信息委员"首要负责监管该法案的实施，信息委员直接向议会负责，信息委员办公室（Information Commissioner Office，详情参见其网址：www.ico.gov.uk/）为具体执行部门，主要职能包括培训和引导公众获取公共部门信息、答复公众疑问，并对公共部门违反该法案的行为有执法权。此外，该办公室还对《数据保护法》、《环境信息条例》和《个人隐私及电子通信条例》的实施进行监管。

➢ 信息法庭（Information Tribu）

根据《信息自由法案》，由信息法庭负责处理有关《信息自由法案》的诉讼。该法庭由数据保护法庭（Data Protection Tribunal）改名而来。（详情参见网站：www.informationtribunal.gov.uk/）

➢ 公共部门信息办公室（The Office of Public Sector Information）

该办公室隶属文书局（The Stationery Office），其主要职能包括：负责公共部门的信息政策及标准的制订、公共部门信息汇总和管理、政府部门信息版权管理、指导政府部门执行有关信息法案、指导公众利用公共部门的信息等。（详情参见网站：http://www.opsi.gov.uk/）

➢ 司法部（Ministry of Justice）

其有关职能包括：负责《信息自由法案》和《数据保护法》及相关法律的司法解释和政策制订、向信息委员和信息法庭提供资助、监督中央政府对法案的执行情况、为中央政府执行法案提供指南并协调各部门间的信息共享等。（其详情参见网站：http://www.opsi.gov.uk/）司法部的有关职能由宪法事务部（Department for Constitutional Affairs）转来。

（一）适用于一般部门的政府公开计划[①]

政府公开计划的模板一般情况下每四年更新一次，具体的工作由信息委员会办公室（ICO）来完成。模版适用于一般部门的政府公开计划，各机关部门可以不加任何修改直接套用，或是在能够提出合理解释并且合法的前提下可作修改。当新版本的政府公开计划出台时，信息委员会会专门通知各部门实时更新自己的政府公开计划。

1. 计划中承诺的公民权力

（1）各部门必须主动、及时的公开所持有的政府信息，包括行程、环境信息等各类信息；（2）按照公开计划中的信息分类标准对自己所公开的信息进行归类，并且分

---

① ICO 2013. Model-publication-scheme.

门别类的公开,以方便信息使用者的获取和使用;(3)要积极主动地按照信息委员会所制定的公开计划公开自己持有的政府信息,公开的信息必须保持和公开计划的一致性;(4)定期提供制作和发布具体信息的方法,以便它可以很容易地识别和市民访问;(5)要定期审查和更新根据这项计划提供的信息,以保证所提供的信息的权威性;(6)制定各项信息的收费价目表,方便市民的查询;(7)确保自己制定的政府信息公开计划能够方便的被大众获取;(8)政府机构在公布任何数据或者是信息时,最好以电子版的形式公布,那样方便重复利用。当然前提是各部门认为可以用电子版的形式公布的数据和信息,如果公布的信息涉及版权问题并且版权的所有人是公布该信息的机构的话,在数据重复使用时必须得到相应的授权。

2. 政府公开信息的分类

(1)公布机构的一些基本信息,主要包括:机构的职能范围、具体地址、联系方式和通讯方式、与部门相关的一些法律、法规;(2)部门的财务信息,这部分主要涉及各部门的经费来源情况以及各项支出的明细,包括部门的具体收入和支出,与部门有关的招投标、合同、政府采购等信息;(3)当前部门的工作重心,优先项目,针对部门的工作重点所提出的实施步骤和策略,以及策略的可行性分析;(4)部门政策的制定,包括部门政策的讨论协商机制,决议通过的程序,部门内部的评价标准等;(5)当前,为保证部门履行职责所达成的书面协议;(6)法律中明文规定的与部门职能有关的登记在册的信息、数据等;(7)部门向市民提供各项服务的记录,包括指导、建议,发放的宣传手册、传单,对服务的详细描述。

3. 公开计划中不包括的信息

(1)法律明文规定不允许公开的内容,或是《信息自由法案》中规定免于公开的信息;(2)尚未正式实施的一些方案,这些方案还未最终成型,尚处在讨论修改阶段。涉及这些的公共信息可以暂免于公开;(3)最后一类信息是已存档封存的或是类似封存这种情况而导致无法轻易获得信息。

4. 信息公开的途径

在公开指南中明确规定各部门有义务告知公民信息公开的范围以及获取的方法途径。各部门必须把公开的信息上传到各自的官方网站上。考虑部分人不方便上网或是不愿意上网,政府部门除了在自己的官网上公布信息外还应该配合着别的公开途径,尽可能地满足民众对公共信息的需求。对于有些信息公开的方式比较特殊,只能是想要了解该信息的人亲自观看。对于这种情况,信息持有部门要提供有效的联系方式,有专人负责安排对该信息提出要求的人亲自观看。各部门公开的信息必须以法定的语言呈现,有明文规定除了官方语言以外还应该采用的语言,信息持有部门有义务翻译该信息,提供相应的版本。为了不违背残疾人保护法等诸如此类的法律,信息持有部门还应该在提供政府公共部门的信息时,还应该按照此类法律的规定以相应的方式提供信息。

5. 部门信息公开的收费标准

首先政府公开信息的目的是在于以最小的成本给公民提供最多的政府公共信息公

开服务，并非想借助政府信息的公开赚取报酬。所以收费并非是重要目的，所以一般在各部门官网上提供的信息都是免费的，部分需要收费的信息也是按照议会的制定的收费标准来实施的。收费的情况大多都是为了提供该项信息所需要额外垫付的款项，比如说打印费用、邮寄费用、包装费用或者其他一些与获取该信息有关的直接成本。还有就是一些涉及版权的信息，为此信息使用人必须支付相应的版权费。当信息使用人在需要了解这些收费的信息时，只有在信息最终获取的时候才确认缴费。

（二）适用于特殊部门的政府公开计划[①]

特殊政府公开计划的模板一般情况下同样是每四年更新一次，具体的工作由信息委员会来完成（见专栏2-2）。适用于特殊部门的政府公开计划，各机关部门可以不加任何修改直接套用，或是在能够提出合理解释并且合法的前提下可做修改。当新版本的政府公开计划出台时，信息委员会会专门通知各部门实时更新自己的政府公开计划。

这里所谓的特殊部门是指在部门的职能中除了公共职能以外还具备其他职能，这一类部门的活动内容只有一部分涉及公共服务。对于这一类部门他们只需要公开涉及的公共服务的活动信息，而除此之外的信息不在公开范围之列。涉及公共服务的信息的公开范围、公开方式、公开途径、收费标准都和一般部门的一样，所以在这里就不再赘述。

专栏2-2

英国内政部的信息公开计划　（Publication scheme）

英国内政部的官网上公布的财务信息包括7项（不同的部门公布的具体项目有所差异），分别是：[①]

① 政府财政支出中所有超过25 000英镑的支出细节，在英国内政部的官网上你可以下载到不同格式的数据。一般情况下，这些信息是按月披露的。

② 部门通过政府采购卡（Procurement card）花费超过500英镑的所有项目的明细账。政府采购是政府财政支出的重要部分。为了限制预算单位提取、使用现金进行采购结算，提高小额政府采购的透明度和规范性，自20世纪开始，英国政府就在全国范围推行公务卡采购工作。

③ 内政部的膳食费用，每个季度末都会在内政部的网站上公布上一季度的全部膳食开销细节信息。

④ 每一年都会公布部门的所有员工的任职情况，与任职情况相对应的是每一名内政部工作人员的工资、福利细节和发放情况。

⑤ 部长的公务接待费（ministers' hospitality data），这个项目的支出大致分为三类，即车旅费、礼品费、会议费。每一项支出无论金额大小都会有记录，由于这项支出不

---

① ICO 2013. Model-publication-scheme-for-bodies-only-covered-for-certain-information.

是固定的，所以公布的时间也不一定。

⑥ 内政部聘请的特别顾问、报纸的编辑，媒体评论人的具体花费也在公开范围以内。

⑦ 每年都要公布政府重大项目投资组合数据。

资料来源：英国内政部网站。

在英国财政稳固性准则中就明确提到了英国政府制定和贯彻财政政策时，要把透明作为一项重要原则。而透明性原则是指政府应该公布足够的信息让公众审查财政政策的进程和公共财政的状态，并且不得隐瞒信息，除非满足以下情形：[1] 第一，实质性伤害：(1) 英国国家安全、国防以及国际关系；(2) 调查、起诉、预防犯罪以及民事诉讼进程；(3) 隐私权；(4) 其他党派（parties）与政府秘密通信的权利；(5) 政府进行商业活动的能力；第二，损害政府决策和政策咨询过程的完整性。

从上述规定来看，在英国只要符合条件的信息都可以进行公布。此外，该准则还规定如果一个财政年度只有一部预算，财政部必须至少提前三个月公布其前预算报告。财政部还应该在预算期内公布一份财政决算和预算报告，预算报告至少应该提供：(1) 经济和财政计划；(2) 对预算案中提及的重大预算政策措施的解读；(3) 在必要的时候，解释财政政策如何使其与相应目标相一致。

根据守则内容要求，财政部在公布报告时还要指出在什么地方报告的副本供免费查询以及在哪购买报告副本。财政部应当确保每个报告公布后至少六个月内可供购买，且所有报告的副本都应该放在财政部网站上。

三、英国预算公开的内容

在英国信息委员办公室（Information Commissioner's Office，ICO）编发了《信息自由法案》指南中明确规定了政府各部门应该公开的政府预算信息的范围和内容。该指南规定为了实现公民对政府预算信息的知情权，提高政府部门的透明度，要求每一个公共机关必须主动发布信息，并且制定出自己专属的公开计划（Publication Scheme），该计划在正式公布实施之前需要由信息委员办公室（ICO）批准，通过批准之后才能公布该计划所涵盖的信息。大多数部门的做法是将他们根据《信息自由法案》制定的公开计划上传到他们的官方网站上，通常命名为信息公开指南（Guide To Information）或者是公开计划（Publication Scheme）。为了保证当任何公民在提出对政府公共信息要求时能够得到及时、妥善的处理，要求各部门必须使自己的职员充分的熟悉本部门的公开计划，在接到信息申请时能够快速的解决。在计划中各部门必须承诺定期的公开不同类别的信息，诸如某些类别的政策和程序，会议记录，年度报告和财务信息。为了帮助各部门编制自己的公开计划，信息委员办公室（ICO）开发了一套模板供各部门参

---

[1] The Code for FiscalStability, page 8.

考。这套模板有两个版本,一个为大多数公共部门制定的,另一个是针对少数只需要公布自己的部分公共信息的机构所制定的。但是按照公开计划释放的信息只是个政府部门应该公开的信息的最低标准。如果市民想要了解的信息涉及计划中没有列出的信息,那么他们仍然有权提出诉求。

(一) 英国预算报告内容

英国的预算报告大致可以分为五个方面。第一,对未来经济发展的预测,包括未来三年 GDP 的增长预期,未来的就业和失业情况,主要经济指标的预测;第二,财政预测,这部分主要是预测未来政府部门的财务情况,政府负债规模将如何发展,为了配合未来的发展战略如何安排未来的政府收支;第三,政府应对日益增高的负债的对策,公共部门净债务占 GDP 的比重预计在 2016~2017 财年将达到峰值,占 GDP 的 85.6%,为了解决政府日益攀高的负债问题,英国政府制定具体的收支计划;第四,为了实现经济增长,解决就业问题,采取一些具体的措施,包括货币政策和财政政策的具体实施细节;第五,实现社会公平,政府的经济和财政战略基础是对公平的承诺和对勤劳致富者支持的意愿。财政预算案公布的政策使税收和福利制度更加公平,支持发展,把家庭生活和企业生产成本降下来。

预算年度结束后,政府各部门要对本部门的各项收支、财产、往来款项等进行年终清理,在清理的基础上结算各类收支账户,然后编制决算报告书,连同决算附件报送财政部。各部门每年还须提出公共支出报告,向议会和公众报告部门公共支出的状况。部门报告由财政部汇编成《公共支出白皮书》于每年春天出版。

(二) 英国政府财务报告内容

1. 英国政府财务报告的主要内容

英国针对整体政府财务报告的工作经历了相当长的一段时间。在 1997 年 5 月的大选中,工党取代保守党成为了执政党,并且在 1998 年作出了在 2005~2006 年左右完成英国整体政府财务报告实行权责发生制的决定(Chow et al., 2007;埃尔伍德, 2002;奈克, 2005)。2001~2002 财年,英国首次在中央政府部门预算中采用权责发生制。从 2003 年开始,政府公布权责发生制基础的合并会计报表,以权责发生制为基础的中央政府会计体系逐步形成。但是,政府原先确定的完成经审计的权责发生制下英国整体政府财务报告的时间表其后被数度延长。2011 年 7 月,英国财政部发布了一份未经审计的 2009~2010 财年的英国整体政府会计总结报告。根据 2009~2010 年总结报告第一条,审计长公署必须依法在 2011 年 10 月 31 日前就 2009~2010 财年完整的英国整体政府财务报告提出意见,并且英国财政部必须在 2011 年 12 月 31 日之前发布经审计的财务报告(HM Treasury, 2011c)。该时间表最终得到实现,财政部在 2011 年 11 月发布了经审计的截至 2010 年 3 月 31 日财年的整体政府财务报告(HM Treasury, 2012)。

目前,英国中央和地方各部门都按照权责发生制编制政府财务报告,中央政府也按权责发生制编制整体财务报告(包含了各级地方政府在内的超过 1 000 个公共实体），其中主要包含综合财务状况表、综合净支出报表、综合现金流量表和综合权益变动表及相关财务报表附注等（见表2-2、表2-3、表2-4）。

表2-2　　　　　　英国中央政府××年综合财务状况表

科目名称 Description of accounts	金额 Amount
非流动资产 Non-current assets	
物业、厂房及设备 Property, plant and equipment	
无形资产 Intangible assets	
一年以上到期的应收账款及其他应收款 Trade and other receivables due after more than one year	
可供交易金融资产 Available-for-sale financial assets	
贷款和预付款项 Loans and advances	
银行客户贷款 Loans to banking customers	
贷款对冲资产 Loan hedging asset	
一年以上到期的衍生金融资产 Derivative financial assets expiring after more than one year	
非流动资产总计 Total non-current assets	
流动资产 Current assets	
现金和现金等价物 Cash and cash equivalents	
存货 Inventories	
一年内到期的应收账款和其他应收款 Trade & other receivables due within one year	
可供出售资产 Assets classified as held for sale	
银行客户贷款 Loans to banking customers	
贷款对冲资产 Loan hedging asset	
一年内到期衍生金融资产 Derivative financial assets expiring within one year	
流动资产总计 Total current assets	
资产总计 Total assets	
流动负债 Current liabilities	
一年内到期的应付账款和其他应付款 Trade and other payables due within one year	
一年内到期准备 Provisions due within one year	

续表

科目名称 Description of accounts	金额 Amount
现金抵押 Cash Collateral	
已发行债券 Debt securities in issue	
一年内到期衍生金融负债 Derivative financial liabilities expiring within one year	
流动负债总计 Total current liabilities	
非流动资产与净流动资产合计 Non-current assets plus net current assets	
非流动负债 Non-current liabilities	
一年以上应付账款和其他应付款 Trade and other payables due after one year	
一年以上到期准备 Provisions due after more than one year	
金融担保 Financial guarantees	
发行长期债券 Debt securities in issue	
一年以上到期衍生金融负债 Derivative financial liabilities expiring after one year	
其他金融负债 Other financial liabilities	
非流动负债总计 Total non-current liabilities	
资产减负债 Assets less liabilities	
权益 Equity	
一般准备 General fund	
可供交易准备 Available-for-sale reserve	
重估准备 Revaluation reserve	
对冲准备 Hedging reserve	
养老金准备 Pension reserve	
兼并准备 Merger reserve	
少数股东准备 Non-shareholder's funds	
权益总额 Total equity	

资料来源：英国财政部。

表 2-3　　　　英国中央政府××年综合净支出报表

科目名称 Description of accounts	金额 Amount
销售商品和提供服务收入 Income from sale of goods and services	
其他营业收入 Other operating income	

续表

科目名称 Description of accounts	金额 Amount
营业收入总计 Total operating income	
人工成本 Staff costs	
购买商品及服务 Purchase of goods & services	
折旧及减值 Depreciation & impairments	
准备金 Provisions	
其他营业支出 Other operating expenditure	
营业支出总计 Total operating expenditure	
融资前净营业支出/(收入) Net operating expenditure/(income) before financing	
实物资本收入 Capital grant in kind income	
实物资本支出 Capital grant in kind expenditure	
财政收入 Finance income	
财政支出 Finance expenditure	
金融资产和金融负债估值变动 Revaluation of financial assets and liabilities	
资产处理净收益 Net gain on disposal of assets	
税前净(收入)/支出 Net (income)/expenditure before tax	
税金 Taxation	
税后净(收入)/支出 Net (income)/expenditure after tax	
净行政(收入)/支出 Net administration (income)/expenditure	
净项目(收入)/支出 Net programme (income)/expenditure	
其他综合净(收入)/支出 Other comprehensive net (income)/expenditure	
储备资产净收入 Net gain on assets recognised in reserves	
当期确认的储备转化资产净收入 Net gain on assets transferred from reserves and recognised as income in year	
对冲储备净损失/(收入) Net loss/(gain) in hedging reserve	
物业，厂房及设备重估变动 Revaluation of property, plant and equipment	
养老金计划负债精算损失 Actuarial loss pension on scheme liabilities	
本年净综合(收入)/支出 Net comprehensive (income)/expenditure for the year	

资料来源：英国财政部。

表 2-4　英国中央政府××年综合现金流量表

科目名称 Description of accounts	金额 Amount
经营活动现金流量 Cash flows from operating activities	
融资前净经营（收入）/支出 Net operating (income)/expenditure before financing	
非现金交易调整项目 Adjustment for non-cash transactions	
非现金营运资本变动 Changes in working capital other than cash	
银行客户贷款增加及偿还 Additions and repayments of loans from banking customers	
银行客户贷款销售收益 Proceeds on sale of loans to banking customers	
准备金使用 Use of provision	
UKAR 衍生金融工具以及其他金融工具现金流 UKAR derivative and other financial instrument cash flows	
已纳企业所得税 Corporation tax paid	
经营活动现金净流量 Net cash flows from operating activities	
投资活动现金流量 Cash flows from investing activities	
财政部衍生金融工具现金流入 Receipt of cash from HMT derivative financial instruments	
金融机构股份销售收益 Proceeds from sale of shares held in financial institutions	
投资证券及其他金融资产出售与赎回收益 Proceeds from sale and redemption of investment securities and other financial assets	
非金融资产销售收益 Proceeds from sale of non-financial assets	
非金融资产购买 Purchase of non-financial assets	
发行债券现金净流出 Net cash outflows from debt securities in issue	
利息、股利及其他财政收入 Receipt of interest, dividend and other finance income	
利息及其他财政支出 Payments of interest and other finance expenditure	
金融资产增加 Additions to financial assets	
金融资产偿还 Repayment to financial assets	
养老金缴款净超出额 Net excess of pension contributions over costs	
投资活动现金净流入 Net cash inflow from investing	
筹资活动现金流 Cash flows from financial activities	
政府财政账户现金流 Cash from the Consolidated fund (non-supply)	
预备金借款 Advances from the Contingencies Fund	
预备金偿还 Repayments to the Contingencies Fund	

续表

科目名称 Description of accounts	金额 Amount
资产负债表上 PFI 合同的资本要素支付 Capital element of payments in respect of on-balance sheet PFI contracts	
发行伊斯兰债券 Issuance of Sukuk	
筹资活动现金净流量 Net cash flows from financing	
调整前现金及现金等价物净增加 Net increase in cash and cash equivalents before adjustments	
政府财政账户偿还额 Payments of amounts due to the consolidated fund	
支付政府财政账户剩余现金 Excess cash paid to the consolidated fund	
调整后现金和现金等价物净（减少）/增加额 Net (decrease)/increase in cash and cash equivalents after adjustments	
期初现金和现金等价物总额 Cash and cash equivalents at the beginning of the period	
从核心到集团的现金流动 Cash movement from Core to Group in year	
期末现金和现金等价物合计 Cash and cash equivalents at the end of the period	

资料来源：英国财政部。

2. 部门财务报告的主要内容

英国政府部门年度财务报告通常被称为资源报告（Resource Accounts）。资源报告主要由年度工作报告、会计主管职责公告、内部控制声明、主要财务报表及附注、审计报告五部分组成。主要财务报表及附注是资源报告的核心部分。

政府部门的年度财务报表主要包括六种：一是议会批准资源表（Statement of Parliamentary Supply）。该表主要反映政府部门获得议会批准的年度资源和净现金的预算数与实际发生数。二是经营成本表（Operating Cost Statement）。该表主要反映政府部门在一个财政年度内日常营运活动发生的成本和取得的收入。三是确认的利得与损失表（Statement of Recognized Gains and Losses）。该表主要反映政府部门的资产估值变动所产生的确认的利得与损失情况。四是资产负债表（Balance Sheet）。该表主要反映政府部门在一个财政年度结束时所持有的资产、负债及净资产情况。五是现金流量表（Cash Flow Statement）。该表主要反映政府部门在财政年度内的现金流入、流出及余额情况。六是按部门活动目标分析的经营成本表（Statement of Operating Costs by Departmental Aim and Objectives），主要反映政府部门每类活动的成本情况。[1]

会计报表附注是资源报告中篇幅最长、分量最重的一部分，主要是对财务报表反映的信息做进一步的解释说明，以帮助信息使用者更好地理解财务报表。英国要求政

---

[1] http://wiki.mbalib.com/wiki.

府部门在会计报表附注中，详细说明本部门采用的会计政策；按部门活动种类列示各种活动对资源的预算数与实际需求数，并解释预算数与实际数之间的差异；分析调整资源与现金需求之间的差异。此外，还要求在附注中反映详细的成本分析、收入分析、或有事项说明、一般基金及各种储备变动分析、资产负债表外事项说明、金融工具及风险分析等。总之，财务报表附注的撰写要比编制财务报表难度大得多，需要会计人员具备较高的财务分析能力和职业判断能力。

3. 部门财务报告的报送时间及程序

2000 年实施的英国《政府资源与会计法案》（Government Resources and Accounting Act）规定，政府部门应于每个财政年度结束后 8 个月之内（也即最晚不得晚于每年 11 月 30 日），向审计总署提交上一财政年度资源报告以接受审计。审计总署则应于次年 1 月 15 日之前完成对部门资源报告的审计并将审计后的资源报告送交财政部。财政部则应于 1 月 31 日之前将所有部门的资源报告呈交议会。

除了法定时间要求外，英国财政部对各政府部门报送资源报告的时间另有专门要求，比法定时间要求更为及时。目前，在实际管理过程中，英国要求各政府部门自财政年度结束后 91 天内将审计后的部门资源报告呈交议会。

四、英国预算公开的方式

政府信息公开的方式分成"主动公开"和"被动公开"两种类型。主动公开由政府部门自行拟定"公开计划"实施，计划应详细说明公开信息的种类、公开方式、取得信息的费用等问题。未列入公开计划的政府信息，公众需要通过书面申请的方式公开。对于口头申请，政府部门可以拒绝公开。因各种原由无法提出书面申请的公众，政府部门应予以帮助，或告之能为其提供帮助的政府部门。对于公众的"信息公开请求权"，政府部门有两项义务：其一，肯定/否定义务，即告知申请人本部门是否持有该信息；其二，提供义务，即如果本部门持有该信息，应向申请人提供。政府部门应在收到申请书 20 个工作日内，履行上述义务。特殊情况下，最多不超过 60 个工作日。

公共机构主动公开信息的主要程序是：国务大臣颁布公共机构信息公开指南，各公共部门根据《信息自由法》和信息公开指南，编写信息公开目录，提交信息专员署审核通过，按照信息公开目录，按时逐项公开。信息公开目录一般四年修订一次，各部门也可根据实际随时修改，但必须提交信息专员审核通过才能实施。依申请公开的程序是：申请人向索取信息的公共机构提出书面申请，申请内容包括申请人的姓名、联系地址、要求公开的信息，不必写明信息的用途。公共机构接到申请后，根据申请的内容，判断申请的信息属于公开的信息还是例外信息，如属于公开的信息，公共机构必须在规定时间内对申请做出答复。如果属于例外信息，公共机构拒绝提供要求的信息，但必须在规定时间内通知申请人申请的信息属于例外情况及其理由。

（一）主动公开

主动公开方式主要是指英国"当局"拟定公开计划，一项公开计划载有一个机构应当定期提供的各种信息,这些信息应当很容易被任何人发现和使用。由于定期公布信息作为一个机构正常业务的一部分,因此这些信息应当很容易通过代理网站获取或者很迅捷快速地被机构官员发送出去(见专栏2-3)。

专栏 2-3

英国《信息自由法案》中公开计划相关规定

第 19 条款部分规定:
(1) 每一当局的责任包括---
  (a) 采纳并维持一项计划,其中涉及当局公布并得到信息委员会批准的信息;
  (b) 按照其出版公开发布信息;
  (c) 不时地审查其公开计划;
(2) 一项公开计划必须---
  (a) 定义当局发布或拟发布信息的类别;
  (b) 指定每种类别信息发布或拟发布的方式;
  (c) 指定是否该材料会或者将会免费或者收费;
(3) 在采纳或者审查其公开计划的时候,当局应当顾及公众利益---
  (a) 在允许公众获取政府持有的信息的时候;
  (b) 在公布当局决定原因的时候;
(4) 当局应该在其认为合适的时候公布其公开计划;
(5) 在通过一项计划的时候,署长也许会在指定期限到期时批准计划;
(6) 凡是署长批准的任何当局的公开计划,他可以在给当局发出通知日起6个月内任何时候撤销其批准;
(7) 凡是信息官(Commissioner)---
  (a) 拒绝批准公开计划,或者
  (b) 撤销其批准的公开计划;
➢ 他必须给当局说明他这样做的理由。

资料来源:Ministerial Guidelines, page3。

上述规定对英国公开计划作出了要求,首先是每个政府部门都有公开发布其信息的责任与义务,其次,规定了公开计划的内容,即哪些内容应该包含在公开计划中。最后指出了政府在发布公开计划的时候应该遵循的规则,如果"信息官"拒绝或撤销其公开计划,要说明拒绝或者撤销的理由。

(二) 依申请公开

英国《信息公开法》规定申请人需就信息公开提出书面申请,相关政府机关有义务在其申请过程中提供咨询。政府机关收到申请后如决定可以公开,须在20天内通过复印、查阅、摘抄或其他方式提供；如决定不能公开，须书面通知申请人并明确告知不予公开的理由。① 即没有列入公开计划的信息可以通过申请公开获得。任何人都可以向当局申请公开信息，对于符合公开条件的信息当局需予以提供，不符合公开条件的信息当局需向申请人说明原因（见专栏 2-4）。

专栏 2-4

英国《信息自由法案》中依申请公开相关规定

8-（1）本法案任何提及"信息申请"都要求申请信息---
　　（a）是以书面形式；
　　（b）写明申请人的名字和相对应的住址；
　　（c）描述所要申请的信息；
（2）若以（1）（a）为目标的，满足以下情况将被视为以书面形式提供
　　（a）以电子形式传送；
　　（b）以清晰的形式被接收，且
　　（c）能够被用于后续参考；

17-（1）如果一项信息属于豁免，则当局应该在 1（1）所规定的时间内给申请人以通知：
　　（a）说明事实；
　　（b）指出问题中的豁免信息；
　　（c）说明为什么豁免条款适用。

14-（1）1（1）条款没有规定当局有义务遵守无理取闹的申请；
　　（2）当局没有义务遵守申请人的重复申请，除非先前申请与当前申请具有合理的间隔。

资料来源：英国《信息自由法案》。

上述规定对公民申请信息公开作出了要求，对政府信息豁免权的使用作出了具体规定。如果政府部门拒绝公众的信息公开申请，该申请人可以寻求法律援助，援助途径包括信息专员、信息裁判所、法院等。其中信息专员在接到申请人的申诉后，要作出三种通知决定：认定通知，即认定政府部门拒绝公开信息的做法是否违法；执法通知，命令政府部门向申请人公开信息；信息通知，命令政府部门向信息专员说明其作出不公开信息的理由。如果政府部门不执行上述任何一项"通知"，亦未申诉，信息专员可以认定该政府部门行为违法，移送相关机构以"藐视法庭罪"论处。

---

① 李云驰：《英国政府信息公开立法的比较与借鉴》，载于《国家行政学院学报》2012 年第 3 期。

五、英国预算公开的途径

英国预算公开的途径主要分为传统途径和网络途径。传统途径对应传统媒介，英国比较著名的媒体有 BBC、泰晤士报、路透社等，这类媒体会在第一时间发布英国预算报告以及进行相关解读。英国国家档案馆建立了非常完备的档案信息资源服务体系，包括联机目录、国家数字档案库、"获取档案"项目、国家档案登记系统等，可为公众提供全面的档案信息服务。此外，英国国家档案馆对于正式出版（网络出版）的政府信息资源和未正式出版的政府信息资源采取了不同的公开与服务方式，2003 年 9 月，建立了专门选择性收藏英国中央政府网站的档案馆——英国政府网络档案馆，以收藏在网络上出版且易消逝的政府信息。英国政府网络档案馆采集并保存的网站信息都可以在万维网上公开、免费获取，主要包括"商业，工业，经济和金融"、"文化和休闲"、"环境"等 11 个主题，读者可以通过政府网络档案馆主页上的搜索引擎和专题索引工具进行检索利用，本国用户还可以直接到国家档案馆公共检索大厅进行查询。英国政府将未出版的政府信息资源看做国家资产的重要组成部分，国家档案馆下属的公共部门信息管理办公室通过创建信息资产登记系统（Information Asset Register，简称 IAR）的方式加以管理和提供利用。IAR 是由英国政府根据《1999 年政府部门出版物的未来管理政策咨询白皮书》（The Consultation on the Future Management of Crown Copyright）推出的集中式检索系统，其目标是覆盖英国所有政府部门和机构的信息资源，包括数据库、旧档案集、近期电子档案、统计数据集、研究项目等，并创建了 IAR 元数据，通过 Inforoute 站点提供服务。①

此外，作为近年来发展迅猛的网络在英国预算公开透明方面发挥了巨大的作用，英国预算信息大部分都是通过政府财政部的网站发布，而且在 2010 年英国政府新组建了预算责任办公室（Office of Budget Responsibility，OBR），在该机构网站上，政府预算也是重点。目前在英国，民众有以下几种主要途径了解系统精确的政府预算报告：第一是政府官方网站——英国财政部网站（HM Treasure），英国主要的预算信息可以通过财政部网站了解；第二是英国预算责任办公室（Office of Budget Responsibility，OBR）；第三是具有科研性质的研究机构网站——如英国财政研究所网站（Institute For Fiscal Studies），此类网站是对英国预算信息的具体解读，便于民众深入了解预算情况；最后是非官方的民间网站——如微博、推特等。

（一）英国财政部网站（HM Treasure）

英国财政部又称为 HM 财政部，是负责开展和执行英国政府的公共财政政策和经济政策的英国政府部门。民众可以从政府内阁网站进入英国财政部网站，也可以直接检索。值得一提的是，在公众参与板块中，英国政府为民众提供了几个主要渠道参政，

---

① 谭必勇：《欧美国家档案馆参与政府信息公开的路径及其启示》，载于《档案学通讯》2010 年第 6 期。

可以简单归纳为三种：第一种是政府会发布一些政策议题，让民众积极参与到政策制定中来。英国民众可以把自己的意见或建议发送给协商会，且政府机构在制定政策的时候会把这些建议或意见考虑在内。第二种渠道是民众可以创建一份请愿书影响议会和政府，如果请愿书有超过 10 万人在线签名，则将会提交下议院辩论。第三种渠道也是最迅捷的一种渠道就是通过一些社会媒介参与政府政策制定。除此三种主要渠道外，英国政府还提供了一些其他渠道（政策、参与途径）以适应不同人群的不同要求。

英国财政部网站在首页右端介绍了财政部 2014 年秋季（Autumn Statement 2014）、2015 年预算（Budget 2015）以及其他一些相关文件，网页中部简要介绍了英国财政部的职能，发布了一些财政政策与文件。如果想了解具体信息，右边还提供了几种渠道：Twitter、Flickr、YouTube 等，在这一类媒介上，公众可以自由发表对于预算信息的意见、看法，通过交流对新预算案有更加直观的认识。

网页底部则给出了英国财政部的联系方式，右侧还具体提供了投诉程序（Complaints procedure）以及透明数据（Transparency data），投诉程序详细介绍了民众投诉的方式以及如果对投诉结果不满意该如何继续申诉等问题，透明数据提供了大量关于财政部的信息供民众查询，公开期限因公开内容而异，有每年公开一次、每季度公开一次以及每月公开一次。

1. 财政部 2014 年秋季报告（Autumn Statement 2014）

2014 年 12 月 3 日英国财政大臣向英国议会作了 2014 年度财政秋季报告，报告中包括了财政部对经济增速预测、预期赤字率、印花税调整方案、个人贷款免税方案、私人储蓄账户收益继承办法改进及英国国家医疗服务体系初步预算安排等一揽子 2015 年度宏观财税金融事项的安排（合计向议会报告了十六大项以供审议）：

英国财政部 2014 年度秋季报告相当程度上相当于 2015 年度英国预算报告的征求意见稿，是英国财政部向议会提供的 2015 年度预算报告最原始审议资料，整份报告共计 109 页，报告主要说明了在全球经济疲软、欧元区经济复苏乏力的大背景下，英国 2015 年经济展望、预算政策安排重点及依据、主要改革方案推进步骤及预期影响等。

值得一提的是，在这篇秋季报告中，英国财政部结合内外部宏观经济环境，针对英国经济的严重不景气（great recession）提出了《政府长期经济计划》和"财政走可持续发展之路"的具体措施，同时公布了一系列雄心勃勃的税制改革方案、基础设施投资计划和民生保障项目，以期为风险积聚的英国国民经济提供稳定的预期和乐观的判断。同时，在 2014 秋季报告中提供的中期财政规划，体现了英国财政预算鲜明的跨期平衡特色。

2. 2015 年预算报告（Budget 2015）

英国 2015 年预算报告长达 124 页，报告主体分为两部分：第一部分是预算报告，第二部分是预算政策决定说明。报告从经济整体到微观个体都做了详细的描述，涉及政府、个人、企业等各方面：[1]

---

[1] UK Budget 2015: Let's hope the Chancellor has one or two rabbits under his hat.

英国整体情况：

- 经济总体：英国财政部预计 2015 年英国经济的增长率将达到 2.4%～2.5% 之间，2016 年将在 2.2%～2.3% 之间，2017 年为 2.3%，2019 年上升至 2.4%。总体上维持一个较低速度的增长。

- 政府财政：2009～2010 年度的政府净借款占 GDP 比重达到了第二次世界大战后最高峰（10.2%），此后这一指标逐年缩减，2014～2015 年度较 2009～2010 年度的 10.2% 缩减了近一半，故报告综合预计英国政府净借款占 GDP 比重在 2015～2016 年将下降至 4%。政府净债务在 2014～2015 年达到高峰，占 GDP 的 80.4%。报告同时指出英国如想走出欧债危机和全球金融危机的叠加影响，进而实现经济复苏，就需要严格控制结构化赤字带来的财政风险，具体措施包括出售估值 90 亿英镑的国有银行股权及 130 亿英镑的国有资产来弥补财政收入，盘活 100 亿英镑的政府存量资金投入使用，争取在 2016～2017 年度和 2017～2018 年度累计削减财政赤字达到 300 亿英镑。

- 居民就业：2014 年 12 月 3 日递交秋季财政报告时英国的就业率是 G7 国家当中最高的，就业人口数量达到了 3 090 万人，预计 2015 年随着中高等级技术岗位供给的增加，这一数字会继续增加，就业形势会更加乐观。

- 商业投资：英国财政部预计 2015 年商业投资会上涨 5.1%，与此同时可以带动居民消费需求上涨 2.6 个百分点，进而带动经济复苏。

个人影响：

- 税收缴纳：政府投资 2 亿英镑更新税收设备，引进推广税收办公软件，争取在 2015 年实现 5 000 万人的税务处理网络化。

- 基础设施：为了给长期经济增长奠定坚实基础，英国准备实行长期基础设施投资计划，计划包括实现边远地区宽带全覆盖、确保全国宽带最低速率达到 100Mbps、投资 6 亿英镑以构建 700MHz 的移动宽带等一揽子投资方案。

- 居民住房：政府将在 2020 年前累计投资 240 亿英镑用于保障性住房建设，创造住房增量 275 000 套，以保证更多居民获得房屋所有权。同时政府将继续调整税收政策支持已经执行多年的"Help to Buy"计划，刺激居民的住房消费。

- 居民储蓄与养老：个人储蓄存款的税收政策将在 2016 年 4 月份进行调整，免征额初步设计为 1 000 英镑和 500 英镑两档。同时预计终身津贴发放将于 2018 年 4 月 6 日起同年度 CPI 指数挂钩，这之前会根据养老形势变化来调整相应税收政策。

- 日常消费品：酒类税方面，自 2015 年 3 月 23 日起每品脱削减 1 便士。为了保证英国威士忌产业的持久繁荣，烈酒税率下调 2%。燃油税将在 2015 年 9 月份由每升 0.54 便士上涨至 1 便士。

企业影响：

- 企业所得税：预算报告声明将通过税制调整来实现商业环境的进一步优化，因此英国企业所得税主要税率将在 2015 年 4 月份由 21% 调整到 20%。报告同时指出2015年进行的企业所得税制调整和前文所述燃油税改革将会拉动GDP实现0.9%~1.3%的增长。
- 创造性部门和传媒行业：英国将在2015年把创造性产业和传媒行业的税收减免额度提高至企业可计量费用的25%，并且将在2015年4月份推出针对儿童传媒行业的税收减免方案，同时分别注入40亿英镑用于扩大传媒产业扶持基金和游戏产业扶持基金。
- 企业R&D：英国考虑出台一揽子计划使小微企业更容易享受到R&D支出方面的税收抵免，进而确保英国小微企业的发展壮大。
- 企业避税行为：继续推进包括DOTAs等在内的一系列反避税计划的完善与执行。

（二）英国政府预算责任办公室（OBR）

除在政府财政部网站上可以查阅主要预算信息外，预算责任办公室（Office of Budget Responsibility，OBR）网站也有大量详细的预算信息。预算责任办公室是财政部下属的一个非政府咨询机构，该机构主要有四项职责：对经济和公共财政进行预测；判断朝着政府财政目标所取得的进展；评估公共财政的长期可持续性；审查财政部税收和福利措施的成本。该机构主要发布经济和财政前景报告、财政可持续性报告、预测评估报告。

每个月财政部和国家统计局会联合发布最新的公共财政数据，而就在同一天预算责任办公室（OBR）会提供一个简要的数据分析，而且财政部发布的一系列公共部门财政数据和月度数据报告会提供在预算责任办公室（OBR）网站上。此外，英国规定预算责任办公室（OBR）每月发布任何补充性的预测信息，在信息的发布时间要与国家统计局发布公共财政数据时间为同一天。预算责任办公室（OBR）发布的信息会同时或先于OBR网站提供给议会。[1]

（三）英国财政研究所网站（Institute For Fiscal Studies）

该网站研究内容涉及税收与福利、公共财政和公共服务、不平等与教育、生产力和竞争、消费和储蓄等多方面，其中有一部分专门解读预算。网站会提供历年预算案和预算前报告以及部分支出报告，由机构专业人士对报告内容进行解读，民众可以通过阅读解读文章对预算案信息有一个更为清晰的了解。

（四）社交媒介类（Twitter、Flickr、YouTube）

除了专门的政府财政部和研究机构网站，英国的社会大众还可以在民间的网络上查找政府预算信息，这主要得益于YouTube、Flickr、Twitter等一系列民间信息网站的发展。

---

[1] http://budgetresponsibility.independent.gov.uk/wordpress/docs/release_policy.pdf.

1. 推特（Twitter）

Twitter（非官方中文译名为推特）是一个社交网络和一个微博客服务，它可以让用户更新不超过140个字符的消息，这些消息也被称作"推文（Tweet）"。这个服务是由杰克·多西在2006年3月创办并在当年7月启动的。Twitter 在全世界都非常流行，据 Twitter 现任 CEO 迪克·科斯特洛（Dick Costolo）宣布，截至2012年3月，Twitter 共有1.4亿活跃用户，这些用户每天会发表约3.4亿条推文。而在2013年8月16日，Twitter 更是创下了每秒发布143 199条消息的新记录。同时，Twitter 每天还会处理约16亿的网络搜索请求。Twitter 被形容为"互联网的短信服务"。网站的非注册用户可以阅读公开的推文，而注册用户则可以通过 Twitter 网站、短信或者各种各样的应用软件来发布消息。Twitter 公司设立在旧金山，其部分办公室及服务器位于纽约城。Twitter 是互联网上访问量最大的10个网站之一。由于 Twitter 是消息传播最快和便捷的通道，它的影响力近年来得到迅速的提升，西方多国政要与政府机构开始通过它宣传自身，英国曾于2009年7月要求公务员在推特上"顶"政府，[①] 英国政府一些部门也已经在使用"推特"宣传政府和引导舆论。英国税务海关总署（HMRC）创建了一个"推特"账号"@HMRCgovuk"，通过该账号民众每天可以看到1~2条推文，内容涵盖税收、新闻、咨询以及演讲和宣传活动。[②] 由于资源限制，总署可能不会一一回复留言，但是会把民众的留言及时反馈给相关负责人。英国总检察长办公室（AGO）也会在其账号@AGO_UK 上发布相关新闻、部长讲话，公众可以及时了解英国总检察长办公室在做什么。[③]

2. 雅虎网络相册（Flickr）

Flickr 是一个以图片服务为主的网站，它提供图片存放、交友、组群、邮件等功能。通过图片信息，公众可以更直观了解政府信息，尤其是预算信息。

3. 视频分享网站 YouTube

YouTube 是世界上最大的视频分享网站，早期公司总部位于加利福尼亚州的圣布里诺，公司于2005年2月15日注册，由台湾裔美籍华人陈士骏等人创立，网站的口号为"Broadcast Yourself"（表现你自己）。根据市场调查显示，早于2007年2月，YouTube 的访客数目已经超越 Google 的短片网站，到了7月底，YouTube 每月访客数目增加至3 050万，而 GoogleVideo 只有930万，雅虎的 YahooVideo 则有530万。YouTube 是全球著名的视频网站，可供网民上载观看及分享短片，至今它已成为同类型网站的翘楚，并造就多位网上名人和激发网上创作，已经成为了世界上访问量最大的视频播客类网站。正是由于 YouTube 在欧美巨大的影响力，使得 YouTube 也成为政府推行政务的工具。英国政府在 YouTube 上会发布了一系列政府财政部部长的预算演说，讲解当年的预算报告，以便于民众更加容易理解预算案。

[①] http：//news.xinhuanet.com/world/2009 - 07/30/content_11795053_1.htm.
[②] http：//www.gov.uk/government/uploads/system/uploads/attachment_data/file/119090/twitter_policy.pdf.
[③] http：//www.gov.uk/government/publications/agos-twitter-policy.

除上述几种网络公开途径外，还有"数据英国"网站，涵盖各种数据信息。由于英国每个政府部门每年都要公布年度报告，其中包括详细的开支分项且英国49个政府部门一年发布近万条信息。为了便于公众理解和判断，英国政府专门建立了强大的在线数据公开系统"数据英国"（data.gov.uk）网站，把那些政府各部门已经公开的数据汇总在一起便于查阅。该网站有超过9 000个数据集，数据涵盖了从中央到地方各部门的各种数据，① 提供数据的格式较为多样，有RDF、PDF、CSV、HTML等。

六、英国预算公开的期限

（一）定期公开的规定

1. 英国联邦政府近期动态

2010年5月卡梅伦政府作出了多项提高透明度的承诺，主要从三个层面来说：②
（1）中央政府支出透明。
- 历史零钱（Historic COINS）支出数据将于2010年6月网络公布；
- 从2010年7月开始，所有新的中央政府ICT合同将网络公布；
- 所有超过10 000英镑的新的中央政府贷款合同将于2010年9月在专门的网站上公布，用以向公众提供免费信息；
- 自2010年11月开始，中央政府超过25 000英镑的财政支出将网络公布；
- 自2011年1月开始，所有的中央政府合同要全文公布；
- 自2011年1月开始，所有DFID（英国国际发展部）超过500英镑的国际项目信息将网络公布（包括财务信息和项目文档信息）；

（2）地方政府支出透明。
- 自2011年1月开始，地方政府超过500英镑的支出新项目将会公布；
- 自2011年1月开始，超过500英镑的新的政府合同和支出招标文件将会全文公布。

（3）其他重要政府数据集。
- 自2011年1月开始，犯罪数据将会公布（以便大众能够看到他们街道发生的事）；
- 2010年6月起，高级公务员年薪超过150 000英镑要公布姓名、等级和职称。

2. 地方政府透明度实施推荐准则③

作为最低要求应该公开的数据：
- 支出超过500英镑（包括成本、供应商和交易信息）。任何独资经营者或者机构在一项业务中收到超过500英镑的公共资金应该予以透明。

---

① http://data.gov.uk/about-us.
② http://webarchive.nationalarchives.gov.uk/20130109092234，/http://number10.gov.uk/news/letter-to-government-departments-on-opening-up-data/.
③ http://www.gov.uk/government/uploads/system/uploads/attachment_data/file/5967/1997468.pdf.

➢ 高级雇员的薪金、名称（有选项可以使个人拒绝公布他们的名字）、岗位描述、职责、预算和人员数目。"高级雇员薪金"是指所有工资高于 58 200 英镑以上（不论职位），这是高级公务员最低工资带。预算应该包括每位高级雇员的总体工资成本报告。

➢ 地方政府人员结构图应该包括目前空缺职位的信息和工资级别。

➢ "支出倍数"——整个机关劳动力最高工资与中位平均工资之间的比率。

➢ 议员的津贴和费用。

➢ 商业、志愿团体和社会企业部门的合同和招标的副本。

➢ 志愿团体和社会企业部门的自主应该很明确地逐项列出。

➢ 有关地方财政和金融状况的政策、绩效、外部审计、重点检查和关键指标。

➢ 公有土地以及楼宇资产的位置以及主要分布信息通常都记录在资产登记册上。

➢ 地方当局的民主活动的数据，包括：宪法、选举结果、委员会会议记录、决策过程以及决定记录。

公开：

（1）提供公共数据应该作为民众参与政府的不可或缺的方式，它的有效性应该被宣传和推广以便于让民众知道如何访问并使用它，演示将会对民众和有利害关系的人更有帮助。

（2）为了给予公众的价值最大化，公共数据应该以一种公开再使用的格式发表，包括商业和研究活动，应该使用国家档案馆公布的公开政府特许为推荐标准，公共数据的版权属于哪里等这些都必须明确。

（3）出版物应该是开放的和可机读格式的，完全开放格式的五步推荐：

＊可以在网上（可以是任何格式），但必须有开放许可；

＊＊加一星为可机读的结构化数据（如是 EXCEL 而不是一个表的图像扫描）；

＊＊＊加两星是使用非专有格式（如 CSV 和 XML）；

＊＊＊＊上述所有再加上使用万维网联盟开放标准（如 RDF 和 SPARQL 21）；

＊＊＊＊＊上述所有加上可以链接你的数据到其他人的数据上予以提供文本。

（4）地方政府应当使用一种拥有强大内部风险程序的风险管理办法，以减少由于发布公共数据所造成的支付欺诈风险。

及时性：

（1）及时公开数据往往是重要的，应该及时尽可能快地公布数据即使它没有详细的分析说明。在实践中，地方政府应该寻求实时发布。

（2）公开的资料在第一次公布的时候应该尽可能地准确，虽然可能会出现错误，但是不应该为了纠正错误过分地延迟公布时间。相反，出版物应该被用来解决任何存在的缺陷和不足。

（3）在公开的数据中发现错误，或因为其他的原因（如遗漏）将文件更改，地方政府应该公布经过修订的资料，明确在何处作了修改、是如何修改的。还要在 data.gov.uk 上做相应地修改。

（二）不定期公开

信息自由法中部分规定：[①]

（1）除本条第（2）小节和第（3）小节之规定外，官方必须遵守第1（1）部分（即任何发出请求的人都有权利从官方得到书面通知官方是否掌握所请求的信息，如果有，该信息应当被提供），并且在任何情况下不晚于自收到请求之日起的20个工作日。

（2）如果当局寄了一张收费通知单给申请人且申请人已经根据第9（2）之规定缴费的，即如果收费通知单已经寄发给申请人，除非申请人在自发出通知单起三个月内缴费，否则当局没有义务履行第1（1）之规定发出通知单到缴费之间的工作日不计算在第（1）部分20个工作日内。

（3）如果：

①1（1）(a)（即任何公民被赋予得到当局是否掌握所需信息书面通知的权利）不适用，而2（1）(b)（即在任何情况下，在维持排除肯定/否认义务方面的公众利益要胜于在披露当局是否掌握信息方面的公众利益）被满足。

②1（1）(b)（即如果当局掌握信息就应该被提供）不适用，而2（2）(b)（即在所有情况下，维持豁免的公众利益要胜于披露信息的公众利益）被满足。

当局不需要遵守1（1）(a)或1（1）(b)除非其是在合理的情况下，但本款并不影响17（1）作出的任何时间规定。

近年来，英国预算公开标准不断降低，以伦敦为例，2008年伦敦开始例行发布大伦敦区财政支出明细，凡超过1 000英镑的支出均会记录在案，2010年夏天更进一步，公布标准二次下调，超过500英镑的所有政府开支会被记录在案。最近的开支信息，可以在大伦敦区当地政府网站london.gov.uk上轻易查到。2008年来按季度或双月发布统计数字，2011年夏天基准调整后，伦敦当局开始按月发布统计数据。7月以来，伦敦当局总开支达到1 700万英镑，平均每月340万英镑，在最新公布的月度开支报告中，大伦敦区超过500英镑的公共支出共有378项，合计2 919 516.02英镑。理论上而言，公开财政信息只是一个技术问题，按照会计报表公布即可。成熟严格的预算会计制度以及基于预算会计所形成的相关报告，加上及时、全面、细致的公开程序，成就了英国财政开支的高透明度，锻造出了一个没有"其他开支"的英国财政。[②]

七、英国预算公开的法律体系

（一）《信息自由法》关于预算公开的规定

由于根深蒂固的保密文化传统，从某种意义上而言，英国政府信息公开制度建立的过程就是与英国保密文化传统斗争的过程。也正是因为这一原因，英国在政府信息

[①] Freedom of Information Act2000, section 10.
[②] http://www.caigou2003.com/perspective/international/others/20111130/others_514623.html.

公开立法方面较为落后，直到20世纪末才基本成型。英国于2000年制定并于2005年1月1日实施的《信息自由法》（Freedom of Information Act 2000, UK FOIA），规范了由官方以及为官方提供服务的私人所持有信息的公开事宜，确立人人（含外国人）皆有获悉官方持有之信息（包括预算信息）的一般性权利。全文共有八章（parts）88条、八个附表（schedules），其架构见表2-5。

表2-5　　英国《信息自由法》（UK FOIA）的架构

正文（Parts）	
第一章	获取官方持有之信息（Access to information held by public authorities）
第二章	豁免的信息（Exempt information）
第三章	国务大臣、司法大臣以及信息官员的基本职责（General functions of Secretary of State, Lord Chancellor and information commissioner）
第四章	执行（Enforcement）
第五章	上诉（Appeals）
第六章	历史档案和公开档案局的记录（Historical records and records in Public Record Office or Public Record Office of Northern Ireland）
第七章	1998年《数据保护法》的修正（Amendments of *Data Protection Act* 1988）
第八章	附则（Miscellaneous and Supplemental）
附表（Schedules）	
附表一	官方（Public authorities）
附表二	信息官员与法庭（The commissioner and the Tribunal）
附表三	获取与检查的权力（Powers of entry and inspection）
附表四	上诉程序：1998年《数据保护法》第六条的修正（Appeal proceedings: Amendments of Schedule 6 to *Data Protection Act* 1988）
附表五	公开档案立法的修正（Amendments of Public Records Legislation）
附表六	1998年《数据保护法》的修正（Further amendments of *Data Protection Act* 1988）
附表七	申诉专员的信息公开（Disclosure of Information Ombudsmen）
附表八	废止（Repeals）

资料来源：http://www.cfoi.org.uk/pdf/foia2000.pdf。

英国《信息自由法》的主要内容如下：

1. 适用范围

（1）适用主体。《信息自由法》给予人民获悉英国"官方持有之信息"的权利。所谓"官方"（public authority）大致分为三类：第一类为列名于附表一（schedule 1）的中央政府、地方机关、全国卫生机构、教育机构以及警察机关；第二类为受托行使公权力的第三方，并经国务大臣（Secretary of State）指定为"官方"的；第三类为由列名附表一的机关完全所有的公营公司（public-owned company）。

（2）适用客体。本法适用于一切"官方持有"的信息。即使某一信息是在2005年1月1日前产生，只要该信息于2005年1月1日以后仍由官方持有，即适用本法。所谓"信息"（information），指以任何形式记录的信息但没有以一定形式记录的信息（如公务员口头陈述），则不适用本法。所谓"官方持有之信息"，仅需官方持有信息记录即可包括以书面、数字化或录音、录像等各种形式记录的信息。

2. 主动公开

《信息自由法》将公开方式区分为主动公开与被动公开。

主动公开的方式，主要由"官方"自行拟定的公开计划（Publication Scheme）中列示。公开计划应详细说明官方拟公开之信息的内容、方式以及取得该信息的费用等。公开计划拟披露的某些信息，例如机关内部工作手册、指南、规范及程序等须获得"信息官"（Information Commissioner）的认可。虽然信息官对于公开计划的特定内容没有强制增删的权力，但需要具明理由，拒绝认可或撤销认可。

3. 被动公开

未列入公开计划的信息，需要人民申请才能公开。

依据《信息公开法》，任何人皆可以向官方申请提供信息。"任何人"指包括外国人在内的自然人、法人及非法人团体。任何人向官方申请公开信息时必须以书面方式提出申请，口头申请无效。

"信息公开请求权"规定了受理请求申请后的官方具有两项义务：

（1）肯定/否认义务（duty to confirm or deny），即应告知申请人是否持有申请的信息；（2）提供义务（duty to communicate），如官方确认持有所申请的信息，应提供给申请人。

此外，官方应自收到申请之日（自缴纳申请费当天起）起20个工作日内，履行其"肯定/否认义务"及"提供义务"，以维护申请人的权益。但若所申请公开的信息存在是否属于豁免信息范围的争议时，则不受20个工作日的限制，但应在20个工作日内通知申请人具体情况以及最终决定是否公开的预计期限。

原则上，官方应以适当的方式提供申请人所申请公开的信息，申请人也可以在申请时，从以下三种方式中选择1~3种，作为官方提供信息的方式：（1）以永久形式或其他申请人可接受的形式，提供信息给申请人；（2）提供申请人合理机会，检阅内含申请信息的记录；（3）以永久形式或其他申请人可接受的形式，提供信息的摘要给申请人。

4. 豁免规定

除"公开的成本过于高昂"及"重复申请"两项外，《信息自由法》所定"豁免公开"都在本法第二章"豁免信息"（Part II: Exempt Information）第21至44条。此23项豁免事由，依其公开所涉及的公益高低，又分为"绝对豁免"（Absolute Exemptions）与"有条件豁免"（Qualified Exemptions）两种。属于"绝对豁免"信息的，不问披露该信息所代表的公众利益有多大,官方都不予公开;属于"有条件豁免"信息的,只有当官方认为豁免公开的公益大于公开的公益时,才不予公开。

(1) 绝对豁免。属于"绝对豁免"信息的共有八种:① 申请人可经由申请以外的方式,合理取得的信息(如公开计划中所载的信息或国会立法中所载的信息),应豁免公开;② 由安全机构或情报机构提供,或有关此类机构信息的,应豁免公开;③ 因个案审理而提出的,由法院掌握,或法院所制作之文书中的信息,以及机关为进行仲裁而取得的信息;④ 为避免侵害国会(上议院或下议院)的特权,须豁免公开;⑤ 公开将妨害内阁官员集体责任传统(the convention of the collective responsibility of Ministers of the Crown)的维持、或妨碍思辨时自由而坦诚的意见交换,或以其他方式妨害公共事务有效执行的,或有可能产生妨害影响的,应豁免公开;⑥ 信息为申请人个人数据的,或其公开将抵触"数据保护原则"或1998年《数据保护法》(Data Protection Act 1998)第10条规定的,或资料主体(data subject)对并没有获取权(right of access to personal data)的,应豁免公开;⑦ 机关从个人处取得的信息,其公开将违反保密义务而可能被起诉(a breach of confidence)的,应豁免公开;⑧ 其他法律禁止公开的、或有碍欧盟义务履行的、或可能会构成藐视法庭(contempt of court)罪的,应豁免公开。

(2) 有条件豁免。属于"有条件豁免"信息的,共有十五项:① 机关或个人持有信息以备将来公开(不论公开日期是否确定)的,可以豁免公开;② 即使信息并不属于绝对豁免公开中的"情报事项"(绝对豁免中的第②项),但为维护国家安全,内阁官员可以通过获取豁免"证书"(Certificate)来拒绝公开国家安全的相关信息;申请人可以就对该豁免"证书"向信息法庭(Information Tribunal, IT)申诉,信息法庭认为内阁官员签发证书无理由的,可废止其"证书";③ 信息公开将妨害英伦诸岛或任何殖民地的防御、或军队能力或效率的,或有可能产生妨害影响的,可以豁免公开;④ 公开将妨害英国与其他国家关系、或英国与国际组织或国际法庭关系、或英国海外利益的,或有可能产生妨害影响的,可以豁免公开;⑤ 公开将妨害英国中央政府与苏格兰政府、北爱尔兰行政院或威尔士议会政府之间关系的,或有可能产生妨害影响的,可以豁免公开;⑥ 公开将妨害英国全体或部分经济利益,或英国境内任何政府财政利益的,或有可能产生妨害影响的,可以豁免公开;⑦ 政府机关履行职责而调查或刑事侦查所获得的信息,可以豁免公开;⑧ 虽然不属于政府机关履行职责而调查或刑事侦查可以豁免公开的信息,但若公开将妨害法律执行,或有可能产生妨害影响的信息,包括:犯罪预防或侦查、罪犯起诉或逮捕、审判进行、征税或评定、移民管制、监狱安全管理以及其他合法拘留处所的安全管理等,可以豁免公开;⑨ 公开将妨害机关执行对其他政府机关进行财务稽核或效率考核功能的,或有可能产生妨害影响的,可以豁免公开;⑩ 涉及政府政策形成、内阁官员沟通、法律官员提供或请求建议的信息,可以豁免公开;但决策作出后,曾作为决策背景的事实信息(Factual Information)(如统计信息,Statistical Information),不在可以豁免公开的范围;⑪ 有关女王、王室家族的通讯以及女王授予恩典等信息,可以豁免公开;⑫ 公开将妨害个人身心健康或安全的,或有可能产生妨害影响的,可以豁免公开;⑬ 官方持有的环境信息,若维持豁免公开的公益大于公开的公益时，可以豁免公开；⑭信息属于法律职业特权主张的，或在苏格兰属于通讯机密主张的，并能在诉讼上成立的，可以豁免公开；⑮构成商业秘密的，或其公开将损害一些人（包括持有该信息的政府机关）商业利益的，或有可能产生妨害影响的，可以豁免公开。

5. 执行与救济

申请人不服官方拒绝公开信息的决定时，应先遵循机关内部的救济途径，寻求救济；当机关内部救济无效时，可以向信息官员申请对审查官方拒绝公开的决定。①

（二）《公共部门信息再利用规则》关于预算公开的规定

英国是最早按照欧盟的 2002 年公共部门信息再利用指令要求，将欧盟指令融入本国法律，制定公共部门信息再利用规则的国家。英国的《公共部门信息再利用规则》（The Re-Use of Public Sector Information Regulations 2005，以下简称"规则"）是整个英国范围内的政府部门信息提供和再利用的指南性文件，于 2005 年 7 月 1 日正式生效。

该规则共 21 款，详细规定了与公共部门信息再利用有关的各个方面的内容，包括"公共部门"和"再利用"的定义，再利用信息的范围，申请信息再利用的程序，公共部门回复信息再利用申请的程序与时限，公共部门提供再利用信息的方式，信息再利用过程所涉及的如非歧视、禁止排他性协议、收费等活动要求，公共部门应公布的信息，以及解决或调解与公共部门信息再利用问题有关的投诉等内容。英国 2005 年《公共部门信息再利用规则》的主要内容如下：

1. 适用主体②

规则适用的主体主要是指拥有或掌握公共部门信息的公共部门，规则中列举了包括内阁官员、政府各部委、上下议院、北爱尔兰议会委员会、苏格兰议会、威尔士议会、地方政府部门等在内的 24 个公共部门。

其中，"地方政府部门"在不同的行政区域具有不同的含义，如在英格兰，"地方政府部门"是指：（1）郡（区）议会、伦敦市议会、教区议会和锡利群岛议会；（2）与地方政府部门同级别的伦敦金融城共同委员会和警察机关；（3）大伦敦管理局或《大伦敦管理局法案》里规定的与大伦敦管理局具有相同职能的其他机构。在苏格兰，"地方政府部门"是指苏格兰联合委员会或 1973 年《苏格兰地方政府法》里规定的与苏格兰联合委员会具有相同职能的其他机构。在北爱尔兰是指区议会或 1972 年《北爱尔兰地方政府法》里规定的与区议会具有相同职能的其他机构。

2. 适用客体③

规则对"再利用"的概念进行了解释，即"再利用"是指除为履行本职工作需要

---

① 据英国 2000 年《信息自由法》（Freedom of Information Act 2000）整理。
② 据英国 2005 年《公共部门信息再利用规则》（The Re-Use of Public Sector Information 2005）Section 3 Public Sector Body 翻译整理。
③ 据英国 2005 年《公共部门信息再利用规则》（The Re-Use of Public Sector Information 2005）Section 4 – 5 翻译整理。

而制作某项文件的公共部门之外的自然人、法人和其他机构，对该文件进行的非用于制作该文件初始目的的重复使用。规则还明确规定，同一公共部门内的不同机构之间或不同公共部门之间为实现其公共职能而转让使用的，不属于"再利用"的范围。

关于"再利用"还有其他的一些规定，主要有：

（1）本规则不适用于以下文件：① 该文件的提供不属于持有部门的公共职能范围的；② 第三方对该文件拥有知识产权的。

（2）除满足以下条件外的文件不适用本规则：① 已由公共部门确认为可再利用；② 已提供给相关申请人。

（3）以下机构持有的文件不适用于本规则：① 公共服务广播公司及其附属公司或其他机构及其附属公司在相关法律法规下为节目制作或提供其他服务而持有的；② 教育和研究机构，如大学、图书馆、科研机构，以及从事科研成果转让的机构；③ 文化场所，如博物馆、档案馆、乐剧团、舞团等。

3. 申请信息"再利用"的程序[①]

（1）申请：申请人递交申请除必须明确指明"再利用"文件以外，还必须采用书面形式，同时写明申请人姓名与通信地址，并注明获取文件的目的。

（2）答复：公共部门在收到申请后的 20 个工作日内，必须对申请人进行答复；若申请人所申请的文件比较多或比较复杂，则公共部门可酌情延长答复时间，但必须明确告之最终答复期限。

（3）结果：公共部门对申请人的答复一般包括同意并公开、同意但有条件地公开和拒绝公开三种结果。

其中，当公共部门决定某项信息为有条件地公开时，其不得设置使用方式和竞争等不必要的限制。

4. 收费[②]

（1）公共部门批准再利用并向申请人公开时，可以收取一定费用。但收费不得超过文件收集、制作、复制和传播成本与合理的投资回报之和。

（2）同一申请人就同一文件再次申请时，公共部门不得收取文件收集、制作、复制和传播成本费用。

（3）公共部门应当在合理可行的条件下，对信息的再利用建立相应的收费标准。

（4）若未建立相应的收费标准，则在向申请人收费时，应当以书面形式说明其收费的依据。

---

① 据英国 2005 年《公共部门信息再利用规则》（The Re-Use of Public Sector Information 2005）Section 6－14 翻译整理。

② 据英国 2005 年《公共部门信息再利用规则》（The Re-Use of Public Sector Information 2005）Section 15－16 翻译整理。

5. 内部投诉机制①

公共部门应当建立相应的内部投诉机制，以解决申请人对公共部门在处理信息再利用申请时产生纠纷而发起的投诉。申请人发起内部投诉的程序与申请信息再利用的程序类似。

（三）《财政稳定法》关于预算公开的相关规定

1979 年，以撒切尔夫人为首相的新内阁受到新自由主义思潮②的影响，对政府以及财政预算体制进行了一系列改革，如 20 世纪 80 年代末的政府再造改革、民营化运动的推进，90 年代的财政预算改革。其中，最具影响的便是 1997 年提出的，并于 1998 年通过的《财政稳定法》（Code for Fiscal Stability）。

《财政稳定法》的目的是要通过制定相应的财政政策制定和实施的基本原则，以及强化政府进行财政预算报告的责任意识，来提高政府制定和实施财政政策的能力。③《财政稳定法》也是英国预算公开的重要法律依据之一，该法案共 33 条，具体内容如下：

1. 基本原则④

《财政稳定法》中明确提出了财政预算管理的基本原则，即（1）透明性：制定和实施财政政策的整个过程都要保证公开透明，并且要及时公开政府财政账户；（2）稳定性：财政政策的制定和实施要保证连续、稳定；（3）责任心：在财政预算管理过程中，要有责任心；（4）公平性：财政政策的安排不仅要保证当前各方利益的公平，还要保证代际公平；（5）有效性：财政政策的制定与实施要保证能达到预期政策目标。其中，透明性要求是指，政府应公布足够的信息，以便公众对财政政策的实施和公共财政的状态有清晰的了解。除以下信息之外，不得隐瞒：

（1）"实质性伤害"（Substantially Harm）：① 有关国家安全、国防或国际关系的；② 有关调查、起诉或犯罪预防，以及民事诉讼程序的；③ 涉及隐私权的；④ 有关其他党派与政府进行保密通信的；⑤ 有关政府从事商业活动能力的。

（2）公开可能妨碍政府进行决策的。

2. 预算前报告⑤

财政部应当在每个财政年度结束前至少三个月向国会提交预算前报告（Pre-Budget Report，PBR）。预算前报告应当是协商性的，并包括准备编入预算但可能引起财政政策发生较大变动的政策的可行性建议。

---

① 据英国 2005 年《公共部门信息再利用规则》（The Re-Use of Public Sector Information 2005）Section 17 – 21 翻译整理。
② 新自由主义思潮的基本观点有如下几个方面：第一，崇尚经济自由，反对国家干预；第二，主张私有化，反对公有制；第三，主张全球自由化，反对建立国际经济新秩序；第四，主张福利个人化，反对福利国家。
③ 据英国 1998 年《财政稳定法》（Code for Fiscal Stability 1998）Section 第 1 ~ 2 页翻译整理。
④ 据英国 1998 年《财政稳定法》（Code for Fiscal Stability 1998）Section 第 3 ~ 4 页翻译整理。
⑤ 据英国 1998 年《财政稳定法》（Code for Fiscal Stability 1998）Section 第 15 ~ 17 页翻译整理。

此外，《财政稳定法》还规定，政府应当至少在主文件或者辅助性文件中公布政府的对未来经济和财政情况的预测，经济周期对财政总量变动的影响，以及本国经济在经济周期中所处的阶段，从而清晰地揭示政府财政规划的进展情况。

3. 财政说明和预算报告①

财政部应当在编制预算时公布《财政说明和预算报告》（Financial Statement and Budget Report，FSBR），每个财政年度只需发布一次即可。该报告至少应当包括以下内容：（1）经济规划和财政安排；（2）对即将实施的、将会产生重大影响的财政政策工具的说明；（3）如有必要，还应当对该工具如何影响经济进行预测说明。

4. 经济和财政战略报告②

财政部应当在编制预算时同时发布《经济和财政战略报告》（Economic and Fiscal Strategy Report，EFSR），每个财政年度只需发布一次即可。在前述的财政预算管理基本原则的框架下，财政部至少应当在报告中反映如下内容：（1）政府制定的长期经济和财政战略；（2）对目前战略成果的评估以及对长期经济和财政前景的展望；（3）评估短期前景和长期战略是否与对欧盟委员会的承诺，特别是"稳定与增长公约"条款一致；（4）在合理假设的基础上，对未来十年或更长一段时间的财政状况进行预测，以揭示财政政策的可持续性及其代际影响；（5）结合经济所处的周期阶段对本国财政状况的情况进行分析。

5. 经济和财政情况预测③

财政部发布的《经济和财政情况预测》（Economic and Fiscal Projections，EFP）至少应当包括以下内容：（1）对本国经济和财政情况进行预测的基本假设、预期和惯例，如全球经济增长趋势和贸易情况等；（2）对本国GDP及其构成、零售商品价格、经常性账户收支平衡情况等的预测；（3）对政府财务运行情况的预测，如财政收支及赤字、现金流、国有资产转让等；（4）对财政风险进行的分析等。

《财政稳定法》还规定，对经济和财政情况的预测应至少以过去两个完整财政年度的数据为基础，如有会计政策的重大变化，应当如实披露。

此外，财政部还须邀请国家审计署（the National Audit Office，NAO）对报告进行审计。

6. 公开要求④

财政部应将所有公开的报告公示在财政部网站上，并保证所有公开的报告能够买到或能免费查阅。

（四）《地方政府法》关于预算公开的相关规定

英国于1985年7月16日通过了《地方政府法》（Local Government Act 1985）第43

---

① 据英国1998年《财政稳定法》（Code for Fiscal Stability 1998）Section 第18页翻译整理。
② 据英国1998年《财政稳定法》（Code for Fiscal Stability 1998）Section 第19页翻译整理。
③ 据英国1998年《财政稳定法》（Code for Fiscal Stability 1998）Section 第20~26页翻译整理。
④ 据英国1998年《财政稳定法》（Code for Fiscal Stability 1998）Section 第31~33页翻译整理。

章"信息的获取",该章主要对公众获取地方政府的信息作出了相应的规定,包括6个部分和3个附表,其架构见表2-6所示。

《地方政府法》明确规定,议会会议原则上应对公众开放但以下情况除外:(1)涉及机密信息的谈判和诉讼;(2)涉及虽暂时未定,但很可能会成为机密信息的谈判和诉讼;

为保证公众能及时申请参与议会的会议,《地方政府法》作出如下规定:(1)在议会会议召开前至少三天,将会议召开时间和地点公之于众;若召开临时会议,则在会议召开当天公告;(2)会议召开期间,议会无权阻止公众旁听;(3)除非不在议会所辖场所召开会议,议会有义务为专门报导会议内容的新闻媒体提供便利设施。

表2-6　英国1985年《地方政府法》"信息的获取"部分的架构

正文（Sections）	
第一部分	某些特定部门、委员会及其下属委员会的会议内容或文件的获取（Access to meetings and documents of certain authorities, committees and sub-committees）
第二部分	苏格兰地方政府、特定的委员会及其下属委员会的会议内容或文件的获取（Access to meetings and documents of local authorities and certain committees and sub-committees in Scotland）
第三部分	修订与废止（Consequential amendments and repeals）
第四部分	适用范围（Extent）
第五部分	生效时间（Commencement）
第六部分	法律简称（Short title）
附表（Schedules）	
附表一	豁免信息（Exempt Information） 第一节　对1972年《地方政府法》的修订（Part I-Schedule to be inserted into the Local Government Act 1972） 第二节　对苏格兰1973年《地方政府法》的修订（Part II-Schedule to be inserted into the Local Government Act (Scotland) 1973）
附表二	修订（Consequential amendments）
附表三	废止（Repeals）

资料来源:Local Government Act 1985,http:www.legislation.gov.uk/ukpga/1985/51。

第三章
德国政府预算公开制度

现代德国预算公开制度始于德意志联邦共和国的建立。第二次世界大战后，1949年5月23日，合并后的德国西部占领区成立了德意志联邦共和国。《德意志联邦共和国基本法》(Grundgesetz für die Bundesrepublik Deutschland，缩写为 GG)（以下简称《基本法》）于1949年5月23日获得通过，并于次日正式生效。《基本法》阐述了公民的言论、信息自由权和请愿权，是德国政府信息公开制度的基本宪法依据。德国的预算公开一贯注重制度先行，自《基本法》后，又先后颁布了《联邦和州预算基本原则法》（以下简称《预算基本原则法》）和《联邦预算法》（以下简称《预算法》）、《信息自由法》，从法律制度层面确定并保证了预算公开的实施。

20世纪90年代"新公共管理"运动兴起，也是一些国家引入预算透明机制的一个重要契机。在德国地方政府的"新公共管理"运动中，一个重要的改革内容就是从技术和规则两个层面上来强化预算透明的实践。在技术层面上，德国地方政府的一个重要转变就是逐步引入了权责发生制的会计确认基础，同时扩大了预算信息量，并以此为基础而广泛采纳以结果为导向的预算技术。在规则层面，德国采用了国际公共部门会计标准的要求，将有权获得预算信息的主体明确为：议会和执行机关的成员、统计官员和其他全国性的政府部门、债权人、投资人、供应商、财政分析专家、媒体和公众。[1] 因此德国的地方政府的预算透明改革也就带有更强的"新公共管理"运动的改革取向，因为在上述的改革措施中包含有相当分量的顾客取向的政府服务内容。

与此同时，德国政府也通过参与式预算的推行来进一步推进政府预算信息公开。德国参与式民主兴起的背景在于政党社会合法性的逐渐丧失，党员数量减少，选举投票人数锐减。因此，德国政府促使地方政府将管制事务中的决策权向公民开放，许多"市议会章程"规定对市长进行直接选举，党在选举候选人时也允许选民表达对某个特定候选人的偏好。同时，公民直接参与或通过团体参与的观念也变得越来越重要和普遍。公民通过采取自愿行动以争取本社区的利益，从而在经济不景气的情况下，最大

---

[1] Berit Adam and Christiane Behm, The Use of Budget Reforms to Modernize Governance in German Local Government, Public Money & Management, 26 (4), Sep, 2006: 217 - 20.

效用地利用公共资源。

一、德国预算公开的法律依据

德国预算管理的法律体系比较健全，任何财政活动都必须依法进行，相应的，预算公开方面的法律也比较完善。中央层面预算公开的相关法律主要有《基本法》、《预算基本原则法》、《预算法》、《信息自由法》和《采购法》等；地方层面预算公开的主要法律依据是《联邦州行政管理法（LVG）》。这些法律中，有关预算公开的规定主要有：

（一）德国《基本法》

《德意志联邦共和国基本法》于 1949 年 5 月 24 日生效，后经过多次修改，最近一次修改是在 2006 年 8 月 26 日，并于当年 9 月 1 日生效。在《基本法》第 5 条第 1 款[①]和第 17 条[②]中阐述了公民的言论、信息自由权和请愿权，明确了政府义务和公民权利，也从根本上构成了德国政府信息公开制度的基本宪法依据。[③]《基本法》第 110 条[④]规定，联邦一切收支都应编入预算中，保证了预算公开信息的完整性。《基本法》还规定，预算必须经联邦议院和参议院审查通过。在每年的预算审查过程中，都有一番热闹的辩论和争吵，电台、电视台直播讨论的情况。在审查预算过程中的辩论与争吵，不可避免地包含着代表不同利益集团的党派之争，但公开这些情况，公民借以了解其中的秘密及存在的问题，对于公共利益的发现与确定，作用是巨大的。[⑤] 此外，《基本法》还规定了审计部门在预算公开中的审计责任，如《基本法》第 114 条规定，联邦审计院成员具有法律上的独立性，具有审查账目及预算执行与资产管理的经济性与正确性的职责。除联邦政府外，审计院应每年直接向联邦议会及联邦参议院提供审计报告。审计院的审计报告也成为预算信息公开的重要内容之一。

（二）《联邦和州预算基本原则法》和《联邦预算法》

德国于 1968 年 8 月同时通过了《联邦和州预算基本原则法》和《联邦预算法》，《预算基本原则法》第 8 条和《联邦预算法》第 11 条均规定了预算的完整性和统一性等原则，规定预算要讲求公开性原则，即要求可以让各方公开查证，保证各方知情，让公民参与到预算编制的活动中来。[⑥]《预算法》第 80 条特别规定了"账目公开"：（1）对于每

[①] 《基本法》第 5 条第 1 款：人人有以语言、文字及图画自由表示及传布其意见之权利，并有自一般公开之来源接受知识而不受阻碍之权利。出版自由及广播与电影之报道自由应保障之。检查制度不得设置。
[②] 《基本法》第 17 条：人民有个别或联合他人之书面向该管机关及民意代表机关提出请愿或诉愿之权利。
[③] 摘自《最新历史版本：德国政府信息公开》。
[④] 《基本法》第 110 条：联邦之一切收支应编入预算案，联邦企业及特别财产仅须列其收入或支出，预算案应收支平衡。
[⑤] 刘晓凤：《德国部门预算管理经验对我国的借鉴》，载于《安徽教育学院学报》2007 年第 5 期，第 41～45 页。
[⑥] 国际司：《德国财政预算控制与风险防范管理情况介绍》，财政部网站，2013 年 5 月 23 日。

个预算年度，主管机构均应在已结清账目的基础上公开账目。经与审计署协商一致，联邦财政部可以决定在另一个期间公开账目。(2) 在已结清账目的基础上，联邦财政部应为每个预算年度编制预算决算。《基本法》中确立收付实现制会计原则来保证财政的透明度，即决算的财政支出必须是本财政年度实际发生的支出，取消未发生的支出，防止上年实际未发生的支出和增加的税收收入结转到下一年度。

（三）《信息自由法》（IFG）

《信息自由法》[①] 于 2005 年 6 月 3 日表决通过，2006 年 1 月 1 日起正式生效。《信息自由法》是德国政府信息公开最重要的法律依据，也是德国公民享有对政府信息普遍知情权的法律保障。该项保障信息自由的法案旨在进一步强化公民对政府机构工作的知情权，这也将加强政府工作的透明性，从而推动政府服务更贴近公民的需求。《信息自由法》共分 15 章，包含了公民对政府信息普遍知情权定义、不受政府信息公开义务约束的特殊信息内容、公民查阅政府信息的申请及相关手续、申请费用及被拒后可寻求的法律途径、政府信息公开义务及联邦数据保护和信息自由托管部的职权及义务等重要内容。目前该法在联邦层面已经开始施行，但在各联邦州内具体推进的过程不甚理想，迄今为止仅有勃兰登堡州、柏林市、石荷州、北威州、梅前州、汉堡市、布莱梅州和萨尔州等 8 个联邦州制定和实施了本州的《信息自由法》。

《信息自由法》第 1 条第 1 款规定，保障任何人向联邦行政管理部门和机构获取信息的权利。这一规定对于德国人和外国人同样适用，不受居住地的约束。这一权利是无条件的，申请人不必证明其合法利益，申请人也不必是行政诉讼程序的当事人或者参与方。而且公民的该项信息权涉及联邦的所有行政管理机构，包括所有履行公法行政管理任务的联邦机构。也就是说，不但立法机构如联邦议会、联邦参议院和联邦宪法法院，即便自然人或者私法法人，只要受委托承担了公法的任务，就在该法的调整范围之内。[②]

根据《信息自由法》规定，联邦数据保护托管部（BFD）增加维护公民对政府信息普遍知情权的职责，成立新的联邦数据保护和信息自由托管局（BFDI），该局隶属于德国内政部，是德国联邦层面唯一负责数据保护和政府信息公开的政府机构。BFDI 为便于各联邦部委更好地执行《信息自由法》，制定了《信息自由法使用建议》，规范该法的具体实施细则。

《信息自由法》一方面确立了联邦政府机构应公开政务信息，且尽可能为公民使用相关电子文本提供便利；但另一方面也赋予了各联邦部委较多的实施空间。由于编撰统一的政务信息指南等信息目录难度较大，目前仅联邦内政部编撰了本部政府信息公开文档计划，主要

[①] 欧盟议会于 1979 年通过的第 854 号（1979）关于"政府信息公开和信息自由权"的建议草案，第一次为其成员国在政府信息公开方面提供了立法原则。在此之后，欧盟分别于 1981 年 11 月 25 日和 2002 年 2 月 21 日两次通过决议，为成员国在信息自由方面的立法形式及内容提供了具体指导原则。德国现行的《信息自由法》也主要参照了欧盟三次决议的相关立法原则。

[②] 2005 年《信息自由法》生效前，德国在联邦层面还没有对普遍的无条件获取国家信息权利的规定。1977 年的《行政诉讼法》，只保障行政诉讼的直接参与者原则上具有查阅公文卷宗的权利；1994 年之后的《环境信息法》等一些特别法，规定了人人都有获取环境等方面信息的权利。

包括部内人事事务（含公务员编制、收入及其他福利）、部内主管业务、部内所设机构和业务范围内公民权利等四大板块内容。其余联邦机构只编制了部分单项信息列表。

（四）《政府采购法》和《发标法》

德国《政府采购法中》规定了政府采购在国民经济发展中需达到的三个目标：公开性和透明度目标；促进和利用世界竞争的目标；使私人公司处于平等竞争水平的目标。预算执行中采用政府采购方式以实现"公开性和透明度"是德国政府预算公开的重要环节之一。例如，德国政府部门有相当数量的租用公车，有时连接待来访外国元首用的车都是通过政府采购租赁而来，促进政府行政市场化、透明化。招标制度作为最公开的一种采购方式，是联邦德国政府采购制度的最重要的组成部分，德国《发标法》对招标制度进行了详细的法律规定。《发标法》规定，政府采购合同金额在20万欧元（40万马克）以上的，必须在欧盟范围内招标，登载在欧盟的一本招标杂志上，这本杂志每天都出版，一天登载300项左右的招标信息；合同金额在20万欧元以下的，在德国国内招标，德国也出版了一份联邦招标报，供登载国内招标信息。①

（五）《联邦州行政管理法》

德国联邦议会于1976年4月1日正式表决通过《联邦州行政管理法》（LVG），后经过多达8次修订，是德国联邦体制内调整联邦州各级政府及州政府与联邦政府相互关系的重要法律。该法共分6章34条，其中在第26条第1款和第31条分别对联邦、州各级政府对公民在获取相关行政管理信息及政府职能公开方面进行了规定，该法是德国第一次用联邦法的形式明确政府信息公开义务。

二、德国预算公开的目标定位

德国预算公开目标的设定是以公民享有信息自由的权利为基础的，同时也是政府主动公开信息的结果，因此可以将德国预算公开的目标总结为"公民知情、政府透明"。首先，通过政府预算编制过程的公开、预算审查情况的公开、预算书和决算书的公开，增加了预算的透明度，实现公民享有预算的知情权、参与权。如《基本法》中关于公民的言论、信息自由权和请愿权的说明；《信息自由法》中则详细解释了公民对政府信息普遍知情权、公民查阅政府信息的申请及相关手续、申请费用及被拒后可寻求的法律途径、政府信息公开义务，确保了公民预算信息知情权，使预算信息公开落到实处。其次，通过预算公开，为社会各界了解和研究预算提供详细的资料，能够广泛借助社会力量，发现和分析预算中存在的问题，使预算置于公众的监督之下，更易于赢得公众的好感与信任，从而有利于公共利益的实现。② 近二十年以来，包括德国在

---

① 吕建伟：《联邦德国的政府采购与国库集中支付制度》，http://www.chinaacc.com/new/287%2F291%2F330%2F2006%2F3%2Fli630314322619360023026-0.htm，2006年3月9日。

② 冯雷：《德国北威州财政预算制度经验探寻》，载于《人民与权力》，2011年第8期。

内的市场经济发达国家以及国际组织之所以大力推动预算公开制度,就是因为借助于这一制度平台可以让公众全面了解政府的财政收支状况和施政决策情况,明晰财政风险,监督资金的分配、使用,评价资金的运用效率和政府施政效能,督促政府更好地履行公共受托责任,优化国家公共治理,确保政府真正完全彻底地为国家最高主权者人民的利益服务。

三、德国预算公开的责任机构

德国联邦预算执行及预算公开的责任机构以联邦议会、联邦政府财政部、各部委和联邦审计院为主。州及地方预算公开的机构以州议会、财政局、各部门及地方审计院为主。

(一)立法部门——议会

预算权是议会最主要的权力,议会对政府最主要的监督体现在预算审查监督方面。在德国,议会进行的所有关于财政预算的讨论,以及最终通过的预算都必须公开,便于公众接触和使用。有些支出可按合适的限制条件进行分类,便于有该信息接触权的人接触。[1]

联邦议会设有预算委员会,预算委员会在预算工作中居于主要地位,其对于联邦政府提出的年度预算草案的决议是联邦议院全体决定的基础,也是整个国家财政活动的基础。各预算部门和政府要向预算委员会及议会报告预算编制情况,并接受有关质询。预算委员会的成员主要来自执政的社民党、绿党和在野的基民盟、自民党等。预算委员会主席通常由最大的在野党的成员担任,旨在强调预算委员会对于联邦政府预算的监督作用。

根据各部门上报的预算草案与预算谈判情况,财政部汇总形成预算草案提交总理府。联邦总理通常最迟于次年9月1日前将预算草案提交联邦议院和联邦参议院进行秋季讨论。联邦议院一般对预算草案进行3次大的辩论(也称通读)。初读时,议员根据各党派的利益对预算草案提出基本看法;初读后,由预算委员会做出书面结论,传达到各专业委员会和联邦参议院。根据初读的结论,财政部就预算草案修改后上报进行二读,由预算委员会将其预算草案的决议提交议会全会,对预算支出进行逐项审查并做出决议。最后是三读,由全会对议会有关预算草案的决议进行通过。议会通过后转送联邦参议院,由联邦参议院进行审议,如果没有异议,预算草案即获通过。[2] 根据德国《基本法》第113条,议会对预算的审批权力还表现在经批准的预算不能随意调整,因特殊情况确需调整的,必须向议会提出预算追加案,经议会审议后通过。[3]

预算委员会还下设两个小组委员会:账目监督审计委员会(简称审计委员会)和欧盟事务委员会。审计委员会监督联邦政府是否有效率地使用预算资金,对联邦审计院在年度审计报告中指出的上一财政年度各部门和机构执行预算出现的问题进行审查,

---

[1] 万文翔、李莉等:《德国财政预算对我国的启示》,载于《中国财经报》2012年1月21日。
[2] 预算司:《德国财政预算制度及政府间财政关系》,财政部网站,2008年10月20日。
[3] 冯雷:《德国北威州财政预算制度经验探寻》,载于《人民与权力》2011年第8期。

并作出决议，就如何解决审计报告中指出的问题提出建议，通过预算委员会提交联邦议院大会。此外，审计委员会还对每年由财政部提交的包含上一财政年度预算数和执行数的决算案进行审查，以便证明预算执行的合法性。①

（二）财政部门

联邦财政部负责编制联邦预算草案，经联邦政府通过后提交议会审议。议会批准的联邦预算资金由财政部拨付给各部门和机构。德国《基本法》第112条规定：联邦财政部就执行预算时超出预算和预算外的支出有紧急批准权。财政部每个季度代表联邦政府向联邦议院预算委员会报告预算执行情况，如果出现特殊、重大的预算调整，财政部要编制补充预算报议会审批。《基本法》第114条第一款规定：联邦财政部长必须向联邦参议院提交所有收入和支出以及资产和负债方面的决算报告。

预算一般于上年12月份开始编制。编制预算时，通常由联邦财政部向各部门下达编制预算的指示与编制预算的要求。次年3月1日前，各部门将本部门的支出需求上报财政部。各个部门的预算草案上交后，财政部将进行相应审查。凡涉及税收方面的预计，财政部将提交有关专门工作小组进行评估，同时请联邦经济部、各州财政部、联邦银行等综合部门参与作出评价。每年6月份，联邦中央银行代表、16个州的财长及财政部长组成专家会议，根据对经济增长速度、失业率状况的预测，对五年收入进行预计。财政平衡委员会负责讨论联邦和州的支出结构。财政部就下一年度整体经济形势、税收收入等进行预测，以作为核定其他部门收支预算的基础。根据各部门上报的预算草案与预算谈判情况，财政部汇总形成预算草案提交总理府。②

联邦财政部设立内部监督专门机构，人员编制16人。每年对财政部内所有内设机构开展内部监督检查，内部监督检查报告上报部长。内部监督检查主要利用计算机网络结合预算编制、执行随时进行，也可到内设机构或延伸至资金使用部门开展现场调查核证，发现问题有权停止资金拨付。③

财政部门于每年的1月完成上一年度的决算草案编制并提交审计院和议会预算委员会下属的审计委员会。政府在每年的1月份公布编制下一年度预算的方针，此后的预算编制进程、预算编制中的重要情况和重大变化等，都随时报道，予以公开。④

此外，在各个部执行单项预算的同时，联邦财政部对总计划全权负责。财政部的任务是监督各个部的执行情况。若一部门的执行状况偏离预算时，财政部可以提出限制和冻结该部门资金。同时，联邦财政部有权对预算计划以外的特殊支出作出决定。

（三）各政府部门

德国在政府部门内都设有预审站，负责对本部门预算支出具体账目进行监督检查。

---

① 王晓萍：《关于德国政府预算执行的管理情况》，载于《吉林人大》2010年第12期。
② 预算司：《德国财政预算制度及政府间财政关系》，财政部网站，2008年10月20日。
③ 国际司：《德国财政预算控制与风险防范管理情况介绍》，财政部网站，2013年5月23日。
④ 刘晓凤：《德国部门预算管理经验对我国的借鉴》，载于《安徽教育学院学报》2007年第5期。

预审制度是德国的创举。预审站虽设在部门内部，但其编制和人员的确定都需要联邦审计院的同意，在业务上它只接受联邦审计署的指令。从这个角度说，预审站并不是部门内部监督，而是外部监督。预算一般采用抽样审计的方法，主要是对联邦政府各部门以及城、乡镇和乡镇协会的财政支出进行应用的合理性和经济性、效益性进行审计，甚至对尚未采取的对财政有较大影响的措施进行脱离账目的评估性审计。预审站每年要提前制定工作计划，并征求联邦审计院的同意，还要负责将其审计结果总结为年度报告的形式通报联邦审计院。自 20 世纪 80 年代以来，联邦审计院开始组织预审站负责部门预审。目前，预审站已成为德国联邦审计署行使财政监督的重要伙伴。

联邦的各个部和联邦级的管理机构是联邦预算的具体执行者，在预算执行的过程中，每个具体执行者，有义务随时提供他们的开支状况。[①]

（四）联邦统计局

德国政府为财政工作建立了一套自动的记账系统，即联邦预算、决算和记账自动系统（HKR），在预算的执行过程中，所有收入和支出都按照一定的处理程序进入了 HKR 系统。联邦统计局每个季度根据 HKR 提供的数据，公布实际发生的财政收支数据。联邦统计局的刊物《财政和税收统计》作为公开的出版物，使每个公民都可以了解预算执行的情况。年终 HKR 自动系统根据系统所储存的数据，提出年终决算报告，作为财政部的年终决算数据，同时根据审计的要求提交联邦审计院。

（五）联邦审计院及各州审计院

联邦审计院是宪法规定的独立的审计机构，既不隶属于议会也不隶属于联邦政府，其成员拥有司法中立地位，对联邦预算的执行进行独立审计。德国联邦和各州均设有相应的审计院，联邦和各州宪法及相关的单行规定确定了审计院的任务，各级审计院没有上下级的隶属关系，各自在法律规定的框架内工作。审计工作只服从于法律，审计决定的原则等同于法庭的合议制，从而保证了联邦和各州审计机构的合理性和效率。联邦审计院独立于联邦政府，独立决定审计的时间、地点和内容，审计院的官员不能被解雇。[②]

《基本法》第 114 条第二款规定：联邦审计院审计年终决算以及联邦预算执行和其他预算资金的合法合规性和经济效益性。除向联邦政府报告工作以外，联邦审计院还直接向联邦议院和联邦参议院作年度工作报告，该报告是议会对预算进行监督的主要依据。法律规定联邦审计院出具的年度报告应包括以下内容：年度决算和财产决算以及簿记的数据是否吻合，被审计的收支是否有凭证和凭证是否合规；违反预算执行和非预算资金管理规定及基本原则的重要案例；对联邦的具有法人地位的企业的参股活动提出批评意见；对今后工作的建议。同时，审计院还可随时对具有特殊意义的事件提出特别报告。年度报告和特殊报告需同时提交联邦议会、联邦参议院和联邦政府，并在新闻发布会中向社会公布。

---

① 财政部财政制度国际比较课题组：《德国财政制度》，中国财政经济出版社 1999 年版。
② 预算司：《德国财政预算制度及政府间财政关系》，财政部网站，2008 年 10 月 20 日。

联邦议院预算委员会下属审计委员会与联邦审计院共同对预算执行进行审计监督。审计委员会更多依赖于联邦审计院的年度审计报告对预算执行情况进行监督。审计院的职能，主要有三个方面，首先是对政府预算的审查职能，主要审查预算编制的合规性和合法性、预算执行的合法合规性和经济效益性，这是最核心的职能；其次是咨询职能，即为议会提供服务，从专业的角度提出建议，为议会立法发挥咨询功能；最后是参与职能，为议会、政府制定法律法规提供相关信息。

审计院在整个预算周期中，始终参与并发挥重要作用。在预算编制阶段，一是审计院在收到各部门送交的部门预算草案后，对部门预算草案的编制是否合法合规，是否符合经济效益性作出书面或者口头表态；二是参加财政部门与各部门的初级谈判，提出参考性建议、意见；三是对比较大的项目的可行性报告进行研究，作出评估审核。在预算审批阶段，审计院主要参与议院预算委员会对所有部门预算草案的审查工作，从建议者的层面对预算发表建议。在预算执行和决算阶段，审计院审计年终决算以及预算执行和其他财政执行的合法合规性和经济效益性。财政部门于每年的1月完成上一年度的决算草案编制并提交审计院和议院预算委员会下属的审计委员会，审计院从1月至10月对决算草案进行审计，其中有一半的时间到各部门实地审计。10月，审计院向议会、政府提交年度审计报告，同时在新闻发布会上向社会公布。审计的方式有重点审查方式、横向审查方式和项目审查方式等，通过抽查办法对部门进行审计，审计的项目由审计院年度工作计划和联邦议院委员会提出的要求来共同决定，审计的预算数额一般占总预算规模的0.1%。审计院除以年度报告的形式就审计所发现的主要问题作出报告，还可随时对具有特殊意义的事件提出特别报告。各部门对本单位的问题是否被列入报告十分重视。因为，审计院虽然没有处罚权，但审计院在把审计结论写入年度报告之前，都要征求被审计单位的意见，是否将该单位的问题列入报告就成为了审计院迫使各部门改正违规行为的重要手段。[①]

四、德国预算公开的范围与内容

德国的财政预算包括两部分内容，即中期滚动财政计划和年度预算。德国从1967年开始实行多年滚动预算计划体制，联邦和州政府在制定每年的预算草案的同时，还要编制中期财政计划——五年财政计划。这个计划是由财政部门与各主管部门通过密切合作、相互协商制定下来的。计划期第一年的收支数是经议院批准的年度预算，第二年的收支数是政府准备提交议院讨论批准的下一年度预算草案，计划期的后三年收支数是在前两年预算数和社会经济未来发展态势的基础上预测出来的。这种五年财政计划虽然是分年度编制的，但并不是固定不变的，而是一种滚动式的计划，既要根据社会经济及政治形势的发展变化，对有关年度的计划进行必要的调整、修订，使其既与客观情况相适应，又能体现政府对社会经济发展的宏观调控意图。图3-1和图3-2

---

① 王晓萍：《关于德国政府预算执行的管理情况》，载于《吉林人大》2010年第12期。

显示了德国联邦政府 2015 年年度预算收支概况。

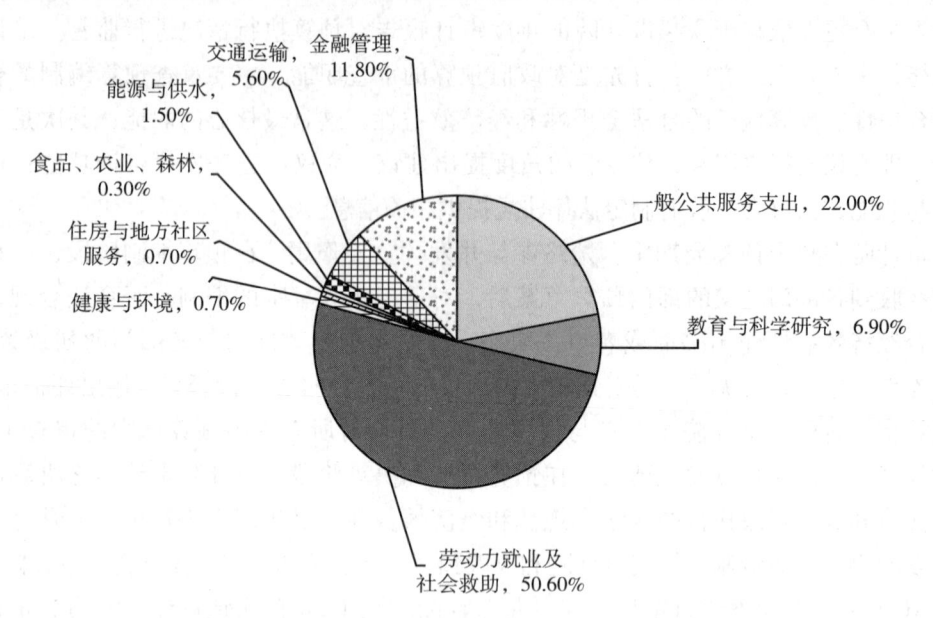

图 3-1　联邦政府 2015 年单一年度预算支出总览

资料来源：德国联邦财政部，http：//www.bundesfinanzministerium.de/Web/DE/Home/home.html。

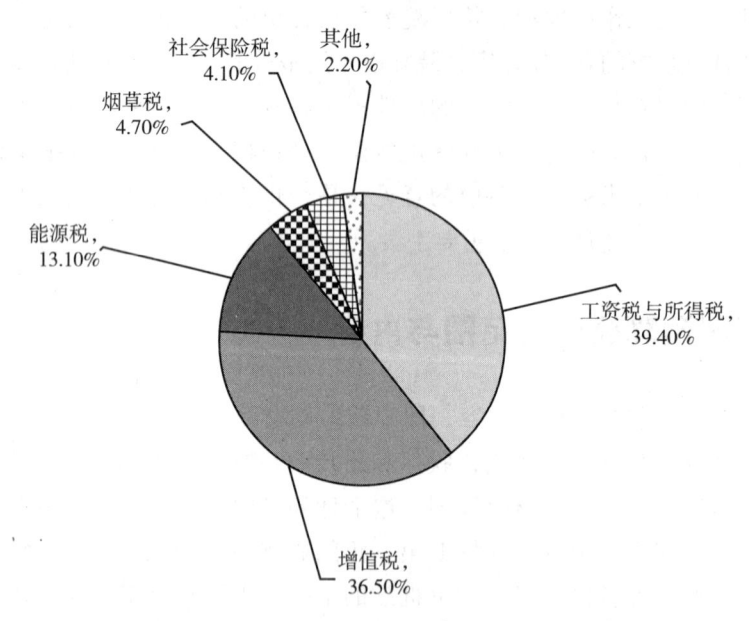

图 3-2　2015 年联邦财政预算收入结构总览

资料来源：《德国联邦预算和财政政策 2015 年 4 月月报》，http：//www.bundesfinanzministerium.de/Content/EN/Standardartikel/Press_Room/Publications/Monthly_Report/Abstract/2015 - 04 - english-version.html#doc339748bodyText3。

（一）三级预算体系

德国财政预算包括中央财政预算、州财政预算和市镇（区）财政预算三级。地方各级政府有权编制各自独立的年度财政计划并力求做到"收支平衡"，编制的先后顺序依次为联邦、州和市镇，这是由于下级政府在编制地方预算时，要在上级预算的数据框架内进行所致。在编制年度预算的同时，三级政府都要编制为期五年的财政计划，而市镇的该项计划主要是五年投资计划。为便于统一评价、协调和便于信息化管理，政府财政预算的编制方法和项目分类是统一的，财政预算模式是一致的，但在具体的预算账户设置等方面，市镇政府的财政预算与联邦和州预算又有所差别。

第一，市镇地方政府财政预算的编制与预算的构成。市镇地方政府的预算草案，同州政府一样，均由有关行政部门编制，然后提交给市（镇）长。为便于管理，市镇的预算草案一般由总预算、单项预算、预算说明和财政安全方案四部分构成。其中，总预算一般包括十个单项预算，在每个单项预算下，又设分类预算，而在分类预算下，再设分组预算。单项预算可概括地分为行政管理账户和财产预算账户，前者涉及的是不会引起本地财产变动的财政收支，也就是地方政府用于日常行政开支的预算账户，后者涉及的是影响本地财产变动的财政收支，也就是地方政府用于财政投资的预算账户。市镇级财政支出主要是投资支出，约占市镇财政支出总额的2/3。如果行政管理部门的预算有节余，可用于投资可偿还贷款。

第二，预算草案的审批和执行。德国市镇预算草案先经议会审批，后经监事会审查，确认无问题后才能具体实施。预算草案由市镇长提交给市镇议会组织，并同时向全市居民公开。在经过一周广泛听取市民意见和议员讨论之后，再由议会的职业委员会进行审议，最后议会召开公开大会，对预算草案表决通过。根据规定，预算决议必须在新的财政年度开始前的一个月提交市镇的监事会。监事会主要负责审查预算决议有无越权审批问题，如贷款额度等问题，以确保预算决议的合法性和合理性。预算的决议通过后，由市镇长全权负责预算的执行工作，市镇的财政局长及其主管的财政局在市镇长的领导下负责预算的落实工作。

第三，预算的决算和监督。德国预算的决算指在一个财政预算年度结束以后的三个月内，先由财政局根据一年内发生的具体的财政收支额，编制年终结算报告，在市镇长确认无误后，提交市镇审计局和市镇审计委员会审查。审查之后，审计单位要向市议会提交一份年终审计报告，议会全会在对审计报告作出通过的决议后，再通告给市镇长。这样就完成了预算的监督工作。

第四，预算管理体系的协调。德国预算管理体系的协调机构是附属于联邦政府的财政计划委员会。它由联邦财政部长和经济部长、各州负责财政的部长组成。该组织要对三级财政计划的协调提出建议，并根据整个经济发展的要求，为执行公共任务确定优先项目，使三级财政计划成为一个统一协调的体系。

(二) 政府财务报告

1. 联邦财政预算报告

联邦财政预算报告包括政府五年预算报告和年度预算报告。德国《预算法》第31条规定，联邦财政部应就预算法草案和预算案草案提交一份与总体经济发展联系在一起的有关财政经济现状及其预期发展的报告。

政府五年预算报告由五年财政计划的总表、筹资总表、按支出任务划分的支出总表、按支出种类划分的支出总表、按支出类型分类的联邦投资计划和按任务分类的投资计划6个计划表组成，如表3-1至表3-6所示。

表3-1　　　　　　　　　　　联邦财政计划总表　　　　　　　　　　单位：亿欧元

年 份		2012 实际	2013 预算计划	2013 估计数	2014 预算草案	2015 计划	2016 计划	2017 计划
1	支出							
	与上年相比增减%							
2	收入							
2.1	税收							
2.2	其他收入							
2.3	净借贷收入							
	投资							

表3-2　　　　　　　　　　　借贷筹资计划总表　　　　　　　　　　单位：亿欧元

年 份		2012 实际	2013 计划	2014 预算草案	2015 计划	2016 计划	2017 计划
1	借贷						
1.1	延续筹资						
1.2	净新债务						
	合计						
2	偿还						
2.1	4年期以上的债务						
2.2	1—4年期债务						
2.3	1年期以下债务						
	三项合计						
	……	……	……	……	……	……	……
	总合计						

表3-3　　　　　　　　　　按任务划分的支出计划　　　　　　　单位：亿欧元

年份		2012	2013	2014	2015	2016	2017
		实际	计划	预算草案	计划	计划	计划
1	社会保险						
1.1	养老保险支出						
1.2	劳动市场						
	……	……	……	……	……	……	……
5	建筑						
5.1	住宅与城市建设						
	……	……	……	……	……	……	……
10	财政经济						
10.1	利息支出						
	……	……	……	……	……	……	……

表3-4　　　　　　　　按支出种类划分的支出计划　　　　　　　单位：亿欧元

年份		2012	2013	2014	2015	2016	2017
支出种类		实际	计划	预算草案	计划	计划	计划
1	经常性支出						
1.1	人员支出						
……	……	……	……	……	……	……	……
1.2	正常物质支出						
……	……	……	……	……	……	……	……
1.3	利息支出						
……	……	……	……	……	……	……	……
1.4	经常项目拨款和补助						
……	……	……	……	……	……	……	……
	经常项目合计						
2	资本项目						
2.1	实物投资						
……	……	……	……	……	……	……	……
	资本项目支出合计						
4	总支出合计						

表3-5　　　　　　　　　按支出类型划分的联邦投资计划　　　　　　　单位：亿欧元

	年份	2012	2013	2014	2015	2016	2017
	支出种类	实际	计划	预算草案	计划	计划	计划
1	实物投资						
1.1	建筑措施						
1.2	动产购买						
1.3	不动产购买						
……	……	……	……	……	……	……	……
2	财政资助						
2.1	公共部门财政资助						
……	……	……	……	……	……	……	……
2.2	其他部门的财政资助						
……	……	……	……	……	……	……	……
	合计						

表3-6　　　　　　　　　按任务划分的联邦投资计划　　　　　　　　　单位：亿欧元

	年份	2012	2013	2014	2015	2016	2017
	任务项目	实际	计划	预算草案	计划	计划	计划
1	联邦长途公路						
2	联邦公路						
3	对州投资和财政资助						
……	……	……	……	……	……	……	……
22	其他						
	合计						
	与上年相比增减（%）						
	占总支出（%）						

德国联邦政府的年度预算，由总预算和单项预算组成。联邦总预算中的总支出，是单项预算支出的汇总；预算总收入包括税收和其他收入。年度预算共有3份表格：预算总表、单项预算支出汇总表和联邦单项预算表（如表3-7至表3-9所示）。

表 3-7 2013 年预算计划总表 单位：亿欧元

	2012 年计划数	2013 年计划数
1. 支出		
与上年增长%		
2. 收入		
2.1 税收		
2.2 其他收入		
其中：联邦银行利润		
私有化收入		
硬币收入		
2.3 净借款		

表 3-8 根据单项预算汇总的财政预算支出总表 单位：百万欧元

代号	标识	2012 年计划	2013 年预算	与上年相比增%
01	总统府			
02	联邦议院			
03	联邦参议院			
04				
05	外交部			
06	内政部			
……	……	……	……	……
17	家庭、老年、妇女和青少年部			
19	联邦宪法法院			
20	联邦审议院			
……	……	……	……	……
32	联邦债务			
……	……	……	……	……
60	一般财政管理			
	合　计			

表 3-9　　　　　　　　　　　联邦单项预算表式

0801 联邦部

细目功能	目 的	计划年 2013 年	计划年 2012 年	实际 2011 年
细目类别：55	信息技术支出			
	注释：收入可以弥补的支出 说明：			
511 55-011	业务开支			
513 55-011	数据远程输送			
515 55-011	设备、设备安装、软件和修理			
……	……	……	……	……
525 55-011	进修与改行的培训 ①…… 说明：根据预算法第 63 条第 3 款，教学材料免费发给参加者	……	……	……
	……	……	……	……

单项预算是德国财政预算的核心。每个联邦级的行政单位（部级单位）、总统府和总理府、联邦议院、联邦参议院、各个联邦部、联邦审议院、联邦法院等，都要编制各自的单项预算。

单项预算是对收入和支出的逐项概算。单项预算的基本原则是部属原则，对某些特别项目则采取实际发生原则。单项预算分为三章：部门、目的、重要领域和所属机构。单项预算表的表头为总表中的项目编号和部门编号。表 9 中的 08 表示财政部，01 表示联邦部，其他重要领域或者机构编号为 03。单项预算表的细目标题代号由 5 位数构成，前 3 位数为类别编号（511），后两位数为数字编号（55）；另外 3 位数为功能编号（011）。表 9 细目内容包括目的、财政年度的预算总额、义务权限和注释。

2. 州财政预算报告

州虽然有独立决定自己预算的自主权，但是联邦和州的预算体制是统一的。预算的编制、审批、执行和监督的程序与组织机构的设置都是相同的。唯一的重要区别是有些州每两年编制一次预算。由于州财政预算要考虑联邦财政预算的数据，所以州级财政预算草案的形成比联邦的迟。

3. 市镇财政预算报告

和联邦与州一样，在市镇一级，财政预算也由有关行政部门和市镇财政部门编制财政收支概算以后，将预算草案提交市镇长。由于基础设施是市镇地方财政支出的重要项目，因此，市镇地方的财政预算分为两个部分：行政管理预算账户和财产预算账户。这是与联邦和州财政预算编制方法不同之处。对市镇财产状态变动起作用的收支归入行政管理预算。这样，市镇财政就将日常开支和投资区别开来。行政管理预算部分如果有结余，可以用于投资和偿还贷款。以"北莱茵—威斯特法伦州"为例，这个州的市镇预算由四个部分组成：总预算、行政管理预算、财产预算单项预算、预算说明及财产安全方案。市镇预算由10项单项预算构成，每个单项预算下又有分类预算，在分类预算下面还有分组预算。表3-10是单项预算分类和分类预算分组的例子。

表3-10　　　　　　　　　　　市镇单项预算分类

	代号	名　　称		编号	
单项计划	0	一般行政管理	分类计划	00	市镇机关和党团
	1	公共安全和秩序		01	审计
	2	学校		02	市镇行政
	3	科学研究和文化保护		03	财政
	4	社会保障		04	
	5	卫生、体育和休闲		05	特殊行政机构
	6	住宅和交通		06	总行政部门的设施
	7	公共设施和经济促进		07	
	8	企业、土地和其他财产		08	行政人员家属的设施
	9	一般财政经济		09	

注：分类计划以"0"开头的均表示单项计划内以"0"为代号的分类计划。"04"、"07"和"09"在分类计划中没有项目。

资料来源：《市镇财政预算——预算法和预算分析》，第47~50页。

决算方面，年终结束以后，州财政局根据实际发生的收支编制年终结算报告。结算报告经过市长确认后，在年终结束后的3个月内提交市议会。市镇审计局和市镇议会审计委员会对年终结算报告进行审查。在审查以后，议会对结算报告做出通过的决议，并将决议通告市（镇）长。表3-11列示了2014年德国全部财政支出的预算和决算情况。

表3-11　　　　　　　　　　按功能分类的支出总表（2014）

	2014年计划数		实际数	实际数与计划数比例
	百万欧元	所占百分比（%）	百万欧元	百分比（%）
一般公共服务支出	69 602	22.6	69 720	100.17
经济合作和发展	6 324	2.1	6 380	100.89
国防	32 366	10.5	32 594	100.70

续表

	2014年计划数		实际数	实际数与计划数比例
	百万欧元	所占百分比（%）	百万欧元	百分比（%）
政府、中央管理	13 949	4.5	13 738	98.49
收入管理	4 004	1.3	3 932	98.20
教育、科学、科研、文化事务	19 304	6.3	18 822	97.50
学校、大学生和培训项目参加者补助	2 708	0.9	2 635	97.30
科学、研究和高等教育机构的发展	10 598	3.4	10 214	96.38
社会安全、家庭事务以及青少年、劳务市场政策	147 876	48	148 783	100.61
社会保险，包括失业保险	99 691	32.4	99 489	99.80
劳务市场政策	31 400	10.2	32 510	103.54
其中：根据社会准则发放的失业救济金	19 200	6.2	19 725	102.73
根据社会准则发放的失业救济金、政府的房屋和供热补贴	3 900	1.3	4 162	106.72
家庭救助、福利服务等	7 343	2.4	7 396	100.72
对战争和政治影响的社会津贴	2 300	0.7	2 175	94.57
健康、环境、体育、娱乐	2 008	0.7	1 889	94.07
住宅、地区计划和当地社区服务	2 192	0.7	2 010	91.70
住宅、家庭储蓄保险	1 680	0.5	1 530	91.07
食物、农业和林业	960	0.3	862	89.79
能源、水供给、贸易和服务	4 180	1.4	4 076	97.51
地区支持措施	603	0.2	710	117.74
采矿、制造业和建筑	1 621	0.5	1 580	97.47
交通和通讯	16 421	5.3	15 993	97.39
道路	7 435	2.4	7 852	105.61
铁路和公共交通	4 553	1.5	4 274	93.87
金融管理	33 957	11	33 718	99.30
利息支出	27 618	9	25 916	93.84
总支出	296 500	96.3	295 486	99.66

资料来源：德国财政部，Monthly Report January 2015。

由此可见，2014年分类支出各项中，社会安全、家庭事务以及青少年、劳务市场政策比重最大，占比为48%，位居第二位的是一般公共服务支出，占比为22.6%，第三位是教育、科学、科研、文化事务，占比为6.3%。联邦政府借新增文化预算向外界发出信号，表示政府对文化的关切程度。

通过对年度实际数与计划数的比较分析可以发现，2014年实际完成预算计划的99.6%，近半个世纪以来首次基本实现了预算平衡。各分类支出项目中，住宅、地区计划和当地社区服务实际完成程度最差，实际值与计划值的比例为91.7%，而社会安全、家庭事务以及青少年、劳务市场政策则超出了预算计划0.61%。这与德国这几年致力于不断减少政府债务，以及2014年的工作重点为能源转型、最低工资和养老改革相关。表3-12列示了2015年德国财政支出预算情况及2015年前三个月份的实际支出数。

表3-12　　　　　按功能分类的支出总表（2015）

	2015年计划数		2015年1月份至3月份实际数	
	百万欧元	所占百分比	百万欧元	预算执行进度
一般公共服务支出	66 457	22	16 465	24.8
经济合作和发展	6 384	2.1	1 850	29.0
国防	32 496	10.7	7 677	23.6
政府、中央管理	14 650	4.8	4 026	27.5
收入管理	4 210	1.4	990	23.5
教育、科学、科研、文化事务	20 757	6.9	4 424	21.3
学校、大学生和培训项目参加者补助	3 499	1.2	1 053	30.1
科学、研究和高等教育机构的发展	11 147	3.7	1 828	16.4
社会安全、家庭事务以及青少年、劳务市场政策	153 144	50.6	44 200	28.9
社会保险，包括失业保险	102 104	33.7	31 580	30.9
劳务市场政策	33 294	11	8 445	25.4
其中：根据社会准则发放的失业救济金	20 100	6.6	5 353	26.6
根据社会准则发放的失业救济金、政府的房屋和供热补贴	4 900	1.6	1 267	25.9
家庭救助、福利服务等	7 914	2.6	2 045	25.8
对战争和政治影响的社会津贴	2 143	0.7	600	28.0
健康、环境、体育、娱乐	2 031	0.7	389	19.2
住宅、地区计划和当地社区服务	2 184	0.7	427	19.6

续表

	2015 年计划数		2015 年 1 月份至 3 月份实际数	
	百万欧元	所占百分比	百万欧元	预算执行进度
住宅、家庭储蓄保险	1 633	0.5	385	23.6
食物、农业和林业	972	0.3	96	9.9
能源、水供给、贸易和服务	4 437	1.5	1 604	36.2
地区支持措施	619	0.2	62	10.0
采矿、制造业和建筑	1 501	0.5	1 177	78.4
交通和通讯	16 926	5.6	2 752	16.3
道路	7 610	2.5	1 074	14.1
铁路和公共交通	4 961	1.6	816	16.4
金融管理	35 691	11.8	11 193	31.4
利息支出	24 901	8.2	8 998	36.1
总支出	302 600	100.0	81 483	26.9

资料来源：德国财政部，Monthly Report April 2015。

2015 年，德国政府进一步加大了对"社会安全、家庭事务以及青少年、劳务市场政策"的投入，这类支出占全部财政支出预算的 50.6%。2015 年 1~3 月的预算执行进度为 25.9%，与时间进度基本一致。将 2015 年预算计划数与 2014 年作比较可以发现，一般公共支出与住宅、地区计划和当地社区服务较上年有总量上的减少，重点增加了教育、科学、科研、文化事务和能源、水供给、贸易和服务以及金融管理方面的支出，可以看出 2015 年依旧遵照年度工作重点进行预算规划。

（三）财政部门在预算公开中的地位和作用

德国财政部中只有预算管理部门与其他各部门发生往来关系，它的机构设置没有预算执行部门，预算一经确定，即通过电子转账系统划入各部门账户，由各部门内部的预算执行专员负责按法律规定执行预算。由于德国的预算执行处于严格的监控之中，而且供给的标准较高，因而一般不会出现超预算执行的情况。预算执行中若有临时性、突发性的增支因素，由部门向财政部申报，追加支出必须同时满足三个条件：一是确实不可预见；二是支出必须发生；三是额度较小，不得超过 500 万欧元，500 万欧元以内由财政部研究追加预算，超出 500 万欧元，上报议会审议解决。

《联邦财政预算》和《联邦财政决算报告》作为政府公开发行的出版物，使每个公民都可以了解每笔财政资金的来源与用途、预算执行的情况，只要是财政资金，任何机构的任何支出项目都必须列入预算，并予以公开。德国财政部专门设有情报、新闻处，负责向公众宣传和解释各部门的政策、措施。公开预算和决算为社会各界了解和研究财政提供详细的资料，能够广泛借助社会力量，发现和分析财政中存在的问题；公开财政活动状况，为在野党、对立团体或公民提供了议论、挑剔乃至攻击性的材料，但财政公开要比财政神秘主义更具有笼络人心的作用，更易于赢得公民的好感与信任，从而有利于公共利益的实现。

财政部门编制的预算必须经议会批准后方可实施，一经议会批准，年内一般不再变动，如需变动，必须经过议会的严格审查和批准。议会设有财政委员会和审计委员会，财政委员会对联邦财政部的资金使用可随时提出问题。财政部要对预算执行情况全权负责，若某部门偏离预算时，财政部可提出限制和冻结该部门的资金，还有权对预算外资金的特殊支出作出决定。

财政部设有专门工作组评估预算绩效，并请联邦经济部、各州财政局、联邦银行等综合部门参与评价。财政部与各部门协商谈判达成基本意见后形成预算草案，将之提交总理府。

（四）公共企业预算公开

在德国，公共企业也要遵循严格的报告要求。企业必须提交每年的报告，而这份报告会受到联邦和州审计院的检查。如果公共企业是依据私有法律成立的，他们也要和私有公司一样，遵守同样的报告要求。在德国执行欧盟的透明度指示后，公共企业的非商业活动以及成本的定义又被加强了，现在要求商业活动和非商业活动要单独计量成本。联邦企业的报告要公开给自己的股东以及联邦政府。

（五）公开信息的分类方法及统计口径

德国的预算包括总预算和部门预算。目前德国联邦政府收支分类共分9 000多个收支科目，其中1 500个收入科目，7 500个政府支出科目。分类体系大体与我国目前政府收支分类的方法基本相一致，也保持了部门分类、功能分类、经济分类三个层次。如政府部门分为：联邦总统及总统府、国会、参议院、总理及总理府、外交部、内政部、司法部等。部门下又按预算隶属关系进行细分，如司法部下有慕尼黑专利局、慕尼黑联邦专利局等；功能分类大体划分为：教育科研文化、社会保障及战争补偿、健康体育与休养、住房与土地规划、营养及农林、电力水电及工商服务、交通和通讯、国有企业、土地、资本及特殊财产支出等；支出经济分类大体为：人事支出、实物费用、补贴支出、建筑项目、其他投资及投资促进措施、特种支出项目等。①

五、德国预算公开的例外事项处理

德国财政预算遵循7大原则，包括全面性、明确性、整体性、准确性、历史连续

---

① 预算司：《德国财政预算制度及政府间财政关系》，财政部网站，2008年10月20日。

性、特定性和公开性。其中公开性原则是指在议会进行的所有关于财政预算的讨论，以及最终通过的预算都必须公开，便于公众接触和使用。但同时也规定，有些支出可按合适的限制条件进行分类，便于有该信息接触权的人接触。

预算法第 10 条 a，对"需要保密的事项"作出如下规定：

（1）对于其使用应保密的支出，预算案可以规定，由联邦审计院按照《联邦审计法》第 19 条第 1 项或第 2 项的规定进行审计。而联邦审计法（1985 年 7 月 11 日）第 19 条"保密事项"规定，"根据联邦预算法第 10a 条规定，联邦审计院的预算审计应当：由审计院院长或副院长参与的相应合议组进行，或由审计院院长单独进行；如审计院院长岗位空缺，则由副院长进行；审计局决策会与审计院决策会不对此负责"。

（2）出于绝对保密原因，在例外情况下，联邦议院可以在批准经济计划的预算立法程序中通过一个由预算委员会委员组成的委员会（保密委员会）批准应按需保密的经济计划支出，该机构由联邦议院在任期内根据 1978 年 4 月 11 日的《关于议会对联邦情报活动的监督的法律》（《联邦法律公报》第一部分第 453 页）第 4 条第 2 款和第 3 款的规定选举产生。联邦财政部应将情报机构的经济计划提交保密委员会批准，但联邦议院另有其他规定的除外。保密委员会应及时通知预算委员会此类经济计划的总金额。保密委员会委员有义务对其在委员会工作期间所知道的所有事项保密。

（3）根据《联邦审计署法》第 19 条第 1 项的规定，在第 2 款规定情况下，联邦审计署进行审计，并将其对年度决算以及预算执行和经济执行的审计结果通知保密委员会、主管的联邦最高行政机关和联邦财政部。经要求，主管的联邦最高行政机关应通知联邦参议院议长。

综上，除涉及保密事项外，德国预算公开的力度还是相当大的。德国在实践中并没有制定查询目录，而是由职能部门自觉的进行评判，依据其是否掌握被申请信息及被申请信息能否进行公开的情况作出决定。

六、德国预算公开的方式、形式、途径、期限与对话机制

（一）公开的方式

德国实行新闻自由，报刊、电台、电视台可以报道政府、政党内部的情况，只要内容属实，不泄露国家机密，即属合法，而消息来源受法律保护，任何人不能对消息来源进行调查。原则上，德国政府不能干预新闻媒体的活动，因而一些新闻媒体依法对政府预算实施监督。①

（二）公开的形式

德国电视、广播、杂志、报纸都成为公开的媒介之一，公开的形式包括预算报告、决算、议会关于预算的审批讨论，预算编制过程的公众参与，预算审计报告、部门年

---

① 刘晓凤：《德国经验对我国部门预算管理的启示》，载于《武汉金融》2007 年第 4 期。

报、月报以及政府定期出版的杂志如政府采购公告信息等。从公众的角度看,由于德国预算编制比较细化,政府预算科目很细,联邦预算约有 8 000 个科目,有的州有上万个科目,每个科目均有详细说明和规定,科目虽多,但每年变化不大。① 这种做法,易于公众对政府预算的持续性关注和理解分析。对于有些支出为适应不同人群的需要,按合适的限制条件进行分类,便于分层将信息提供给不同层次的需求方。

(三) 公开的途径

德国预算程序和结果公开透明,让民众最大限度的参与到政府预算活动中来,使政府预算得到最大限度的公开。首先,政府公布年度预算框架后,接下来的预算编制进程以及编制过程中的重要情况通过媒体随时报道;其次,议会每个年度预算审议的讨论和辩论过程都经电台,电视台直播;最后,最终形成的年度预算要通过互联网向社会公开。

《联邦财政预算》、《联邦财政决算报告》、《财政和税收统计》作为政府公开发行的出版物,使每个公民都可以了解每笔财政资金的来源与用途、预算执行的情况,只要是财政资金,任何机构的任何支出项目都必须列入预算,并予以公开。德国财政部还专门设有情报、新闻处,负责向公众宣传和解释各部门的政策、措施。②

财政部的收支报告及联邦审计署的年终决算审计报告,都要提交议会的预算委员会,作为议会批准决算的基本文件。这两个报告都对社会大众公开。公开的内容,不仅是简单的财政预算的执行结果,还包括财政运营的基本过程和主要方面,如预算编制过程、预算审查情况、预算书和决算书等,在图书馆及因特网上都可以很方便地查阅。③

年报及月报是两种联邦部委普遍采用且较为成功的信息公开方式,公民可以选择网上下载(免费)或者纸质文本寄送(收取一定费用)两种方式获取。分别于 2003 年 7 月和 2005 年年初开始启动德国在线和联邦在线两大电子政务信息工程,初步实现了政府信息和服务内容的电子化和网络化。联邦部委及下属机构已经普遍建立了在线发布新闻、新闻订阅和 RSS 新闻更新离线阅读、手机新闻订阅等多种方式相结合的网络新闻公开制度。

(四) 公开的期限

1. 定期公开的规定、频率

预算草案,联邦总理通常于每年 9 月 1 日前将预算草案提交联邦议院和联邦参议院进行秋季讨论,实行三读。

审计报告,审计报告在每年秋天发布,在下一个会计年度还要检查在审计报告中

---

① 束卫华:《德国议会预算监督一瞥》,载于《人民与权力》2007 年第 2 期。
② 刘晓凤:《德国部门预算管理经验对我国的借鉴》,载于《安徽教育学院学报》2007 年第 5 期。
③ 国际司:《德国财政预算控制与风险防范管理情况介绍》,财政部网站,2013 年 5 月 23 日。

提出的建议是否付诸实施。①

联邦统计局每季度会根据 HKR 系统提供的数据公布实际发生的财政收支数据。

财政部的月报和年报，年报及月报是两种联邦部委普遍采用且较为成功的信息公开方式，公民可以选择网上下载（免费）或者纸质文本寄送（收取一定费用）两种方式获取。

2. 不定期公开

政府在每年的元月份公布编制下一年度预算的方针，此后的预算编制进程、预算编制中的重要情况和重大变化等，都随时报道，予以公开。

（五）对话机制

德国预算公开的对话机制主要有：公民依申请公开信息；举办公民开放日活动；参与式预算。

1. 依申请公开信息

公民通过申请公开预算信息，这是德国基本法赋予每个公民的权利。

2. 举办公众开放日

每年八月中下旬，德国政府部门用一个周末举办公众开放日活动，旨在通过政府官员与百姓的直接接触，拉近两者之间的距离。为方便参观者，政府还开辟了两条专线车，免费搭载参观者前往各政府部门访问。

3. 参与式预算的推行

德国参与式民主兴起的背景在于政党社会合法性的逐渐丧失，党员数量减少，选举投票人数锐减。因此，德国政府促使地方政府将管制事务中的决策权向公民开放，许多"市议会章程"规定对市长进行直接选举，政党在选举候选人时也允许选民表达对某个特定候选人的偏好。同时，公民直接参与或通过团体参与的观念也变得越来越重要和普遍。公民通过采取自愿行动以争取本社区的利益，从而在经济不景气的情况下，最大效用地利用公共资源。

德国的参与式预算分为三个阶段：第一个阶段是公开信息，公民可以了解到关于市财政收入和财政开支、税收的详细信息以及一些固定的开支（如人员、管理等）的信息；第二个阶段包括公民在公共会议上进行咨询，同时辅以在互联网上的调查问卷；第三个阶段是报告阶段，接着市议会会对预算进行表决。参与式预算的作用同行政当局设立的负责金融和预算的组织一样，被视为是对传统政策制定的一种补充。在这三个阶段里，每一阶段在实际运用中也具有灵活性。②

以德国柏林市利希滕贝格区参与式预算实践为例③，利希滕贝格政府采取了很多措

---

① 万文翔、李莉等：《德国财政预算政策研究》，载于《中国财政》2012 年第 10 期。
② 赵丽江、陆海燕：《参与式预算：当今实现善治的有效工具——欧洲国家参与式预算的经验与启示》，载于《中国行政管理》2008 年第 1 期。
③ 丁传宗：《实现直接民主的新方式》，华中师范大学硕士学位论文，2010 年。

施以确保每个公民都有机会和可以依赖的方式参与到预算安排会议中,具体来说,有以下四种方式:(1)在各分区参加讨论。通过参加分区的机会,从 2008 年 9 月中旬到 10 月中旬,在利希滕贝格的所有分区举行的讨论会议上,公民都可以集合起来与来自各党派和政府的代表以及其他公民讨论本分区的预算计划。(2)通过互联网络在线对话协商讨论。具体包括:与具体的信息共识部门进行在线对话,举行有组织的论坛,使用预算计算器,共建式建议表,优先性投票,简报,编辑对于政客的访谈等。(3)通过邮寄信件进行参与。某些居民由于各种原因而不能参加区居民会议等的讨论,为了方便他们提出自己的意见,区政府当局允许每位居民都可以通过写信的方式在任何时间向行政区办公室提交自己的建议。(4)通过问卷进行代表性的调查研究。市政府随机向市民发放一定数量的问卷,然后对问卷的数据进行统计汇总,找出最具建设性的建议,并将其纳入到预算讨论会议和预算安排中来。另外,区政府当局还设计了一些保证公民和公民社会组织参与的具体的、特殊的工具和方式。一是为少数人和边缘化群体举行小型会议;二是赋予所有本地居民自有进入本区图书馆的权利;三是对在线参与者给予技术支持;四是对参与者进行民意调查之前进行电话访谈;五是协助公众会议中听力有障碍的参与者表达建议。

第四章
澳大利亚、新西兰政府预算公开制度

澳大利亚和新西兰相对完备的财政预算公开体系及有效的运作成为了国际社会中的佼佼者,为世界各国的财政预算公开提供了有益的经验。本章集中研究澳大利亚、新西兰两国预算公开的历程、主体、内容、途径、法律法规体系等制度建设。

一、澳大利亚、新西兰预算公开的发展历程

(一) 澳大利亚预算公开的发展历程

1. 20 世纪 80 年代初至 20 世纪末,权责发生制和绩效预算改革

在 20 世纪 70 年代前,澳大利亚政府重视支出控制,着重于资金投入管理。各部门预算由财政部编制,预算编制和财政管理集中于中央政府,未经中央财政批准,各部门不能使用任何资金。进入 20 世纪 80 年代后,澳大利亚政府连年出现财政赤字,政府运行成本持续上升,这引起人们对政府角色、政府活动的效率和有效性的关注与争议,"小政府"成为公众普遍赞同的选择。为加强政府公共支出管理,遏制政府开支迅猛增长的势头,提高政府公共管理的公开性、有效性,提高财政预算的效率、效果和透明度,澳大利亚政府开始注重投入产出,实行注重产出效果的预算编制方法和旨在强调工作效果的绩效管理制度。

澳大利亚联邦政府从 1984 年开始对其政府预算和报告体系实施改革。20 世纪 90 年代初,澳大利亚公共会计和审计联合委员会(Joint Committee on public accounting and auditing, JCPAA)、澳大利亚国家审计委员会(National Commission of Auditing, NCOA)开始认识到,在政府会计领域采用纯粹的收付实现制对政府资源实施管理并不恰当。1992 年 5 月,澳大利亚联邦和州成立了联合工作小组,研究政府部门转向以权责发生制为基础的财务报告。

自 1994~1995 财政年度开始,澳大利亚联邦在政府会计中引入权责发生制作为计量基础,要求政府部门以权责发生制为基础编制经审计过的财务报表。1997 年,澳大

利亚颁布实施了《财务管理和受托责任法案》(Financial management and Accountability Act),该法案明确要求权责发生制应作为政府预算、政府会计和财务报告的基础。1996~1997财政年度,澳大利亚部分州政府引入新西兰的以权责发生制为会计基础、注重产出效果的预算编制方法,并取得初步成效。1998年公布了由澳大利亚审计总署(ANAO)审核的政府合并财务报告。1998年《财务管理和受托责任法案》修订中将管理资源的权力更多地下放到部门,使部门负责管理产出,最大程度地服务于政府预期成果的实现,并建立绩效指标以审核效果和效率。1998年的《预算诚信章程法》(Charter of Budget Honesty Act)明确了澳大利亚联邦政府公共财政管理和报告方面的规定,引入了一系列财政政策管理的原则,提出了若干增加透明度的要求,以保证政府的财政运行结果有恰当的计量标准。在1999年,澳大利亚政府在预算改革方面同时采取了两项措施:一是计量基础由收付实现制改为权责发生制(解决如何计量的问题),二是在成果和产出框架下编制以权责发生制为基础的报告(解决计量什么的问题)。从1999~2000财政年度起,年度预算也引入权责发生制,并对公共部门所有的支出编制绩效预算,实行绩效考评。总体来说,这段时期预算改革的基本内容如下:[①] 第一,引入商业化运作方式,以预算为媒介,在政府与各部门之间建立一种合同式的买卖关系。简单地讲,就是政府用财政预算资金向各部门购买不同类型的社会公共服务(产品)。第二,引入市场竞争机制,重新界定政府职能范围,以实现"小政府、高效率"的政策目标。第三,引入投入产出的观念,制定科学的评估标准,增强预算的公开性、透明性和合理性。各部门根据其提供社会公共服务(产品)的数量和质量确定预算支出。各部门在编制预算时,不仅要详细列明各项支出数额,而且还须说明各项支出最终取得的成果。第四,引入权责发生制会计核算方法,实现对政府资源的全面管理,真实准确地反映各部门的收支盈亏情况。

经过改革,澳大利亚预算管理达到了公开、透明、公正、合理等目标要求。在政府部门服务质量不断提高的同时,政府运行成本明显下降,各级财政状况相应得到改善。

2. 21世纪以来,预算公开的"阳光行动"

2006年4月16日,澳大利亚财政部发布了一篇题为"阳光行动"的研究报告,报告中提出提高澳大利亚财政可计量性及透明度的政策措施:[②] (1)加强对结果和产出的报告。"阳光行动"指出财政报告中应加强对结果和产出的汇报,应将重点从报告投入(项目、费用和接受者)转移到报告结果和产出上来。"阳光行动"提出应提供更一致和有形的结果报表,改进项目评估,提供更详尽的关于拨款使用情况的报告。(2)提高预算文件的可读性和实用性。"阳光行动"对现有预算文件的可读性及实用性表示不满意,提出要改进项目层级的披露细节,提供更多有助于评价政府支出效果的信息,并使用单一的报告标准。(3)提高预测的透明度。"阳光行动"指出目前尚缺少持续的

[①] 中华人民共和国财政部:《澳大利亚的预算改革》,财政部网站,2014年8月12日。

[②] Jón R. Blöndal, Daniel Bergvall, Ian Hawkesworth & Rex Deighton-Smith. 2008. Budgeting in Australia [J]. OECD Journal on Budgeting, vol. 8, no. 2, pp1 - 64.

披露制度，预测估计误差可能会被参数的变化所掩盖，因此应该在整个财政年度内更多地报告相关的财务信息。(4) 扩大预算报告的范围。"阳光行动"提出透明度提高最显著的表现就是对拨款的信息进行披露，特别是一些专项拨款（包括净拨款和专项账户）。此外，也要对税收支出和应急储备进行披露。(5) 加强代际报告。"阳光行动"建议应该提高代际报告的发布频率，而且应使代际报告中包含更多的信息内容。

（二）新西兰预算公开的发展历程

新西兰是世界上最早在政府会计和政府预算中引入权责发生制的国家，是所有OECD国家预算改革创新中开展得最为彻底，也最具代表性的国家。其新绩效预算改革开始于20世纪80年代末和90年代初，此次改革有着深刻的历史根源。当时的经济困境是改革的根本动因，而其独特的政治结构和政治传统为新绩效预算改革的成功提供了得天独厚的现实条件。新西兰的新绩效预算改革主要由财政部推动，可分为五个阶段，分别由五项代表性法案层层深入（见表4-1）。

表4-1　　　　　　新西兰预算改革中的五项代表性法案

年份	法案	内容及目的
1986	《国有企业法案》	改革国有企业，推行私有化政策
1988	《国家部门法案》	改革核心政府部门，推动新西兰政府迈向权责发生制会计
1989	《公共财政法案》	为衡量政府部门的绩效，发布之以配合《国家部门法案》的实施
1993	《财务报告法案》	1992年第一份正式的部门权责发生制年度财务报告的出现，1993年本法案的颁布标志着权责发生制的全面应用
1994	《财政责任法案》	达到强化管理责任、改革与战略管理相结合的目的

资料来源：吴永立：《绩效预算管理的国际比较及对我国的启示与借鉴》，载于《会计之友》2012年第11期，第11~15页。

第一阶段，新西兰政府重新审视了国家在经济中的作用，区分了公共部门和私人部门的不同作用，强调用市场原则指导经济或者商业决策，不再运用国家干预的命令和控制模式来进行决策。新西兰政府将公共服务部门的政策、管制和商业活动区别开来，并将它们建成独立自主的国有企业。1986年的《国有企业法案》为传统的贸易型部门的公司化提供了法律依据，将改革的基本框架固定下来。这个阶段的改革目的是使国有企业的管理者能够像私人公司的经理那样拥有管理上的自主权。生产和定价的权力都被下放给了国有企业的经理，这些管理者也必须在结果上对部长和议会负责。在1986~1990年这一段时间，新西兰采取了私有化措施，将许多国有企业卖给私人部门。

第二阶段，新西兰政府开始改革公共服务的核心，预算改革也是在第二阶段开始的。1988年，宣布变革核心为中央政府部门财务管理，通过了《国有部门法案》。改革重点是：（1）重新界定了部长及行政长官之间的关系。中央部长更了解宏观的国民经济和政府管理，因而负责公共政策的制定，部门行政长官在部门的绩效上对部长负责。（2）完全比照私营部门将人事权下放给行政长官。（3）赋予行政长官运作部门及管理资源的责任。

第三阶段，1989年通过的《公共财政法案》把公共部门财务管理的重点由投入转向产出和结果，主要致力两个方面的革新：（1）要求所有的公共财务声明都要使用权责发生制，并且对普通大众公开，以此来提高预算的透明度；（2）要求所有的拨款都要和产出直接相挂钩，以此来提高机构对使用预算资源的责任感。这些财政改革有助于部长更好地监督部门的绩效、更有效地测量部门的绩效、保证部门有能力去实现绩效。

第四阶段，改革重点是强化公共部门对一般公认会计原则的应用，即主要是权责发生制的应用。1992年，第一份正式的部门权责发生制年度财务报告出现；1993年，编制出了第一份完全合并的中央政府财务报表并通过《财务报告法案》。新西兰的权责发生制财务报告分为"部门报表"和"整个政府报表"两个层次。整个政府报表是由部门报表合并而成的，主要有：资产负债表（列示政府的资产、负债和净资产情况）、运营表（列示政府的收入、支出及其差额）、现金流量表（反映来自运营、投资和融资活动的现金流量）、承诺事项和或有负债表（报告资产负债表表外风险情况）、借款表（提供政府债务的详细情况）。

第五阶段的改革以1994年《财政责任法案》的颁布为标志。其目的在于建立准确、有效的财政管理系统，并要求政府定期公布短期及长期的财政目标，提供全面整体的财务信息，以求稳定政府支出及逐渐减少政府债务。通过细化一系列有关财政管理责任的原则，提高绩效报告的质量来规范财政政策的实施，比如规定在财政有剩余的情况下，维持政府债务的适度增长，为将来的恶性事件做好准备；加强财政风险管理；确保将来税率的可预测性等。同时，《财政责任法案》要求任何与上述原则相偏离的情况都必须要向社会公布，并且这些偏离只能是暂时的。另外《财政责任法案》进一步明确了财务部长对财政管理的目标负责。这些目标和产出相关，并且和他/她的工作绩效评定及任期期满后是否继续留任紧密相连。1994年，新西兰编制了第一份权责发生制为基础的整体政府预算。同时，新西兰对1989年的《公共财政法案》进行了修订，要求每个月份都要提交以权责发生制为基础的财务报告。

1994年起，新西兰政府的整个财务管理系统实现了完全的权责发生制。从1986年通过《国有企业法案》算起，至1994年通过《财政责任法案》，历时近十年。从制定政策到最后实施，新西兰预算改革可谓快速和高效。此外，新西兰财政信息公开制度在发展中依据所处的新环境和面临的新问题不断自我发展和完善。2004年新西兰国会又依据所处的新环境和面临的新问题，通过了《公共财政法案》修正案，对原法中三十四个条文进行了修改。在本次修改中，不仅删除了"年中财政声明"、"内部声明草案"，甚至整个删除了原法第七部分关于安全和情报部门的规定。这种不断自我发展过程使得新西兰的财政信息公开制度日趋完善。

二、澳大利亚、新西兰预算公开的法律依据

（一）澳大利亚预算信息公开的法律依据

澳大利亚政府分为联邦、州和地方三级。与政府分级管理相适应，实行典型的分税、分级财政管理体制，同时通过较为规范的财政转移支付制度，尽可能地使公民享受均等的社会服务。在此基础上，澳大利亚具有较为完善的政府信息公开与财政预算信息公开的法律体系。1982 年澳大利亚政府制定了《信息自由法》（Freedom of Information Act），该法律规定政府有义务向公共发布政策等信息，每个公民和社团均有获取政府信息的权利。所有联邦政府机关必须执行该部法令，为公众提供获取信息的渠道，同时各州和领地也颁布了适用于州和地方政府机关的信息自由法规，使民众及时了解到财政信息。1983 年，澳大利亚第一届新工党政府开始了"新公共管理运动"改革，[1] 财政预算信息公开成为此次改革运动重要组成部分。颁布的《档案法》（Archives Act 1983）规定公众通常有权利使用联邦政府的文件档案，澳大利亚政府机关必须遵守澳大利亚国家档案馆的规则，对本机关的档案进行保留或者处置。政府更加强调财政预算信息的公开、透明以及加强财政问责，节约行政成本，提高行政效率。国库部、财政部以及支出审查委员会是参与财政预算信息公开的主要行政机关。国库部主要负责宏观经济政策的制定和税收征管，编制政府收入预算，并将其所编制的收入预算连同支出审查委员通过的支出预算一并报内阁审查。财政部在初步审定各部门支出预算的基础上，汇编政府支出预算，有关事务由专设的预算司承担。支出审查委员会由总理、财政部长、国库部长、国库部部长助理、基础工业和能源部长、卫生与老年关怀部长组成，负责审核部门预算及财政部门所编制的政府支出预算，是政府的预算审批机关。[2]

由于《信息自由法》没有专门规定财政预算公开的内容，1998 年澳大利亚政府颁布《预算诚信章程法》（The Honesty Act 1998），对整个预算的编制和公开内容作出详细的规定。该法律规定财政部应定期制定和公布财政预算报告以及预算执行报告，并规定财政预算报告的内容、编制程序、编制原则、公布时间等，成为一部专门规定财政预算信息公开的法律，大大深化了政府预算信息公开的力度。促成 20 世纪 90 年代《预算诚信章程法》问世的原因，除了国内执政党工党争取选举大选的坚持之外，国际环境也产生了一定的推动作用。新西兰于 1994 年颁布的《财政责任法》旨在转变财政管理方式、增强财政预算透明度，对《预算诚信章程法》产生了很大影响。另外，1996 年澳大利亚加入了国际货币基金组织（IMF）的数据公布特殊标准（Special Data

---

[1] 新公共管理运动指 20 世纪 70 年代末 80 年代初，西方发达国家为迎接全球化、信息化和知识时代的来临以及摆脱财政困境、提高国际竞争力和行政绩效而实行的行政改革。这场行政改革运动被看做重塑政府再造公共部门的新公共管理运动（参见潘顺恩：《澳大利亚新公共管理运动的概况及启示》，载于《宏观经济研究》2005 年第 3 期）。

[2] 财政部预算司：《澳大利亚的预算改革》，财政部网站，2014 年 9 月 11 日。

Dissemination Standards，SDDS），这个系统是 IMF 向成员国提供的一套在数据采集和公开方面的指导标准，以使各国在向公众提供全面、及时、准确、可靠和容易获得的数据方面有共同的依据。《预算诚信章程法》的颁布也是履行了国际义务。1997 年的经济危机，亚洲经济遭受重创，也使得澳大利亚政府更加重视规范经济行为，颁布了《总审计长法》（Auditor—General Act 1997）规定，对政府机关信息公开进行年度审计，加快了其财政预算公开的进程。

1999 年，澳大利亚颁布《公共服务法》（Public Service Act 1999），规定澳大利亚各政府机关自行决定网站的信息公布，但由于澳公共服务机构的非政治性，所以必须遵守"公共服务法"第十部分规定，即公务机构必须对政府提供高质量、专业的支持，同时不带任何政治倾向和政党影响。除此之外，《财政管理和责任法》（Financial Management and Accountability Act 1997）也是与财政预算信息公开相关的重要法律。2014 年 7 月 1 日，《财政管理与责任法》被《公共治理、绩效和责任法》（Public Governance, Performance and Accountability Act 2013）取代。

《信息自由法》、《档案法》、《预算诚信章程法》、《总审计长法》、《公共服务法》及《公共治理、绩效和责任法》共同构成了澳大利亚财政预算信息公开的法律基础。在此基础上，澳大利亚建立了较为完善的财政预算信息公开制度，包括财政预算报告制度、权责发生制、预算信息审计制度等。在实践中，澳大利亚十分重视政府预算信息公开，规定每年 10 月预算编制正式开始到次年 5 月议会批准，历经 8 个月，并从预算编制开始直到最终的预算报告，都在议会及民众的参与监督下进行，预算草案在议会通过后通过互联网发布，公众可以随时查阅（关于澳大利亚预算管理及预算编制的情况参考专栏 4-1 和专栏 4-2）。

专栏 4-1

澳大利亚预算管理的主要部门及其职责

1. 国库部。主要负责宏观经济政策的制定和税收征管，并负责编制政府收入预算。
2. 政府各职能部门。负责编制本部门收支预算。
3. 财政部。在初步审定各部门支出预算的基础上，汇编政府支出预算。财政部专设预算司负责有关事务。
4. 高级部长审查委员会。由总理和各部部长组成，主要研究审议各部报送的预算。
5. 支出审查委员会。由总理、财政部长、国库部长、国库部部长助理、基础工业和能源部长、卫生与老年关怀部长组成，是政府内部最高的预算审批机构。
6. 联邦拨款委员会。专就财政转移支付问题提出政策建议。
7. 国会。负责审核批准政府预算。参议院设有"银行、财政和公众管理委员会"。众议院则设 5 个（A、B、C、D、E）预算委员会，专门负责有关预算审查工作。
8. 公共账户联合委员会。为国会两院的派出机构，行政上独立，直接对国会负责。委员会 15 名成员，其中 5 位由参议院指定，10 位由众议院指定。该委员会通过检查政府公共账户，深入研究各部门预算编制及预算执行情况，从而实施必要的监督。

> **专栏 4-2**
>
> **澳大利亚预算编制时间及程序**
>
> 澳大利亚的预算年度从每年 7 月 1 日起到次年 6 月 30 日止。预算编制从每年的 10 月正式开始到 5 月国会批准，历时 8 个月。如加上前期准备时间，长达 11 个月。具体程序如下：
>
> 7~9 月，对上年度预算进行全面审核，并为下年度预算编制做准备。
>
> 10 月，政府各部开始编制本部门预算。
>
> 11~12 月，各部门预算及财政部汇编的政府支出预算同时报送支出审查委员会。同时，高级审查委员会开会审议各部门预算。
>
> 1 月，总理对各部门预算提出修改意见。
>
> 2 月，总理与财政部研究讨论政府支出预算草案。
>
> 3~4 月，支出审查委员会研究审核部门预算及财政部门所编政府支出预算。
>
> 4 月，国库部将其所编收入预算及支出审查委员通过的政府支出预算一并报内阁审查。
>
> 5 月，内阁将政府预算报国会审议。国会在 6 月 30 日以前正式批准预算。
>
> 资料来源：Jón R. Blöndal, Daniel Bergvall, Ian Hawkesworth & Rex Deighton-Smith. 2008. Budgeting in Australia [J]. OECD Journal on Budgeting, vol. 8, no. 2, pp1-64。

（二）新西兰政府预算信息公开的法律依据

20 世纪 70 年代中期以后，新西兰面临着严重的财政危机，政府支出占 GDP 比例大幅上升，政府信誉不断下滑，经济政治方面受到前所未有的威胁。为了摆脱这种困境，新西兰政府在强调"管理者责任"的基础上及理念指导下，开始了一系列的改革，不断以法律形式确认改革成果。1986 年新西兰政府通过《国有企业法》（State Owned Enterprise Act）首次提出了在公共部门引入权责发生制会计计量。1989 年颁布了《公共财政法》（The Public Finance Act），强调了政府各部门的预算及报告义务，把公共部门财务管理的重点由投入转向产出和结果，同时在此法中要求所有的公共财物都要使用权责发生制，并且对普通大众公开，以此来提高预算的透明度。根据财政情况的变化，新西兰于 2004 年进一步修订了该法，明确了各项规则的操作准则。1989 年新西兰政府通过的《地方政府改善法》（Local Government Improvement Act）要求地方议会要公布以下预算文件：关于财政形势的声明；总体运作状况的声明；用金融和非金融术语对每一项重要活动发布的声明；现金流量表。与此同时，该法还要求地方议会在财政年度开始前、预算草案的准备阶段、议会作出重要政策动议之前，都要将相关文件在公共场所公示，接受公众的咨询和意见。对于公众的提议，议会必须以公开会议的形式进行讨论。1993年,新西兰议会通过了《财政报告法》(Financial Reporting Act),进一步强化了公共部门对权责发生制会计计量基础的应用。1994年生效的《财政责任法》(The Fiscal Responsibility Act),是迄今为止在财政信息公开方面最重要的一部法律,通过细化一系列有关财政管理责任的原则,提高绩效报告的质量来规范财政政策的实施。同时,要求任何与财政责任的基本原则相偏离的事项都必须要向社会公布,反映了新西兰财政改革的核心理念,为报告制度的完善和财政信息透明提供了相应的理论基础。《财政责任法案》要求政府:对于7月1日开始的财政年度,在3月31日前公布"预算政策声明",包括即将出台的预算的战略重点、短期财政打算和长期财政目标;在定期的"经济和财政最新情况"中披露在为期3年的预测期内财政决策的影响;根据公认的会计标准提供所有财务信息。这要求提供全套预测财务报表和报告——经营报表、资产负债表、现金流量表、借款表和公正地反映政府的财务状况所必需的其他任何报表;向议会特别委员会提交法案所要求的全部报告。《财政责任法案》包括一些具体的财政报告要求有:在任何大选前14~42天之间公布选举前经济和财政最近情况;对至少为期10年时期的财政趋势预测;有关政府的承诺和具体财政风险的声明,包括或有负债。新西兰的预算公开和预算透明改革所带来的经济和非经济成效,一直受到国际组织和很多国家的赞赏。

另外,新西兰建立的财政预算信息公开体系为解决其他各国政府财政危机提供了一个可行方案。澳大利亚通过的以提高政府预算透明度的《预算诚信章程法》(Charter of Budget Honesty Act),其中的"合理财政原则"便是在吸收新西兰"财政责任"以及"合理管理"原则的基础上发展而来的。英国制定的《稳定财政规则》(Stable fiscal rules)也在一定程度上受到了新西兰制定"长期财政目标"方法的影响。除上述规范以外,《新西兰官方信息法》(New Zealand's Official Information Act)在促进财政透明方面也起到了重要作用。

三、澳大利亚、新西兰预算公开的责任机构

澳大利亚政府一直重视政府预算信息编制及信息公开。根据《预算诚信章程法》的规定,澳大利亚政府每年10月开始准备预算的编制,直至次年5月经过议会批准,政府在财政部的官方网站上公布政府预算报告,供民众查阅监督。澳大利亚政府力求做到经合组织(OECD)提出的透明、及时、真实、可靠的标准,将其年度报告、中期报告以及选举前经济和财政的展望报告都发布于财政部官方网站上。在选举前《经济和财政展望报告》中,不仅要公布财政政策和预算收支预测,同时,财政部和国库局局长要发表联合声明,声明对他们之前做的预算信息做过详细的核实和审查。另外,《预算诚信章程法》第13条专门为预算报告建立了辅助机制,规定联邦政府各部门有义务帮助财政部发布年度报告,财政部也有权要求联邦政府各部门提供完成报告所需要的信息,相关部门应当及时向财政部提供信息。

无论是新西兰还是澳大利亚,财政预算信息公开的核心是行政机关,同时也是主

要的监督对象,负责制定和执行财政政策,掌握最详细的财政信息。由行政机关履行公开职责,也是财政信息公开制度设计的应有之义。当确定执行权的归属之后,规则的制定权和监督权就应由其他主体行使,一则可以避免行政机关在规则制定过程中,过多考虑自身利益,以致逃避应有责任;二则可为监督权的行使提供恰当的依据。①

国库部、财政部以及支出审查委员会是参与财政预算信息公开的主要行政机关。国库部主要负责宏观经济政策的制定和税收征管,编制政府收入预算,并将其所编制的收入预算连同支出审查委员通过的支出预算一并报内阁审查。财政部在初步审定各部门支出预算的基础上,汇编政府支出预算,有关事务由专设的预算司承担。支出审查委员会由总理、财政部长、国库部长、国库部部长助理、基础工业和能源部长、卫生与老年关怀部长组成,负责审核部门预算及财政部门所编制的政府支出预算,是政府的预算审批机关。

澳大利亚预算监督非常严格。从过程上讲,包括事前(严格的预算编制和批准程序)、事中(零余额账户体系和审计署的预算执行审计)和事后监督(包括决算报告制度和审计署的决算审计)。② 从监督主体讲,负责预算执行及监督的主要有议会、国库部、财政与行政管理部、审计署等。在议会监督方面,除了正常的预算法案批准、财政税务政策批准等外,主要是反对党监督。澳大利亚是多党制国家,反对党总是想抓住执政党的"把柄",因此对政府执行预算"盯"得很紧,而执政党为了不被抓住把柄,也对预算执行"盯"得很紧。在国库监督方面,主要是对税收的征收监管。国库部下设的税务局,有2 000多名稽查人员,充分发挥计算机在税务征管中的作用,对纳税人有针对性地进行检查。在财政与行政管理监督方面,除在预算编制时对各部门支出进行测算、严格审核预算指标外,在预算执行中通过国库单一账户系统,与各部门零余账户连接,对每天的支出进行分析和整理,随时监控预算执行情况。各部门每年10月上报上一预算年度财务执行报告,财政与行政管理部审核后在第二年3月上报议会审议,同时作为制定下一个预算年度预算的依据。澳大利亚的审计署隶属于议会,不受行政干预,负责对所有政府部门进行审计,一般每年对每个部门的预算执行情况进行一次审计,包括"合法性"审计(主要看是否有违反国家法规和会计机制的情况)和"绩效性"审计(主要看资金使用效益、财务内部控制制度等)。审计署自身的预算执行情况则由议会聘请独立会计师进行审计监督。

四、澳大利亚、新西兰预算公开的目标定位

一般而言,政府预算公开的目标定位,主要包括:解释公共受托责任、服务财政管理需要、利于加强社会监督与其他特殊目标等方面。

---

① 董妍:《新西兰财政信息公开制度的国际影响及其启示》,载于《黑龙江政法管理干部学院学报》2012年第6期。

② 2007年财政管理与财政监督培训团:《澳大利亚财政管理与财政监督的基本情况及其启示》,载于《财政监督》2008年第6期。

(一) 澳大利亚的预算公开目标定位

1. 解释公共受托责任

预算改革过程中,澳大利亚重视引入市场竞争机制,重新界定政府职能范围,以实现"小政府、高效率"的政策目标,使得在政府部门服务质量不断提高的同时,政府运行成本明显下降,各级财政状况相应得到改善,这体现了澳大利亚的预算制度在有效地执行或者诠释着公共受托责任。

另一方面,从法律上看,澳大利亚的《预算诚信章程法》分别就立法目的、基本原则以及诸项报告的内容作出规定。其中第三章规定了该法的基本原则——合理财政原则,第4条规定:政府的财政政策应当以保持经济持续繁荣以及促进人民福祉为导向,制定可持续发展的中期战略框架。由此可见,作为专门规定财政预算信息公开的法律,其首要目的是要解释公共受托责任,服务于促进人民福祉这一终极目标。

2. 服务财政管理需要

作为澳大利亚一部专门规定财政预算信息公开的法律,对澳大利亚预算公开起重要推动作用的《预算诚信章程法》,对整个预算的编制和公开内容都做了详细的规定,该法律规定财政部应定期制定和公布财政预算报告以及预算执行报告,并规定了财政预算报告的内容、编制程序、编制原则、公布时间等,大大深化了政府预算信息公开的力度。

此外,《预算诚信章程法》正式将权责发生制作为预算的会计确认基础。权责发生制的目的在于提高财政预算信息的完整性以及财政预算信息的透明度,其特点在于可以将那些大量游离于政府会计体系之外的负债明显地体现在会计账目之中,披露隐性财政风险,便于对财政形势作出更为完整恰当的估计,制定正确的财政政策,最大限度地避免财政风险。

3. 利于加强社会监督

1996年澳大利亚加入了国际货币基金组织(IMF)的"数据公布特殊标准"(Special Data Dissemination Standards,SDDS),这个系统是IMF向成员国提供的一套在数据采集和公开方面的指导标准,以使各国在向公众提供全面、及时、准确、可靠和容易获得的数据方面有共同的依据。因此,澳大利亚的预算信息公开,有很大程度上可归结为当局政府努力提升财政信息透明度,以利于加强社会公众对政府资金行为的监督控制。

(二) 新西兰的预算公开目标定位

1. 解释公共受托责任

新西兰是在面临内外困境之时才实施财政透明政策的,其中的功利性不能否认。就其实施的效果而言,新西兰的预算公开制度在提高政府财政决策水平、化解危机、提升政府形象和公信力方面起到了十分重要的作用。这些目标也正是新西兰政府改革的最初目的。财政透明,不仅仅作为一种实现特定财政目标的手段而存在,更是政府实现既定财政目标的手段。

2. 服务财政管理需要

新西兰于 1994 年颁布了《财政责任法》,这一法律旨在转变财政管理方式、增强财政预算透明度。因此,《财政责任法》所要求的预算公开,目标定位于服务财政管理需要,增强财政预算透明度。进一步地,新西兰财政信息公开规则体系的形成,开端于以提高政府绩效为目标的公共管理运动。

3. 利于加强社会监督

将政府对公共财政资金的使用情况置于公众的监督之下,通过这种方式,充分保障公众的知情权,而这种方式的首要前提便是向公众公开预算相关信息。新西兰法律对于会计计量基础、报告内容、格式等都作了详细规定,为保障公众的知情权提供了法律依据,使行政机关的财政信息公开行为尽可能地被规范为便于监督和评估的模式。致力于加强社会监督,由此也就成了新西兰预算公开的目的。

五、澳大利亚、新西兰预算公开的内容

(一)澳大利亚政府预算公开信息内容

与英国和美国的预算发布相比,澳大利亚政府的预算公开更为科学合理,预算过程的所有报告和最终的年终预算报告都可以在财政部的官网上找到。与美国和英国不同的是,澳大利亚政府既公开预算表的所有内容,在预算执行的过程中,还主动公开之后每个月以及每年的政府财务报表、资产负债表、现金流量表以及利润表,与政府预算表形成前后呼应。① 政府预算是一个对财务工作预测的过程,而公布的财务报表是对财务执行的检测过程,具有检测和校对政府决策的有效程度以及对于预算的利用程度的作用。预算审批以及执行的整个流程,从一定程度上也加强和规范了政府预算执行的效率,督促政府加强财政管理。澳大利亚早在 1996 年就加入了国际货币基金组织(IMF)的数据公布特殊标准(SDDS),并于 2001 年满足了 SDDS 的所有要求。目前,澳大利亚在政府财政统计数据的公布范围、频率和及时性方面都超过了 SDDS 的要求。

按照《预算诚信章程法》第 9 条规定,政府预算信息公开内容包括:(1)详细说明政府的长期财政目标;(2)解释预算是依据什么发展战略制定的;(3)详细说明政府认为重要的并且介于制定和评估阶段的财政措施;(4)详细说明预算本年以及未来三年的政府财政目标和关键的财政措施的预期成果;(5)详细说明上面第 1、第 2、第 4 点中所要求的财政目标和战略重点是如何与合理稳健的财政政策原则相联系的;(6)详细说明政府为了减少经济波动而临时执行的财政政策,并且阐述过程;(7)大

---

① 苏明、李成威、赵大全、王志刚:《关于预算公开的若干问题研究》,载于《经济研究参考》2012 年第 50 期。

体上解释报告将会为以后的政府财政报告提供基础。

具体来说，澳大利亚的财政预算报告按照报告的性质分为三类：年度报告（Fiscal strategy statement）、中期报告（Intergenerational report）和选举前的经济财政展望报告（Pre-election economic and fiscal outlook report）。其中，年度政府报告又分为年初财政预算经济和财政展望报告（Budget economic and fiscal outlook report）、年中经济和财政展望报告（Mid-year economic and fiscal outlook report）以及最终财政结果报告（Final budget outcome report）。由于报告的主体，报告的时间，报告的内容不同，这些报告具有不同的性质和功能。

* 年初财政预算经济和财政展望报告

公开时间：每个预算年度开始时；

公开主体：财政部；

公开目标：为评估政府的财政行为和制定财政政策提供信息和依据；

公开内容：《预算诚信章程法》第12条

（1）对联邦预算部门和联邦政府部门的本预算年度和未来三年的财政预估；

（2）说明作出财政预估的经济和其他方面的假设；

（3）讨论财政预估对经济和其他方面因素改变的敏感性；

（4）本财政年度以及未来三个财政年度税式支出的规划和展望；

（5）可量化的可能对未来财政展望造成决定性影响的风险的说明，包括偶然性债务，没有包括在财政预估中的政府对公众的承诺，政府间尚未完成的谈判。

* 年中经济和财政展望报告

公开时间：每年1月底之前或者上一预算年度结束后六个月内；

公开主体：财政部；

公开目标：为评估政府的财政行为和制定财政政策提供最新的信息；

公开内容：《预算诚信章程法》第16条

（1）对最后一次预算报告中税式支出等关键信息予以更新；

（2）包括所有的可能对财政和经济形势预估产生影响的政府决定和其他情形。

* 最终财政结果报告

公开时间：财政年度结束后的三个月之内；

公开主体：财政部；

公开目标：了解每个财政年度公共预算的执行情况；

公开内容：《预算诚信章程法》第19条

本财政年度联邦预算部门和联邦政府部门的财政预算执行结果。

* 中期经济和财政展望报告

公开主体：财政部；

公开时间：在发布上一次中期报告后5年内；

公开目标：评估现行政府财政政策在未来40年内持续影响；

公开内容：《预算诚信章程法》第21条包括：全面准确评估财政政策对于经济形

势的影响。

*选举前的经济和财政展望报告

公开时间：大选前10天内；

公开主体：国库部和财政部；

公开目标：为经济和财政展望提供最新的信息；

公开内容：《预算诚信章程法》第24、第25条包括：关于经济和财政的信息，内容和预算报告相同；国库部部长和财政部部长对政府有义务为报告提供必要数据的声明、国库部秘书和财政部秘书签署的对于报告中所用的数据是真实的，并且在形成报告的过程中考虑了《预算诚信章程法》所规定的所有因素，没有遗漏关键的要素等的声明。

此外，澳大利亚年初财政预算经济和财政展望报告主要由四个预算文件构成：预算战略和展望（Budget Strategy and Outlook）、预算措施（Budget Measures）、政府间财政关系（Australia's Federal Relations）和机构资源（Agency Resourcing）。和这四个预算文件一并公开的还有预算陈词（Budget Speech）、预算一览（Budget at a Glance）、预算概要（Budget Overview）和拨款议案（Appropriation Bills）。每一个部分的主要内容如下：

预算陈词（Budget Speech）目的在于阐述和论证本年政府工作的核心目标，以及实现该目标所需的各项财政投入、产出和结果的关键性指标，同时也分析中长期的经济形势并确定当前预算的总额控制目标和主要措施。

预算一览（Budget at a Glance）是对关键性预算总额以及政府预算优先排序的一个概述。将本年度财政预算的主要政策以及需要达到的目标进行总体披露，使使用者在阅读整个报告前，有一个大概的了解和整体的把握，方便阅读整个预算案。该文本文字精练、提纲挈领，一般仅有三页。

预算概述（Budget Overview），是对预算一览的进一步细化。公共预算的核心并非简单的分钱，而是公共政策的论证及其政策成本的评估。预算概述实质就是围绕预算陈词和预算一览中提出的政府核心任务而展开的对一系列公共政策群的进一步详细论证。主要包括论述政策问题的形成、政策议题的重要性和紧迫性、政策方案的中长期规划和项目分解，已有的财政投入、本财年预计的财政投入和后续的财政投入，以及预计的政策产出。同时还包括政策实施所需的相关配套措施的介绍，例如政策执行机构的设立、人员配备、资金分配方式等。预算概述的一大特色是除了文字陈述外，还为相关内容配备了大量的图表信息，使公众更加直观明了。此外，在预算概述的最后还列出了和财政总额信息相关的重要附件表。

预算战略和展望（Budget Strategy and Outlook），是在对国内外宏观经济形势充分评估基础上制定的中期预算战略规划，包括对政府财政总额、收入、支出、资产和负债以及财政风险等主要方面的具体评估和展望。

预算措施（Budget Measures），提供了自上一财年年中经济和财政展望文件发布以来与所有政府决策引起收入、支出和投资活动变化有关的全面信息。具体包括收入措施、支出措施和投资措施三类。每类措施下面又有若干项进一步细分的措施，每项措施都可以视作一项具体的政府政策或者政府项目，它们按各自的发起部门及其下属机构排列。

政府间财政关系（Australia's Federal Relations），提供了有关澳大利亚联邦政府和州政府以及地方政府之间财政关系的相关信息。2008年11月29日，澳大利亚政府委员会（COAG）达成的历史性文件《联邦财政关系的政府间协议》（Intergovernmental Agreement on Federal Financial Relations），为推动澳大利亚各级政府在政策发展、公共服务供给以及实施全国性经济社会改革上的合作奠定了坚实的基础。2009年的《联邦财政关系法案》（Federal Financial Relations Act）更进一步明确了政府间财政支出的具体安排，主要包括联邦政府对州政府的国家特殊目的支出，国家合作支出和一般性收入补助，前两种支出被统称为特殊目的支出。

机构资源（Agency Resourcing），提供了有关机构在财政年度内所需拨款的详细信息。本文件主要包括三类报表：（1）专项拨款，罗列了所有法案中涉及的专项拨款将引起的支出规模；（2）专用账户，罗列了每项专用账户中的现金流动及期初和期末余额；（3）机构资源，根据资金来源罗列了每个机构将获得的所有资金规模。每类报表都是按照部门和机构依次呈现，且不止包含了本预算年度的评估数字，还包括了上一财政年度的金额以作对比。

拨款议案（Appropriation Bills），是政府年初预算的议案形式，它在得到议会批准之后将成为正式的法律文件。这里的拨款议案特指年度拨款，主要包括三个子议案。第一个子议案包括对政府部门一般性年度服务的拨款，其中对议会相关部门的拨款单列为第二个子议案。第三个子议案则是对某些特定支出，包括："非运营性"成本、议会批准的新增政策结果所需的执行资金以及对州和地方政府的转移支付。所有议案的拨款资金均来自于统一收入基金，并且按部门、机构，运营性支出和非运营性支出以及政策结果等分类进行罗列，使得公众能方便地按支出机构、资金的经济性质和政策领域了解政府资金的使用走向。

（二）新西兰政府预算公开信息情况

1989年新西兰议会通过《地方政府改善法》（Local government Improvement Act），该法要求地方议会必须公布的预算文件有：关于财政形势的声明；总体运作状况的声明；用金融和非金融术语对每一项重要活动发布的声明；现金流量表。同时，新西兰《地方政府改善法》还要求地方议会在财政年度开始前、预算草案的准备阶段、议会作出重要政策动议之前，都要在公共场所公示相关文件，接受公众的咨询及建议。对于公众的意见，议会必须采取公开会议的形式开展讨论研究。1994年出台的《财政责任法》，进一步将中央政府的透明和责任程度推进到一个新的阶段，该法强调：任何违背财政责任的基本原则的事项，都必须及时向社会公开。为了向政府预算报告的信息使用者分析政府的财政状况提供基础信息，新西兰的《公共财政法》（The Public Finance Act）规定：政府预算报告需要在权责发生制的要求下包括以下内容：（1）财政表现

(a statement of financial performance);(2) 财务状况 (a statement of financial position);(3) 现金流表 (a cash flow statement);(4) 权益变动表 (a statement of changes in equity);(5) 重大的会计政策和对或然负债、政府许诺的解释说明 (notes, comprising significant accounting policies and other explanatory notes including information on contingent liabilities and commitments)。

除了以上需要遵循权责发生制的内容外,政府预算报告还需包括政府的运行情况:(1) 政府的借款状况 (a statement of borrowings);(2) 未分配的资金和资本支出 (a statement of unappropriated expenses and capital expenditure);(3) 应对紧急情况的费用和资本支出 (a statement of emergency expenses and capital expenditure);(4) 政府的委托金 (a statement of trust money);(5) 其他反映政府财政状况的信息。

另外,政府预算报告还要包含政府的短期财政计划和对未来至少十年的经济形势展望和长期财政目标。根据《财政责任法》的要求,报告分为预算政策陈述 (Budget Policy Statement, BPS) 和财政战略报告 (Fiscal Strategy Report, FSR) 两种。预算政策陈述 (BPS) 由政府各部门在预算年度之前发布,内容主要包括政府在财政收入平衡、运转开销、负债和资本方面的长期财政目标,未来两年内的短期财政目标和下一财政年度政府的财政重点。财政战略报告 (FSR) 是由政府各部门在发布预算时发布,内容包括对预算政策陈述 (BPS) 中的短期财政政策目标的可行性论证,对未来至少十年的长期财政目标的展望和对长期财政目标的评价。

六、澳大利亚、新西兰预算公开方式与途径

(一) 澳大利亚政府预算公开方式与途径

澳大利亚政府有自身较为完善的政府预算公开信息流程,预算信息多数在正式的官方网站可以查询到。澳大利亚并没有单独的预算官网,预算信息放在政府财政部网站 (Australia Department of Finance and Deregulation) 上 (见图4-1)。在财政部网页上可以清晰找到属于本年度预算信息的网站链接指示,点击链接后在网站上可以查询到今年预算草案以及历年预算。另外,澳大利亚政府公布的预算报告可以分块下载,在预算目录中,可以查询到概述,经济形势展望,预算报告1,预算报告2,预算报告3和预算报告4。第一份报告公开的是政府的财政策略和对未来的展望 (BUDGET STRATEGY AND OUTLOOK),第二份报告反映的是各财政项目本年度以及未来三年的发展情况 (BUDGET MEASURES),第三份报告公开了政府对社会团体的财政投入 (AUSTRALIA'S FEDERAL RELATIONS),第四份报告公开了各财政项目的收入支出情况 (AGENCY RESOURCING)。各行政部门预算表以及其他预算表 (年中经济和财政的展望报告等),在每个分块各有其相应的内容链接,不仅可以预览主要内容,还可以提供报告下载,简洁专业化较强的同时也实现了便利性。

澳大利亚政府不仅使预算信息清晰,便捷化,同时也使其具有较高的学术性。在政府官网上不仅公布理念预算报告,同时还专门开辟报告预算流程链接以具体形象地

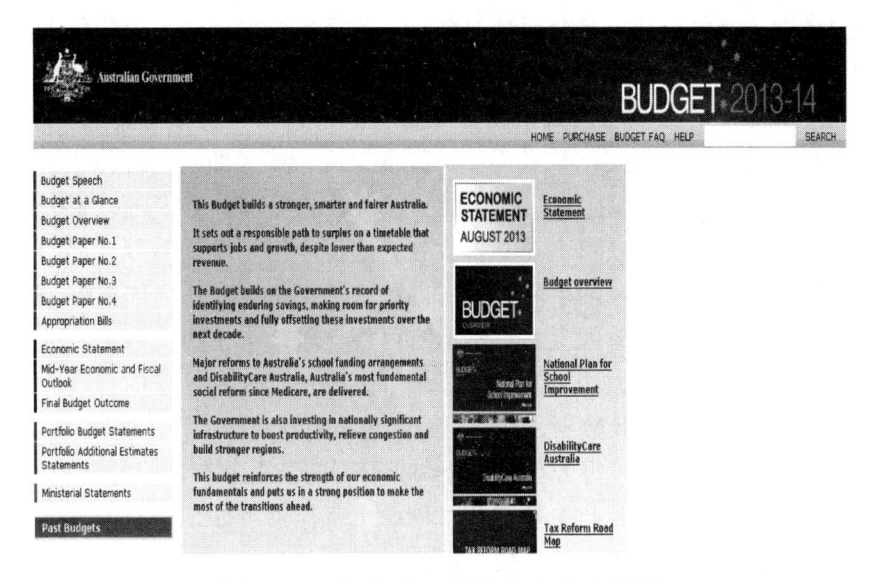

图 4-1　澳大利亚预算信息公布网站

注：上图是澳大利亚联邦政府 2013～2014 年度预算信息网页截图。图最左边一列显示的是 2013～2014 年度预算中包括的主要预算报告文件，从上到下依次为：预算陈词、预算一览、预算概述、预算报告 1、预算报告 2、预算报告 3、预算报告 4、拨款议案、年度经济报告、年中经济和财政展望报告、最终财政结果报告、部门预算报告、部门补充预算估计报告、部长声明和往年预算。图中间六段简短文字高度概括预算的作用、目的以及意义。图最右边一列从上到下依次列示的是：2013 年 8 月公布的年度经济报告、预算概述、学校改善国家计划、澳大利亚残疾护理、税收改革路线图。点击各部分，有相应的内容链接，不仅可以预览主要内容，还可以下载相应报告。

资料来源：澳大利亚政府网站，2014 年 9 月 24 日。

向群众解释预算报告的编制流程，并对流程中每个部分提供了链接进行解释与报告信息下载（见图 4-2）。此外，澳大利亚在政府预算的每个页面底端都标记着政府的联系方式，如果对公开的内容有任何不满，可随时联系政府官员进行询问，明确了政府部门的职责。

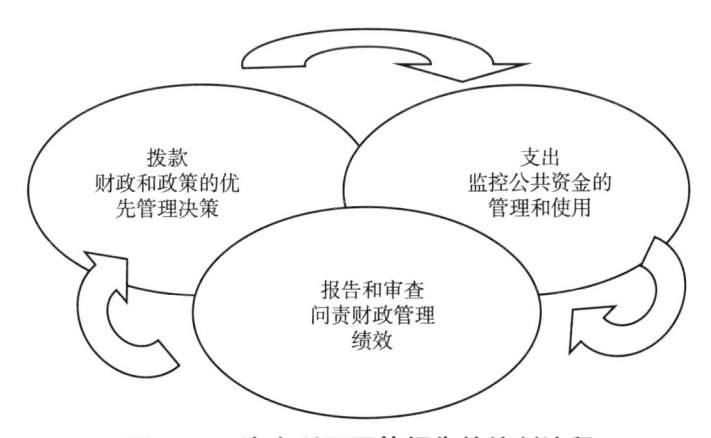

图 4-2　澳大利亚预算报告的编制流程

澳大利亚政府预算公开具有全面性的特点。各类预算报告体系中的所有预算文件向公众提供了一个全方位了解政府财政活动信息的窗口。以年初预算报告体系为例，从内容上看，披露了有关政府收支活动的全部信息，包括收支信息、资产负债信息、绩效信息、风险信息、税收支出信息等；从维度上看，按照部门或机构、资金来源对收入进行了分类，而支出则按照部门、功能、经济性质等多种维度进行了分类，使得公众不但能了解政府在哪个项目上花了多少钱，还能详细了解钱是哪个部门花的，怎样花的；从层级上看，不但包括了联邦政府的财政活动信息，还详细披露了联邦对州和地方政府的转移支付；从时间上看，不但有可供比较的丰富历史数据，也有对未来中长期的预算评估；从会计方法上看，既报告了以收付实现制计量的财政数据，也报告了以权责发生制计量的财政数据，并且对二者之间的差别作了具体说明。

此外，澳大利亚各类预算报告在方便公众获得与阅读上具有良好的亲和性。首先，历年的各种预算相关文件在其政府官方预算网站上都能够方便地获得。其次，在内容的设计上为公众提供了很多阅读的方便，例如：图文并茂，既有准确的统计数据、财务报表等，又有详细的文字说明；大多数预算信息都有前后五年左右的数据供公众进行对比；对专业术语均进行了定义和解释；对和预算相关的人员、机构、改革历程等有详细的辅助说明；对预算报告涉及的相关法律法规出处等有准确的备注；此外，在预算内容的详简程度上也有明显的区分，对于不需要了解具体信息的公众，预算陈词和预算一览已经足以让其了解政府在新财年的大政方针，而对于那些需要了解更多细节的公众而言，则可以从其他预算文件中获得更多具体的信息。

（二）新西兰政府预算信息公开方式与途径

新西兰政府预算从编制到公布一直都是在社会公众监督下完成的。在制定财政经济发展规划和预算时政府需要充分征求意见，如新西兰基督城市政厅在制定财政经济发展规划时，向本市公民发放调查表4 000多份、广泛征求民意，同时在市政厅3次召开听证说明会，听取和回答社会公众的意见。[①] 和澳大利亚相同，新西兰政府将政府预算信息倾向于发布在正式的官方网站上（见图4-3），如新西兰政府官网以及新西兰政府财政部官网，并也在官网中设置链接，及时公布预算信息，预算案在议会通过后就在有关报章及互联网上公布（新西兰1994年通过的《财政责任法》规定，政府财政预算案及相关说明、报告必须全部提交给议会）。另外，新西兰政府也在广播、电视、报纸等媒体中介的辅助下，进行预算信息的公布。

新西兰政府十分重视预算的透明度，法律明确规定，政府应该保证预算信息传递的畅通与及时，不得实行信息垄断，在任何时间或任何缓解对信息进行垄断都将视为政府的失职。年度预算提交议会审议时，有关部门领导要接受议员们的咨询，就预算编制中的具体问题作出解释，公众可以参加旁听，并可通过一定方式进行提问，有关新闻媒体进行报道和直播。

---

① 中华人民共和国财政部：《澳大利亚新西兰财政管理与监督》，财政部网站，2014年9月18日。

图 4-3　新西兰预算信息公布网站

注：上图是新西兰财政部网站上公布预算信息的网页截图。最左边一列从上到下依次列示：2015 年度预算、2014 年度预算、预测（最新经济和财政信息）、社会投资、归档预算（往年预算）、新西兰预算应用程序下载、历史投票信息。图右边显示的是即将于 2015 年 5 月 21 日公布的 2015 年度预算信息。

资料来源：新西兰财政部网站，http：//www.treasury.govt.nz/budget，2015 年 5 月 17 日。

七、澳大利亚、新西兰预算公开的例外事项处理

澳大利亚于 1982 年颁布的《信息自由法》（Freedom of Information Act），除赋予每个公民和社团获取政府信息的权利外，也对澳大利亚信息公开的例外事项作了详细列举，并严密定义及限制，凡不属例外事项的信息一律公开。同时，还规定了许多公共利益条款，有效地防止了例外事项被扩大化解释。澳大利亚现有的免除公开条款按其主要功能可分为两大范畴：

（一）与政府责任和运作有关的例外事项

1. 与国家安全等有关信息

当行政机关能够举证证明"能合理预见到公开将导致对国家安全、国防、国际关系或联邦州际关系的损害"时可拒绝公开。

2. 内阁和行政委员会文件

澳大利亚《信息自由法》第 34 条和第 35 条规定了对内阁和行政委员会文件的豁免。这涉及政府的最高行政机构，承认了澳大利亚政府体制中部长集体责任制的惯例。其存在的基本原理是确保内阁和行政委员会的讨论和研究、商议不受日常的详细审查，

从而保证内阁在作决定的过程中可以充分自由地进行讨论和考虑,而免受偏见的影响。

3. 考虑过程和内部工作文件

澳大利亚《信息自由法》第 36 条规定:如果申请公开的事项性质上属于在行政机关考虑过程中获得或记录下来的主张、建议、讨论,或是为行政机关考虑而准备的意见、建议、咨询,并且公开该文件将有违公共利益,则该文件属于免除公开的范围。

(二) 旨在保护第三方信息的条款

澳大利亚《预算诚信章程法》第 12 条,除了从正面和侧面规定预算报告应当包含的内容外,也规定财政部门制定政策时决策中的信息是不能公开的。因为公开这些问题一则通常涉及商业秘密,公开会对某些企业或者某个行业产生不利影响;二则公开决策过程中的信息有可能导致国家秘密的泄露,损害国家利益和公共利益。

八、澳大利亚、新西兰预算公开的效应评估

(一) 澳大利亚政府预算公开效应评估

澳大利亚《预算诚信章程法》所确立的原则和建立的一系列制度,提供了公众知悉政府财政政策以及获取预算信息有力的制度支持。该法的实施,以报告制度的形式将财政预算信息公开的形式、时间和内容固定化、格式化,无疑促进了财政预算信息公开规范化和制度化的发展,推动了澳大利亚财政预算信息公开工作的全面提升。因此,《预算诚信章程法》颁布生效之后便成为澳大利亚财政预算信息公开的重要法律。

(二) 新西兰政府预算公开效应评估

国际组织和很多国家一致赞赏新西兰的预算公开和预算透明改革所带来的经济和非经济成效。国际货币基金组织 2007 年在其发布的报告中明确指出:"在 20 世纪 90 年代初,新西兰已经建立了包含自由浮动汇率、通货膨胀目标和中期财政计划在内的,在金融和财政领域内高度透明的框架"。许多学者通过比较研究后对新西兰的财政信息公开制度都给予高度评价,James E. Alt 在其论文中采取不同方法统计分析了部分国家财政透明度,出乎所有人意料的是,在其统计中新西兰以 11 分高居榜首(满分 10 分),而美国、英国和澳大利亚则分别以 8 分、7 分和 6 分,列第二、第三、第四位。[①]简而言之,预算公开可以获得多方面的收益,大致可归纳为以下三个方面。

(1) 政治收益。预算公开让民众更好地了解政府活动的前因后果,赢得民众对政府行为的理解和支持。政府为民服务的信心和能力在有广度和深度的预算公开中充分体现,也体现出一种开明的政治态度。既有利于约束政府履责,同时也能够提高政府资金的使用效益,在政治上会赢得民心和民众的拥护,可以增强政府的公信力并提高

---

① 董妍:《新西兰财政信息公开制度的国际影响及其启示》,载于《黑龙江政法管理干部学院学报》2012 年第 6 期。

执政党的权威性。

（2）经济收益。预算公开可以提升政府公共资源配置效率。加大预算公开力度能够很好地约束政府自身行为，并从总体上改善公共资源配置效率；就财政部门而言，预算收支公开可以有效地抑制过度的开支行为，有利于财政的长期可持续发展。同时，预算公开也能够稳定企业经营预期。只有在一个比较稳定的可预期的环境中，企业才能考虑得更为长远，预算公开让企业充分了解税收等政府各项政策，规范政府的政策管理行为，大大提高了企业的生产经营效率。

（3）社会效益。作为保证公民对预算的知情权、参与权、监督权的有效手段，预算公开让公众可以近距离接触政府行为。将政府活动置于民众监督之下，有助于社会管理创新。对一些专业团体而言，例如科研机构，公开的预算信息不仅扩展了其研究视野，也提高了其研究能力，大量的信息使其能够对政府行为及活动效果进行更科学合理的分析评估，提供更加完备的政策建议，促使政府提高自身的决策和管理能力。

第五章
日本政府预算公开制度

在日本,有关财政透明度、预算公开等概念的提出虽然较 OECD 晚。但早在 20 世纪 80 年代初,日本就将"信息公开"、"提高透明度"等作为推进行政改革、实现民主行政的主要手段。本章归纳总结日本预算公开的历程、目标、内容、责任机构、方式、形式、途径,预算公开过程中的对话机制以及预算公开例外事项处理等做法。

一、日本预算公开的发展历程与方向

(一)日本预算公开历程回顾

1. 1980 年以来的行政体制改革与信息公开

20 世纪 80 年代初期,日本开始推进行政体制改革,并将"信息公开"、"提高透明度"作为行政改革、提高行政效率的主要内容。

关于"信息公开"的最初表述见于 1982 年 7 月的临时行政调查会的咨询中。该咨询主要是从民主行政的角度提出了"信息公开"的必要性。其中,有关推进行政改革的观点包括:(1)顺应时代发展变化;(2)确保综合性;(3)简约化、效率化;(4)确保信赖度。并指出:对于行政部门来说,包括其拥有的各类信息的公开及管理,以及国民恰当的参与等问题,都需要探讨获得国民理解的对策。而"确保信赖度"将有利于从过去的权威型行政转向民主行政。之后,1983 年 3 月的临时行政调查会的咨询中,进一步强调了"信息公开"。但这一时期总体来看,主要是将"行政信息的公开作为提高对政府信赖的手段",并没有对行政的恰当性、行政的非效率等问题提出质疑。

1988 年 12 月,临时行政改革推进审议会发布了《关于放宽公共管制等的答辩》,提到了"透明度"的问题。指出:为确保透明度和公平性,为使事务手续简约化、效率化,对于所有的公共规制领域,应寻求标准化和手续的明确化,使制度及其运用确保透明度和公平性。今后,提高"透明度"无论是在国内,还是在国际上都是应积极推进的重要课题。该答辩在关于"放宽管制的具体视角"中提出：为了有效纠正行政规制运用中与原目的相背离的现象，应尽量使行政许可等的标准明确化，确保行政规制运用过程的透明性、公正性。同时，就流通、物流、金融等个别领域行政管制的放宽问题作出了规定。如对于酒类零售行业，发放执照时应充分听取地方酒销售行业协会等的意见，为确保执照发放手续的透明度，听取意见的程序应明确化、合理化。提出：在推进金融领域相关管制的放宽方面，行政指导应仅限定于必要情况下，最基本的是尊重金融机构的自主性，确保对内对外的透明度。

1990年4月的临时行政改革推进审议会（第2次行政改革审议会）的最终答辩中，就"行政改革的主要课题与改革的基本方向"中提到：为了确保行政运营的透明度和公正，应提升行政手续对内对外的透明度，确保公正。1991年1月，临时行政改革推进审议会（第3次行政改革审议会）设置了"公正、透明行政手续部会"，该会于同年12月提出《关于公正、透明行政手续法制的答辩》。1993年10月临时行政改革推进审议会（第3次行政改革审议会）的最终答辩中，就行政改革新进展提出：长期以来，支撑日本国家发展的政治、行政、企业间，形成了既得利益关系，而这一关系发展到今天，成为应对时代变革的推进因素。

在日本国家法律文件中，最早关于"透明度"的表述见于1993年的《行政手续法》（1993年11月12日公布，1994年10月1日起实施）。该法将"透明度"明确定义为：在行政决策方面，其决策内容及过程应向国民公开，获得国民的理解。该法第1条规定：在行政指导、行政处分、申报等相关手续方面，应努力确保行政运营的公正并提高其透明度，目的旨在维护国民的权益。第38条规定：地方公共团体在行政指导、行政处分、申报等相关手续方面，应根据本法相关宗旨，为确保行政运营的公正并提高其透明度，应努力采取必要措施。

1995年，会计监察院在其检查报告中，就行政部门的契约手续说明，首次使用了"透明度"一词。认为为确保契约的客观性、竞争性，保证契约的透明度是必要的。在1994年度的决算检查报告中，会计监察院发布了针对特定检查对象的检查报告，发现：如日本下水道事业团等的工事采购的恰当性并不充分，存在预计采购对象及指定相关从业者仅限定于少数企业，预定价格的计算有需要探讨的地方，随意签约占半数以上等问题。今后，有待扩大投标方式的适用范围，尽量增加投标资格者及指定相关从业者的参与数。应采取措施确保契约手续的透明度、客观性及公正性。有必要在调查、研究预计价格计算方法及充分利用竞争契约等的基础上，寻求改善措施，切实推进业务的运营。1999年，总务厅行政监察局就《行政手续法》在实际中的运用进行了调查。同年6月，提出《以确保行政手续公正与透明的调查结果为基础的劝告》。

2. 2000年以来旨在提升预算、财政信息透明度的改革举措

1990年后期，日本的财政赤字迅速扩大，财政结构性改革成为日本行政改革的重点。借鉴英国、美国、新西兰等国家20世纪80年代后期以来新公共管理运动的改革经验，以及重建财政过程中的具体举措，日本开始推进财政结构性改革，并着力提升预算、财政信息的透明度。

2001年6月，日本出台了《关于今后经济财政运营及经济社会的构造改革的基本方针》（也称《骨太方针》），9月出台了《改革进程表》，2002年1月出台了《构造改革与经济财政的中期展望》（即所谓的《改革与展望》），采取具体措施以推进改革。其中，将预算编制过程及政策决策过程等列为行政管理改革的主要课题，而提升预算、财政透明度则是重要出发点。

2001年，日本进行了中央省厅改革。其中重大改革是将大藏省改为财务省，而为了使内阁主导的预算编制成为可能，在内阁府内设置了经济财政咨询会议。这一改革使得预算编制由过去的财务省主导转向内阁主导。经济财政咨询会议是由以内阁总理大臣为议长10名议员组成的，其中4人来自民间。根据2003年4月5日内阁决议《关于行政事业评价的实施》，内阁官房行政改革推进本部事务局针对政府各部门发布了《有关预算执行等信息的公布指南》。

2003年，经济财政咨询会议①《关于经济财政运营与结构改革的基本方针》提出：在推进财政结构改革方面，改善预算质量、提高预算透明度至关重要。为此，需要对财政政策目标的设定、税收使用达到怎样的效果等进行严格的事后评价，预算编制过程中负有向国民说明的责任。为此，提出了推进预算编制过程改革，构建并确立"宣言—执行—评价"的新的预算编制过程。所谓"宣言"阶段是指将政策目标以国民容易了解的形式明确公布；"执行"阶段是指为了实现政策目标，应有效利用预算，弹性执行；"评价"阶段是指应就目标达成情况做严格评价。为了实现政策目标并提高预算执行的效率，预算执行及其事后评价应反映在今后的预算编制中。具体措施包括：探索有关事前、事后评价的科学方法，各省厅应进一步强化使用ABC（行动标准原价计算）等成本管理方法。在提高透明度方面，应推动公共会计制度改革，引入适用于民间企业权责发生制会计制度。

（二）日本预算公开未来发展趋势的展望

2009年民主党执政后，10月召开了"有关预算编制的检讨会"，提出了预算制度改革的方向。2010年4月，发表了《中期财政运营检讨会论点整理》，提出：实行跨年度的自上而下的预算编制，提高预算编制的透明度和可视度，使预算编制标准化并实现财政健全化。2009年10月23日内阁通过决议案《关于预算编制等的改革》，要求从以民为本、实现适应时代发展的合理、有效的行政这一观点出发，要求政府恰当地执行预算。该议案要求政府相关部门应统一就预算执行情况相关信息进行公开，使来自外部的监督和信息能够被有效利用。在提高预算执行效率的同时，可提升政府的信赖度。

1. 2010年内阁官房国家战略室发布《关于充实预算执行信息公开的指南》

为强化预决算执行信息的公开，内阁官房（相当于国务院办公厅）国家战略室于2010年发布了《关于充实预算执行信息公开的指南》。该指南要求政府各行政机关在

---

① 2001年日本中央省厅改革，在新设的内阁府内设置的机构。

预算编制和执行时，应站在纳税人的角度，保证预算编制的透明性和效率，强化有关预算执行的信息公开，便于国民监督可能存在的浪费，从而最终改善政府行政管理。该方针提出在信息公开时，必须保证两个重点：一是不能为公开而公开，要保证信息公开对财政支出透明化和效率提高有益，并采取国民便于检索的形式公开；二是要求中央政府各行政机关在消除重复的前提下，尽可能提高公开信息阅览和检索的方便。要求各省厅须以该指南为最低标准执行，致力于财政信息的公开。该指南要求在总务省的指导下，中央政府部门构建统一的政府综合电子窗口 E-Gov 和政府统计信息公开窗口 E-Stat，以强化政府公开信息查阅的路径。

2. 2013 年内阁决议案《为提高行政透明度的预算执行》

2013 年 6 月 28 日内阁决议案《为提高行政透明度的预算执行》，就政府相关部门提高预算透明度、预算信息公开等做出具体规定和要求。该决议案出台后，原《关于预算监督、效率化小组指南》（2010 年 3 月 31 日）以及《关于充实和公开预算执行信息》（2010 年 3 月 31 日）被废止，并要求：原上述两决议案中规定的应公布事项，本决议案也要求公布的，如果还没有公布，各省厅应尽快公布。

二、日本预算公开的法律依据

在日本，有关财政体制、财政制度的法律法规主要有：《财政法》（1947 年立法，2002 年最终修订）、《财政监督法》等。这些法律就预算编制、审议等程序作出了原则性规定。除此之外，《地方自治法》、《地方财政法》、《地方交付税法》等法规就地方政府信息公开等作出了规定。

（一）相关法律

1. 宪法

根据日本《宪法》（1945 年）规定：国家财政事务处理权限，应在国会决议的基础行使（第 83 条）。新课税或变更现行税收时，必须依据法律或法律规定的条款进行（第 84 条）；国家费用支出或者国家负担债务，必须依据国会决议（第 84 条）；内阁每一会计年度编制预算向国会提交，必须经国会审议并经过决议才能生效（第 86 条）；为了应对难以预见的预算不足问题，根据国会决议可设置预备费，内阁就其支出负责，所有的预备费支出，事后内阁有必要获得国会的同意（第 87 条）；应该对内阁、国会和国民，就国家财政状况进行报告（第 91 条）。

2.《财政法》

日本《财政法》于 1947 年立法，后经多次修订使用至今。根据《财政法》第 3 条规定：中央政府发行公债或借款时，必须向国会呈报偿还计划。每个预算年度中所指的公共投资的范围都必须经国会审议通过。该法第 7 条规定：各预算年度的财务省证券及临时借款的最高限额，必须经国会审议通过。第 14 条规定：所有的财政收入与财政支出都必须列入预算。跨年度经费须经国会审议通过，由于特殊事由导致预算支出在年度内不能完成时，须事先经国会决议，转入下一年度使用。第 15 条规定：中央政府发行债券必须事先以预算形式经国会审议通过。在救灾或其他紧急需要时，中央政府可在每个预算年度国会通过的金额范围内发行债券，同时应在下一次国会例会期间向国会报告。该法第 29 条、第 30 条规定：内阁根据需要编制补充预算、暂时预算时，须提交国会审议。

有关预决算信息的公开，主要依据财政法第 46 条规定，即内阁在预算成立后应立即将预算、上年度收支决算及公债、借款、国有资产现存总额及其他财政相关的一般事项，使用印刷、讲演或其他适当方法向国民报告。此外，内阁在每个季度都须向国会及国民报告预算使用状况、国库及其他财政状况。

3.《地方财政法》

根据日本《地方财政法》第 3 条的规定：地方政府必须根据法令规定，按合理的标准计算其经费需要，并列入预算。地方政府须参照各种资料正确把握财源，根据经济发展的实际状况计算其收入，并列入预算。第 5 条关于地方债的协商的规定：总务大臣在做出地方债的协商同意，以及制定许可的判定标准和编写相关文件时，必须提取地方财政审议会的意见。第 21 条关于地方公共团体负担费用的法令、政令的规定：内阁总理大臣及各省厅大臣管辖事务中，颁布关于由地方公共团体负担费用的法令、政令时，在内阁会议表决和公布前，应征求总务大臣的意见。总务大臣就法令案中重要部分发表意见时，需听取地方财政审议会的意见。第 30 条关于地方财政状况报告的规定：内阁每年必须全面了解地方财政的状况，并向国会报告。总务大臣在编写地方财政状况报告时，必须听取地方财政审议会[①]的意见。第 33 条公营企业废止等有关发行地方债券的特例的规定：地方公共团体在发行地方债券，或者发债法、利率、偿还方法等发生变更时，需征得总务大臣和都道府县知事的许可。

4.《地方自治法》

日本《地方自治法》赋予居民监督的权力。根据该法第 242 条规定：地方公共团体居民对于当地行政首长或委员会、委员、地方公共团体职员，当确认发生违法、公共资金支出、财产取得及管理、处置、契约的缔结或履行、债务或其他义务负担出现不当行为时，或者发生不当费用征收、财产管理出现纰漏等事实时，可向监察委员提供书面证据，要求实施监察，以防止不当行为，或要求改善现状或弥补损失。如果地方公共团体居民对于监察结果不服，或者其提出的监察请求得不到有效处理，可直接向法院提出诉讼。

5.《地方交付税法》

根据《地方交付税法》第 5 条关于交付税的资料的规定：都道府县知事、市町村长官必须按照总务省令规定，向总务大臣、都道府县知事提交用于计算该都道府县、

---

① 总务省下设的非常设机构，由中央政府相关大臣、地方知事、市长代表和专家组成。

市町村标准财政支出额和标准财政收入额的有关资料，计算特别交付税所用资料以及其他必要资料。并保存作为这些资料基础的台账。都道府县知事必须对提交的资料进行审查并报送总务大臣。当总务大臣提出要求时，与标准财政支出额中的经费所涵盖的地方行政有关系的中央行政机关，必须按照总务大臣的要求向总务大臣提交其所管行政范围内与交付税总额的计算或交付相关的必要资料。

根据《地方交付税法》第 7 条关于财政收支总额预计额的提出与公开义务的规定：每年度，内阁必须整理记载反映下一年度地方财政收支总额预计额的相关资料，提交国会并向一般大众公开。其中，地方财政收入总额预计额应包括以下细目内容：（1）各税目的课税标准金额、税率、调查确定预计额及征收预计额；（2）使用收费及程序费；（3）发债额；（4）国库支出金（类似我国的转项转移支付—作者注）；（5）杂项收入。地方财政支出总额预计额应包括以下细目内容：（1）各项支出的总额及对上年度的增加额；（2）国库支出金配套经费总额；（3）地方债利息及本金偿还金额。

《地方交付税法》第 17 条就关于国税有关文件的阅览及记录、关于交付税额计算所用资料的检查、有关对交付税额计算方法的意见的提出、关于交付税额审查的申请等做出规定。该条第 2 款规定：都道府县知事在计算对市町村交付的交付税额时，为了计算与市町村相关的标准财政收入额，向中央政府部门申请阅读或记录作为标准财政收入额计算基础的，与国税课税基础相关的所得额及课税额等相关文件时，中央政府部门应允许都道府县知事或其指定人员进行阅览或记录。该条第 3 款规定：总务大臣必须对都道府县及政令规定的市町村计算交付税额所用资料进行检查。都道府县知事必须对该都道府县区域内市町村（政令规定的市町村除外）计算交付税额所用资料进行检查，并将结果报告总务大臣。该条第 4 款规定：地方政府可以就交付税额计算方法向总务大臣提出意见。市町村提出意见时，必须经由都道府县知事。总务大臣接到意见申诉，必须进行公正处理，并在第 23 条规定的意见征询时将处理结果向地方财政审议会报告。

根据《地方交付税法》第 19 条关于交付税额计算所用数据错误等的规定：当交付税额计算所用数据发现错误等时，总务大臣采取措施时，必须以文书方式将理由、金额及其他必要事项通知相关地方政府。如果地方政府在提交有关交付税计算基础资料中弄虚作假，或以不正当手段获得交付税，一经发现，必须退还以不正当手段获得的超额部分的金额。同时，必须将总务大臣通知文书所记载的事项向当地居民公示。

根据《地方交付税法》第 20 条关于减少交付税额时的意见征询规定：总务大臣在做出有关普通交付税额的计算确定、特别交付税额的计算等相关决定时，必要时可征询相关地方政府的意见。如果地方政府对于作出的决定或处分提出欠公平或公正的异议，总务大臣应举行公开听证。如果公开听证确认申诉有正当理由的，总务大臣必须取消或变更该项决定或处分。

根据《地方交付税法》第 23 条关于地方财政审议会的意见征询的规定：当发生以

下情况时，总务大臣必须征询地方财政审议会的意见。(1) 提出制定、修改或废除与交付税交付相关的命令的方案时；(2) 编制与下年度地方政府的财政收支总额预计额相关的文件草案时；(3) 决定或变更应交付给各地方政府的交付税额；(4) 对地方政府审查申请作出决定时；(5) 要求地方政府退还交付税时；(6) 对地方政府的异议申诉作出决定时；(7) 作出有关削减应交付的交付税额的决定或处分时；(8) 削减地方政府的交付税额或要求地方政府退还交付税时。

(二) 行政层面的政府相关法规条例等

日本政府近年来积极推进行政信息的公开，并为此专门制定了法律对中央政府所属机关行政信息公开行为进行约束和规范。作为行政信息的重要构成内容，政府财政信息表明政府行政机关实行国家治理、维护社会治安、开展外交活动及向社会提供公共服务所发生的相关费用，因此，政府各行政机关的财政信息公开，必然受信息公开法的规制与约束。

1. 《关于行政机关持有信息公开的法律》（简称《信息公开法》）

《关于行政机关持有信息公开的法律》（1999 年 5 月 1 日法律第 42 号，2001 年 4 月 1 日起实行），即所谓的《信息公开法》。该法规定：无论何人（包括非日本国籍在日本居住者及国外人士），都可向财务省申请公开行政文件和信息。申请人按照一定行政程序提出所申请公开的行政信息和文件，在不违反非公开信息规定的前提下，各部门原则上必须提供。财务省应尽力完成各种行政活动的说明责任，努力推进公正、民主的政府行政。财务省除设立申请公开权制度之外，还通过文件阅览窗口制度或电子政府窗口制，向申请人提供更为便捷地阅览财政公开信息的平台。

2. 《独立行政法人持有信息公开的法律》

根据《独立行政法人持有信息公开的法律》（2001 年 12 月 5 日法律第 140 号，2002 年 10 月 1 日实行）规定：任何人（包括非日本国籍在日本居住者及国外人士），都可向独立行政法人等申请公开其所保有的法人文书。除法律规定的"不公开文书"外，对于申请人提出的信息公开申请，独立行政法人等都需提供相应的法人文书。这里的法人文书是指：独立行政法人等的工作人员职务上编制或获得的文书、图片或电子记录等，而且是作为组织使用和保有的信息、资料等。但不包括：官方公报、白皮书、报纸、杂志、书籍等其他针对不特定多数人以销售为目的发行物；根据《公文书等管理法》而保存的特定历史公文书等；在根据行政法令设定的博物馆或其他设施中保管的特定历史或文化资料，或者具有学术研究价值的资料等。

3. 《物品管理法》——关于公共物品[①]信息的公开及审查

（1）关于公共物品遗失、损伤等的通知。根据《物品管理法》第 87 条规定：各省厅长官在确认其所管公共物品遗失或受损伤时，或者确认物品管理职员违反规定进行

---

① 是指中央所有的或以中央使用物品为目的所保管的动产。

公共物品管理行为，或未按本法规定进行物品管理行为而导致中央政府蒙受损失时，必须根据政令规定，通知财务大臣和会计督察院。

（2）物品增减及存量报告书。对于中央所有的、作为重要的且由政令规定的物品，各省厅长官必须编制反映每个预算年度间的增减及每个预算年度末的存量报告书，并于下一年度的7月31日前送交财务大臣。

（3）向国会提交报告等。财务大臣以物品增减及存量报告书为基础，编制物品增减及存量总核算书。内阁须在下年度10月31日前，将物品增减及存量报告书及总核算书，送交会计监察院。内阁须以物品增减及存量报告书为基础，将每一预算年度间的物品的增减及每一预算年度末的物品存量情况，在每个预算年度提交财政收支决算报告时，一并提交国会报告。

（三）中央政府关于提高预算透明度、预算信息公开方面的法规、要求

在日本，地方政府（地方公共团体）在编制、执行预算方面程序大致与国家预算相同（根据《地方自治法》）。地方公营企业的管理者编制预算案，经地方公共团体长官调整后向议会提交（《地方公营企业法》第24条）。另外，中央层面就政府相关部门提高预算透明度、预算信息公开等也有具体规定和要求。

1. 《关于预算的编制与执行的规则》（1965年4月1日起实行，多次修正）

根据《地方自治法》及其实行令等相关规定，为了使财政能健康运营、相关事务能按计划且有效率地执行，国家出台了《关于预算的编制与执行的规则》。之后，各地方自治体就预算的编制与执行纷纷出台相关法规。该法规主要就预算编制的报告体系、执行方针及计划、财政收入状况变更报告、财政支出执行状况报告、财政收支出纳报告等做出规定。同时，就预算报告体系及相关说明书、支出负担行为整理区分表、支出负担行为特别整理区分表等做了规范性规定。

2. 《关于中央政府债权管理等的法律——关于中央政府债权信息的公开及审查》

根据《关于中央政府债权管理等的法律》第39、第40条规定：各省厅长官必须按照政令规定，每年度末与该省厅所管事务相关的债权余额报告书，并于下一年度7月31日前提交财务大臣。财务大臣在此基础上编制债权余额总报告书。内阁须将债权余额报告书与总报告书，在下一年度11月30日前一并送交会计督察院，接受审查。内阁须根据债权余额总报告书，编制每年度末中央政府债权余额总表，在提交年度财政收支决算时一并提交国会。

3. 经济财政咨询会议发布《有关经济财政运营与结构改革的基本方针2003》

该文件指出：在推进财政结构改革方面，改善预算质量、提高透明度至关重要。通过事前目标设定与事后严格的评价，预算编制过程中有必要向国民说明国家财政收支活动。该文件就改革的关键点及具体措施作出如下规定：

一是进一步强化"自上而下"的预算编制，财政支出应体现"重点"。具体措施包括：第一，在"改革与展望"中，应明确主要领域中长期财政支出的方针。第二，

应就内阁府经济财政咨询会议的《基本方针》具体化，应明确预算优先配置的领域和方向。第三，应明确预算编制的总体思想和概况。

二是预算编制过程应体现以下原则。政策目标应让国民了解，应有效应用预算、富有弹性地执行以达成政策目标，应对目标的实现情况进行严格评价。具体措施包括：第一，以《基本方针》为指导，各省厅应制定各自应达成的政策目标，政策目标应根据事业项目的特点尽可能量化，提出的预算应体现与政策目标的关联度。第二，各省厅为实现政策目标，应效率地执行预算。同时，可根据事业项目的特点灵活执行预算。第三，严格执行预算并将事后政策评价反映到预算编制中。第四，开发事前评价、事后评价的科学方法。各省厅应进一步强化对ABC（行动标准原价计算）等成本管理方法的应用。第五，为提高预算透明度，应推进公共会计制度改革，引入权责发生制等民间企业会计的方法等。

三是2004年度预算，将试行新的预算编制模式。具体措施包括：第一，各省厅应在上述改革的基础上，探讨新的预算编制（"模范事业"）。为此，应设定符合下列要件的政策目标。各省厅在与内阁府意见交换的基础上，对于认为可行的部分可作为"模范事业"制定概算要求，并在经济财政咨询会议上就该事业进行汇报。其要件包括：（1）明确达成目标的定量以及达成期限、达成手段等；（2）提出通过什么形式达成目标及其评价方法等；（3）目标期一般设定为1~3年，应明确各年度应达成的目标。第二，为使政策有效率地实现，应根据事业项目的性质，弹性地执行预算。各省厅应弹性而有效率地执行预算。第三，对于跨年度的"模范事业"，应通过国库债务负担行为等的应用，不给跨年度预算执行产生障碍。

四是对于"模范事业"的事后评价。计划期结束以及各年度，就目标的达成情况等进行政策评价，并对预算执行调查等进行评价，并负有向国民说明的责任。同时作为今后预算编制过程改革的参考资料。

4. 2013年6月28日内阁决议案《为提高行政透明度的预算执行》

该决议案要求，政府各省厅应统一就预算执行等信息公布，使外部查证和积极利用相关信息成为可能。在提高预算执行效率的同时，提高对行政的信赖。为此，内阁官房行政改革推进本部事务局向各省厅发布了《关于预算执行等信息分布的指南》（2010年）。决议案就预算信息公开的具体规定如下：

第一，预算概要的公布。预算概算决定后，财务省应公布预算的整体概要。各省厅应公布各自的预算概要。在预算信息公布方面，应让国民明白易懂。

第二，预算执行等信息的公布，包括：

＊公共事业相关事项

（1）直接管辖事业。[①] ①各省厅在年度预算概算决定后，应及时就该年度准备实施的直接管辖事项公布。包括：实施都道府县名、事业名、全部事业费、费用收益比

[①] 根据《关于行政机构政策评价的法律》（2001年法律第86号）实施的公共事业的评价对象。

等。① ②根据《财政法》（1947 年法律第 34 号）第 34 条规定，各省厅有关支出负担行为的实施计划得到认可后，应及时就直接管辖事项公布。包括：实施都道府县名、事业名、全部事业费、费用收益比、当年事业费等。同时，对于连续事业项目（跨年度），如以前公布内容发生变更，应公布变更内容及变更事由。③各省厅应就其直接管辖事业的详细内容随时公布。

（2）补充事业。② 各省厅的实施计划得到认可后，应及时就补充事业相关事项公布。包括：实施都道府县名、事业名、全部事业费、费用收益比、当年事业费等。同时，对于连续事业项目，如以前公布内容发生变更，应公布变更内容及变更事由。

（3）公共事业。公共事业项目的建设方针和实施计划得到认可后，各省厅应及时公布信息，并通过听取社会有识者意见等形式，确保公共事业项目预算执行的必要性、有效性和效率性。

（4）其他。省厅地方分支机构（部局）实施的事业项目，可在省厅地方分支机构网站上公布。如果有关（1）直接管辖事业项目的资料庞大，可公布其概要。此种情况，各省厅应就事业的详细内容向社会公布。

*有关补助金等事项

（1）补助金的早期执行。为了使各省厅在年初能顺利地执行补助事业，应早期执行补助金。③

（2）公布事项。各省厅在决定交付补助金时，应公布以下事项。包括：事业名、补助金等的交付单位名、决定交付金额、支出的原预算划分（一般会计预算或是特别会计预算，如是特别会计预算，还应详细记载其具体名称）、支出的原项目名称、有关补助金等交付决定的支出负担行为或决定日期等。

（3）公布日期。对于（2）的公布事项，各省厅每季度末 45 天内发布一次。但是，在公布决定交付额时，如果需要估计交付单位法人的采购预定价格等特殊事由，公布时间可以适当推迟。

（4）其他。省厅地方分支机构（部局）支出的补助金，可在省厅地方分支机构网站上公布。如果补助金的交付单位数量很多，应在详细记录的基础上，根据上述（3）的规定，可只公布主要交付单位。同时，各省厅应就交付单位名称等一览表向社会公布。

另外，对于公布的上述信息，应注意各网站的链接，尽量避免重复。

*委托调查费事项

（1）公布事项。各省厅应就委托调查费的签约情况公布。内容应包括：调查名称及概要、签约对象名称、签约形式、（一般竞争性采购、计划竞争随意契约等）、契约金额、契约缔结日、出版成果等。

（2）公布时间等。关于（1）的公布事项，各省厅于每季度末 72 天以内公布。至

---

① 对于无法进行费用收益分析的，设定单独的评价标准。
② 根据《关于行政机构政策评价的法律》（2001 年法律第 86 号）实施的公共事业的评价对象。
③ 根据《关于补助金正确执行预算的法律》（1955 年律第 179 号）。

于成果，需报告后再发布。

（3）其他。各省厅发布的成果，其资料量庞大时，可仅就其概要发布。此种情况，各省厅应就全部成果向社会公布。如果因成果的发布对政府执政产生障碍，可不发布。

* 其他项目相关事项

（1）部门经费及职员差旅费。各省厅有关部门经费及职员差旅费的支出，应每季度汇总支出额，于出纳整理期截止后 45 天内公布。如果季度支出额占当年支出额的比重教上年度增加时，应向国民明确说明理由。

（2）出租车费。各省厅的出租车费，应就每季度的支出情况按预算类别、组织类别汇总，于年度末 72 天以内公布。

第三，公布方法等。

（1）各省厅的对应。上述有关规定中的信息公布，各省厅应在网站上公布。各省厅应设计一元化的端口，上述有关规定中的信息公布，在各地方分支机构（部局）网站等公布时，应与端口相连接。另外，数据等资料，应尽可能不用 PDF 形式，而使用 Excel 等可以编辑的形式公布。

（2）电子政府综合窗口（E-Gov）以及财务省网站应采取对应措施。总务省在其电子政府综合窗口（E-Gov），财务省在其网站，应发布并链接各省厅公布的有关规定的信息。

（3）登载时间。各省厅公布的事项，应登载至少 5 年（从公布之日第二天算起）。

第四，好的做法的共享。

在预算执行方面各省厅好的做法，如有必要可召开会计课长会议或进行事务联络，推进好的做法共享。

（四）地方政府关于提高预算透明度、预算信息公开方面的法规、要求

总体来看，在信息公开方面，日本地方公共团体较中央先行。随着近年来日本地方分权化进程的推进，特别是 2000 年 4 月开始实施《地方分权总括法》，要求地方自治体对其实施的政策负有财政责任和说明责任。这在一定程度上使得地方政府预算信息公开程度得以进一步推进和深入。

1.《信息公开条例》

所谓信息公开是指地方公共团体等行政机构保有的信息的公开。在信息公开方面，日本地方公共团体较中央先行。国家《信息公开法》制定于 1992 年，而早在 1982 年山形县县的金山町、1983 年神奈川县和埼玉县县就出台了关于信息公开手续的条例。此后，各地纷纷出台有关信息公开手续的条例。目前，日本 47 个都道府县都制定有《信息公开条例》，就信息公开执行机构（知事部局）、公安委员会、警察本部长、议会等的信息公开手续等作出了规定。而全国几乎所有的市町村、特别区、广域联合、一部分事务组合也出台了相应的条例或规定，就执行机构和议会在信息公开方面的手续作出规定。国家《信息公开法》出台后，地方公共团体的《信息公开条例》的内容与构成则与《信息公开法》趋同。其中也不乏类似逗子市专门出台的"信息公开审查

委员制度"的条例。

2. 大阪府财政运营基本条例（大阪府条例第 136 号，2011 年 12 月 28 日）

为了能顺应大阪府社会经济形式变化的需要，确保健全的财政运营，大阪府以提高辖区居民的福祉为目的，就确保财政运营规律、保持财政运营的计划性、透明度等基本理念和原则作出了规定。该条例第四章专门就确保财政运营透明度、有关财政风险信息的把握和明确、预算编制过程的公开、财务报表的制作和公开等作了明确规定。在公开财政状况方面，要求知事需在每年 6 月和 12 月公布府的财政概况。每年 6 月份公布的财政概况中，应包括上年度 10 月份至本年度 3 月份的财政收支相关事项以及财政动向、知事的财政政策方针等。具体公开事项应包括：一是财政收支预算的执行情况；二是府民的负担状况；三是财产、府政府负债以及临时借款余额；四是公营企业的业务状况；五是知事认为有必要公布的事项。每年 12 月份公布的财政概况中，应包括本年度 4 月份至 9 月份的财政收支相关事项（与 6 月份公布内容相同）。同时，应根据上年度决算收支状况明确资金不足比率，以判断府财政的健全化程度。如有必要和可能，应以附表等形式将相关数据和资料文件公布（第 22 条）。在财政风险信息的把握和明确方面，要求对于府财政运营影响较大、财政风险大的事业项目，知事应三年一次以上就财政风险的内容及程度进行验证，以防止财政损失的发生或扩大，同时应探讨如何控制预估到的影响并采取措施，并公开以上内容信息（第 23 条）。在预算编制过程公开方面，知事及府政府机关，应公开预算编制过程中涉及的信息，如预算案及其审查、审定结果相关资料，主要事业项目相关资料等（第 24 条）。在财务报表的制作和公开方面，会计管理人员应就府的资产及负债（不含地方公营企业相关特别会计的资产及负债）的增减及变动情况编制报表并提交给知事。同时，应制定并公布不同会计统计口径的财务报表的编制标准。相关报表包括：贷借对照表、行政成本计算书、现金流计算书、纯资产变动计算书及其相关资料。知事应参与全部会计财务报表（包括不同会计统计口径的财务报表，以及地方公营企业的特别会计财务报表）以及连接财务报表（统合了不同会计统计口径的财务报表以及与府财政运营关系密切的法人业务相关的借贷对照表、损益计算书等）的编制并公开相关资料信息（第 25 条）。

三、日本预算公开的目标定位

日本预算公开的目标定位包括反映公共受托责任、服务财政管理的需要和有利于加强社会监督三大目标。根据日本《关于行政机关持有信息公开的法律》（简称《信息公开法》）、《独立行政法人持有信息公开的法律》规定，依据主权在民理念，国民有请求公开行政文书的权利。为此，行政机关、独立行政法人有将其保有的信息公开，并有向国民说明政府各类活动的责任。同时，得到国民的理解并接受批评，力图推进公正、民主的行政。而《关于预算编制与执行的规则》中提出：依据《地方自治法》

等相关法律，为了实现财政健全化运营，地方政府应有计划、有效率地履行其事权，有必要对预算的编制及执行作出规定。《关于预算执行等信息分布的指南》（2010年）中提出：从纳税人的视角出发，尽量以国民容易获得的形式公开信息，使财政支出更加透明高效。同时，通过进一步推进预算信息的公开，使预算编制、执行的透明度得以进一步提高，使得政府能有效审核其支出是否存在浪费，从而提高和改善行政自身的管理水平。

（一）公共受托责任

在日本，为了使行政运营更加效率、合理化，中央政府将政府部门（包括地方公共团体、特别区、地方公共团体组合等）的部分事务的管理及执行权委托给其他政府部门或地方公共团体执行。就受托关系来看，除了市町村之间、都道府县之间外，还包括市町村和都道府县之间、普通地方公共团体和一些地方公共团体的组合之间。受托政府部门或地方公共团体在管理和执行委托事务时，与自身管理和执行该事务拥有同样效力，承担受托事务的法律责任；而委托方则同时失去该事务的管理和执行权限。委托方应将受托事务所需经费（受托经费）纳入预算，并根据约定交付给受托方。

（二）服务财政管理需要

在日本，预算公开的一个重要目标是实现财政运营的健全化，强化财政管理。因此，相关法律规定，预算公开内容应涉及对预算支出的连续性公开、对预算执行决策信息的公开、预算支出目的等信息的公开。对前两项预算信息的公开，主要目标是发现预算支出、预算执行中存在的问题，以提高财政运营效率和管理水平；而对预算支出目的等信息的公开，主要目标是通过加强社会监督，使得财政执行更有效率。具体来看，对于预算支出的连续性公开，主要目的是通过对年度预算支出状况的公开，使得政府及其组成部门在国民的监督下，发现问题，如年度末有无未使用完的经费或存在浪费现象。为此，要求除了财务省公开"预算使用情况"、"国库收支状况"外，各省厅应就所辖区域、组织的预算收支情况，按项、目等类别，于每月公布其支出明细。包括财务省在内的各省厅应及时、定期、连续性地公开、更新其信息，至少应每季度公开、更新一次。对于预算执行决策信息的公开，主要是防止在公共事业、公用经费调配、补助金交付等预算执行方面存在非效率、不透明等问题，通过对相关信息的公开，使国民得以了解预算执行情况。

（三）利于加强社会监督

在预算信息公开中，对于预算支出目的等信息的公开，主要目标是通过加强社会监督，防止浪费，提高财政执行的效率。具体向哪些群体分配预算、预算支出的具体目的如何，在预算编制阶段是很难作出规划的。在预算执行阶段，如果国会、财政部门、国民的监督不到位，就很容易出现浪费等现象。为此，2009年，内阁官房行政支出总检查会议担当室发布了《有关公益法人预算支出的公开》，要求公开的信息应包括：对公益法人的总体支出状况、委托调查费、出租车费用等。同年，行政革新会议发布了《对于事务性事业的重新审视》，要求就宣传报道经费、IT订购等信息公开。总之，通过对预算支出目的等信息的公开，使得国民对于经费是否最终投向了受益者、是否存在浪费和不公正等问题进行广泛监督；通过对预算执行的事后监督，发现问题，反馈于预算编制和执行过程，从而提高财政运营的整体效率。

四、日本预算公开的责任机构

（一）立法部门

根据日本《宪法》（第60条）规定：预算案首先应向众议院提出，众议院在预算审议方面具有优先权。如果参议院与众议院决议出现分歧，经两院协议后仍无法达成一致意见，或者众议院表决预算后参议院30天内仍不决议的（除国会休会期间），众议院决议可被认为是国会决议（《宪法》第60条）。也就是说，众议院决议的预算，即便参议院没有审议，30日后将自动生效。如果预算在3月初经众议院通过，就无须制定暂定预算。因此，无论是政府还是在野党都很重视预算在众议院是否获得通过。

（二）行政部门

1. 地方政府的责任

按照《地方自治法》的规定，日本的地方公共团体（地方政府）拥有高度自治权，中央政府除对地方政府有一定的监督权之外，原则上不得干预地方行政事务。地方公共团体通过制定行政信息公开条例等政令形式，来推进地方行政的信息公开、透明。

在信息公开制度的制定和实施方面，各地存在较大差异。一些地方政府表现出较大的主动性。早在国家《信息公开法》出台前的20世纪80年代，如山形县金山町于1982年、神奈川县和琦玉县于1983年就出台了关于信息公开的实施条例。实际上，在中央政府行政机关信息公开法制定前，许多地方政府都制定了相关信息公开的条例。地方政府信息公开在制度上与中央政府最大的不同是：地方以政令、条例的形式对信息公开加以制度化规定，而中央政府则是通过法律的形式对国家行政机关进行规定。如今，日本所有的都道府县都制定了信息公开条例，也制定了执行机关（知事部局）、公安委员会、警察本部长、议会等的信息公开程序。另外，几乎全部的市町村、特别区都制定了信息公开条例和规定，以及执行机关和议会信息公开的手续。中央政府信息公开法制定并实施以后，各地方政府信息公开条例的内容几乎与《信息公开法》相同，但也有个别地方政府，如逗子市制定了独自条例，设立了信息公开审查委员会制度。建立行政信息公开条例的都道府县名单如下（见表5-1）。

表5-1　　　　　　　47都、道、府、县信息公开条例

编号	都道府县	条例名	编号	都道府县	条例名
1	北海道	北海道信息公开条例	25	京都府	京都府信息公开条例
2	青森县	青森县信息公开条例	26	奈良县	奈良县信息公开条例
3	秋田县	秋田县信息公开条例	27	大阪府	大阪府信息公开条例
4	岩手县	信息公开条例	28	兵库县	信息公开条例
5	宫城县	信息公开条例	29	和歌山县	和歌山县信息公开条例
6	山形县	山形县信息公开条例	30	冈山县	冈山县行政信息公开条例
7	福岛县	福岛县信息公开条例	31		冈山县议会信息公开条例
8	栃木县	栃木县信息公开条例	32	广岛县	广岛县信息公开条例
9	茨城县	茨城县信息公开条例	33	山口县	山口县信息公开条例
10	埼玉县	埼玉县信息公开条例	34	鸟取县	鸟取县信息公开条例
11	千叶县	千叶县信息公开条例	35	岛根县	岛根县信息公开条例
12	东京都	东京都信息公开条例	36	爱媛县	爱媛县信息公开条例
13	神奈川县	神奈川县信息公开条例	37	香川县	香川县信息公开条例
14	新潟县	新潟县信息公开条例	38	高知县	高知县信息公开条例
15	长野县	长野县信息公开条例	39	德岛县	德岛县信息公开条例
16	山梨县	山梨县信息公开条例	40	福冈县	福冈县信息公开条例
17	静冈县	静冈县信息公开条例	41	佐贺县	佐贺县信息公开条例
18	爱知县	爱知县信息公开条例	42	长崎县	长崎县信息公开条例
19	岐阜县	岐阜县信息公开条例	43	大分县	大分县信息公开条例
20	富山县	富山县信息公开条例	44	熊本县	熊本县信息公开条例
21	石川县	石川县信息公开条例	45	宫崎县	宫崎县信息公开条例
22	福井县	福井县信息公开条例	46	鹿儿岛县	鹿儿岛县信息公开条例
23	三重县	三重县信息公开条例	47	冲绳县	冲绳县信息公开条例
24	滋贺县	滋贺县信息公开条例			

专栏5-1

大阪府预算管理流程与公开做法

为了进一步使预算编制更加公开，大阪府就编制过程各阶段（财政课长要求、审核，总务部长要求、审核，知事要求、审核）的内容，包括各部局要求的事业内容以

及审核结果在政府网站公开。公开内容涉及预算的全部，包括一般会计、特别会计、企业会计。

＊每年11月中旬，各部局向总务部长提交预算案。由财政课与各部局进行协调，就提交预算案中有关各事业的内容、实施的必要性、经费细目等进行仔细研究，汇总报告。财政课长在听取汇总报告后，结合市的具体财政状况，审核预算案，并划分出"列入预算内容"、"保留内容"以及因存在一定问题而不被列入预算的"零审核"，于年度末或第二年度初在各部局内部提出。

＊每年1月上旬，对于财政课长审核的预算案，各部局如有异议，可向总务部长提出"恢复申请"。结合财政课长审核的宗旨，进一步核实是否有必要"恢复申请"（对于被认定为"保留内容"的，如果认为有必要列入预算，也需提出"恢复申请"）。

＊每年1月中旬，根据"恢复申请"的内容，总务部长按照财政课长审核同样的程序，编制审核预算案。以总务部长内部提出的形式通知各部局。如果还存在异议，各部局向知事提出"恢复申请"。

＊知事对于整个预算案，包括"恢复申请"部分，结合辖区的财政状况，以及与府议会各派讨论的结果，决定最终向府议会提交的预算案。每年2月中下旬，就决定的预算案在府议会上进行说明（具体是在府议会召集告示日1周前召开的议会运营委员会上）的同时，向辖区公民以及媒体等报道机构公布预算案。

＊内部提出预算案后，对于制度性修正、单价修改，以及因新的统计表明需要对使用的单价、基础数值变更的情况，可提出"调整申请"，增减预算额或调整财源明细。

＊由于自然灾害等的发生，有必要对预算编制进行变更时，可提交追加申请。当然，也可更换或撤销追加申请。

2. 主管部门的责任

在日本，内阁总务省作为中央政府主管地方政府与中央政府事务协调的职能部门，同时还对中央政府信息公开法实施负有行政监督权。总务省每年都会对行政机关及独立行政法人执行信息公开法的情况进行相应调查，调查项目主要为申请信息公开的次数、公开或不公开件数、不公开的理由、申请处理天数、不服行政申诉及诉讼等，调查结果公布在总务省官方网站。

3. 预算单位的责任

根据2013年6月28日的内阁决议案《为提高行政透明度的预算执行》要求：政府各省厅应统一就预算执行等信息进行公布。为此，内阁官房行政改革推进本部事务局向各省厅发布了《关于预算执行等信息发布的指南》，就财务省及各省厅在预算信息公开方面作出了详细要求。涉及预算概要、公共事业相关事项、有关补助金等事项、委托调查费事项、其他项目相关事项（包括部门经费及职员差旅费、出租车费等）、公布方法、好的做法等内容。自此，预算单位在此框架下就预算公开进行了规范和统一。

(三)审计及其他部门和机构组织

国家不同,财政监督主体不同。在日本,除了财务省及地方政府财政部门内部的自我监督外,会计检查院、议会的预算特别委员会、财政监督委员会为外部监督机构。除了财政收支外,国库债务负担行为也是预算审议的内容。

1. 会计检查院

根据日本国《宪法》第90条及《会计检查院法》第29条的规定,会计检查院对国家收支决算进行审计,向内阁送达年度决算审计报告,内阁向国会提交年度决算报告及年度决算审计报告。

在国会和内阁相对封闭的两个领域,会计检查院通过专门的、技术性的会计监察,出具的审计报告将作为国会对决算审议的参考资料。近年来,利用会计检查院在行政监察方面的功能进行政策评价这一做法也逐渐被重视。

作为国家最高审计机关,日本会计检查院的年度决算审计报告具有以下显著的特点:一是内容全面。年度决算审计报告包括审计成果及审计工作本身两方面的内容。审计成果包括审计确认的决算、审计发现的不当事项、审计要求处理的事项、审计建议、以往年度审计结果的落实情况、向国会及内阁报告的事项、国会要求事项的审计结果、对财务人员惩戒处分的要求及检查认定等。审计工作本身包括会计检查院的使命、审计工作背景、审计工作方针、审计计划的制定、审计实施、审计的单位数、账册凭证数等。会计检查院对外的审计报告并不限于年度决算审计报告,在年度工作中,会计检查院需要就具体审计事项随时提交或发布一些审计报告,这些报告基本上被整合到年度决算审计报告之中。因此,年度决算审计报告全面展示了会计检查院一年的工作内容和工作成果,内容十分全面。二是提供的信息具体细致。2009年度决算审计报告全文长达1 157页,提供的各类信息不仅分类清楚,而且非常详细、具体。第二章确认的决算按部门或单位列示具体项目的收支金额。第三章按审计的部门或单位、团体,分别列示存在的不当事项、审计要求处理事项、审计建议、以往年度审计结果落实情况等的具体内容。以财政部存在不当事项的租税项目为例,审计报告中叙述了租税的概况、审计目标、租税征收不足和过多的问题、问题发生的原因、具体税目的情况等。第四章按国会要求审计项目,列示国会要求的内容、事项的背景、审计目标、被审单位制度及执行情况、业务情况及存在问题、国会提出要求的时间、审计报告提交的时间等。三是方便阅读。2009年度决算审计报告全文1 157页,一般读者没有必要全文阅读,读者通过阅读审计报告第一章"审计概要",就能从中了解会计检查院全年审计活动及审计结果的基本情况。读者如果要了解更为详细的内容,可以根据该章提供的具体审计事项的索引,很方便地查阅审计报告的相关页面,了解该审计事项的具体情况。其次,审计报告章节名称清晰明了,如审计确认的决算、按被审单位列示的审计结果、向国会和内阁报告的事项、国会要求事项的审计结果、国民高度关注事项的审计状况、对财务人员惩戒处分的要求及检定等,将全面的内容、具体细致的信息进行条理化,各类读者可以根据各自的需要,很容易地找到相关的内容。此外,日本会计检查院在其网页上全文公布年度决算审计报告,读者可以通过互联网很容易地访问阅读。

2. 预算委员会

预算委员会是日本国会(参众两院)常设机构之一。主要职责是审议内阁提出的预算案。目前,众议院预算委员会定员50名,参议院预算委员会定员45名(2013年3月)。因预算关系到一国的国政,预算委员会较其他委员会受到更大的关注。在日本,内阁负责预算案的编制与执行。而内阁编制的预算案不仅受内阁的方针政策影响,同时也受各政府部门以及内阁成员个人资质等因素的影响。

五、日本预算公开的范围与内容

(一)预算报告体系的构成

1. 政府预决算报告体系构成

(1)各部门在编制年度预算时,要求涵盖内容全面。根据《财政法》第14条规定:所有财政收支都必须列入预算。《财政法》第17条规定:相关政府部门(众议院、参议院、最高法院、会计督察院、内阁总理大臣及各省厅大臣)在编制年度预算计划书时,编制内容应涵盖所辖范围内的收入、支出、跨年度经费、滚动费和国库债务负担行为等。财务大臣在对上述计划书进行必要调整的基础上,编制财政收入、财政支出、跨年度经费、滚动费和国库债务负担行为的概算,并提交内阁会议决定。

(2)向国会提交审议的预算报告要求体系完整,资料全面。根据《财政法》第28条规定:向国会提交的预算必须附有以下资料:①财政收入预算明细书;②各省厅预定经费申请书等;③上上年度财政收支决算总计表与纯计表、上一年度财政收支决算估算的总计表与纯计表、本年度收支预算总计表与纯计表;④上上年度末国库的实际情况、上上年度末及本年度末国库情况估算等资料;⑤上上年度末国债及借款的实际情况、上一年度末及本年度末余额估计及按年度偿还表等资料;⑥上上年度末国有财产余额、上一年度末及本年度末国有财产余额估算等资料;⑦上上年度、上年度及本年度中央政府投资的主要法人的资产、负债、损益等相关资料;⑧国库债务负担行为中,支出延至下一年度以后的项目,其截止到上一年度末的支出额或支出额估算、本年度以后的支出预定额资料;跨年度项目的整体计划及其项目施行状况等相关资料;⑨跨年度经费的截止到上上年度末的支出额、截止到上一年度末的支出预计额和本年度以后的预定支出额,及其相关事业的整体计划和实施状况等资料;⑩其他有利于财政状况与预算内容明晰化的必要资料。

(3)要求财政收支决算涵盖内容全面,项目划分须与预算相统一。根据《财政法》第38条规定:财政收支决算的编制,必须采用与财政收支预算相同的项目划分,并明确以下各项。一是财政收入,包括:①收入预算额;②已确定征收额(关于未确定征收的收入,在收讫后作为已缴收入调整后的金额);③已缴收入额;④未缴欠损额;

⑤应缴未缴收入额;二是财政支出,包括:①支出预算额;②已确定支出额;③上年度结转额;④预备费使用额;⑤挪用等增减额;⑥转入下年度的结转额;⑦未支出额。

2. 政府财务报告

日本政府财务报告包括两大部分。一部分是由各省厅提交的财务报告。包括各省厅所辖机构的一般会计报告和公营企业等的特别会计报告。另一部分为独立行政法人财务报表。由于独立行政法人是从事与国家相关事务或事业的法人,其与各省厅存在很大的关联性,因此组成联结财务报告。日本政府的财务报表主要包括以下四部分及其附表的明细表:(1)资产负债表,主要显示会计年度末资产及负债的状况;(2)业务费用计算书,主要反映实施业务所发生的费用;(3)资产负债差额增减计算书,主要显示借贷对照表中资产、负债差额增减情况;(4)区分收支计算书,主要显示按类别分类的财政资金流。

(二)特别预算的公开

1. 依据财政经费保障程度的差异,各个部门预算内容公开差异

在日本,不同部门在推进电子政务、信息公开等方面的进程不尽相同,有关预算内容的公开程度也存在较大的部门差异。总体来看,预算主管部门(财政部门)、地方与中央事务协调部门(总务部门)等直接涉及预算编制、协调的部门,其预算公开程度方面高于其他政府职能部门。地方政府在信息公示、预算公开方面推进的进程早于中央政府。后经中央政府的统一规范,特别是就中央省厅部门在预算信息公开方面的具体做法做出了统一和规范后,使得部门间在预算信息公开方面的做法进一步规范和趋同。而各省厅则对地方相关预算单位发挥着指导性作用,这使得地方在预算信息公开方面得以进一步推进和深入。

2. 各部门在公开时间、公开内容、细化程度上保持一致

2010年内阁官房国家战略室《有关充实预算执行信息公开的指南》就预算信息公开的形式、时间、内容等做出了规范性要求。为了强化和规范预算信息的公开,进一步提高预算透明度和效率性,使国民能有效监督政府支出是否浪费的同时,促进政府自身管理的改善。2010年,内阁官房国家战略室出台了《有关充实预算执行信息公开的指南》(2011年、2012年修订),指出:截至目前,虽然各省厅在预算执行信息公示方面采取了一些措施,但各部门在信息公示方式、内容等方面存在较大差异,对于国民来说,在哪里公开了哪些信息并不完全了解。为此,就需要将现有的公示信息进行适当的整理,避免重复,尽可能提高信息的一览性和检索的便利。并要求各省厅以本指南为最低标准,进一步公开相关信息。如果因信息公示而有可能给行政执行造成影响,各省厅可自行判断,不公示相关信息。此种情况,应说明不公示的原因。公示信息应定期更新、连续公示(至少每季度一次)。各省厅公示的相关信息,可通过财务省网站连接检索。

该指南同时指出:预算信息的公开不是为公开而公开,而是尽量以国民容易获取

的形式，立足于提高财政透明度和效率化的信息公示。各省厅网站公布信息或数据，一般应以 PDF、Excel 等多种格式公示，便于国民获取相关信息；该指南强调了连续公示预算信息的重要性。指出：为了使年度预算支出透明，防止年度末集中支出而出现浪费的问题，使预算的执行得到国民的有效监督，各省厅应就预算支出的信息定期公示。

该指南就政府采购、公共事业的实施、补助金的交付等预算执行中较为重要的决策的信息公开作出了原则性规定。要求各部门在有关经费的信息公开中，应包括向公益法人的支出情况、委托调查费等。并就信息公开的要领做出了具体规定。同时，提出创设预算执行信息公示一体化操作系统的概念。要求各省网站上有关预算执行信息的公示，应设计一体化的端口页面。从各省厅网站主页或者可直接连接到端口页面，或者可直接连接到有关预算、决算的端口页面。另外，应在财务省网站及 E-Gov（电子政府综合窗口）设置有关全部省厅预算执行信息的一体化端口页面。该端口页面不仅应与各省厅预算执行信息端口页面相连接，还应按不同标题与各省厅相关网页相连接。

3. 财政部门在预算公开中的地位和作用

（1）财务省。作为主管财政信息的行政省厅，日本财务省在预算信息公开方面起着引领作用。一直以来，日本财务省按照国家相关法令规定及内阁对信息公开的要求，积极制定相关规章制度，向国民公开预、决算等相关信息，并试图由此增强全体国民对国家财政收支的理解、监督，力图提高财务省自身管理的行政效率。同时，财务省在信息公开体系化建设方面的做法也为其他省厅仿效和借鉴。另外，各省厅公示的相关信息，可通过财务省网站链接检索。财务省在预算公开的具体职责包括：预算公开实施细则的设定；预算公开与否的判定细则（财务省训令第 24 号）；设置财务省信息公开电子窗口；在全国设置信息公开阅览窗口；电子查询与问询窗口等。

图 5-2 为财务省信息公开制度的基本框架。如图 5-1 所示，财务省信息公开大致上分为主动公开和被动公开两部分。所谓主动公开是指财务省依据财政法第 46 条规定，通过适当技术手段（报纸、网络、网站阅览窗口等）向社会公开财政信息的方式，内容有财政政策、预决算等；被动公开是指申请人按照规定向财务省提交信息公开申请的方式。针对申请人提出的申请，财务省主管部局经过审核后做出公开与否的决定，并通知申请人。当公开申请被拒绝时，申请人可提出行政不服申诉，财务省在咨询有识者等专家构成的审查会后作出公开与否的裁决。申请人也可不通过行政申诉，直接向裁判所提起诉讼。

（2）财务省官方网站主动公示财政、预决算等相关信息。根据《财政法》第 46 条规定：除提供国会审议所需财政信息之外，还通过各行政区域财务省派出机构，通过传统方法公开财政信息。特别是近些年，随着网络技术的普及，财务省官方网站还积极向社会公布财政预、决算信息等。就日本财务省官方网站公布的信息内容来看，包括财政政策、各年度预决算、国家财政状况、财政统计数据、税收、国债、财政投融资、政策金融等内容。几乎涉及财务省行政活动的所有方面，而且资料充实、详尽。

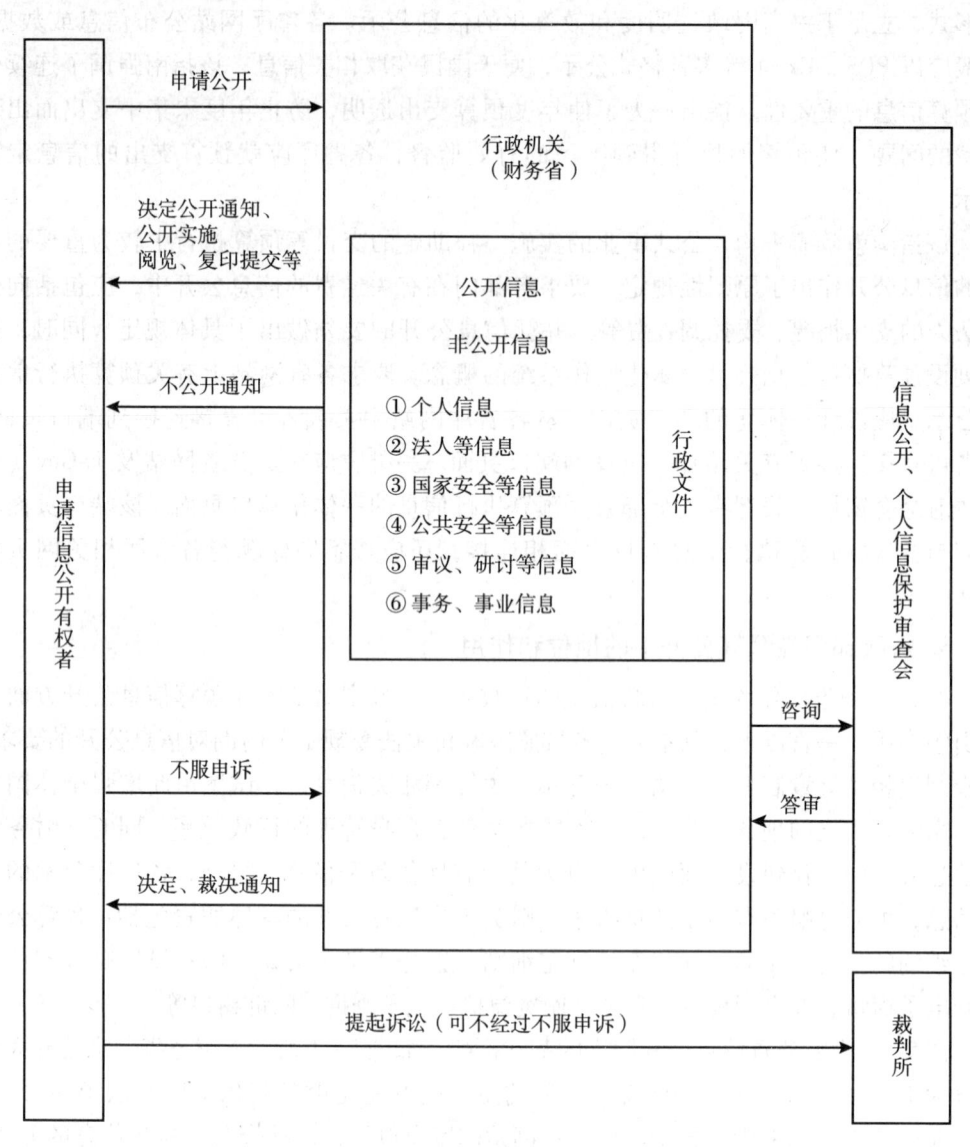

```
                申请公开
  ┌──────────┐ ────────→ ┌─────────────────────┐
  │          │           │      行政机关        │
  │          │           │     （财务省）       │
  │          │ 决定公开通知、│                  │
  │          │ 公开实施、   │  ┌──────────┐    │
  │          │ 阅览、复印提交等│ 公开信息  │ 行  │
  │          │ ←────────── │              │ 政  │
  │ 申       │           │  │ 非公开信息  │ 文  │
  │ 请       │ 不公开通知 │  │ ①个人信息   │ 件  │
  │ 信       │ ←────────── │ ②法人等信息 │    │
  │ 息       │           │  │ ③国家安全等信息│  │
  │ 公       │           │  │ ④公共安全等信息│  │
  │ 开       │           │  │ ⑤审议、研讨等信息│ │
  │ 有       │           │  │ ⑥事务、事业信息│  │
  │ 权       │           │  └──────────┘    │
  │ 者       │           │                     │
  │          │           │                     │
  │          │           │           咨询       │  信息公开、
  │          │ 不服申诉  │         ────────→   │  个人信息
  │          │ ────────→ │           答审       │  保护审查会
  │          │           │         ←────────   │
  │          │ 决定、裁决通知│                  │
  │          │ ←────────── │                   │
  │          │           │                     │
  └──────────┘           └─────────────────────┘
         提起诉讼（可不经过不服申诉）           ┌──────┐
         ─────────────────────────────────────→│裁判所│
                                                └──────┘
```

图 5-1 财政信息公开制度的流程及基本框架

资料来源：日本财务省，http：//www.mof.go.jp/。

另外，财政白皮书同样也汇总了相关的财政政策和财政数据信息。总之，日本财务省公开的信息透明度高、资料连贯性强，成为日本民众了解政府财政决策、政府财政状况的有效平台。

4. 其他与财政扶持相关的机构与组织的预算公开（其他公共部门等）

在公共管理运动的影响下，为了提高公共部门的运营效率，就需要公共部门提高财政运营的透明度，明确财政责任。而通过信息公开和政策评价，提高财政运营的透明度，将有利于强化对公共部门的管理，有利于改善和提高地区居民的民生，促使公共部门尽量避免选择那些收益低、不利于改善民生的事业项目。

（1）国有资产特别预算公开内容。内容包括：

① 要求台账记录信息完整。根据日本《国有资产法》（1948年）第32条规定：众议院、参议院、内阁（不包括内阁府）、内阁府、各省厅、最高法院及会计督察院，应按照国有资产的分类、种类建立国有资产台账，当其所管或所属国有资产发生购置、转移、处置及其他变化时，必须及时计入台账。

② 增量及存量报告书及其总核算书。根据《国有资产法》第33条规定：各省厅长官，必须就其所管国有资产编制年度增减及存量报告书，于下一年度7月31日前提交财务大臣。财务大臣在此基础上编制国有资产增量及存量总核算书，于下一年度10月31日前将增量及存量报告书及其总核算书一并送交会计督察院，接受审查。

③ 无偿租赁状况报告书及其总核算书。根据《国有资产法》第36条规定：各省厅长官必须在每个预算年度末，编制本年度无偿租赁状况报告书，并于下一年度7月31日前提交财务大臣。财务大臣在此基础上编制国有资产无偿租赁总核算书，于下一年度10月31日前将国有资产无偿租赁状况报告书及其总核算书一并送交会计督察院，接受审查。

④ 提交国会例会汇报。按照惯例，内阁于下年度国会例会上，提交经会计督察院审查的国有资产增量及存量总核算书、国有资产无偿租赁总核算书，并附上会计督察院的审查报告和关于国有资产增量及存量的说明书、关于国有资产无偿租赁状况的说明书。

（2）厚生劳动省网站公示的预算执行信息内容。厚生劳动省自2010年度起，就年度预算的执行信息进行公示。公示内容包括：

① 预算支出的总体情况（第1季度至第4季度）。

② 有关契约的信息。

第1季度（一般会计、劳动保险特别会计、年金特别会计）

第2季度（一般会计、劳动保险特别会计、年金特别会计）

第3季度（一般会计、劳动保险特别会计、年金特别会计）

第4季度（一般会计、劳动保险特别会计、年金特别会计）

③ 有关非竞争性随意契约的信息。

第1季度（一般会计、劳动保险特别会计、年金特别会计）

第2季度（一般会计、劳动保险特别会计、年金特别会计）

第3季度（一般会计、劳动保险特别会计、年金特别会计）

第4季度（一般会计、劳动保险特别会计、年金特别会计）

④ 有关公共事业等的信息（第1季度至第4季度）

⑤ 有关补助金的交付决定（第1季度至第4季度）

⑥ 有关委托调查费的信息（第1季度至第4季度）

⑦ 有关出租车费用的信息（第1季度至第4季度）

（3）文部科学省网站公示的预算执行信息内容。内容包括：

① 有关预算支出情况的信息。

A 预算支出情况的持续性公示

B 有关预算执行决策的信息

a 公共采购信息

b 补助金相关信息

C 着重于预算支出对象、支出目的的信息

a 有关委托调查费的支出情况

b 出租车费的支出情况

D 相关研究的信息

a 预算执行计划

b 有关预算执行、支出负担行为的计划

② 有关采购的综合介绍。

A 文教设施工程信息

B 电子采购

C 基于文部科学省行政效率化推进计划的采购信息公布

D 为促进公共采购恰当化采取的措施

《随意契约的修正计划》及《紧急检查结果的一览表》

E 公共采购的恰当化

F 有关公共采购的综合窗口

G 有关地方强化建设业者经营的融资制度

文部科学省发标工程承包等契约规则第一号《工程承包契约标准》；

文部科学省发标工程承包等契约规则第二号《制造承包契约标准》；

文部科学省发标工程承包等契约规则第三号《物品供给七月标准》；

"工事"关于文部科学省发标工程承包等契约规则第 13 条标准的运用；

"工事"有关低价招标调查对象工程的特别重点调查试行。

③ 对于向公益法人支出的检查及重新审视。基于 2012 年 6 月 1 日行政改革实行本部决定的对于公益法人支出的检查和重新审视。

资料来源：(1) 有关 2009 年度向公益法人支出等信息的公布；(2) 关于充实预算执行信息公开的指南（2012 年 3 月修订）（PDF 资料：可于国家战略室网站链接下载）。

5. 预算信息公开度的把控

从日本现行相关法规来看，就预算信息不足与信息过量问题并没有具体规定。目前主要是强调预算信息公开的广度和深度。另外，日本政府还就行政机构、独立行政法人的"不公开信息"、"部分公开信息"与"基于公益原因的裁量性公开信息"，以及个人信息保护、预算的"不公开信息"等作出了具体规定。

六、日本预算公开的方式、形式、途径、期限与对话机制

（一）日本预算公开的方式

1. 主动公开

目前，无论是日本中央政府机构，还是地方政府机构，其官方网都主动刊载有关部门财务的信息。另外，日本政府自 2013 年 1 月整合了中央政府各行政机关的电子信息资源，设立了电子政府综合窗口 E-Gov，网址为：http://www.e-gov.go.jp/。

2. 依申请公开

按照《信息公开法》相关规定，财政信息的种类包括财务省内部职员工作中使用后交由行政机关管理的文件、图纸、电磁记录软盘（录音磁带、磁记录软盘记载的电子信息）等，都可成为申请公开的对象。但市场流通的书籍，博物馆及公文书馆以及类似机关特别管理的、供一般阅览的史料等除外。

（二）日本预算公开的形式

就财务省信息公开的形式来看，申请人除可通过因特网查看财务省官方网站主动公开的相关信息外，还可向财务省设在全国各地的财务所申请信息公开。另外，在财务省设有阅览窗口，申请人可根据阅览目录查阅所需文件和信息。

（三）日本预算公开的途径

一般来说，各政府机关公布信息的形式是多样的。根据《信息公开法》规定：可公开的"行政文件"和指行政机关工作人员履职过程中所制作或获取的文件、图画及电磁记录（以电子方式、磁记录方式等，靠知觉无法识别的方式制作的记录），供该行政机关职员用于组织目的、为该行政机关所保存的东西。但不包括以下内容：官方公报、白皮书、报纸、杂志、书籍等，以销售为目的、面向不特定多数人群的发行物；政令所定公共图书馆及其他部门，依据政令所定之历史或文化资料或学术研究资料而特别管理的文字等。而《独立行政法人持有信息公开的法律》中关于"法人文书"也有类似《信息公开法》的规定。

依据上述规定，严格意义上讲：在日本，各政府部门每年定期发布的公报、公开出版物并不属于行政信息公开资料范畴。从这一角度来看：财务省、总务省、厚生劳动省等相关政府部门每年出版《财政白皮书》、《财政投融资报告》、《人口报告》等类似于我国各类年鉴的出版物，不属于信息公开资料范畴。

以预算信息公开途径为例，国会对于预决算的审议（包括中央与地方政府总预算、部门预算等）、财政大臣的讲话、财政决策、财政状况等重要新闻都会通过新闻发布或财务省、总务省等政府相关网站刊载形式发布。财务省年度的文件、资料都要送国会图书馆备份。因此，国会图书馆设有专门的资料室，供查阅和复印，但要收取工本费。

此外，财务省还指定了国家图书馆、东京大学图书馆等机构保存财务省资料，供查阅。对在上述机构查阅不到的资料，可直接向财务省申请查阅。

就申请程序来看，申请人须在指定的财政信息公开窗口办理信息公开的申请手续或通过电子申请信息系统提出。具体流程及手续如图5-2所示。首先，需填写必要的申请表格，申请表格中需填写所申请财政信息的目的并注明所需信息的名称。申请需支付手续费。（原则上，纸质文件每份300日元，电子文件每份200日元）。所申请公开的信息文件等的许可、不许可决定，原则上须在30日内作出，并就决定的原因通知申请人。

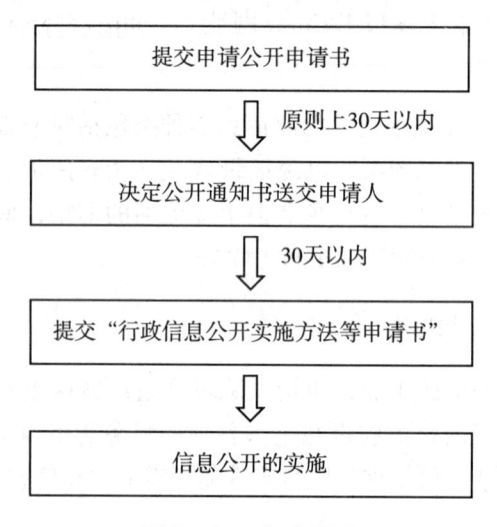

```
        ┌─────────────────────────┐
        │   提交申请公开申请书    │
        └─────────────────────────┘
                    ↓  原则上30天以内
        ┌─────────────────────────┐
        │  决定公开通知书送交申请人 │
        └─────────────────────────┘
                    ↓  30天以内
        ┌─────────────────────────┐
        │提交"行政信息公开实施方法等申请书"│
        └─────────────────────────┘
                    ↓
        ┌─────────────────────────┐
        │     信息公开的实施      │
        └─────────────────────────┘
```

图5-2　申请程度

资料来源：日本财政部。

接到公开通知的申请人，须在接到通知30天以内填写"行政信息公开实施方法等申请书"，直接向财务省信息公开窗口提交或邮寄。信息的交付方式，当信息为文件或图片时，可提交黑白或彩色复印件，也可提交扫描后制作的磁盘、CD-R或DVD-R；当为电子记录时，可复制在磁盘、CD-R、DVD-R后提交。申请人可从申请书所列示的方法中选择交付方式。当希望邮寄交付时，公开申请实施手续费和邮寄费一起邮寄给申请窗口（不得使用现金，手续费以收入印纸形式，邮寄费以邮票形式）。

申请人申请公开的行政信息和文件是否可以公开，需经财务省审核。审核和判断的标准是《对财务省持有之行政信息公开申请的公开决定相关的审查基准》（2001年3月30日公布，财务省训令第24号）。该审查基准制定的依据是《信息公开法》及《个人信息保护法》相关规定，具体内容构成为：（1）目的；（2）公开的决定原则；（3）记载非公开信息时的决定；（4）由于公益上的理由作出的裁量性公开；（5）关于行政文件存在与否的信息；（6）其他非公开决定；（7）地方分支部局的审查基准。除此以外，该审查基准还对《信息公开法》中的条款作出了具体判定标准。当申请人被告知所申请的行政信息不予公开时，可向财务省大臣提起不服申诉，也可直接向裁判所提起法律诉讼。

（四）日本预算公开的期限

1. 定期公开的规定、频率

根据内阁官房行政改革推进本部事务局发布《关于预算执行等信息分布的指南》原则上要求：各省厅就相关事项的详细内容应随时公布。具体到"有关补助金等事项"，要求各省厅每季度末 45 天内发布一次。但是，在公布决定交付额时，如果需要估计交付单位法人的采购预定价格等特殊事由，公布时间可以适当推迟；对于"委托调查费事项"，规定各省厅于每季度末 72 天以内公布。至于成果，需报告后再发布；对于"部门经费及职员差旅费"，规定各省厅应每季度汇总支出额，于出纳整理期截止后 45 天内公布。如果季度支出额占当年支出额的比重较上年度增加时，应向国民明确说明理由；对于"租车费"，规定各省厅应就每季度的支出情况按预算类别、组织类别汇总，于年度末 72 天以内公布。至于登载时间，各省厅公开的事项，应登载至少 5 年（从公布之日第二天算起）。

2. 不定期公开

根据相关法规，主要强调了各省厅就相关事项的详细内容应随时公布。但并没有就具体事项的"不定期公开"作出规定。

（五）日本预算公开的对话机制

1. 政府机构网站的问询回复等

如今，在日本，网站成为政府机构公开信息的主要途径。基本上每个政府网站都专门设有"意见箱"、"意见、要求"、"商谈"等服务窗口，以方便国民向政府部门提意见、建议等。有些政府部门网站还专门设有"常见 Q&A"等窗口，归纳整理国民相对关心或有密切关系的法规、信息、咨询等内容，方便国民参考。用户可通过点击相关链接，输入相关意见、建议内容以及希望提交的部门、个人联系方式等信息，网站自动将输入的信息转送到相关部门。一般情况下，相关部门受理后，会作出及时处理并予以回复。同时，网站还公布针对提出的意见、要求等国税厅采取的相应改善措施等。另外，为了保护国民的个人权益及信息安全，一些政府机构还采用 SSL（Secure Sockets Layer）技术实行密码化处理。

＊财务省"意见箱"的受理内容：（1）对财务行政的意见、要求的受理；（2）对税务行政的意见、要求（提交的相关意见、要求，将通过网络被转至日本国税厅）；（3）有关预算执行意见（国家预算中的特定政策、事业，低效率或没有成效，需要修正的意见、提案）；（4）政策金融相关意见、建议（有关政策金融机构融资的信息、建议、意见）；（5）关于财务省政策评价的意见；（6）联系：大臣官房文书课行政商谈办事人员。

＊国税厅"意见箱"的受理内容：（1）有关课税、漏征信息的提供。（2）简单问题及商谈窗口。从税务性质来看，由于相关内容需要听取详细事由，因此不受理电子

邮件商谈信息。希望能通过电话与就近的税务署联系，或参考"常见有关税收问题"等窗口信息。以下有关国税局、税务署的联系方式供参考。另外对于国税局、税务署工作的不满、为难等事由可联系"纳税人支援调整官"。常见有关税收问题包括：有关国税的一般性商谈（国税局电话商谈中心）；有关国税的个别商谈（税务署的事前预约手续）；纳税人支援调整官。

（3）网站各窗口的介绍；受理有关 e-Tax 网站的信息及问题；关于 e-Tax（国税电子申报、纳税体系）操作等的问题；受理有关"确定申报书等制作"的信息及问题；关于"确定申告书等制作"的问题；可下载税务相关表格，填写、打印后可直接提交税务署；申告书、申请书等的格式。

（4）对于税务行政的意见、要求；对于国税厅、国税局等的税务行政的意见、要求；对于税务行政的意见、要求；对于财务省在税制与财政等方面的意见、要求；有关税制、财政（国家预算）的意见、要求。

另外，国税厅"税的检索"服务端口设有"关于税的商谈"窗口。居民可就以下信息提出建议或进行咨询。有关国税的商谈；如何熟练地检索税收信息；信息公开、个人信息保护窗口；课税、漏税相关信息的提供；公益通报的受理、商谈窗口；事前照会；有关转移定价的事前确认申报及事前磋商；有关日法租税条约第 13 条第 2 项（b）适用的证明书的事前审查。

（5）国税厅针对受理意见、建议的具体改进措施的公开。国税厅还设有专门窗口，就各年度国民提出的意见、要求以及在促进和改善税务行政事务方面的详细情况进行了整理和介绍。同时，还就国税厅针对意见、建议的改进措施进行了介绍。表 5-2、表 5-3 为日本国税厅网站"意见箱"公布年度、各月受理的问询、意见、建议等具体情况。表 5-4 为国税厅的具体改进措施。

表 5-2　日本国税厅网站"意见箱"公布的各年度受理问询、意见、建议的具体情况

单位：件

	意见、要求的内容									检讨结果			
	各类文书的格式、记载要领	受理·窗口应等	广报资料·信息提供的方法	商谈指导体制	文书的散发·收受方法等	申报方法·纳税手段等	税制·通告修等事项	官厅的房舍设施等	其他	（合计）	今后计划改善或已经得到改善	需要今后具体探讨	今后参考	（合计）
2013 年度	34	5	14	9	10	46	50	0	12	180	1	2	177	180
2012 年度	178	14	116	31	50	170	195	0	95	849	19	16	814	849
2011 年度	169	14	105	31	47	227	214	1	106	914	23	5	886	914
2010 年度	95	4	106	19	36	165	142	0	120	687	16	6	665	687
2009 年度	169	11	133	43	40	312	154	3	119	984	12	1	971	984

表5-3 日本国税厅网站"意见箱"公布的2013年度各月受理
问询、意见、建议的具体情况

单位：件

	意见、要求的内容									检讨结果			
	各类文书的格式、记载要领	受理窗口应等	广报资料·信息提供的方法	商谈指导体制	文书的散发·收受方法等	申报方法·纳税手段等	税制·通告修等事项等	官厅的房舍设施等	其他	（合计）	今后计划改善或已经得到改善	需要今后具体探讨	今后参考	（合计）
5月份	12	0	6	2	6	16	19	0	5	66	0	0	66	66
4月份	22	5	8	7	4	30	31	0	7	114	1	2	111	114

表5-4 日本国税厅的主要改善措施（2012年度）

	一、申报、缴纳手续的简化	
	相关意见、要求	国税厅的改进措施
1	利用者那里如果没有通网，在e-Tax上只能登记税理士的邮箱。而即使通知到了税理士邮箱，因不知道具体的登记者，因此也打不开邮箱。因此，希望系统能够改善解决这一问题。	在e-Tax上事前登录，将利用者名称标在"通知邮件"名上。
2	希望能24小时365日向e-Tax发送邮件。特别是年末，希望利用时间能延长至30日。	基于提高利用便利性的考虑，2013年8月1日起、利用时间将从现在的21时延长至24时（星期日至星期五，不包括节假日）。
	二、具体意见、要求等	国税厅的改进措施
1	《税收解答》（No3261）中"建筑物的取得费"中关于"不用于事业项目的情况"的记述，根据《所令85》中"耐用年数乘以1.5系数计算的年数"求得"每年度折旧额"的表述，不容易懂，应有文字说明。	预计修订《税收解答》（No3261） 修改文为：如果不用于事业项目的情况，依据建筑物的耐用年数的1.5倍计算的旧定额法的折旧率，求得每年度的折旧额，乘以该建筑物从取得到售出的年度计算。 <参考> ● 建筑物的取得费的计算 http：//www.nta.go.jp/taxanswer/joto/3261.htm

续表

	二、具体意见、要求等	国税厅的改进措施
2	对于酒销售者、物产展销等纳税人来说，很多情况下要申请"一定期限内的酒类销售执照"，而在国税厅网站下载必要文件、表格时，因版面不同而感到不便。希望系统改成"总括下载"	必要的文件、表格设置在同一个版面，以便于下载。 <参考> ● 关于一定期限内的酒类销售执照的受理修正 http：//www.nta.go.jp/shiraberu/senmon-joho/sake/menkyo/tebiki/kourigyou2006/index.htm
3	与"法人税申报表"一起邮寄来的"出资相关图的附加"，对于邮寄"申报书用纸"的法人自不必说，而对于在 e-Tax 申报的法人则没有任何通知。	在国税厅网站登载有相关信息 <参考> ● 有关申报手续的各种参考信息 http：//www.nta.go.jp/tetsuzuki/shinkoku/hojin/sanko/sankojoho.htm
4	国税厅网站的"税收问答"中的 No.1180"抚养扣除"的4的※2中，关于"特定抚养亲属"的解释不容易懂。	修订了"税收问答"的登载内容 <参考> ● "税收问答" No.1180 "抚养扣除" http：//www.nta.go.jp/taxanswer/shotoku/1180.htm
5	对于文书解答事例，如果有新内容登载，也希望在国税厅网站的"新到信息"中显示和登载。	文书解答事例，将在国税厅网站的"新到信息"中显示和登载。 <参考> ● 新到信息 http：//www.nta.go.jp/shinchaku/news.htm
6	"税的学习"窗口，用不了 FLASH。希望不同 FLASH 也可阅览。	修改了"税的学习"窗口 <参考> ● 税的学习窗口 http：//www.nta.go.jp/shiraberu/ippanjoho/gakushu/kyousitu.htm

信息公开申请手续费应根据申请件数，原则上向行政文书保有机构或其部门缴纳。同时，申请公开的行政文书原则上应以行政文书保有机构、年度、件数为单位受理。向多个机构（或部门）申请或申请多年度的行政文书，应根据机构（或部门）数或年度数、件数提出申请。相关部门在决定行政文书是否公开时，一般以一个行政文书（一个标题下表达一定的意图或表达一个意思的文书、图片或电子记录等）为单位。如果一部行政文书文档中包含多个行政文书，且彼此有密切关联度的行政文书，视为一件行政文书（见专栏 5-2）。

专栏 5-2

日本防卫省信息公开的流程

依据《信息公开法》规定：公民可申请防卫省保有的行政文书的公开。除法律规定的"不公开信息"外，原则上申请公开的行政文书应公开。图 1 显示了申请日本防卫省信息公开的流程。

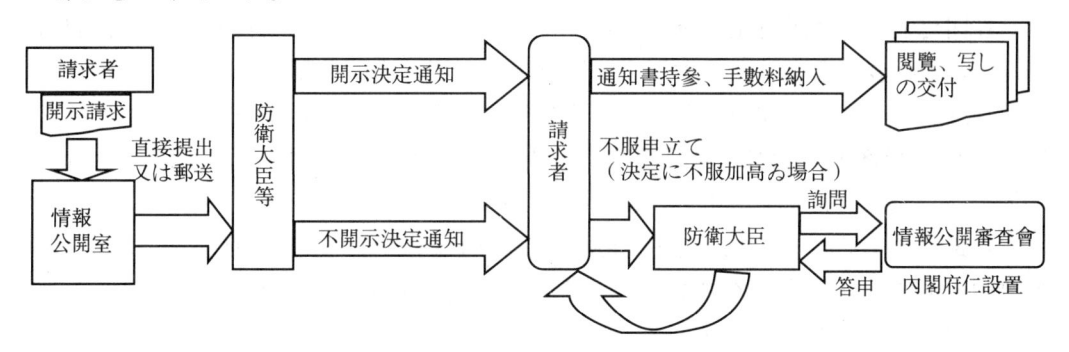

图 1　申请日本防卫省信息公开的流程

*关于申请公开的内容等，可通过电话向相关部分担当者提问。

*申请行政文书公开的申请书可从官网下载。

*申请行政文书公开的申请书可从官网下载。

*行政文书公开的申请，不得通过电话、传真或邮件提出申请。需个人到相关机构亲自提出申请。防卫省的全国 13 个信息公开室，受理信息公开申请书，接受有关信息公开制度、特定文书申请等的商谈，或进行公开文书的阅览等。

*受理时间：9：30~12：00　13：00~17：00

*网站公布有"公开申请的收件地址一览"、"信息公开室一览"、"防卫省信息公开室"、"防卫省行政文书等管理规则"、"防卫省基于"行政机构保有信息公开相关法律"而进行的审查标准"等相关信息，可供查询和下载。同时，关于国家的信息公开制度可连接到总务省网站查询。

*应根据行政文书保有的机构等向相关部门提交信息公开申请书。

*如明确行政文书的保有机构，应从以下"行政文书文件夹管理簿"中检索，或通过下述信息公开窗口询问。行政文书文档管理簿（e-Gov）

资料来源：日本防卫省。

*根据信息公开申请书或公开方法，收取一定的手续费和相关费用。手续费和相关费用以印花的形式贴在申请书上。

信息公开申请手续费：行政文书 300 日元/份

信息公开相关费用：

文书或图片，如文书的阅览，100 以下为 100 日元。

复印文书或图片，1 张 10 日元（A4 纸）

但根据资料的分量、利用方法等,如计算的费用额不超过 300 日元则免费;如超过 300 日元,以 300 日元为限。

2. 预算的审议流程及预算听证会

就预算案的审议流程来看,每年 1 月下旬国会召开之际,由内阁向国会提交预算案。首先是众议院(预算先议权)审议。经众议院预算委员会审议后,众议院表决通过。之后再提交参议院,参议院表决后预算正式生效。

在国会上,总理进行施政演说时,由财务大臣就财政政策进行演说,并就预算进行说明。而在委员会上,财务大臣主要进行主旨说明,由财务副大臣进行补充说明。

在之后约 2 天的全体内阁会议上,执政党与在野党代表议员对预算提出基本质疑。这一情况由 NHK 现场直播。此后 2 周,由委员会委员提出一般质疑。对于政治话题集中的审议,总理出席并提出质疑,此情况由 NHK 现场直播。

根据《国会法》相关规定:在预算决议时必须召开听证会。听证会大致召开一天半时间。由各党推荐的经济学家、工会代表以及反映其他政治诉求的公述人进行公述,并接受预算委员会委员的质疑。

预算审议最后阶段,各省厅召开分会进行审议。通常,分 68 个分会,召开时间约 1 天半。最后,全体内阁会议中,在归纳总结质疑点的基础上,各党各会派的代表就赞成或反对陈述意见,经讨论后表决。最后由预算委员会进行审议,通常众议院预算委员会的审议需 12~15 天。

在主会议上,经讨论后,以记名投票形式进行表决,预算在众议院通过。参议院的审议程序与众议院的基本相同。

主旨说明通常作为众议院通过之前的预备审查进行。但参议院不召开分会议,通过委托各委员会的形式,各省厅分别就预算进行审议。如果出现参议院表决与众议院不同时,众议院要求召开两院的协议会,如果协议不成,众议院的决议将作为国会决议。这是因为,根据日本宪法规定:经众议院通过的预算案,截止到 3 月 2 日,即便参议院没有表决通过,年内将自然生效。历史上也有个别情况没有被参议院通过,而且两院也没有达成协议。另外,如果截止到 4 月 4 日预算案还没有表决生效,将会影响到各省厅的支出,为此需要制定临时预算。历史上有名的事件是,1953 年的"混蛋解散",下一年度预算还没有表决,3 月 14 日众议院解散,直到 7 月 31 日。为此,制定了四五月份的临时预算,在此基础上制定了临时预算修正案,临时预算延期到该年的 7 月底。

3. 参与式预算

参与式预算也称市民参与型预算,是指地方自治体在编制预算时,不仅地方政府的职员,辖区居民也应参与决策和编制过程。具体来说,地方自治体预算中,除了职员工资、市所有设施管理费等市政运营方面所必要的经费支出外的其他经费支出由市民集会决定其用途。参与型预算是参与型民主主义和连带经济的一种重要表现形式。参与式预算最初见于 1989 年巴西的柏路哈里桑塔市。之后,不仅在巴西各地,在乌拉圭、阿根廷等南美国家,西班牙、法国、德国等欧洲国家也得到了推广。

在日本，一直以来，预算的编制、执行属于地方自治体的行政专有权限。中央政府则通过法规、补助金等形式对地方自治体的预算加以制约。因此，地方自治体能够自由编制预算的权限是有限的。地方议会虽然说是居民的代表，但与直接民主主义的市民参与型预算模式不同。而且预算编制过程复杂且不完全公开，居民对于预算的关心度较低。地方自治体在预算编制方面并没有为居民提供参与的渠道。

20世纪90年代后期，日本社会出现地方分权化的倾向。究其原因，一方面，由于经济的长期低迷，地方自治体的财力下降，如何将有限的预算满足多样化的居民需求，这就需要与居民达成协议。另一方面，居民运动的兴起与社会参与意识的增强。在日本，特别是1998年《NPO法》的实施使得以NPO为中心，市民团体增加，市民参与社会事务的呼声日益高涨。另一方面，特别是1999年《地方分权总括法》（全名《有关推进地方分权相关法律整备的法律》，2000年4月1日起实施）的出台，对相关475个法规进行了修订。中央政府与地方自治体的关系从过去的主从关系开始向对等关系转变。中央政府主导的行政管理体制开始转向居民自治。

就日本地方自治体市民参与预算编制的时代背景来看，除上述因素外，受20世纪90年代以来南美及欧洲国家参与式预算潮流的影响也成为其因素之一。在此背景下，日本一些地方自治体，以行政首长为首开始推进市民对于预算编制过程的参与。就目前日本地方自治体参与式预算的事例来看，主要分为以下5种类型。表5-5列出了各类型参与式预算的主要代表。（1）预算编制过程的公开；（2）市民委员会编制预算异案；（3）预算的部分交给自治体地区；（4）个人居民税的1%通过市民投票加以补助；（5）预算编制前接受NPO的事业提案。

表5-5　　　　　　　各种类型参与式预算的主要代表

参与式预算类型	具体事例
1. 预算编制过程的公开	2003年 鸟取县 在网上公开预算编制过程 包括预算要求额、查定额等都有详细公布
2. 市民委员会编制预算异案	2004年 志木市 市政府与市民委员会各自编制预算，市长加以对比研究
3. 预算的部分交给自治体地区	2003年 名张市 交付给14个地区总额5 000万日元 没有用途限制
4. 个人居民税的1%通过市民投票加以补助	2005年 市川市 通过纳税人的投票，补助了约100个NPO约2 000万日元
5. 预算编制前接受NPO的事业提案	2004年 千叶县 约1 000万日元预算， 采纳了5~7个NPO的提案

可以说，目前日本地方自治体居民参与式预算才刚刚起步。而且存在因行政首长

施政方针的变化而导致政策被废止的情况,因此参与式预算缺乏稳定性。同时,还存在诸多值得探讨的问题。如如何推进市民参与,在预算编制的哪个阶段市民参与是恰当的,市民参与的成本与效益如何,反映市民呼声的最佳方法是什么,地方自治体议会的作用与市民直接民主主义两种手段如何共存等。但今后随着地方分权化意识的日益高涨,居民参与预算编制的意识也将日益提高。而且以 NPO 为首的市民社会组织成为参加式预算的基础。今后,为了更好地经营城市、强化地方自治,有必要有效利用市民团体,将市民培养成为改变社会的力量。因此,地方自治体自身还需做好职能定位,建立有效制度,为市民参与预算拓展更多的渠道。

七、日本预算公开的例外事项处理

日本相关政府部门在信息公开方面同时受相关法律,如《关于行政机关持有信息公开的法律》(即《信息公开法》)、《独立行政法人持有信息公开的法律》、《关于个人信息保护的法律》等法律的约束和限定。

(一) 关于行政机关"不公开信息"、"部分公开信息"与"基于公益原因的裁量性公开信息"的规定

《关于行政机关持有信息公开的法律》"不公开信息"、"部分公开信息"与"基于公益原因的裁量性公开信息"作出了规定:

(1) "不公开信息"主要列举了六种情况

① 有关个人信息(除经营者个人及有关经营事业信息),当该信息中包含姓名、出生年月日或其他记录可识别特定个人(包括与其他信息比对后,可识别特定个人的信息)、或虽然不能识别特定个人,但公开后仍可能对个人权利和利益产生损害的信息。

② 关于法人或其他团体法人(除国家、独立行政法人等外,还包括地方公共团体及地方独立行政法人)的信息或从事经营的事业信息。但不包括被认为与生命、健康、生活或财产保护相关的信息。

③ 行政机关负责人认为由于公开可能会对国家安全造成损害、对与其他国家或国际间的信赖关系造成损害、或与其他国家或国际交涉造成不利,或相当理由的信息。

④ 行政机关负责人认为由于公开可能会对预防犯罪、镇压或搜查、公诉维持、刑事执行及其他公共安全和秩序维持造成障碍,或相当理由的信息。

⑤ 国家机关、独立行政法人等、地方公共团体及地方独立行政法人内部或相互间的审议、研讨或协议相关的信息,如加以公开可能会对正常的意见交换或意思决策中立性造成影响,国民之间产生混乱或给予特定人员不正当利益、或造成不利的信息。

⑥ 国家机关、独立行政法人等、地方公共团体或地方独立行政法人所开展之事业,或与事业相关的信息,如公开于众,可能会对以下所列事项产生障碍,及其他该当事务或事业性质、当该事务或事业实施产生妨碍时。一是监察、检查、取缔、试验或租

税赋税及与征收相关事务，难以把握的准确事实，或容易滋生不当行为，或难以发现；二是关于合同、交涉或诉讼相关的事务，国家、独立行政法人等、地方公共团体或地方独立行政法人财产利益或造成当事人地位受损；三是可能损害与调查研究相关的事务、并对其公正和有效开展工作造成不当妨碍；四是对人事管理相关事务及确保公正开展人事工作造成障碍；五是国家或地方公共团体经营的企业、与独立行政法人等或地方独立行政法人相关联的事业、其企业经营的正当利益可能受到损害。

（2）"部分公开信息"主要列举了两种情况。一是当与公开申请有关的行政文件中记载有不公开信息时，如能容易区分不公开信息时，行政机关负责人须对申请人公开剔除不公开部分的行政文件。但当剔除之后所公开之文件无意义时，可不受此限。二是当与公开申请的相关行政文件中记录有前款规定"可识别特定个人"时，可通过剔除这些信息中能识别姓名、出生年月日及其他特定个人的内容，并判断即使公开也将不会对个人权利和利益产生损害时，剔除后剩余部分可视为没有包括"可识别特定个人"信息。

（3）"基于公益原因的裁量性公开信息"是指：即使公开申请的相关行政文件中记载有不公开信息时，行政部门负责人如认为对社会公益上特别有必要，可对申请者公开该行政文件。

（二）关于独立行政法人等"不公开信息"、"部分公开信息"与"基于公益原因的裁量性公开信息"的规定

《独立行政法人持有信息公开的法律》就"不公开信息"、"部分公开信息"与"基于公益原因的裁量性公开信息"作出了规定。

（1）"不公开信息"应属于以下几种情况：

① 关于法人或其他团体法人（除国家、独立行政法人等、地方公共团体及地方独立行政法人。）的信息或从事经营的事业信息。包括：由于公开，可能会对当该法人等或当该个人权利、竞争上的地位或其他正当利益产生损害；被认为接受行政机关邀请，以非公开为前提条件而提供的信息，法人或适用个人通例不公开，或赋予其他相当条件认定该信息的性质及当时状况合理。上述信息中不包括被认为与生命、健康、生活或财产保护相关，有必要公开的信息。

② 国家机关、独立行政法人、地方公共团体及地方独立行政法人内部或相互间的审议、研讨或协议相关的信息，如加以公开可能会对正常的意见交换或意思决策中立性造成影响，在国民间产生混乱或给特定人员带来不正当利益或产生不利影响。

③ 国家机关、独立行政法人、地方公共团体及地方独立行政法人从事事务或业务相关信息，如加以公开可能对事业或事务的性质或正当实行造成损害的相关信息。包括：一是对国家安全造成损害、或对其他国家或国际间的信赖关系造成损害、或与其他国家或国际交涉造成不利；二是对于犯罪的预防、镇压或搜查等其他公共安全与秩序的维持产生障碍的信息；监察、检查、取缔、试验或租税赋税及与征收相关事务，如公开可能使事实难以准确把握，或容易滋生不当行为，或发现困难；三是关于合同、

交涉或诉讼相关的事务，国家、独立行政法人、地方公共团体或地方独立行政法人财产利益或造成当事人地位受损；四是调查研究相关事务，如公开可能对其公正、效率实行产生不当阻碍的信息；五是人事管理相关事务，如公开可能对于确保公正、顺畅的人事安排产生妨碍的信息；六是独立行政法人等地方公共团体经营的企业或地方独立行政法人从事的事业，如公开可能对企业经营的正当利益产生损害的信息。

（2）"部分公开信息"包括以下两种情况。一是当独立行政法人等被申请公开的法人文书中记载有不公开信息时，如能容易区分不公开信息时，可剔除不公开部分后予以公开。但当剔除之后所公开之文书无意义时，可不受此限。二是当与公开申请的相关法人文书中记录有前款规定"可识别特定个人"时，可通过剔除这些信息中能识别姓名、出生年月日及其他特定个人的内容，并判断即使公开也将不会对个人权利和利益产生损害时，剔除后剩余部分可视为没有包括"可识别特定个人"信息。

（3）"基于公益原因的裁量性公开信息"是指：独立行政法人等即使要求公开的法人文书中记载有不公开信息时，如果基于公益必要，可对申请者公开该法人文书。

（三）各政府机构关于预算"不公开信息"的规定

日本各政府机构在信息公开方面一般依据的是《信息公开法》、《独立行政法人持有信息公开的法律》等一般法。部分机构在相关信息公开方面有一些特殊规定。根据内阁官房国家战略室的《有关充实预算执行信息公示的指南》规定：如果因信息公示而有可能给行政执行造成影响，各省厅可自行判断，不公示相关信息。此种情况，应说明不公示的原因。总体来看，日本各政府部门关于"不公开信息"的规定大都依据《信息公开法》而制定。

1. 日本财务省

财务省列举了六种信息不能公开的情况：（1）个人信息；（2）法人等信息；（3）国家安全等信息；（4）公共安全等信息；（5）审议、研讨等信息；（6）事务、事业信息。就这六种非公开信息的类型来看，大致分为三类：一类是个人、法人等信息；二类是涉及国家利益与安全的信息；三类是有损于决策中立性，可能导致误解或混乱的信息。信息的公开与否由财务省内主管部门负责人依据相关法律做出判断，对此行政权力的约束由财务省召集的信息公开和个人信息保护审查委员会实行。除此以外，财政信息原则上都公开。

2. 日本外务省

＊关于非公开信息的限定。非公开部分，应限定于目前或将来将会产生某种不良影响的信息（依据《信息公开法》、《公文书管理法》相关规定）。（1）个人相关信息（有可能损害个人权利利益）；（2）法人等相关信息（有可能损害正当利益）；（3）目前或将来有损国家安全以及与他国信赖关系；（4）目前或将来有损国家安全保障等的信息；（5）对于目前或将来交涉产生不良影响的信息。

＊关于判断是否属于非公开信息的流程。（1）一次审查：官房总务课利用外务省的OB进行一次性判断；（2）二次审查：主管课室做最小限度的确认；（3）最终判断：

外交记录公开推进委员会判断其妥当性,获得外务大臣的最终认可和同意。

＊对外公布方法。公布手续完成后,应定期对外公布文档名。可在外交史料馆阅读。

(四) 国土交通省《关于行政机构保有信息公开法律的审查标准》

国土交通省的上述审查标准就日本国家《信息公开法》中规定的相关事项做了进一步解释和明确。该审查标准除了就"不公开信息"中关于"可能有损国家安全"、"可能有损公共安全"、"可能损害交换意见、影响中立的意思决定,或在国民中造成混乱,或使特定人得到不当利益或使特定人受到不利影响"、"可能给事业造成妨害,或妨害事业的正常进行"等做了进一步解释。同时,特别强调:"行政机构长官认可的有相当理由"要件是指:国土交通大臣根据"不公开信息"相关要件要求认定的事由。在认定方面,应伴随高度的政策判断,通过专门的、技术性判断,对日本国安全保障及对外关系进行未来预测。为此,如对"不公开信息"产生争议时,法院也将尊重国土交通大臣等的第一判断,就其是否在合理的允许限度内进行审理和判断。

第六章
俄罗斯政府预算公开制度

在俄罗斯，预算公开的历史不算太长。2005 年，俄罗斯正式引入预算公开，第一次开始向民众解释，什么是政府预算。2006 年，俄罗斯出版《俄罗斯预算指南——2006》，这本书以非常通俗的方式讲述什么是政府预算，政府预算要经历哪些过程，以及政府预算的结果是如何产生的。紧接着，俄罗斯又出版了第二本关于预算普及的书《俄罗斯 2004—2007 年公开预算：神话与预算》。

这两本书在俄罗斯引发了巨大的社会反响，引起了社会各界，特别是地方政府的高度关注。在一些地区，例如在克拉斯诺亚尔斯克地区、西伯利亚地区，以这两本书为模版，开始发布本地区预算指南。其后，"预算公开"成为俄罗斯国内各类学术研讨会，以及互联网上民众持续关注的话题。预算公开也由狭窄的专业研究领域，变成了社会各界共同关心的开放空间。

政府的积极推动，民众的广泛参与，使俄罗斯预算公开得到迅速发展。2006 年，国际预算合作组织第一次对世界上 59 个国家进行预算公开指数评级，俄罗斯获 47 分，居于第 28 位。2012 年，国际预算合作组织进行第四次预算公开指数评级，俄罗斯的预算公开指数上升到 74，在 100 个参评国家中居于第 10 位，成为世界上预算公开程度最高的国家之一。而在预算信息提供程度这一指标上，俄罗斯仅次于美国、韩国和捷克，跃居第四。

一、俄罗斯预算公开的法律依据

在俄罗斯联邦预算法律体系中共包含四个层级：第一层级为法典，即俄罗斯联邦《预算法典》；第二层级为联邦、联邦主体和地方代表机关批准的法律法规；第三层级为联邦和联邦主体政府批准的法令和决定，以及地方自治政府通过的法规；第四层级为俄罗斯联邦财政部和其他相关部门通过的法规和条例。同样，俄罗斯与预算公开相关的法律也由这四个层级组成。

(一)《预算法典》

俄罗斯联邦《预算法典》是俄罗斯境内一切与预算有关的法律、法规制定的基础和应遵循的准则。俄罗斯《预算法典》第 5 条就与预算公开有关，第 5 条"俄罗斯联邦预算法律生效"规定，俄罗斯预算法按财政年度通过，自签署之日起生效。预算法应当在其按规定通过、签署后立即公布。

俄罗斯《预算法典》第 36 条关于俄罗斯预算体制原则，也将"预算公开"作为俄罗斯预算制度的基本原则之一，进行了专门阐述。《预算法典》规定，预算公开性原则是指经批准的政府预算和决算必须在公开刊物上发布，要充分提供有关预算执行过程的信息，让公众了解国家立法（代表）机关及地方自治机关据以作出预算决定的其他相关信息。要公开预算草案的审查、批准过程，包括国家立法（代表）机关内部或立法（代表）机关与执行权力机关之间产生的分歧，都应向社会和媒体公开。根据此条款，俄罗斯联邦政府、联邦主体政府、地方自治政府都需要在其各自的职能范围内，遵循预算公开原则。

俄罗斯联邦国家权力机关根据《预算法典》第 7 条规定，在预算方面负有如下职责：编制和审查联邦预算草案，批准和执行联邦预算，监督联邦预算执行，批准联邦决算以及国家预算外基金决算；实施俄罗斯联邦国家举债，向外国提供贷款，管理俄罗斯联邦的国家债务；实施联邦预算及国家预算外基金预算的支出；通过联邦预算向联邦主体预算、地方预算提供财政援助和预算借款；规定最低国家社会政策标准、提供单位公共服务的财政耗费标准；批准俄罗斯联邦预算分类；办理并保障外债还本付息，确定国家对外举债目录和办法；确定国家预算外基金的清单和办法，管理其业务。由此，俄罗斯联邦政府有义务公开上述预算业务。

俄罗斯联邦主体国家权力机关根据《预算法典》第 8 条规定，在预算方面负有如下职责：编制和审查联邦主体预算草案及联邦主体汇总预算，批准和执行联邦主体预算，对联邦主体预算执行进行监督，批准联邦主体决算以及地区预算外基金预算；在联邦主体预算和地方预算之间分配地区税收及来自联邦主体预算的其他收入；从联邦主体预算向地方预算提供财政援助和预算借款；办理联邦主体国内外举债并对联邦主体债务进行管理。由此，俄罗斯联邦主体政府有义务公开上述预算业务。

俄罗斯地方自治机关根据《预算法典》第 9 条规定，在预算方面负有如下职责：编制、审查地方预算草案，批准、执行地方预算，监督地方预算执行，批准地方决算；从地方预算中提供财政援助和预算借款；实施地方举债并管理地方债务。由此，俄罗斯地方自治政府有义务公开上述预算业务。

(二) 各级政府预算公开法律依据

1. 联邦政府预算公开的法律依据

对联邦预算的公开性要求体现在《预算法典》第 5 条第二部分，即联邦预算法在签署后最迟不超过五天之内，必须正式公布。联邦预算决议在正式签署后最迟不超过

10 天必须正式公布。

此外，还有若干联邦法律对政府预算公开进行规范，这些法律有：

- 2005 年 7 月 21 日颁布的联邦法律《依据国家和地方需要采购商品、工程、劳务》（N 94 - Ф3）；
- 2011 年 7 月 18 日颁布的联邦法律《部分类型法人采购商品、工程、劳务》（N 223 - Ф3），要求公开披露政府部门采购信息；
- 2010 年 5 月 8 日俄罗斯颁布联邦法律《完善国家（地方）机构法律地位的相关俄罗斯联邦法令的修改》（N 83 - Ф3）。该法律指出，各类国家和地方政府机构都需要以简明易懂和结构严谨的方式提交预算及预算执行报告。
- 2010 年 6 月 3 日发布第 1101 号俄罗斯联邦政府令《2012 年前提高预算支出绩效规划》，该规划指出，预算公开是提高预算支出绩效的基础和保障，应建立统一的公共财政信息网络"电子预算"，通过该信息系统人们可以很容易地了解每一个政府机构的财务活动，以及资产和负债情况。
- 2011 年 7 月 20 日发布第 1275 号俄罗斯联邦政府令《建立和发展国家公共财政互联网信息管理系统"电子预算"》，该命令指出，"电子预算"的目标是保障国家和地方政府活动的公开、透明及可问责，应借助于统一的信息空间和高科技信息技术提高国家和地方政府的财务管理质量。
- 2014 年 1 月 30 日发布第 93 号联邦政府令《2014 年俄罗斯联邦政府机构公开框架》，该命令指出，俄罗斯联邦政府机构在履职的过程中应主动遵循公开透明的原则。

2. 地方政府预算公开的法律依据

1999 年 10 月 6 日，俄罗斯联邦政府颁布《关于俄罗斯联邦主体国家权力机构和执行机构组织的总原则》（N 184 - Ф3）。该法令对联邦主体①预算公开提出了具体要求，即俄罗斯联邦主体预算草案、俄罗斯联邦主体预算法、俄罗斯联邦主体预算执行年度报告、俄罗斯联邦主体预算季度执行信息必须正式发布。

2003 年 10 月 6 日，俄罗斯联邦政府颁布《关于俄罗斯地方自治机构组织的总原则》（N 143 - Ф3）。该法令对俄罗斯地方政府的预算公开提出了如下要求：俄罗斯地方预算草案、地方预算决议、地方预算执行年度报告、地方预算执行季度信息，地方自治机构行政管理人员人数、薪酬的实际数量等必须正式公布。

（三）其他预算公开相关法律法规

（1）2011 年 8 月 4 日俄罗斯财政部发布第 06 - 05 - 17/3 - 2 号法规《关于提高公民对俄罗斯联邦主体预算资金使用情况的意识》，该法令指出，应培养公民的预算参与意识，鼓励公民以各种形式参与到预算决策及预算监督之中；

（2）2013 年 3 月 30 日俄罗斯联邦发布第 286 号政府令《关于建立公共服务组织工

---

① 即俄罗斯州、自治区、边疆区、自治共和国一级政府。

作质量独立评估体系》。为保障该体系的正常运作，各公共服务组织需要向其及时、完整、准确提供各类公共服务信息，例如提供服务的价格、服务的收费范围及内容等。

二、俄罗斯预算公开目标和实施方案

（一）俄罗斯预算公开目标

对于俄罗斯预算公开的目标，在俄罗斯总统普京的预算咨文中有很明确的表述。普京指出，预算公开是俄罗斯预算政策的优先发展方向之一，保障预算过程向全社会公开、透明，是俄罗斯预算政策的主要任务之一。俄罗斯预算公开的目标是：（1）使每一个公民都能很容易地获取预算信息；（2）全社会都了解预算政策的主要目标、任务和优先方向；（3）全社会都了解国家支出及其取得的结果。① 并实现俄罗斯预算公开的最终目标——增强全社会对国家制度的信任。

（二）俄罗斯预算公开的实施方案

为了实现上述预算公开目标，俄罗斯财政部特制定如下实施方案：（1）研究制定更易于公民了解和接受的各级预算及其执行报告的信息提供方式；（2）建立俄罗斯联邦统一预算体系平台，便于所有对预算感兴趣者对预算过程的信息进行实时查询与跟踪；（3）建立统一的预算信息数据库，实现各预算主体信息共享；（4）对各联邦主体的预算公开活动进行评分评级，促进各联邦主体加快预算公开进程。

1. 编制面向公民的预算

发布专门编写的简明易懂、可信度高的预算报告。《面向公民的预算》的主要内容有：以公民易懂的语言对预算过程进行讲解；说明预算编制所需的主要宏观经济指数；一般的公共预算收入和支出；主要类别的预算收入和支出；预算赤字弥补来源；以及预算支出执行结果等。

2. 建立统一的预算体系平台

电子化是俄罗斯预算公开的主要途径之一。为此，俄罗斯于2012年1月1日开通了官方网站：http://www.bus.gov.ru。在这个网站上可以查询到俄罗斯联邦和地方政府活动的相关信息。俄罗斯还在财政部的网站上设立了国家统一的预算体系公开平台——"电子预算"。所有对联邦和地方预算感兴趣者都可从此网站获取相关预算信息，例如预算法律法规，预算工作计划，预算咨询委员会、工作小组和专家组的组成及其主要工作，全俄统一预算分类跨部门工作研究小组的组成及主要工作，俄罗斯联邦统一预算体系平台资料，俄罗斯联邦预算债务信息，联邦和地方服务收费信息等。此外，俄罗斯的一些预算相关部门，例如俄罗斯财政部、俄罗斯税务总局、国家统计局、联

---

① Бюджетные послания Президента РФ Федеральному Собранию《О бюджетной политике в 2014 – 2016 годах》.

邦审计署等,也都在自己的官方网站上开辟了专门的电子信息平台。

＊俄罗斯财政部信息平台

俄罗斯财政部在自己的官方网站上公布了大量预算文件和资料,如预算政策、预算分类、预算报告标准、会计和审计、联邦预算、预算体制、宏观经济数据、储备基金、国民财富基金、国家债务、预算改革、养老金改革、地方财政自治改革等。

＊俄罗斯联邦税务总局信息平台

预算是国家和地方政府组织、分配和使用货币资金的财政计划。由此,预算公开不仅要公布财政资金的支出信息,还要公开财政资金的组织信息。在这方面联邦税务总局发挥着重要作用。在联邦税务总局的官方网站上发布有俄罗斯联邦预算收入的实时信息。在俄罗斯国家税务总局的官方网站上同样开设有"电子税务"窗口。

＊俄罗斯联邦国库信息平台

在俄罗斯负有预算公开重要职责的机构还有俄罗斯联邦国库。在俄罗斯联邦国库的官方网站上公布有俄罗斯所有的预算执行信息,例如,俄罗斯联邦预算,俄罗斯联邦主体和地方预算,俄罗斯联邦汇总预算,俄罗斯国家预算外基金预算执行报告,俄罗斯联邦国家财政统计报告等。

＊俄罗斯联邦审计署官方网站

在俄罗斯联邦审计署官方网站公布有对国家预算进行的事前监督报告,业务执行监督报告,以及国家预算事后监督(审计)报告。

＊俄罗斯联邦国家统计局官方网站

在俄罗斯联邦国家统计局官方网站不仅可以查询到俄罗斯国内生产总值、地区生产总值、劳动力市场、消费和生产指数、外贸、科技创新等方面的信息,还可以查询到详细的国家财政预算情况,例如俄罗斯国家预算执行情况,国家和地方财产私有化情况,国家和地方财产私有化资金的支出,国家税费收入缴纳情况,国家税费收入拖欠情况,国家预算外资金执行情况等。

3. 对各联邦主体的预算公开活动进行调查和评级

为加快地方预算公开的发展进程,提高各级政府预算公开的积极性,2012年11月,俄罗斯财政部对联邦主体进行了大范围预算公开调查,要求各地区填写预算公开信息调查表。调查表的主要内容有:

(1) 联邦主体是否研究编制"面向公民的预算"?

(2) 在预算哪个阶段编制"面向公民的预算"?

(3) "面向公民的预算"包括哪些内容?

(4) 发布"面向公民的预算"的方法有哪些?

(5) 是否在地方政府层级(区县)开展预算公开实践?

(6) 联邦主体是否有预算公开网络平台?

(7) "预算公开"网络平台提供哪些信息?

(8) 是否在联邦主体开展预算法草案公开讨论?

(9) 公开讨论预算法草案中的哪些问题?

俄罗斯财政部组织的此次问卷调查，共回收有效问卷 64 份，部分填写问卷 11 份，有 2 份是以报告的形式提交的。

通过对回收的调查问卷进行分析，俄罗斯联邦主体预算公开推广情况如下：

第一，在俄罗斯，有 35% 的联邦主体已编制"面向公民的预算"，有 23% 的联邦主体正在研究制定"面向公民的预算"，有 42% 的联邦主体计划编制"面向公民的预算"。

第二，有 5 个联邦主体通过互联网或出版物提供预算信息，有 18 个联邦主体提供预算信息网站链接，有 1 个联邦主体根据申请提供预算信息。

第三，在编制的"面向公民的预算"中，有 37% 对预算过程进行了说明，有 75% 列出了编制预算草案需要参照的主要宏观经济指数（地区社会经济发展预测指数），有 95.8% 列出了一般预算收入和支出，有 91.7% 公开了主要类别的预算收入和支出、国家优先发展政策、专项规划预算支出，以及预算支出取得的结果。

第四，有 87.5% 的联邦主体通过联邦主体政府或财政部门的官方网站发布"面向公民的预算"，有 45.8% 的联邦主体由立法机关发布"面向公民的预算"，有 25% 的联邦主体通过大众媒体发布"面向公民的预算"。

第五，有 68% 的联邦主体建有统一的"预算公开"网络平台，有 13% 联邦主体的"预算公开"网络平台正在建设之中，有 19% 联邦主体的"预算公开"网络平台还在计划筹建之中。"预算公开"网站建设较好的联邦主体见表 6 - 1。

表 6 - 1　　　　　　　建设较好的俄罗斯联邦主体

俄罗斯联邦主体	网 址	网站名称
楚瓦什共和国	http://mfin.cap.ru/	公共财政
阿斯特拉罕州	http://www.astrakhan.ifinmon.ru/	财政监督
鄂木斯克州	http://www.omsk.ifinmon.ru/	财政监督
图拉州	http://dfto.ru/	财政部平台
莫斯科市	http://budget.mos.ru/	公开预算
圣彼得堡市	http://fincom.spb.ru/	财政委员会平台
汉特 - 曼西自治区	http://www.monitoring.admhmao.ru/	财政监督

第六，有 95% 的联邦主体对预算草案进行公开讨论，有 4% 的联邦主体不公开讨论预算草案，有 1% 的联邦主体计划公开讨论预算草案。

第七，在公开讨论预算法草案时，有 94.4% 的联邦主体对预算法草案的主要特点进行了讨论，有 95.8% 的联邦主体对主要预算支出进行了讨论，有 29.2% 的联邦主体对专项规划的支出结果进行了讨论。

除此之外，为促进各联邦主体预算加快推进预算公开，依照国际预算合作组织的评分原则与评分要求，俄罗斯财政部还对各联邦主体的预算公开活动进行了打分与评级。2012 年俄罗斯各联邦主体预算公开评分见表 6 - 2。

表6-2　　2012年俄罗斯各联邦主体预算公开评分

No	联邦主体	所有机构	所有信息	国家任务信息	服务质量信息	服务数量信息	财务计划和预算信息	评分
1	阿尔泰边疆区	3 525	3 428	2 299	2 120	2 073	3 044	0.4596
2	阿穆尔州	1 478	1 396	1 128	1 036	1 034	1 289	0.6077
3	阿尔汉格尔斯克州	1 390	1 331	1 141	1 101	1 076	1 190	0.5759
4	阿斯特拉罕州	1 049	989	714	681	672	919	0.7832
5	拜科奴尔州	0	0	0	0	0	0	0
6	别尔哥罗德州	2 002	1 909	1 636	1 608	1 599	1 665	0.8754
7	布良斯克州	2 108	2 092	1 912	1 851	1 849	2 045	0.9956
8	弗拉基米尔州	2 007	2 029	1 630	1 596	1 581	1 811	1
9	伏尔加格勒州	3 508	3 394	2 535	2 356	2 356	3 181	0.871
10	沃洛格达州	2 124	2 011	1 807	1 677	1 680	1 876	0.8216
11	沃罗涅日州	2 673	2 700	1 351	1 267	1 272	2 546	0.9186
12	莫斯科市	6 009	2 662	1 148	740	799	1 521	0.0101
13	圣彼得堡市	2 826	2 636	2 388	2 306	2 313	2 336	0.1411
14	犹太自治州	334	277	184	180	181	171	0.4777
15	外贝加尔边疆区	2 013	1 794	1 425	1 396	1 383	1 479	0.6902
16	伊万诺沃州	1 343	1 301	1 031	992	979	1 206	0.7489
17	伊尔库茨克州	3 298	3 318	2 466	2 346	2 295	2 974	0.7396
18	卡巴尔达-巴尔卡尔共和国	724	702	203	124	172	624	0.0968
19	加里宁格勒州	980	956	913	874	862	860	0.8888
20	卡卢加州	1 272	1 180	933	879	857	590	0.778
21	堪察加边疆区	625	544	407	397	393	448	0.5352
22	卡拉恰伊-切尔克斯共和国	537	492	59	56	53	107	0.0921
23	克麦罗沃州	3 314	3 277	2 842	2 743	2 719	3 123	0.6355
24	基洛夫州	2 179	2 154	1 974	1 935	1 925	2 131	0.7964
25	科斯特罗马州	1 338	1 188	452	429	404	658	0.1632

续表

No	联邦主体	所有机构	所有信息	国家任务信息	服务质量信息	服务数量信息	财务计划和预算信息	评分
26	克拉斯诺达尔边疆区	5 996	5 978	5 177	4 980	4 951	5 872	0.7933
27	克拉斯诺亚尔斯克边疆区	4 399	4 343	3 361	3 269	3 274	4 111	0.9646
28	库尔干州	1 630	1 577	674	623	611	1 437	0.5215
29	库尔斯克州	2 486	2 451	2 355	2 341	2 334	2 335	0.6358
30	列宁格勒州	1 611	1 504	905	864	852	1 278	0.6711
31	利佩茨克州	1 507	1 508	1 466	1 445	1 443	1 464	0.912
32	马加丹州	347	334	235	226	224	259	0.5895
33	莫斯科州	6 514	5 881	4 490	4 329	4 280	4 601	0.8864
34	摩尔曼斯克州	1 067	1 007	890	826	821	909	0.9456
35	涅涅茨自治区	159	129	103	100	101	108	0.2364
36	下哥罗德州	4 157	3 784	3 372	3 282	3 276	3 368	0.9921
37	诺夫哥罗德州	1 127	1 060	1 015	980	968	999	0.7974
38	新西伯利亚州	3 235	3 094	2 249	2 155	2 136	2 575	0.5589
39	鄂木斯克州	2 652	2 598	1 387	1 307	1 304	2 280	0.6345
40	奥伦堡州	2 905	2 904	2 735	2 638	2 640	2 853	0.8774
41	奥廖尔州	1 286	1 179	994	979	961	992	0.4134
42	奔萨州	1 706	1 641	1 354	1 326	1 314	1 362	0.8539
43	彼尔姆边疆区	3 246	3 241	3 005	2 954	2 955	3 193	0.9508
44	滨海州	1 900	1 928	1 754	1 641	1 602	1 851	1
45	普斯科夫州	877	821	693	672	671	781	0.3632
46	阿迪格共和国	586	584	488	455	449	557	1
47	阿尔泰共和国	429	422	417	395	393	416	1
48	巴什科尔托斯坦共和国	5 329	5 240	4 859	4 658	4 601	4 918	1
49	布里亚特共和国	1 571	1 567	1 459	1 419	1 412	1 522	0.773
50	达吉斯坦共和国	3 951	3 222	1 454	1 413	1 270	1 607	0.217
51	印古什共和国	293	273	234	215	162	237	0.7539
52	卡尔梅克共和国	484	485	297	275	273	474	0.6067

续表

No	联邦主体	所有机构	所有信息	国家任务信息	服务质量信息	服务数量信息	财务计划和预算信息	评分
53	卡累利阿共和国	1 034	1 029	906	843	833	997	0.6789
54	科米共和国	1 594	1 506	1 366	1 300	1 282	1 380	0.8514
55	马里埃尔共和国	1 059	1 051	982	956	954	1 040	0.8456
56	莫尔多瓦共和国	1 559	1 527	1 107	1 031	1 027	1 047	0.5293
57	萨哈共和国（雅库特）	2 719	2 537	1 944	1 828	1 805	2 315	0.9712
58	北奥塞梯-阿兰共和国	697	708	482	461	461	585	0.8442
59	鞑靼斯坦共和国	5 433	3 908	1 424	1 423	1 423	2	0.5476
60	图瓦共和国	843	836	809	772	774	819	0.7765
61	哈卡斯共和国	763	772	540	509	507	504	0.8151
62	罗斯托夫州	4 596	4 539	4 244	4 173	4 124	4 279	0.9188
63	梁赞州	1 372	1 310	922	908	903	1 070	0.4243
64	萨马拉州	2 302	2 271	2 121	1 887	1 975	2 200	0.3891
65	萨拉托夫州	3 332	3 233	2 346	2 305	2 268	3 110	1
66	萨哈林州	733	704	615	588	593	657	0.54
67	斯维尔德洛夫斯克州	4 625	4 417	2 937	2 742	2 713	3 806	0.4986
68	斯摩棱斯克州	1 397	1 369	1 302	1 280	1 283	1 349	0.8549
69	斯塔夫罗波尔边疆区	2 764	2 751	1 454	1 412	1 412	2 076	0.5522
70	坦波夫州	1 005	916	743	688	687	840	0.7148
71	特维尔州	2 082	1 948	1 155	1 131	1 123	1 257	0.3443
72	托木斯克州	1 152	1 103	902	889	887	966	0.6812
73	图拉州	2 033	1 687	998	984	983	1 425	0.3142
74	秋明州	1 322	1 419	1 306	1 233	1 240	1 385	0.5257
75	乌德穆尔特共和国	2 317	2 277	1 920	1 782	1 786	2 211	0.7785
76	乌里扬诺夫斯克州	1 631	1 568	945	897	883	1 452	0.6385

续表

No	联邦主体	所有机构	所有信息	国家任务信息	服务质量信息	服务数量信息	财务计划和预算信息	评分
77	哈巴罗夫斯克边疆区	1 565	1 514	1 230	1 188	1 178	1 330	0.5657
78	汉特－曼西自治区	1 670	1 560	1 429	1 371	1 370	1 513	0.5405
79	车里雅宾斯克州	4 120	3 623	2 762	2 675	2 637	3 130	0.4896
80	车臣共和国	1 583	1 578	1 110	987	955	1 557	0.8086
81	楚瓦什共和国	1 722	1 715	1 500	1 458	1 454	1 611	0.8733
82	楚科奇自治区	134	130	119	117	115	130	0.9502
83	亚马拉－涅涅茨自治州	810	681	434	408	398	552	0.5281
84	雅罗斯拉夫尔州	1 702	1 578	901	845	845	1 469	0.4892

资料来源：俄罗斯财政部。

三、俄罗斯预算公开的责任机构

在俄罗斯对预算公开负有责任的部门有：俄罗斯联邦会议国家杜马；俄罗斯联邦会议联邦委员会；俄罗斯联邦政府；负责编制和执行联邦预算的机关（俄罗斯联邦财政部）；通过国库执行联邦预算的机构（联邦国库局）；组织预算收入的机构（俄罗斯联邦税务总局）；俄罗斯银行；俄罗斯联邦审计院；国家预算外基金委员会等，这些机构都要将本机构负责的预算信息向全社会及时发布。

（一）立法（代表）机关

俄罗斯立法（代表）机关（包括国家杜马和联邦委员会）、地方自治代表机构的主要预算职责包括：审查和批准预算及决算，对预算执行实施监督，形成并确定相应级次预算执行监督机关的法律地位，依据《预算法典》及联邦、联邦主体预算法规和地方法规行使其他职权。立法（代表）机关对国家预算外基金也行使类似职权。

1. 国家杜马对联邦预算法草案的审批

联邦政府在将预算法草案连同所有必需的文件和材料提交国家杜马后，由国家杜马委员会主席转交给预算委员会对其进行审查。

国家杜马要通过三读来审查下年度及预算规划期内的联邦预算法草案。其中，有关下年度国家预算外基金社保缴费率的修订法案，应在一读批准联邦预算基本说明书之前由国家杜马通过。国家预算外基金预算法，以及有关最低养老金标准、预算供养人员最低工资标准、国家养老金指数化和重新计算、最低工资标准等方面的法律，应当在联邦预算法草案二读审查之前由国家杜马通过。

2. 联邦委员会审查联邦预算法草案

自国家杜马提交预算草案之日起 14 天内，联邦委员会对下年度及预算规划期内联邦预算法进行审查。联邦委员会通过整体投票是否同意的方式对下年度和预算规划期联邦预算法进行审查。下年度和预算规划期联邦预算法经联邦委员会同意后 5 天内送交俄罗斯联邦总统签署、发布。

3. 国家杜马对政府决算报告的审查

国家杜马在获得联邦审计署结论后 1.5 个月内对联邦决算报告进行审查。审查联邦决算报告时，国家杜马要听取：(1) 联邦国库局领导关于联邦预算执行情况的报告；(2) 财政部长关于联邦预算执行情况的报告；(3) 联邦总检察长关于遵守预算法律情况的报告；(4) 联邦审计署主席的结论。

根据国家杜马主席的建议或者自己提议，联邦宪法法院主席、联邦最高仲裁法院主席、联邦最高法院主席可以做报告或者提交报告，对报告年度审理的与预算纠纷及违反预算法有关的案件进行分析。

（二）执行权力机关

在俄罗斯，各级执行权力机关在预算公开方面负有重要职责：准备预算，编制预算草案；执行预算；管理国家和地方债务；对预算执行进行部门监督；提交决算报告；履行《预算法典》及联邦、联邦主体其他预算法规、地方自治代表机构法规确定的其他权限。

1. 预算准备

俄罗斯《预算法典》规定，在政府预算草案编制之前，相关部门应首先对俄罗斯联邦、联邦主体、地方政府以及各经济部门的社会经济发展情况进行预测，并编制出相应的综合财力平衡表，为执行权力机关编制预算草案提供依据。

除此以外，俄罗斯联邦总统的预算咨文也是俄罗斯预算草案编制的必要基础。俄罗斯联邦总统会在每年的预算咨文中明确提出俄罗斯下一财政年度以及未来中长期内俄罗斯的预算政策，总统在预算咨文中提出的预算政策、预算任务及预算改革要求，都应得到预算草案的充分反映。

2. 预算草案编制

《预算法典》第 172 条规定，编制预算草案是联邦政府、相应的联邦主体执行权力机关以及地方自治机关的专属特权，由俄罗斯联邦财政部、各联邦主体及地方政府的财政机关负责各级预算草案的编制。

由俄罗斯执行权力机关的委托机构组织编制下一财政年度及预算规划期内的俄罗斯联邦社会经济发展预测，并对作为中期财政规划基础的俄罗斯联邦社会经济发展中期预测的参数进一步准确化。

由俄罗斯联邦财政部组织编制联邦预算中期规划基本指标设计；下一财政年度及预算规划期内的联邦预算法草案。联邦预算中期规划基本指标设计与下一财政年度及预算规划期内的联邦预算草案同时编制，以俄罗斯联邦政府中期规划、联邦社会经济发展中期预测及相应区域综合财力平衡表预测为基础。

预算草案应当反映预算的基本特征，例如预算收入总额、预算支出总额和预算赤字等方面的内容。主要包括：按预算收入分类划分的预算收入；预算间转拨的自有收入分成标准；按预算支出功能分类的类、款、项、目划分的预算支出总额；预算的资本性支出和经常性支出总额；专项预算基金的支出和收入；以各类补助、补贴形式获得的、来自其他级次预算的财政援助规模；根据预算支出的部门构成对各预算资金总支配人分配的预算拨款；税收信贷的限额；国家或地方债务及债务最高限额；预算赤字弥补来源；最低贫困线与最低养老金、最低助学金、津贴等社会性支出之间的比例关系；以及根据《预算法典》以及联邦主体、地方政府关于预算制度和预算程序的法规所规定的其他指标。

俄罗斯联邦预算草案由俄罗斯联邦政府根据《预算法典》规定的要求编制，编制开始时间不晚于下一财政年度开始之前10个月。编制下一财政年度及预算规划期内的联邦预算草案，要以俄罗斯联邦总统预算咨文所确定的联邦预算政策为依据。编制联邦预算草案的程序和期限，以及必须与联邦预算草案同时提交的文件和材料的编制办法，由俄罗斯联邦政府确定。

联邦政府将下年度联邦预算法草案提交国家杜马审查应不晚于当年8月26日，并且要与同时提交下列文件和材料：俄罗斯联邦社会经济发展的预期总结；下年度及预算规划期内的俄罗斯联邦社会经济发展预测；下年度及预算规划期内的预算政策和税收政策基本方针；国有和地方企业发展计划；下年度及预算规划期内的综合财力平衡表预测；下年度及预算规划期内的俄罗斯联邦汇总预算预测；下年度及预算规划期内的联邦预算与各联邦主体汇总预算相互关系的基本原则和基本结算；确定由下年度及预算规划期内联邦预算拨款的联邦专项发展计划和联邦区域发展计划草案；下年度及预算规划期内联邦专项投资计划草案；下年度国家军备计划（在联邦总统批准的十年期国家军备计划框架内）草案；下年度及预算规划期内的国有和地方政府企业私有化计划；按联邦预算收入分类的项、预算支出分类的类、款及下年度联邦预算赤字的计算；下年度及预算规划期内的俄罗斯联邦国家对外借债计划草案；关于最低助学金、津贴等社会性支出标准、联邦国家公务员薪金、军人工资的指数化建议，以及关于预算供养人员工资指数化（增长）办法的建议等。

在提交下年度及预算规划期内的联邦预算法草案的同时，俄罗斯联邦政府还要向国家杜马提交：联邦税法修订案草案；国家预算外基金预算草案；《俄罗斯联邦预算分类法》修订案草案。

3. 预算执行

在俄罗斯，负责联邦预算、国家预算外基金预算、地区预算外基金预算、联邦主体预算和地方预算执行的是联邦政府、联邦主体最高行政机关和地方行政机关，由相应级别的财政部门依据汇总的预算清单和现金计划,组织预算的具体实施。俄罗斯各级预算都要根据集中收付制原则执行预算。

俄罗斯预算执行中的现金服务由联邦国库统一负责。根据与联邦主体政府和地方政府的协议,为依靠联邦主体自有收入预算提供财务保障的预算执行权限,可以由联邦国库转移给联邦主体政府。

俄罗斯联邦国库在中央银行开设账户,向俄罗斯联邦预算体系提供现金服务。俄罗斯联邦国库管理实行集中收付制,即所有的预算收入款项记账、执行和偿还预算赤字弥补来源,以及所有预算支出业务都要由单一预算账户办理。

4. 预算执行报告编制

每一财政年度末,由俄罗斯财政部长发布财政年度结束并准备整个联邦决算报告和各预算外基金决算报告的指令。根据财政部长的指令,所有用款单位要准备好年度收支报表。

在各预算单位的报表中必须反映完成公共服务任务的程度、提供有偿服务获得的收入、使用国有或地方政府财产获得收入的数据。各预算资金总支配人要汇总报告其所属预算单位的报表。

以补贴、预算贷款和临时预算借款形式获得预算资金的单位,要提交所获预算资金使用情况的报告。俄罗斯财政部作为这些支出的预算资金总支配人,要提供利用财政补贴、预算贷款和预算借款实施联邦预算支出的综合报告。

俄罗斯财政部或其他授权机关会同联邦国有财产部一起,提交利用联邦预算资金投入法人注册资本(资本金)以及这些投入所获得收入的综合报告。国家采购人要准备好关于使用联邦预算资金进行国家采购情况的综合报告。联邦国库企业要准备好年度会计报表并送交预算资金总支配人。

5. 政府决算报告

每年不迟于6月1日,联邦政府以联邦法律形式向国家杜马和联邦审计署提交上一财政年度联邦决算报告。与联邦决算报告同时提交国家杜马的还包括联邦专项预算基金决算报告。联邦决算报告应当按照报告年度联邦预算法批准时采用的预算分类编制。

(三) 联邦国库

在俄罗斯联邦,规定通过国库执行预算。俄罗斯联邦国库对下列事项负责:(1)正确地执行联邦预算,管理账户和预算资金。安排与提供预算借款、预算投资和国家担保有关的支出拨款,将预算资金全额拨付给用款单位;(2)及时将预算资金拨付给用款单位,及时将预算资金计入用款单位账户,及时提供报表及其他与预算执行有关的材料,及时将预算拨款通知书和预算付款额度通知书送达用款单位;(3)不对未纳入预算季度收支任务书的支出项目拨款,不超过批准的预算付款额度拨款;(4)监督总支配人、支配人、用款单位及信贷机构遵守预算法律,执行联邦审计院的指示以及司法机关有关赔偿财政机关给用款单位造成的损失的决定书。

（四）审计署

俄罗斯联邦审计署对报告年度的政府决算报告进行外部审计，并利用材料和检查结果对联邦政府向国家杜马提交报告之后 4.5 个月中联邦预算执行情况的报告做出结论。

四、俄罗斯预算公开的主要内容

俄罗斯联邦政府向社会公开的预算文件包括：预算编制依据的宏观经济指数，总统预算咨文，以及相关预算文件，例如预算政策主要方向，预算草案，预算法，每季度预算执行情况报告，财政年度上半年预算执行情况报告、决算报告、审计报告等。

（一）宏观经济预测

俄罗斯经济发展和贸易部一般以"乌拉尔"牌石油价格为基准，在对未来若干年度石油价格作出预计的基础上，对经济发展作出三种方案的预测。第一种为消极方案，指的是在本国产品出口价格竞争力减弱、出口规模不变、进口替代提高情况下，经济增长速度减缓。第二种为温和方案，反映的是俄罗斯商业竞争力加强、经济结构改善情况下，国民经济将保持适度的增长速度。第三种为乐观方案，指的是随着财政体系和国家投资的不断健全和发展，俄罗斯商业竞争力将大幅度提高，国民经济将迎来快速发展。在确定了宏观经济基本发展指数后，俄罗斯通常采用第二种方案编制联邦预算。

（二）总统预算咨文

每年的 3~5 月，俄罗斯联邦总统都要向联邦会议和国家杜马宣读阐明未来 3 年俄罗斯联邦预算政策的预算咨文。在该咨文中，总统会明确提出未来 3 年俄罗斯联邦预算的主要任务及优先支出方向，此预算任务和优先方向即为俄罗斯各部门编制未来 3 年预算的依据和基础。

（三）预算政策主要方向（中期预算）

为保障预算的公开和透明，每年 7 月中旬在正式提交预算草案之前，俄罗斯财政部都会根据俄罗斯总体预算咨文、相关法律和文件，提出未来 3 年俄罗斯联邦政府预算政策的主要方向，以说明俄罗斯联邦预算草案编制面临的环境，俄罗斯联邦预算主要参数的设计方法、程序和基本特征。

2014 年 7 月 14 日，俄罗斯财政部根据当年总统预算咨文，2018 年前提高公共财政（国家和地方）管理绩效规划，2015 年和规划期 2016~2017 年税收政策主要方向，俄罗斯联邦国家规划和其他国家战略方案，提出了"2015 年和规划期 2016~2017 年俄罗斯预算政策的主要方向"，这一政策方向实际上就是俄罗斯的中期预算。

2015年和规划期2016~2017年俄罗斯预算政策主要方向由以下几部分组成：（1）2015~2017年预算政策实现的条件；（2）2015~2017年预算政策的任务和目标；（3）2015~2017年俄罗斯联邦预算体系的主要参数；（4）2015~2017年俄罗斯联邦政府预算主要参数；（5）2015~2017年俄罗斯联邦国家预算外基金的组织方法；（6）2015~2017年俄罗斯联邦主体汇总预算的组织方法。

（四）预算草案和预算法

通常情况下，联邦预算草案在每年的9月1日前由俄罗斯联邦政府提交议会审议，经由议会三审，联邦总统签署后，联邦预算草案成为正式的法案。"2015年和规划期2016~2017年联邦政府预算法"（联邦法律第384号）于2014年12月1日获得联邦总统批准，12月5日公布，2015年1月1日正式生效。

"2015年和规划期2016~2017年联邦政府预算法"的主要内容有：（1）2015年和规划期2016~2017年联邦政府预算的主要特征；（2）2015年和规划期2016~2017年俄罗斯预算体系各预算之间收入划分标准；（3）俄罗斯联邦预算收入主要管理者和联邦预算赤字弥补来源主要管理者；（4）2015年俄罗斯联邦预算收入主要管理者的权限；（5）2015年独立法人得自联邦预算资金的使用要求；（6）2015年和规划期2016~2017年联邦政府预算拨款规模，同时说明附件中哪些支出属于秘密，哪些属于绝密；（7）保障联邦政府机构正常运行的预算资金的使用要求；（8）俄罗斯联邦支出义务及对居民社会保障领域的支出；（9）对非政府机构和国有企业的法人提供预算投资；（10）给俄罗斯联邦主体的和拜科努尔市的转移支付；（11）2015年的预算信贷；（12）国家金融和出口信贷规划；（13）俄罗斯联邦国家内债发行、内债及债务担保；（14）俄罗斯联邦国家外债发行、外债及外汇形式的债务担保；（15）公民储蓄补偿支出；（16）2015年联邦政府债务；（17）联邦政府赤字弥补方法；（18）2015年俄罗斯联邦政府代理机构职能的履行；（19）2015年联邦政府预算执行要求。

（五）季度预算执行情况报告和上半年预算执行情况报告

根据俄罗斯联邦政府2006年5月11日颁布的281号令《关于向俄罗斯联邦政府提交季度和年度联邦预算执行情况报告的条例》，俄罗斯财政部每年需三次提交季度联邦预算执行情况报告。季度预算执行情况报告需要汇集当年前期所有时间段的预算信息，即1月1日至3月31日汇报第一季度的预算执行情况；1月1日至6月30日汇报上半年预算执行情况；1月1日至9月30日汇报9个月预算执行情况。

第一季度报告的提交时间不迟于每年的5月20日，上半年报告的提交时间不迟于8月15日，前9个月报告的提交时间不迟于11月15日。季度预算执行情况报告的主要内容有：联邦预算执行情况，联邦预算执行结果，财务活动记录，现金流量表和注释，以及其他相关材料和文件。

（六）决算报告

俄罗斯联邦政府决算报告的主要内容包括：（1）联邦预算执行会计平衡表；

(2）联邦预算执行情况报告；（3）相关说明。

与联邦决算报告同时提交国家杜马的文件和材料有：（1）联邦政府后备基金和联邦总统后备基金使用情况报告；（2）联邦财政部和其他授权机构关于提供预算贷款、预算借款及其偿还情况的报告；（3）联邦财政部关于提供国家担保情况的报告；（4）俄罗斯联邦国内外各种借债情况的报告；（5）使用国家财产所获得的收入的报告；（6）提供公共服务计划任务情况的综合报告；（7）按预算资金总支配人划分的预算单位经费收支综合决算报告；（8）报告年度第一天和最后一天联邦国有财产登记表；（9）报告年度第一天和最后一天俄罗斯联邦内债和外债状况报告；（10）联邦国库局关于审查违反预算法律案件及其处罚情况的报告。

（七）审计报告

联邦审计署对联邦政府关于预算执行情况报告的审计报告主要包括如下内容：（1）按联邦预算支出功能分类的类、款划分以及按总支配人划分、并注明发现未专款专用的金额、作出决定不执行专款专用的单位负责人、执行这些支付的联邦国库局负责人的结论。（2）按联邦预算支出分类的类、款划分以及按总支配人划分、并发现超过批准的预算拨款或超过季度预算收支任务书使用预算资金的结论，要注明作出这些违规决定的单位领导人以及执行这些支付的联邦国库局负责人。（3）对每一起未列入联邦预算法或预算季度收支任务书的支出拨款所作出的结论，要注明作出这些违规决定的单位领导人以及执行这些支付的国库局负责人。（4）对提供和偿还预算贷款、预算借款情况以及发现违规提供预算贷款及借款问题所作结论等情况进行的分析。（5）对提供国家担保及其执行情况、发现违规提供国家担保问题所作结论进行的分析，对每一起用预算资金履行国家担保责任的支付义务情况进行的调查。（6）对提供预算投资的分析，对所签投资合同从保障国家利益角度进行分析，以及对发现的违规提供预算投资问题所作结论的分析。（7）对完成有关提供公共服务的计划任务情况以及遵守提供公共服务的财政费用标准情况的分析。（8）国家杜马和联邦委员会决议所规定的其他材料。

五、俄罗斯预算公开的技术保障

（一）简明易懂的预算分类

为完整、准确反映政府预算收支活动，规范预算管理，强化预算监督，俄罗斯对政府预算支出分类进行了大范围调整，其核心就是与国际标准接轨，以政府职能为导向，建立一套全新的政府预算支出分类体系，促进预算过程参与者和预算资金管理者独立性与责任感的不断增强。

俄罗斯政府预算分类体系由四部分组成：（1）预算收入分类，由类款项三级组成，分为税收和非税收入，以及无偿收入两大类；（2）预算支出分类，由类、款、项、目四级组成，共14个大类：全国性问题、国防、国家安全和法律维护、国民经济、住房和公用事业、教育、环境保护、文化和电影、医疗、社会政策、体育文化和体育运动、大众传媒工具、国家债务还本付息、政府间转移支付；（3）预算赤字弥补来源分类，由类、款、项、目四级组成，分为国内赤字弥补来源和国外赤字弥补来源两大类；（4）公共部门业务分类，① 由类款项目四级组成，分收入、支出、非金融资产收益、非金融资产亏损、金融资产收益、金融资产亏损、债务增加和债务减少等八类。

（二）政府财务报告

俄罗斯政府财务报告采用责权发生制。俄罗斯财政部157号令规定，俄罗斯会计主体应能提供完整可靠的国家（地方）资产、负债和财务成果信息，提供既能满足内部管理者需要又能满足外部信息使用者需求的财务报告。各预算单位、财政机关和现金服务机关进行会计核算时必须按照以下要求进行：根据复式记账法在会计主体确定的会计科目表中进行资产、负债和财务成果的账务处理；采用权责发生制；采用持续运营假设；采用货币计量假设；具有可比性；会计科目表保持稳定；会计信息真实可信，不存在导致决策者判断失误的重大或实质性差错等。

俄罗斯相关机构和单位需根据俄罗斯财政部报表制度规定的标准范式编制财务报告。俄罗斯国家权力机关、国家预算外基金管理机关、国家预算外基金地区管理局、地方自治机关及其预算单位，即预算资金总支配人、支配人和预算领用人、预算执行机关，均需编制会计报表。

俄罗斯政府财务报告的编制时间分别为：（1）月报，下月1日报送；（2）季报，4月1日、7月1日和10月1日报送；（3）年报，下年度1月1日报送。会计报表的报送既要求纸质版，也需要电子版。俄罗斯政府会计报表可由预算单位自行编制，也可由第三方专业机构编制，或由集中核算财务部编制。政府会计报表需由单位负责人、总会计师、预算资金总分配人、分配人和预算领用人、现金服务机关负责人等相关人员签字。如果报表是由第三方或者集中核算财务部编制，那么除上述人员签字外，还需有第三方机构或集中核算财务部负责人签字。

俄罗斯预算领用人需在规定的期限内提交会计报表给上级预算资金支配人，预算资金分配人编制的汇总报表需在规定的期限内提交给组织预算执行的相关机构（如上一级总支配人）。预算执行现金服务部门需编制现金流入和流出报表，并提交给相关预算执行组织机关。在提交的预算资金总支配人汇总会计报表和相关预算现金流入和流出表的基础上，相关预算执行组织部门编制预算执行汇总会计报表。地方预算执行机关需提交地方汇总报表给相应的俄罗斯联邦主体预算执行机关。相应地，俄罗斯联邦主体预算执行机关需提交汇总会计报表给俄罗斯联邦预算相应机构以供编制联邦汇总会计报表。

在俄罗斯，年度报表包括以下报表形式：预算资金总支配人和预算领用人预算执

---

① 公共部门（即国家管理）业务分类是一个综合性质的分类，该分类将政府部门的收入、支出和赤字弥补来源融合到一起，成为一个综合反映政府各个部门预算资金决策及使用情况的新型预算分类，其目的是通过新的预算分类进一步明晰政府各部门预算资金的决策及使用方向，加强对政府部门履行职能及解决社会经济问题的监督。

行平衡表（Ф.0503130）；① 预算流入和流出平衡表（Ф.0503140）；预算现金服务业务平衡表（Ф.0503150）；② 财务情况说明书（Ф.0503160）；政务活动财务成果表（Ф.0503121）；预算资金总支配人、支配人和预算领用人预算执行报表（Ф.0503127）；预算执行报表（Ф.0503122）；预算资金领用人银行存款余额证明（Ф.0503126）。

月度报表主要包括以下报表形式：现金流入和流出报表（Ф.0503123）；内部结算证明（Ф.0503125）；预算领用人银行存款余额证明表（Ф.0503127）；预算执行月报表（Ф.0503128）；预算执行非现金业务证明表（Ф.0503129）。在编制报表时，还可以根据预算资金支配者的业务活动特点补充专门形式的报表。

自2011年起，俄罗斯所有的国家和地方机关被划分为三种类型：国库单位、预算单位和自治单位。三种类型机构的划分标准是财政经济的独立性以及与国家关系的从属性。该法律在政府会计领域的主要举措是：传统的预算会计由国库单位履行，国库单位形成政府会计报表、统计报表以及财产使用和活动结果报表；预算单位根据会计科目表进行会计核算，并据以编制会计报表、统计报表和财产使用和结果表；自治单位则以企业会计科目表为核心进行会计核算，并据以编制会计、统计报表，以及财产使用和活动结果报表。

六、俄罗斯预算公开的细化程度

俄罗斯对各类预算文件公开的程度有明确要求，例如在俄罗斯财政部发布的俄罗斯联邦预算体系预算执行公开信息清单中，就有对各项公开信息在公开程度方面有具体要求（见表6-3）。

表6-3　　俄罗斯联邦预算体系预算执行公开信息清单

序号	类别	方向	内容
1	关于预算或联邦预算执行信息	预算执行业务报告	现金流报告（联邦预算：收入按类、款，支出按类、款，赤字弥补来源按类、款、项、目编制）
2		每月预算执行报告	预算执行报告（ф.0503117）（联邦预算）
3			现金流报告（联邦预算：收入、支出、赤字弥补来源按类款编制）
4		预算执行季度报告	联邦预算执行报告（ф.0507011）

---

① "预算资金总支配人和预算领用者预算执行会计报表"由两部分资产（非金融资产和金融资产）和两部分权益（负债和财务成果）组成，用以反映预算资金和预算外资金余额。资产、负债和财务成果余额可由上年年末结转至本年年初。

② "预算现金服务业务平衡表（Ф.0503150）"由预算现金服务部门编制。该平衡表包括金融资产、负债和财务成果三部分。

续表

序号	类别	方向	内容
5	关于预算或联邦预算执行信息	预算执行季度报告	联邦收入和支出执行报告（ф.0507017）
6			联邦预算资金获得者法定义务完成情况（ф.0507024）
7		年度预算执行报告	联邦预算执行报告（ф.0507011）
8			俄罗斯联邦政府储备基金和俄罗斯联邦总统储备基金资金利用情况报告（ф.0507012）
9			联邦预算平衡表（ф.0507019）
10			财务报告（联邦预算）（ф.0507020）
11			联邦预算资金获得者法定义务完成情况（ф.0507024）
12			现金流报告（联邦预算）（ф.0507060）
13	预算或联邦主体和地方政府预算执行情况		俄罗斯联邦主体汇总预算和国家地区预算外基金执行报告（ф.0503317）
14			俄罗斯联邦主体汇总预算和国家地区预算外基金平衡表（ф.0503320）
15			俄罗斯联邦主体汇总预算执行结果（ф.0503321）
16			俄罗斯联邦主体现金流汇总报告（ф.0503323）
17			俄罗斯联邦主体汇总预算收入和国家预算外基金预算收入信息（收入按类款，预算赤字弥补来源按类、款、项编制）
18	俄罗斯联邦汇总预算和联邦预算执行信息		俄罗斯联邦汇总预算和国家预算外基金预算报告
19			俄罗斯联邦汇总预算和国家预算外基金预算平衡表（ф.0507022）
20			财务报告（俄罗斯联邦汇总预算和国家预算外基金预算）（ф.0507023）
21			现金流报告（俄罗斯联邦汇总预算和国家预算外基金预算）（ф.0507061）
22			俄罗斯联邦汇总预算和国家预算外基金预算信息（收入、支出和预算赤字弥补来源按类款编制）

续表

序号	类别	方向	内容
23	俄罗斯联邦汇总预算和联邦预算执行信息		给俄罗斯联邦主体预算转移支付信息（ф.0507052）
24			联邦预算和国家预算外基金预算执行报告
25	俄罗斯联邦国家预算外基金预算及执行情况报告		俄罗斯联邦养老基金、社会保险基金、强制医疗保障基金分类及汇总信息（ф.0503117）
26			俄罗斯联邦养老基金、社会保险基金、强制医疗保障基金分类及汇总平衡表（ф.0503120）
27			俄罗斯联邦养老基金、社会保险基金、强制医疗保障基金分类及汇总财务报告（ф.0503121）
28			俄罗斯联邦养老基金、社会保险基金、强制医疗保障基金分类及汇总现金流报告（ф.0503123）
29	预算单位预算执行信息和预算汇总信息	联邦预算单位信息	预算单位收入和支出报告（ф.0503155）
30			预算单位财务经营活动计划执行报告（ф.0503737）（联邦预算）
31			预算单位财务经营活动汇总信息（联邦预算）
32			国家和地方预算单位平衡表（ф.0503730）（联邦预算）
33			预算单位财务经营活动报告（ф.0503721）（联邦预算）
34		联邦主体和地方政府预算单位信息	预算单位财务经营活动计划执行报告（ф.0503737）（联邦主体单独和汇总预算）
35			预算单位财务经营活动汇总信息（联邦主体汇总预算）
36			国家和地方预算单位平衡表（ф.0503730）（俄罗斯联邦主体单独和汇总预算）
37			预算单位财务活动结果报告（ф.0503721）（俄罗斯联邦主体单独和汇总预算）
38	俄罗斯联邦政府预算执行和国家财务统计报告		根据国际货币基金组织方法编制的俄罗斯联邦国家财务统计报告

续表

序号	类别	方向	内容
39	俄罗斯联邦政府预算执行和财政统计报告（英文）		俄罗斯联邦汇总预算执行报告和国家预算外基金预算执行报告（收入按类、款编制，支出按类、款编制，预算赤字弥补来源按类、款编制）
40			俄罗斯联邦汇总预算和国家预算外基金预算平衡表
41			俄罗斯联邦汇总预算财务报告（俄罗斯联邦汇总预算和国家预算外基金预算）
42			现金流报告（俄罗斯联邦汇总预算和国家预算外基金预算）(ф.0507061)
43	俄罗斯联邦政府预算执行和财务统计报告（英文）		根据国际货币基金组织方法编制的俄罗斯联邦国家财务统计报告

资料来源：俄罗斯财政部。

预算法典规定，俄罗斯联邦预算收入按照类款项编制，预算支出按照类款编制，公共部门（即国家管理）业务预算按照类款项目四级编制，联邦预算赤字弥补来源按类款项目四级编制。俄罗斯联邦预算收入细化情况见2014年预算收入表（见表6-4）。

表6-4　　　　　　俄罗斯联邦预算收入　　　　　　单位：卢布

指　数	预算科目代码	联邦预算
收入总额	X	14 496 828 953 433
税收和非税收入	10000000000000000	14 385 846 650 296
商品劳务税（境内）	10300000000000000	2 702 249 355 011
境内增值税	10301000010000110	2 181 419 961 118
境内消费税	10302000010000110	520 829 393 893
境内生产酒精类产品消费税	10302020010000110	9 407 899
商品税（进口）	10400000000000000	1 821 787 771 287
进口增值税	10401000010000110	1 750 236 776 413
进口消费税	10402000010000110	71 550 994 873
进口酒精产品消费税	10402020010000110	862 698 846

资料来源：俄罗斯财政部。

俄罗斯联邦预算支出依照类款项编制，具体见俄罗斯联邦政府2014年预算支出表（见表6-5）。

表6-5　　　　　　　　　　俄罗斯联邦预算支出　　　　　　　　　单位：卢布

指　数	类	款	项	联邦预算
支出总额	X			14 830 601 348 110
全国性问题	01			934 740 792 617
俄罗斯联邦总统职能的履行	0101			16 629 552 747
法定职能的领导和管理	0101	0010000		11 586 356 200
俄罗斯联邦总统	0101	0010100		102 009 400
保障国家机关、国库、国家预算外基金工作人员工资支出	0101	0010100	100	9 035 000

资料来源：俄罗斯财政部。

俄罗斯联邦公共部门业务支出预算按类款项目四级编制，其细化程度见表6-6。

表6-6　　　　　　2015年俄罗斯联邦公共部门业务支出预算　　　　　　单位：千卢布

名　称	预算分类代码					联邦预算
	联邦预算资金总支配人	类	款	项	目	
联邦科技署	007					106 497 247
全国性问题	007	01				79 769 390
基础研究	007	01	0110			78 397 017
联邦国家规划"医疗卫生"	007	01	0110	0100000		5 942 634
联邦国家规划"医疗卫生"子规划"发展和推进基础医学研究，以及诊断、预防和治疗方法创新"	007	01	0110	0130000		5 942 634
保障国家机关开展子规划"发展和推进基础医学研究，以及诊断、预防和治疗方法创新"的支出	007	01	0110	0130059		5 938 434
提供给自治预算单位和其他非营利组织的补贴	007	01	0110	0130059	600	5 938 434

资料来源：俄罗斯财政部。

俄罗斯联邦赤字弥补来源预算按照类款项目四级编制，其细化程度见表6-7。

表 6-7　俄罗斯联邦赤字弥补来源预算　　　　　　　单位：卢布

名　称	预算科目代码	联邦预算
预算赤字弥补来源总额	X	333 772 394 677
国内弥补来源	01000000000000000	4 075 336 939 276
国家和地方有价证券（以俄罗斯本币记值）	01010000000000000	1 025 272 343 273
发行的国家和地方有价证券（以俄罗斯本币记值）	01010000000000700	1 348 933 506 873
偿还的国家和地方有价证券（以俄罗斯本币记值）	01010000000000800	-323 661 163 600
发行的国家有价证券（以俄罗斯本币记值）	01010000010000710	1 348 933 506 873
偿还的国家有价证券（以俄罗斯本币记值）	01010000010000810	-323661163600

资料来源：俄罗斯财政部。

七、俄罗斯预算公开的例外事项处理

对于不纳入预算公开范围的例外事项，俄罗斯《预算法典》也做出了明确规定。《预算法典》第 36 章规定，秘密条款只存在于联邦预算，联邦主体和地方预算不允许设定秘密条款。《预算法典》第 209 条对联邦预算秘密条款进行了详细规定，即俄罗斯联邦预算法的秘密条款应在联邦议会两院的秘密会议上进行审查，与联邦预算秘密条款相关的材料由联邦议会两院主席与两院特别委员会进行专门审查，专项秘密计划的通过以及将这些计划纳入联邦预算支出的项目，按照联邦总统的提议进行。

近年来，俄罗斯属于机密[①]一级的预算支出规模在不断扩大，由 2012 年占预算支出总额的 11.2%，逐步扩大到 2016 的 24.8%（4.06 万亿卢布），约为 GDP 的 5.2%。在俄罗斯，属于机密的预算支出范围较广，几乎涵盖了预算支出的各个领域，例如全国性问题（即一般公共管理支出）、国防、国家安全和法律维护、国民经济、住房、教育、医疗卫生、体育等。俄罗斯机密预算支出范围及结构见表 6-8。

表 6-8　俄罗斯机密预算支出范围及结构　　　　　　　单位：%

年　度	2005	2006	2007	2008	2009	2010	2011	2012	2013	2014
全国性问题	3.7	6.3	5.5	8.7	5.1	4.8	9.8	11.4	9.5	9.1
国防	42.1	42.8	45.3	46.1	48.1	46.4	46.9	47.6	52.8	59.3
国家安全与法律维护	28.5	31.6	31.1	31.8	30.8	32.1	32.5	23.3	27.4	28.3
国民经济	0.1	0.1	0.4	0.6	0.6	1.6	1.8	2.4	4.9	5.2
住房公用事业	—	3.4	0.9	7	10.1	19.3	14.2	6.6	11	10.2

---

① 根据《保密法》，俄罗斯的机密分为三个等级：秘密、机密和绝密。

续表

年度	2005	2006	2007	2008	2009	2010	2011	2012	2013	2014
其中：住房	0	4.2	5.7	16	12.9	20.8	20.7	8.5	21.3	22.7
教育	2.8	2.7	2.4	16	12.9	20.8	20.7	8.5	21.3	22.7
其中：学前	2.0	2.2	2.4	2.5	2.5	3.9	3.9	4.4	4.5	6.1
文化	0.1	0.1	0.2	0.1	0.1	0.1	0.1	0.1	0.1	0.1
出版和发行	13.5	7.5	2.6	2.6	3.2	3.6	3.4	3.5	4.6	5.5
医疗	—	—	—	—	—	—	2.7	2.4	2.7	2.9
社会政策	—	—	—	—	—	—	—	0.1	0.1	0.1
体育	—	—	—	—	—	—	62	41.5	9.1	9.8

资料来源：盖达尔经济研究所。

俄罗斯机密支出规模迅速上升的原因在于：国防类合同数量不断增加。2014年，俄罗斯用于国防及国家安全方面的支出约占到国家预算的30%，未来3年，俄罗斯的国防支出还将提高60%，将从目前的占国家预算支出的15.7%上升到20.7%，安全支出将提高2.2%，国防及国家安全支出合计将占到国家预算的33%。

俄罗斯机密预算支出占预算支出的比重，以及机密支出的增长速度见图6-1。

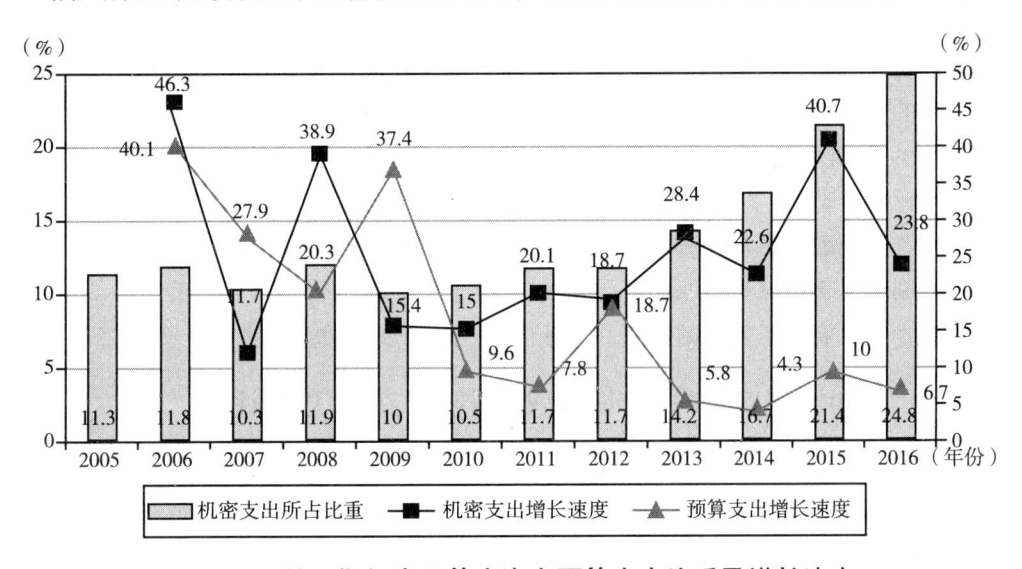

图6-1 俄罗斯机密预算支出占预算支出比重及增长速度

按国际预算合作组织公布的预算公开指数评级标准，机密支出应控制在预算支出总规模的1%~3%，不得超过8%，但因此项标准仅为预算公开指数120项评价指标中的一项，该项指标的较低得分对俄罗斯预算公开指数评级的整体影响并不显著。

八、俄罗斯预算公开发展趋势

在 2012 年国际预算合作组织进行的第四次预算公开指数评级中,俄罗斯的预算公开指数获得了 74 分,在 100 个参评国家中居于第 10 位,其中,"预算草案"公开指数获得了 82 分(满分 100),"预算法案"公开指数获得了 100 分(满分 100),"预算执行报告"公开指数获得了 96 分(满分 100),成为世界上预算公开程度最高的国家之一。

但与此同时,国际预算合作组织也指出,俄罗斯的预算公开还需进一步完善,例如,应发布年中预算执行报告,编制和发布适宜非专业人士阅读的"公民预算",扩大预算草案和预算年度报告公布的数据范围,添加关于国家债务、准财政活动、金融和非金融资产、未付费用等方面的数据,同时,还应及时提高审计报告质量等。

为此,2013 年 2 月 9 日,俄罗斯财政部发布《2018 年前提高国家和地方公共财政管理绩效规划》草案,明确提出未来公共财政改革的核心就是向俄罗斯公民提供更多的预算信息,使俄罗斯预算公开指数评分在 2020 年提高到 85 分。发布"公民预算",以及联邦预算向以规划预算为基础过渡将可极大程度地促进上述指数的提高。

根据国际上公共财政透明度最好国家的实践经验,要保障预算公开指数的不断提高,需做到如下几个方面:(1)公共财政发展状况及发展趋势信息完全公开;(2)政府机构编制、审查、批准和执行预算的活动全部公开;(3)制定并遵守进行预算审计、编制和提交预算执行报告的规则与要求;(4)由立法机构根据国家政策提出的计划与实际达到的目标和取得的结果进行比较方向,对各项预算指数和预算报告进行审查和批准;(5)定期对各部门、俄罗斯联邦主体和地方政府在公共财政管理方面工作的公开性进行评估(监督),主要方式是对财政透明度进行评级;(6)确保公众广泛参与到公共财政资金的配置决策过程;(7)在进行充分国际比较与借鉴的基础上,根据一般性原则编制和提交预算执行报告。为此,需确保公共财政管理过程公开,并立法保证公众有权查阅政府同意公开的数据。与此同时,俄罗斯财政部还提出:

(一)每年对俄罗斯联邦国家规划的执行与效率进行评估

由于国家规划资金占到全部国家预算资金的 96% 以上,对国家规划预算资金的监督与管理就变得尤其重要。为此,俄罗斯将对国家规划的执行与效率评估置于预算公开的首要位置,规定由俄罗斯联邦国家规划执行负责人编制"俄罗斯联邦国家规划"执行情况和效率评估年度报告;由俄罗斯联邦政府会议根据俄罗斯联邦政府决议,对俄罗斯联邦国家规划执行负责人提交的"俄罗斯联邦国家规划"部门执行报告进行抽样审查;由俄罗斯经济发展部编制和提交俄罗斯联邦国家规划执行情况和效率评估年度总报告,与联邦预算执行报告一起提交国家杜马。

(二)公开审查俄罗斯联邦国家规划草案和执行报告

在新的俄罗斯联邦国家规划草案、俄罗斯联邦国家规划变更草案提交俄罗斯联邦政府批准前，应经过俄罗斯联邦政府公共事务委员会的充分讨论；向国家杜马提交俄罗斯联邦国家规划执行报告；由俄罗斯联邦审计署对俄罗斯联邦国家规划的执行、俄罗斯联邦国家规划变更草案作出最终结论；由政府公开活动协调委员会会议对俄罗斯联邦国家规划执行责任人报告进行审查；根据联邦政府"法规草案及其公开讨论结果信息披露程序"对新的俄罗斯联邦国家规划进行公开讨论；制定独立调查程序，包括参与者的权利、责任、时间、期限，以及对调查结果和组织程序的要求。

（三）制定监督措施

每年对俄罗斯联邦国家规划进行调查和评估，同时评估俄罗斯联邦国家规划编制与执行过程中解决出现的问题的公开程度，例如对规划计划、执行质量和激励措施进行评估和（或）评级。

（四）建立俄罗斯联邦国家规划编制和执行的社会监督机制

俄罗斯联邦国家规划的编制与执行应吸引俄罗斯联邦公共事务局、联邦政府公共事务委员会、学者及所有感兴趣者的广泛参与。为此，需做到：确立社会组织在俄罗斯联邦国家规划评估中的地位；建立社会组织参与俄罗斯联邦国家规划评估的制度环境；确立社会组织参与俄罗斯联邦国家规划筹备和执行监督的原则；建立社会组织参与俄罗斯联邦国家规划评估的信息系统。

（五）组织公民参与预算过程

在互联网上统一公布预算草案及其公开讨论结果信息；联邦政府利用各种方式对预算草案进行公开咨询；国家规划的起草者联邦政府有义务在互联网上公布公开咨询与讨论结果；确立联邦主体层面公共财政管理及公开讨论结果披露程序。公民参与预算过程意味着预算草案编制信息公开、规范。联邦政府应在互联网上公开预算草案的编制信息，以及社会讨论的过程及结果。

（六）建立俄罗斯联邦预算系统统一信息平台

在此平台上发布俄罗斯联邦预算体系各级预算及国家预算外基金的预决算数据；公开政府部门的财务活动及财务状况，以及资产和负债情况，计划和实际工作结果；国家和地方规划的支出情况；地方政府完成国家和地方任务的基本情况；国家和地方政府不动产和特殊有价证券管理、经营情况。

（七）利用"电子预算"平台保障预算信息的及时、准确

通过"电子预算"及时提供预算执行过程信息，国家大型采购信息，国家和地方合同的执行信息，发布国家和地方服务的规模与质量等。

（八）定期发布《公民预算》

发布专门编写的简明易懂、可信度高的预算草案及预算执行报告。关于预算草案

的《面向公民的预算》应包括：对预算过程进行说明，例如以公民易懂的语言讲解预算过程相关术语和定义；编制预算草案需要参照的主要宏观经济指数（地区社会经济发展预测指数）；一般公共预算收入和支出；主要类别预算收入；国家和地方规划预算支出，俄罗斯联邦分类预算支出，以及相应时期内预算执行支出。

关于预算执行报告的《面向公民的预算》应包括：预算执行的宏观经济条件，国家和地方规划的执行情况；预算收入执行情况；预算支出执行情况；预算赤字弥补来源。与此同时，还有对上述数据与批准预算数据间的比较分析。《面向公民的预算》在向立法机构提交预算草案和预算执行报告的同时发布。

（九）提升俄罗斯公民在预算草案编制和执行中的预算素养

政府部门的经济活动应信息化，应针对不同阶层的居民开发应用新的预算技术；编写和散发预算宣传材料，帮助提高俄罗斯公民的预算素养。

（十）强化俄罗斯在国际公共财政管理质量评估中的地位

在国家经济合作组织基础数据中及时更新俄罗斯联邦预算法律更新信息；积极参加国际组织活动，例如经合组织的结果导向预算实践，国际货币基金组织的《G20国家预算税收整合》等。2014~2018年俄罗斯财政部推动预算公开主要任务见表6-9。

表6-9　　2014~2018年俄罗斯财政部推动预算公开主要任务

任务	2014年	2015年	2016年	2017年	2018年
俄罗斯联邦预算体系一平台投入运行		2015.1.1			
确保联邦主体和地方政府公布俄罗斯联邦预算体系一平台的信息		83个联邦主体	300个大型地方政府	所有地方政府	
以《公民预算》的形式发布联邦预算报告	12月15日	12月15日	12月15日	12月15日	12月15日
在俄罗斯财政部网站发布联邦预算执行报告	4月~9月	4月~9月	4月~9月	4月~9月	4月~9月
在俄罗斯财政部网站发布编制优秀的联邦主体《公民预算》报告	11月20日	11月20日	11月20日	11月20日	11月20日
在俄罗斯财政部网站发布上半年预算执行情况说明	不晚于每年10月1日	不晚于每年10月1日	不晚于每年10月1日	不晚于每年10月1日	不晚于每年10月1日

资料来源：俄罗斯财政部。

第七章
印度政府预算公开制度

一、印度政治体制与财政概况

（一）印度政府机构设置

印度是联邦制民主共和国。印度的立法机构由联邦和邦两个系统构成，其最高立法机关是联邦议会。联邦议会是由总统、联邦院（上院）和人民院（下院）组成。联邦院代表各邦和中央直辖区，其大部分议员由各邦立法院议员间接选举产生；人民院则代表人民，其议员由选民直接选举产生。

印度的最高行政机关是部长会议，是由人民院中占大多数席位的政党或构成多数席位的政党联盟组成，其组成人员有总理、内阁部长、国务部长、副部长以及总检察长、审计长等。内阁的组成人员有总理和各部部长，其中财政部的经济事务司，负责联邦政府预算的准备工作。

根据印度《宪法》，印度是由邦和中央直辖区两种行政区构成。各邦分别设立邦长一名，行使邦的行政权，由总统任命。邦议会（立法院）行使行政立法权，一切法案必须向邦议会提出，由邦议会通过后，再送交邦长批准。中央直辖区的地位类似于邦，其最高行政长官由总统任命或由总统指派领近邦的邦长兼任。

（二）印度国家预算管理体制

1. 联邦政府与邦政府的预算管理体制

根据《宪法》对邦与联邦财权的划分，印度预算可以分为中央（联邦）政府预算、邦或中央直辖区政府预算以及邦以下的地方政府预算三级，其中联邦政府预算在整个预算体系中占有主导地位。印度联邦政府与邦政府之间实行税收分享和税收调拨，必要时，联邦政府还会对邦政府给予补助和贷款以平衡邦预算。联邦预算一般主要需要为铁路、运输、邮电、国防及对外关系方面的提供资金，其资金来源以税收形式为主。邦政府预算则主要负责为邦政府发展地方经济事业提供资金，保证地方教育、医疗、卫生等社会福利事业的资金需求，其资金来源主要包括按法律规定征收的税收收入、与中央共享税的分成部分、邦企业收入以及中央预算提供的补助和贷款。

2. 邦政府与地方政府之间的预算管理体制

由于印度所实行的是分权型的预算管理体制，因此邦政府和地方政府均不得对联邦政府的财产和收入征税。印度的地方政府不能像邦政府那样作为独立的实体获取其自身的资源，需要由邦政府根据《宪法》规定将属于邦政府的税源收入作统一的调配，对地方政府给予补助。因此印度邦政府以下的地方政府的财政收入筹集比较混乱，地方政府为了筹集财政收入，会以各种名义征收苛捐杂税，加重了人民的负担。印度邦政府与地方政府之间的财政关系主要分为四项：税收调拨、税收分享、补助和贷与制，邦政府与地方政府的转移支付主要是从邦统一基金中支付的。①

3. 联邦政府与邦政府财权的划分

印度的财政权主要集中在联邦政府，其财政职能主要有：联邦财产及收益，联邦的公共债务，外债，联邦退休金，联邦账目与邦账目的查账，关税，除农业、矿业税的其他税收，保险和有关联邦职权的各项收费等。②

邦政府的财政职能主要有：残疾与失业人员救济，公共工程，邦退职金，邦的公共债务，国库储备，土地税，房地产税等税收，有关邦职权的各种收费和部分社会保险等。③

联邦政府的财政支出主要有：一般公共劳务支出，国防支出，利息支出，社会福利支出，经济劳务支出，利息支出，教育支出以及对下级政府的补贴等。

邦政府的财政支出主要包括三个方面：一是常项开支，主要是指用于维持地方政府自身活动及其经常性职能的开销；二是杂项开支，是指用于支付经营性、劳务性活动，发展对外联系等的开销；三是固定资产投资。

4. 联邦政府和邦政府税权的划分

联邦政府控制大部分征税权，各邦可以获得联邦政府提供的拨款。根据印度《宪法》，联邦政府负责征收的税收范围主要包括国家的关税、货物税、个人所得税和公司税等高税收税种，而各邦政府虽然承担着沉重的社会和经济负担，其税收征收权却仅限于一些灵活性很小的税种。在这种情况下，各邦在财政上就不可避免的依赖联邦政府财政拨款的援助。因此，联邦政府可以利用财政拨款的权利控制各邦政府，以达到加强政治统治的目的。

（三）印度的预算收支分类

印度采用的预算制度是复式预算制度，其收支分类在联邦政府和邦政府预算中实行了经济性分类法和功能性分类法，而且还设立了专项铁路预算。

---

①②③ 项怀诚、刘长琨：《印度财政制度》，中国财政经济出版社 1999 年版。

1. 经济性分类法

经济性分类法是指按照经济性质对预算进行分类，通过这种分类法编制的预算可以向人们提供关于储蓄、投资、负债、财政投资和消费的大量经济信息。在经济性分类下编制的政府预算包括经常预算和资本预算。经常预算下的收入，主要包括税收收入和非税收收入。政府行政管理支出可以分为行政机构自身的支出和向其他部门的转移支出两类，而行政机构自身的支出又分为两部分：一部分是机构雇员的工资、津贴及其他福利支出；另一部分是购买办公用品及劳务的支出，向联合国及其他国际组织支付的费用。资本预算主要包括总的资本支出，政府和部门性商业企业的有形资产形成，财政资产的各个项目及联邦政府的借债等。值得注意的是，有形资产的形成是以总值而非以净值反映的。

2. 功能性分类法

功能性分类法，顾名思义，是指按照政府活动及提供的劳务的各种功能进行分类，主要可以分为一般劳务、社会劳务、经济劳务及其他四大类，而且功能性分类只包括支出不包括收入。

3. 专项预算

所谓的专项预算又称为铁路预算。在印度，政府对铁路的投资很大，铁路部门是印度最大的公营企业。印度政府为了促进铁路部门的发展，将铁路预算独立于经常预算和资本预算之外的。印度铁路部门的补贴申请会在联邦预算之前单独提交议会，但是其总收入和总支出最终都要汇总到联邦政府的预算报表中。

（四）印度政府预算管理程序

1. 预算的编制

印度财政预算草案的编制机构是联邦政府财政部。各邦的预算由各邦政府负责编制，各邦政府需将预算草案提交邦议会批准。

印度财政年度采取跨历年制，即从当年4月1日至下年3月31日止，是以预算年度终止日所属的年份为该期间的预算年度。每年9月份，内阁开会提出下一年度收入和支出安排的原则要求。由10月份开始，财政部开始预算编制的准备工作，财政部根据内阁的原则要求和本年度预算执行情况以及依据有关经济资料对未来年度的预算收入预测情况向各部提出收入分配限额，确定各部的支出上限，并征求各部意见，由财政部派驻各部的财政顾问具体与财政部协商预算安排。11月份财政部在参考各部意见的基础上进行汇总，若汇总结果超出总规模，则还需与各部进行反复协商，若协商无结果，则提交议会裁定。次年1月形成年度财政预算草案提交内阁讨论。预算草案需送总统批准后再提交议会审议。2月份议会审议和修正预算草案，2月28日经批准后形成法案并向社会公布，并从4月1日起开始执行。

2. 预算的审批与监督

预算草案送交议会后，先由人民院对预算总规模及预算支出的各个项目进行审议，并进行修订,然后将人民院审议通过的草案提交联邦院批准。若联邦院没有批准,则需将草案退回人民院重新审议,若联邦院批准该草案,则预算草案成为财政法案。印度对预算的监督分为议会监督、政府监督和社会监督三个层次。

3. 预算的执行与追加

预算草案一经议会通过,便具有法律效力,未经议会批准,在执行过程中不得调整。总统每年均须向议会报告预算执行情况,报告须有收支平衡表,并按收入和支出科目、经常性支出和资本性支出加以清楚、明确、完整地反映预算执行情况。印度财政部负责联邦预算的执行,各邦政府负责各邦预算的执行。

根据印度法律规定,如果政府有特殊情况而有紧急需要,在任何年度均可以提出追加预算的要求。另外,如果实际支出超过拨款案的规定数额,政府也必须向议会提交关于追加预算支出的报告。追加预算必须经议会批准之后方能执行。

4. 国家决算

印度的国家决算是在一个财政年度结束之后开始进行的,决算报告首先由行政独立的审计长所领导的审计机构审计,并由审计长签字认可之后,才能提交议会审议。决算送到议会后,首先由议会有关委员进行审议,再交由人民院审议通过后提交联邦院批准。

二、印度预算公开的法律依据

(一) 印度《信息权利法》的立法过程

印度预算公开的直接法律依据是《信息权利法》。《信息权利法》的产生始于1990年拉贾斯坦邦的人民组织 MKSS(Mazdoor Kisan Shakti Sangathan)。当时当地的工人和农民为了提高生活和工作环境,通过抗争罢工迫使政府公开关于最低工资的相关文件,并揭露了公共管理机构的腐败行为。自此要求政府公开信息的运动不断发展,范围扩展到拉贾斯坦邦的大部分地区。1996年的一次运动竟然持续了40多天,这就迫使邦政府勉强作出回应。在1998年拉贾斯坦邦政府任命委员会起草信息权利法案,该法案最终在2000年通过。

同时,在拉贾斯坦邦信息权利运动的影响下,人民信息权利全国运动委员会(NCPRI)于1996年在新德里成立。该组织是由社会各阶层的个人组成,同时还包括 MKSS 组织的成员。同年,该组织向联邦政府提交全国信息权利法案草案。在1997年印度联邦政府正式决定成立由里耶先生负责的工作组,该工作组同年提交了信息自由法草案以及详细报告,但因为政局动荡该法案并没有提交到议会,而且后来由于该法案没有达到披露的标准还受到了公众批评。在2000年,印度报业评议会、印度新闻学会、人民信息权利全国运动委员会以及信息权利论坛一起向印度联邦政府提交了关于信息自由法修订意见的草案,之后同年,人民院提出了《信息自由法2000》,由于该法案尚不完整,两年后也就是2002年,印度人民院又提出了《信息自由法2002》,但是与《信息自由法 2000》相比，《信息自由法 2002》并没有实质性的进步。鉴于此，又补充了"成立信息委员会"的条款，并明确了违反该法案将承担的法律后果和经济处罚。在对《信息自由法 2002》进行了必要的修改后，联邦政府于 2005 年 6 月 21 日正式颁布了《信息权利法 2005》，同时《信息自由法 2002》废止。《信息权利法 2005》的正式颁布，是印度行政改革具有标志性的重要举措，对整个印度社会信息化建设及民主化发展都具有里程碑式的意义。

《信息权利法案 2005》的根本目标是确保公民在公共管理机构的控制下的信息获取；提高公共管理机构工作的透明度和可信度。印度这一法案赋予全体公民向中央政府、公共管理机构以及各邦公共管理机构请求信息的权利。

（二）《信息权利法 2005》的主要内容

《信息权利法 2005》的内容共由六个章组成，第一章是预案，说明了法案的适用地区："除查谟和克什米尔地区之外的所有地区"，规定了部分条款自法案批准之日起执行，其余条款于该法案颁布后第 120 天正式实施。第二章是信息权利与公共管理机构的义务，在这章中先明确了所有公民都有信息获取的权利，规定设立公共信息官员和辅助公共信息官，并阐述了他们具体的责任义务。除此之外，还规定了免予公开的信息范围。第三章和第四章分别规定了中央信息委员会和邦信息委员会的人员构成、人员任命、资质条件、任期与薪金；第五章是信息委员会的职能和处罚条例；第六章是其他规定。

三、印度预算公开申请的管理

《信息权利法 2005》规定，所有的公共管理机构应该建立自己的信息资源目录，并在此法案颁布 120 天内公布：官员及从业人员权利、职责及个人信息，与政策形成实施相关的详细信息以及公民获取信息的设施情况。同时各公共管理机构还要通过本地语言和在当地最有效的方式将政府的信息向公众传递。在该法案公布之后的 100 天内，各公共管理机构应设立中央公共信息官或邦公共信息官，负责处理公众的信息请求并为其提供信息。同时各公共管理机构还须在其下属分支或分区指定中央辅助公共信息官或邦辅助公共信息官，负责辅助公共信息官接收信息申请以及向上级官员或各信息委员会传递上诉。

《信息权利法 2005》中还规定成立信息管理委员会，包括中央信息委员会和邦信息委员会。信息委员的职责是保障公众的信息权利，受理上诉，为公众提供信息获取渠道。中央信息委员会由联邦政府设立，总部设在新德里并在其他地区设了分部。邦信息委员会所在地由政府公报公布并在邦内其他地区设立办事处。目前，印度中央信息委员会已经建立，并任命了 1 名首席信息官和 4 名中央信息委员，并明确了各自的职责和任务。各邦信息委员会的设立工作也正有条不紊地进行，也分别任命了邦首席信息官和邦信息委员。在印度总共有 1 位中央首席信息官和 27 位邦首席信息官。

四、印度预算公开申请的处理流程

公众的信息申请可以直接提交给公共信息官,也可以先提交给辅助公共信息官,再由其转交给公共信息官。

如果公众需要某部门提供在该法案许可范围内的信息,须向该部门的公共信息官提交一份信息申请,并支付相应的费用。该公共信息官在接收到该信息申请和费用后,必须在30天内作出回复;如果该信息申请涉及其他政府机构,回复时间允许延长5天;但如果申请的信息涉及个人生命和自由,公共信息官应在48小时之内回复;如果该信息申请确定受理,公共信息官应向信息申请者提供包含信息费用等在内的详细的信息;如果公共信息官没有在规定的时间内受理申请,则将视为拒绝;如果公共信息官没有在规定的时间内提供信息,则获取信息免费;如果信息申请被拒绝,公共信息官须向信息请求者提供其申请被拒绝的原因,请求者如果对该处理不满意可以在30天内向该公共信息官的上级官员提起第一次上诉,若对第一次上诉结果不满意可以向邦或中央信息委员会提起第二次上诉。

五、印度预算公开的例外事项处理

《信息权利法2005》规定免予公开的信息包括:其公开会对国家主权、安全、战略、科技和经济利益以及外交产生不利影响的信息;被任何法院和法庭限制发表或蔑视法庭的信息;其公开将会破坏议会或者邦立法机构基本权利的信息;包含商业机密、交易秘密或知识产权的信息,其公开会损害第三方权益的信息(除非由政府机构提供担保);现有的关于个人信用的信息(除非由政府机构提供担保);从国外政府秘密取得的信息;对个人生命或生理安全造成危害的、用来帮助安全执法的信息;妨碍对犯罪行为进行调查、逮捕或起诉的信息;内阁公文,包括部长级会议的记录以及政府机构及其部长提出或为他们提出的意见和建议等;同任何公共行为和公共利益无关的个人信息,未经中央公共信息官和邦公共信息官或上诉机构同意,一旦泄露将侵犯个人的隐私权。

《信息权利法2005》中还规定,除了《政府机密法令1923》规定的事项和免公开信息外,如果公共利益超过了被保护者的利益,公共机构允许查看信息;对于免公开信息中的部分信息,如果距请求之日20年的事件信息可以公开。同时,该法案还规定了"可分割性"原则,如果申请的信息可以从含有免予公开的信息中分离出可公开的信息,公共机构也应该毫无保留地提供。

《信息权利法2005》规定,如果要公布的信息涉及第三方机构且被其认为包含机密信息,各级公共信息官应在收到请求的5天之内书面通知第三方机构,告知相关事宜并要求其口头或书面说明这些信息是否可以发布。除了法律保护的贸易或商业机密外,如果公共利益高于第三方利益,则信息可以发布。第三方机构应在收到信息通知的10

天之内回复。第三方机构回复后,各级公共信息官应在收到请求的 40 天内确定信息是否发布。

六、印度预算公开的途径

目前,印度已经开通《信息权利法 2005》门户网站(www.rti.gov.in)(见图 7-1),该网站提供了各政府部门、公共信息官(PIO)、信息委员会(SIC)相关信息、信息公告、国内信息公开进展情况以及国外对印度《信息权利法 2005》的看法和相关新闻等,以便公众更加方便地获取政府信息。

具体而言,当一公民想获取某邦政府的相关信息,以马哈拉施特拉邦(Maharashtra)为例,进入其邦政府网站,可以选择英语、印度语或当地官方语言等语言浏览信息。其网站提供的信息有州长和行政部长的个人信息、政府部门、政府预算、政府公告等。链接信息委员会(SIC),提供邦首席信息委员和邦信息委员的个人信息以及年度报告。该网站设计简单直观,有利于任何群体获取政府信息,通过必要的方式维护自身的权利。

图 7-1 印度信息权利网站

资料来源:www.rti.gor.in。

七、印度预算公开的内容

印度的信息公开主要是靠非营利组织(NGO)和媒体推动的。普通公民在最开始未必意识到信息公开法律对于健全民主制度以及保障公民权利方面的重要意义,这需要非营利组织(NGO)去启蒙和推动。印度的媒体在推动信息公开与监督政府腐败方面也起了非常重要的作用，他们可以几乎不受限制地批评政府，声援非营利组织（NGO）的行动。

但政府信息公开渠道并不是十分多元，主要还是去财政部门的网站上获取相关的资料信息。以印度财政部的官方网站为例，它会定期提供一定量的信息供民众查询，公开频率因内容而异，有每年公开一次（政府年度工作报告 Annual Report、Outcome Budget）、每半年公开一次（半年经济运行分析报告 Mid-year Economic Analysis）、每季度公开一次（Quarterly Review）以及公开时间比较机动的其他工作报告。涉及预算信息公开层面的，一是专门的预算报告 Outcome Budget 文件，二是年度工作报告分部门进行经济事项及预算执行情况总结，可看做是决算部分。

（一）预算报告（Outcome Budget）

印度财政部每年3月份会在网站上上传一份 Outcome Budget 文件，算作是正式预算文件的公布。此前，财政部在1月份会提前上传一份与之配套的大纲性的文件 Guidelines for Preparation of Outcome Budget 征求意见，然后再修改形成正式的文件。

预算文件按照部门分为了七大部分，分别是经济事项、金融公共服务、财政支出、财政收入、直接税、间接税、收回投资。每一部分都会对收支情况作具体说明，列明相关的改革措施、采取的政策和项目，并对过去一个财年里各部门的各项表现进行总结，对过去三个财年里各部门的收支情况变化进行总结。具体到各个部门的时候，先列示各部门计划内发生的事项，再将计划发生的预算收支按事项统计到一张表上，形成部门预算总表。表内共有4个数列，分别是前两个年度的预算实际发生额、上一年度的预算估计额，上一年度的修订估计额，本年度的预算估计额。

（二）政府年度报告（Annual Report）

印度财政部网站上披露的年度报告是以预算板块的形式呈现的，所以基本上可以看做是预算报告的执行情况的反馈。与预算报告相对应，年度报告里的这个预算板块基本上也可分为上述的几大部分，共有五章，第一章是经济事项部门，第二章是支出部门，第三章是收入部门，第四章是收回投资部门，第五章是金融公共服务部门。

各章都详细列明了该部门在这一财政年度内发生的经济活动的具体实施运作情况，有些事项附有相关的预算实际发生额。但由于年度报告毕竟还是区别于预算报告，其更倾向于对事项本身的总结描述，所以预算执行情况在年度报告里只是附属的地位，本年度的预算实际发生额在下一年度的预算报告里呈现。这两个报告是相辅相成的。

八、印度预算公开中存在的问题

印度在2009年对信息权利法案进行了两次大规模的评估。一次是普华永道对政府人事培训部门展开的，另一次是民间社会组织联盟——信息权利评估分析团体（RAAG）展开的。这些研究是依据对无数印度官员和公民的调查或访谈，而且双方得到了类似的结论。这些调查显现出印度信息权利法案实施时出现的问题，有如下几点：

（一）公众行使信息权利方面存在的问题

一是公众，特别是边缘人群，缺少对信息权利的认识。在普华永道的调查中显示在一般人群中只有15%的人了解信息权利法案，在奥利萨邦的贫困户中的比例只有4%，另一研究也证实知道并使用该法案的人群更多的是城市中产阶级。在信息权利评估分析团体（RAAG）的研究中显示使用人群中的90%是男性。

二是个人在信息申请时会遇到许多琐碎的困难。首先是信息申请应该在哪里填写。在法案中，要求公共管理机关任命公共信息官来接收信息申请，并公开公共信息官的位置等相关细节以便请求者的信息申请。但是在现实中经常会很难确定谁是公共信息官以及其所在位置，特别是在地方性的政府。2008年亚洲参与研究会（PRIA）对地方政府信息申请者的调查发现公共信息官的细节简单但无法使用。相似的，2009年CHRI的研究发现3/4的地方政府官员没有公布公共信息官的信息。另一个实际应用中的困难是，缺少如何填写信息申请的指导和建议。普华永道的调查显示大部分公民抱怨公共信息官的不友好态度，有一半的公民反映公共信息官在他们起草和填写申请时不提供任何帮助。一些政府强制附加限制条件，例如，要求提供身份证明、限定申请信息的范围以及申请费用只能用银行支票或邮寄而不是现金支付。

三是有时信息申请者会遭遇公职人员的公然敌意，需要支付心理成本。根据普华永道的研究，社会的弱势群体害怕面对政府。在信息权利评估分析团体（RAAG）的研究中，40%的农村受访者表明他们在行使信息权利时面临的最重要的约束是官员的骚扰和威胁。信息请求者特别是弱势群体经常在提交信息申请时或之后受到恐吓、威胁甚至是肢体上的攻击。亚洲参与研究会（PRIA）在2008年的调查发现大量公职人员的威胁和骚扰的案例，这表明申请信息的成本很高。

（二）行政方面存在的困难

一是在一些政府中，公共信息官是由级别低的公职人员担任的，这就给信息的收集和披露带来了困难。二是公共信息官缺少对信息权利法案的培训。普华永道的研究表明只有一半的公共信息官接受过关于信息权利法案的培训，而对地方官员的调查显示的这一比例更低。信息权利评估分析团体（RAAG）对城市和农村信息官的研究表明只有40%的官员培训过。三是一些官员特别是低层级的政府官员，缺少回复信息申请的必要设备，像电脑、复印机甚至是打印机。许多研究将这些行政问题视为缺少高层领导和计划的症状。亚洲参与研究会（PRIA）总结在执行信息权利法案的关键领域，中央政府和邦政府只是在口头上为政府的透明度和可信度服务。

（三）主动披露信息方面存在的问题

除了公民申请政府公开的信息外，信息权利法案还要求公共管理机构收集并定期披露一些必要的信息，以此来消除信息请求者对常用信息的申请。但是，许多公共管理机构却忽略了法案的这一要求。普华永道报告显示邦政府一般不会采取适当的措施来遵守法案的这一条款，就算主动披露了，信息也经常是不完整的或过了时效的。普华永道对公共信息官的调查显示43%的官员完全不知道主动信息披露的要求。

（四）在受理上诉时存在的问题

在信息权利法案中规定上诉机制，以便于公民对公共信息官回复的信息不满意或其他情况进行上诉。但在实际执行此机制时显现出受理上诉的机构和上诉者存在的双重问题。对于第一次上诉，2007年亚洲参与研究会（PRIA）调查显示，上级官员在处理第一次上诉时更倾向于赞同公共信息官。2008年亚洲参与研究会（PRIA）的调查显示，大部分信息申请者表示他们不会追查第一次诉讼，因为他们认为这会浪费时间和资源。第二次上诉理应为第一次上诉提供后盾，但是在实践中存在与信息委员会的组成有关的问题。法案中规定信息委员是由有较高的社会知名度、学识渊博、广泛涉猎法律、科技、社会服务、管理、新闻、大众传播或公共事务管理者等构成，而实际上，28个首席信息官中有23个是退休的政府行政官员。2007年亚洲参与研究会（PRIA）研究发现至少有一半邦信息官是退休的政府行政官员。这种交叉任命破坏了第二次上诉机制的可行性。

中 篇

典型国家预算公开制度比较篇

第八章
各国预算公开的历程及方向比较

美国、英国、德国、澳大利亚、日本、印度等国家经历了不同的预算制度发展道路，走向了预算公开。由于在同一个全球经济框架及社会大背景下，各国历史进程总是有其相似之处，因而其预算公开发展中必有共性；又考虑到不同国家特殊的国情、政治制度等因素，则其预算透明度的发展又带有各国特色。通过比较不同国家预算公开的发展历程、发展方向，从中发现各国共性和个性，可以为中国预算公开找到符合中国国情、带有中国特色的合适道路。

一、各国预算公开发展历程的共性

（一）预算公开的发展路径

纵观各国的预算公开发展进程，我们发现，各国基本都形成了一条相似的发展路径，即首先出现的是民众及政府人员对预算透明度的意识觉醒，进而开始使用法律手段，制定各种法律、法规以确保预算公开的实施，最后，在预算公开制度趋向成熟时，使用现代化手段，如网络手段，来完善预算信息公开。

之所以走出这样一条预算公开发展的道路，是有其政治制度原因的。英国作为老牌资本主义国家，民主意识觉醒很早，而英国所殖民过的国家，如澳大利亚、新西兰及美国这些国家深受英国民主思想的影响，人民较为关注自身在国家中的地位及权利，在各阶层人民的代表，即议会，与统治者的权力争夺中，人民对政府财政收支的控制要求越来越高，提高了对预算公开的要求并促进了预算透明度的发展。在这种背景下，上述各国开始使用法律手段来保证预算公开制度的施行，而这又与其法治基础密不可分。选择法律手段，能够有效地限制各地方的财政权力，避免其违背人民的意愿滥用税收支出权力。而采用现代化手段则是伴随着信息技术和互联网技术的发展而逐步施行的，自此，公众获取信息的手段发生了巨大的变化，极大地促进了政府财政预算信息的公开。

具体到每个国家来分析，美国在混乱的"进步时代"后期，随着社会危机和矛盾的加剧，政府开始意识到预算改革的重要性，通过预算公开制度限制政府滥用权力并限制官员的腐败，是缓和人民与政府矛盾的良好手段。进而，美国颁布了《预算与会计法》、《信息自由法案》以及《政府阳光法案》等法律，并建立了政府预算公开的互联网主页。英国梅杰首相上台后，以《公民宪章》为标志的政府政务公开改革进入实质性阶段，其标志性的预算公开法制化进程为《信息公开法》的实施，并开通了国家财政部网站来披露政府预算信息。德国由于其特殊的军事背景，权力在议会与统治者之间不断转移，1949 年《德意志联邦共和国基本法》的颁布成为了政府信息公开的基本宪法依据，之后，德国又颁布了《联邦预算法》和《信息自由法》，进一步规范了政府预算行为。日本政府为了提高公民对政府的信赖，强调政府信息公开，并颁布了《行政手续法》定义透明度，为强化政府公开信息查阅的路径，中央政府部门构建统一的政府综合电子窗口 E-Gov 和政府统计信息公开窗口 E-Stat。澳大利亚于 1986 年才正式结束了对英国的从属关系，成为独立的国家，因此其预算公开与其他国家相比较晚，澳大利亚于 1982 年制定了《信息自由法》，可看做是澳大利亚对预算信息公开的起点，但该法并没有专门规定财政预算公开的内容，因此于 1998 年又通过了《预算诚信章程法》，[①] 成为深化财政预算信息公开方面的法律。新西兰的预算改革同样由危机推动，20 世纪 70 年代和 80 年代早期，新西兰为保护国内私人部门产业以及限制国内竞争，政府累积了大量的财政赤字，[②] 民众积极要求政府进行预算改革。因此，新西兰 1989 年颁布了《公共财政法案》，开启了预算公开改革的基础，其后又颁布了《财务报告法案》和《财政责任法案》，不断发展其预算公开。印度《信息权利法》的产生始于拉贾斯坦邦的人民组织，当地的工人和农民为了提高生活和工作环境，通过抗争罢工迫使政府公开关于最低工资的相关文件，并揭露了公共管理机构的腐败行为，自此要求政府公开信息的运动不断发展，迫使拉贾斯坦邦政府任命委员会起草信息权利法案，并于 2000 年通过。其后，印度人民院提出了《信息自由法》，并通过不断修改，于 2005 年颁布了对于整个印度社会信息化建设及民主化发展都具有里程碑式的意义的《信息权利法 2005》。目前，印度已开通《信息权利法 2005》的门户网站，提供各政府部门的相关信息。俄罗斯于 2005 年正式引入预算公开，随后，俄罗斯出版了《俄罗斯预算指南—2006》以及《俄罗斯 2004—2007 年公开预算：神话与预算》这两本书，这两本书在俄罗斯引发了巨大的社会反响，引起了社会各界，特别是地方政府的高度关注，在一些地区开始以这两本书为模版，发布本地区预算指南。俄罗斯联邦政府颁布的《预算法典》是俄罗斯境内一切与预算有关的法律、法规制定的基础和应遵循的准则。俄罗斯于 2012 年 1 月 1 日开通了官方网站，可查询到俄罗斯联邦和地方政府活动的相关信息，俄罗斯还在财政部的网站上设立了国家统一的预算体系公开平台——"电子预算"。

综上，美国、英国、德国、日本、澳大利亚等国家的预算公开进程基本上是：预

[①] 董妍、耿磊：《澳大利亚财政预算信息公开制度评述——以 1998 年〈预算诚信章程法〉为中心》，载于《南京大学学报》2010 年第 6 期。

[②] 牛美丽、马骏：《新西兰的预算改革》，载于《武汉大学学报》2007 年 1 月 4 日。

算公开思想——法律法规规范——现代手段公开信息,这一进程符合历史发展的规律,也昭示着未来各国政府预算公开将会随着制度创新与技术创新而不断完善和透明。

(二) 预算制度与预算公开

预算公开作为预算制度的一个组成部分,随着预算制度的不断完善而不断发展。根据著名预算专家克利夫兰(Cleveland,1915)对现代预算的讨论,现代预算可以定义如下:现代预算必须是经法定程序批准的、政府机关在一定时期的财政收支计划。它不仅仅是财政数据的记录、汇集、估算和汇报,而是一个计划。这个计划必须由行政首脑准备与提交;它必须是全面的、有清晰分类的、统一的、准确的、严密的、有时效的、有约束力的;它必须经代议机构批准与授权后方可实施,并公之于众。[①] 从最后一句话我们能看出预算公开的要求是嵌入到预算制度中的,即预算公开的发展不是孤立的,而是伴随着预算制度的不断成熟而发展的,预算制度实施的前期,人们更加关注的是用预算去记录政府部门的收支情况,去控制政府的收支平衡,接下来考虑的是规范政府的支出行为以提高税收资金利用效率,最后人们才逐渐意识到预算监督对于控制政府收支行为的重要性,于是通过公开预算信息的方式,让预算变得"透明",避免政府滥用税收资金且防止腐败和政府欺骗,因此,预算透明度在一定程度上反映了预算制度的成熟程度。

具体到每个国家来看,美国预算公开的实施与预算制度的实施几乎是同步发展起来的。纽约市政研究所于1907年发表了《制定一份市政预算》的报告,于是纽约市在1908年推出了美国历史上第一份现代预算。随后于1921年哈丁总统通过了《预算与会计法案》,它标志着美国完成了从税收国家到预算国家的过程。[②] 而该法的通过,也同时开启了美国预算公开的步伐,使美国预算公开程序化和制度化,规定预算草案在总统递交给国会时要同时在网上全文公开。在此之后,随着预算制度与法律的不断完善,人们对预算公开的要求也越来越高。

英国很早就产生了政府预算制度的萌芽。英国的政府预算制度从13世纪初的萌芽到发展成熟,实际上是英国议会以法律形式逐步剥夺君主财政权力的过程,然而,1867年之后,包括预算控制权在内的政治权力由议会向政府行政部门转移,随着政府权力的扩大,政府对自己的信息愈加保密。直到1997年,布莱尔政府发表了《你的知情权》白皮书,推动了1999年《信息公开法》的公布,自此,预算公开的进程正式踏上了正规,并同预算制度共同发展。

德国预算公开与预算制度的发展基本同步,二者的发展起点都源自德国于1949年颁布《德意志联邦共和国基本法》。该法阐述了公民的言论、信息自由权和请愿权,是德国政府信息公开制度的基本宪法依据。

日本预算公开是按照先建设预算制度,后公开预算信息的方式发展的。日本于战

[①] 王绍光:《从税收国家到预算国家》,马骏、侯一麟、林尚立主编《国家治理与公共预算》,中国财政经济出版社2007年版。

[②] 王绍光、马骏:《走向预算国家——财政转型与国家建设》,载于《公共行政评论》2008年第1期。

败后对国家体制进行了重整,废止了明治宪法体制下的财政制度,并于 1947 年实施了新宪法,据此确立了新的财政制度——立宪财政制度,在此制度下,国家的财政根据预算进行运营,自此日本预算制度正式确立。20 世纪 80 年代初期,日本开始推进行政体制改革,致力于信息公开与提高透明度,开启了信息公开的进程。

澳大利亚的政府预算公开基本是伴随着其政府预算和报告体系的改革而不断发展的。1984 年澳大利亚联邦政府开始着手对其政府预算和报告体系实施改革,并于 1994 年开始在政府会计中引入权责发生制作为计量基础,为了进一步加强提高政府预算绩效,完善政府报告,澳大利亚于 1998 年颁布了《预算诚信章程法》,对政府预算公开进行了详尽地规定,自此,澳正式开启了预算公开的法制化进程。

同澳大利亚相似,新西兰的预算公开也是伴随着其公共预算和财政管理体制的改革而进行的。新西兰于 20 世纪 80 年代末开始进行预算改革,是世界上最早在政府会计和政府预算中引入权责发生制的国家,也是所有 OECD 国家预算改革创新中开展得最为彻底,最具代表性的国家。伴随其政府预算改革,于 1989 年颁布的《公共财政法案》中,规定所有的公共财物声明都要对普通大众公开,以此来提高预算的透明度,自此,新西兰预算改革也推动了预算公开的发展。

综上,我们可以看出各国的预算公开的发展基本都是与预算制度改革同步发展,或在预算制度发展到一定程度时提出了对预算公开的要求。从二者的关系来看,一方面,预算制度的不断发展为预算公开提出了要求,因为提高预算透明度进而提高政府执政效率也是预算制度不断完善的一个方式;另一方面,预算公开的提出只能建立在预算制度的成熟之上,因为一个不完善的预算制度是无法要求其提高预算透明度的,二者相互依存的关系也为各国预算公开与预算制度的发展关系奠定了基础。

(三) 重大事件对预算公开的影响

重大事件,例如政治制度和经济制度的创新,或者一场经济危机,会不可避免地对历史产生影响。在预算公开的发展过程中,20 世纪 80 年代席卷发达国家和发展中国家的"新公共管理"运动以及 1997 年的亚洲金融危机对各国都产生了不小的影响,接下来分别对二者进行阐述。

1. "新公共管理"运动

伴随着 20 世纪 80 年代西方国家进行的新公共管理改革,财政管理制度不断完善,管理方式越来越科学,各国政府对公开财政信息、提高财政透明度表现出极大兴趣。石油危机之后,西方经济不景气,日益增加的社会福利投入越来越大,同时又不能向民众任意增加税收,使西方国家财政不堪重负,这些都迫使西方政府开展"新公共管理运动"。新公共管理运动进行了一系列体制和方法创新,要求运用企业管理方法来管理政府,通过要求政府提供财政支出有关结果和全面成本的报告来提高责任度和透明度。新公共管理运动主要发源于英国、美国、新西兰及澳大利亚等国家,在这个大背景下,许多国家在改进政府财务报告方面进行了许多有益的尝试,很大程度上提高了财政透明度,接下来分别讨论新公共管理运动对各发源国预算公开进程的影响。

英国是"新公共管理"运动的发源地之一。1979年5月,为缓解英国出现的财政危机,撒切尔夫人任命雷纳负责一项旨在提高政府效率的对国家政策和行政职能的全面评估工作,一场持续至今、影响巨大的"新公共管理运动"拉开了序幕。[①] 在新公共管理运动中,英国政府开始在中央政府中引入资源会计与预算（Resources Accounting and Budget，RAB）制度,并逐步采用权责发生制会计基础,同时,将政府财务报表分为部门政府报表和政府整体报表,极大地提高了政府预算信息公开程度和水平。

美国的"新公共管理运动"改革尽管不像英国那样,有明确的起点和目标,但似乎开始得更早。新公共管理运动对美国预算公开的影响主要体现在美国联邦政府、州和地方政府的财务报告改革上。20世纪60~70年代,美国州和地方政府采用的是基金财务报告模式,其难以满足不同信息使用者的需要。随着新公共管理运动对政府会计方法和财务报告的要求不断提高,基金财务报告模式逐渐被综合年度财务报告取代,然而随着新公共管理运动的推进,综合年度财务报告显现了其缺陷,即不能完全反映报告主体真实的财务状况和财务收支情况,州和地方政府又对此进行了新的改革,确立了政府财务报告的双重报告模式,权责发生制的会计基础逐渐被采用以编制政府层面的合并财务报表。新公共管理运动对政府财务报表要求的不断提高,促进了其不断改革,极大地提高了政府的预算透明度。

新西兰、澳大利亚与英国一起,被人们视为新公共管理改革最为迅速、系统、全面和激进的国家。从20世纪80年代初期,新西兰经济开始陷入极大地困境之中,从1986年开始,新西兰开始对政府部门进行全面改革,通过提高政府公共部门的绩效来提高整个国家的经济绩效。1986年《国有企业法》的通过,标志新西兰公共管理模式开始施行,在新公共管理运动中,新西兰改革了其财务报告制度,采用整体财务报告方式,提高了政府对国会的受托责任同时扩大了政府财政状况信息范围,提高了财政透明度,在短短几年时间内迅速扭转了财政和经济颓势。澳大利亚的改革历程与新西兰相似,80年代以来,澳大利亚政府出现连年财政赤字,政府活动的效率和有效性引起了人们的关注和争议,1983年,澳大利亚第一届新工党政府开始了"新公共管理运动"改革,财政预算信息公开是这一改革运动的重要组成部分。在改革的推进中,政府更加强调财政预算信息的公开、透明,以加强财政问责,提高行政效率。新公共管理运动的改革不仅解决了国家财政危机,同时正式开启了澳大利亚政府预算公开的里程。

欧洲大陆各国（包括德国）的行政改革有所不同,但同样为提高预算透明度提供了契机。在德国地方政府的"新公共管理"运动中,一个重要的改革内容就是从技术和规则两个层面上来强化预算透明的实践。在技术层面上,德国地方政府的一个重要转变是就逐步引入了权责发生制会计基础的会计准则；同时扩大了预算信息量,并以此为基础而广泛采纳以结果为导向的预算技术。在规则层面,德国采用了国际公共部门会计标准的要求,将有权获得预算信息的主体明确为：议会和执行机

---

① 刘笑霞：《国外政府财务报告的发展及其启示》,载于《经济问题探索》2008年第10期。

关的成员、统计官员和其他全国性的政府部门、债权人、投资人、供应商、财政分析专家、媒体和公众。① 因此，德国的地方政府的预算透明改革也就带有更强的"新公共管理"运动的改革取向，因为在上述的改革措施中包含有相当分量的顾客取向的政府服务内容。

2. 亚洲金融危机

1997年7月2日，亚洲金融风暴席卷泰国，泰铢贬值。不久，这场风暴扫过了马来西亚、新加坡、日本等地，打破了亚洲经济急速发展的景象。亚洲一些经济大国的经济开始萧条，一些国家的政局也开始混乱。亚洲金融危机主要对日本、澳大利亚的预算公开进程产生了重大影响。亚洲金融危机暴露了上述各国资本市场以及财政制度的缺点，迫使各国为了应对危机以及危机后的萧条更加规范其经济行为，在完善其财政制度的同时客观上加快了各国财政预算公开的改革进程。

（四）内部透明与外部透明

预算内部透明是指预算信息以议会和执行机关的成员、同级官员和其他全国性的政府部门作为信息需求者的透明度，即预算制定部门是否及时地将相关的、全面的、准确的预算信息公布给上述机构。而预算外部透明是指预算信息以政府债权人、投资人、供应商、媒体和公众作为信息需求者的透明度，即预算制定部门是否把预算信息全面向社会公众公开。一个国家的预算内部透明及外部透明的实现一般是有先后顺序的，即先实现内部透明，再实现外部透明。这将在各个国家中体现。

美国的预算内部透明应从1908年纽约市推出美国历史上第一份现代预算开始算起。到1919年，全国已有44个州通过了预算法；到1929年，除阿拉斯加外，所有的州都有了自己的预算法，② 此时，州政府及地方政府基本实现了内部预算公开。同时，联邦政府的预算公开正在艰难地进行，并且由于总统及国会之间的政治和利益博弈，直到1921年沃伦·哈丁总统批准了《预算与会计法案1921》，正式确立了美国预算公开制度，这种公开不仅包括预算信息面向政府机构内部的公开，还要求预算草案在网上全文公开，此时才真正实现了预算信息的外部公开。

英国的预算公开进程与美国有所不同，但也是逐渐从预算内部公开走向外部公开。英国的预算制度建设开始较早，1802年，英国议会要求政府每年提供全面的财政报告，这可以看做是英国议会对于预算信息内部公开的意识觉醒，而内部信息公开的真正实现则伴随着1854年格莱斯顿颁布的《公共税收与统一账户法》。此后政府必须定期向下议院报告财政总收入与总支出，在格莱斯顿的领导下，英国才得以在19世纪70年代左右完成了向预算国家的转型，内部预算公开制度得到良好执行。然而，英国虽然很早就实现了内部预算公开，其迈向外部预算公开的步伐却十分缓慢。英国对于信息保密的传统由来已久，因此直到1999年公布《信息公开法》时，才彻底地将预算信息全

---

① Berit Adam and Christiane Behm, The Use of Budget Reforms to Modernize Governance in German Local Government, Public Money & Management, 26 (4), Sep, 2006: 217–20.

② 王绍光、马骏:《走向"预算国家"》，载于《公共行政评论》2008年第1期。

面详尽地公布给社会公众。

德国是典型的法治国家，任何财政活动都必须依法进行。据此，从德国预算公开的立法进程中，我们可以得出德国逐渐从内部信息公开走向外部信息公开的结论。由于德国经历的特殊战争背景，我们主要从研究第二次世界大战之后的德国预算公开进程。1949年颁布的《德意志联邦共和国基本法》成为德国政府信息公开制度的基本宪法依据。《基本法》规定，预算必须经联邦议院和参议院审查通过，即确立了预算内部公开制度。随着预算内部公开的不断完善，德国也不断推进预算外部公开，2005年表决通过的《信息自由法》成为德国政府信息公开最重要的法律依据，这部法律重点强调了德国公民享有对政府信息普遍知情权的法律保障，此时德国预算外部公开正式得到了法律保障。

澳大利亚由于其预算改革开始较晚，其内部透明和外部透明基本上都是由1998年《预算诚信章程法》确定的，然而这部法律更加侧重于内部透明的发展。2006年4月16日，澳大利亚财政部发布了一篇题为"阳光行动"的研究报告，更加侧重于外部透明度的提高，即研究如何改进预算报告以更好被公众所理解，如其中关于提高预算文件的可读性和实用性、扩大预算报告的范围等规定。

新西兰预算对内部透明度的提高可以从政府权责发生制会计的改革开始算起，其后，《公共财政法案》又提出了提高预算外部透明度的要求，而且间隔较短，这也和新西兰彻底的国家预算改革是分不开的。

日本的预算内部公开和外部公开开始得较晚，基本都是通过法律的颁布来同时实现政府预算信息的内部及外部公开。日本于1947年颁布的《财政法》规定内阁在每个季度都须向国会及国民报告预算使用状况、国库及其他财政状况。

二、各国预算公开历程的个性

英国、美国、德国、日本、澳大利亚等国家由于其不同的经济制度、政治制度及历史发展背景，其预算公开发展进程中必然有其特殊的不同于其他国家的地方，以下就几个典型国家，分析在其特定国情背景下预算公开发展的特色。

（一）美国

美国的预算公开走的是"财政危机和信任危机—地方改革—中央改革"的道路。与德国、英国及其他欧洲国家相比，美国预算制度的建立比较晚，而开始意识到预算透明度的重要性，则源于一场1880～1920年的危机，即美国的"进步时代"。虽然早在美国建国前，殖民地议会就开始对英国皇室任命的总督进行财政监督，即产生了预算监督与预算公开的思想，但与其他国家渐进地由上而下的预算公开改革不同，美国的预算公开可以说主要是由这场危机催生出来的。进步时代美国的财政混乱、腐败猖獗、公众对政府产生了严重的信任危机，这些都促使美国在进步时代后期开始启动预算改革，提高预算透明度。

美国预算公开发展的另一特点是从地方到中央，这和美国是联邦制国家的制度背景是分不开的。联邦制国家赋予美国地方政府很大的独立性，有利于地方政府的创新。在美国发展历史上，许多制度创新都是从地方开始尝试实践，得到良好的效果之后又推向其他地方政府，最后是联邦政府，预算改革也不例外。美国历史上第一份现代预算就是在纽约市最先推出的，其经验很快引起了美国其他城市的兴趣，纷纷向纽约市学习。联邦政府的动作就稍微慢一些，因为联邦的权力主要集中在国会，而国会并不愿意交出自己的预算权力，最后在哈丁总统的努力，1921年美国终于通过了有助于提高预算透明度的《预算与会计法案》，联邦政府至此实现了预算公开。

（二）英国

英国预算公开进程与其他国家的一个重要不同点在于，英国可以说是世界上最早建立现代预算制度的国家，但经历了很长时间才走向预算公开，或者说是预算的外部公开。这些是和英国行政文化中根深蒂固的保密性传统分不开的。另外，从19世纪下半叶开始，议会对预算的控制权就逐渐向政府行政部门转移，随着政府权力的扩大，政府对自己的信息愈加保密。为此英国政府在1911年制定了《官方保密法》，规定任何未经授权披露政府信息的行为均构成犯罪。这项法对英国预算公开发展构成了严重阻碍，这种现象在其他国家是未曾出现的，美、德、澳、新等国家的预算制度的确立与预算公开基本是同步进行的，而只有英国的预算权力在政府而非议会手中，预算公开进展缓慢。直到1978年《官方信息公开法案》的实施，预算信息才逐步公开。于2005年生效的《信息公开法》意味着英国的预算公开制度已经非常成熟。综上可以看出，英国的从预算国家的建立到预算公开制度，经历了漫长的信息保密过程。

另外，与美国从地方到中央的预算改革过程不同的是，英国的预算公开的进展与领导人的政策取向有很大关系。英国的公共管理改革和预算公开在很大程度上受政府执政理念的影响。以撒切尔夫人为首相的保守党政府执政时期，推行的主题是"效率"，改革的基本途径是"市场化"，因此，当时作为信息公开和政务公开初步尝试的管理信息系统和财务管理方案的主题很快从信息公开转向了效率。在1991年梅杰首相上台之后，撒切尔政府的改革被以《公民宪章》为旗帜的新一阶段改革取代，从而使英国中央政府政务公开（包括预算公开）进入新的实质性启动阶段。《公民宪章》以信息公开作为改善政务的突破口，明确规定公共服务信息必须向公众公开。因此，撒切尔政府与梅杰政府政策取向的不同，导致其对英国预算公开过程推动程度不同。

（三）日本

与英国等国由议会发起主导的预算制度改革不同，日本的预算信息公开是伴随着其行政体制改革而进行的。日本作为单一制国家，政府内阁中，财务省在预算编制和预算政策方面的权力很大，因此日本很难像美国一样走自下而上的预算公开改革道路，由各地方政府单独尝试制度创新，因此日本信息公开是作为行政体制改革一揽子计划中的一部分进行的。20世纪80年代初期，日本开始推进行政体制改革，并将"信息公开"、"提高透明度"作为行政改革、提高行政效率的主要内容。接下来，在1998年临时行政改革推进审议会颁的《关于房管公共管制等的答辩》中，以及1990年临时行政改革推进审议会的最终答辩中，都提出了信息透明度对于打破行政改革中既得利益关系格局、促进行政改革具有重大意义。1990年后期，日本进行的财政结构性改革中，开始着力提升预算、财政信息的透明度。近些年，日本内阁官方国家战略室发布的《关于充实预算执行信息公开的指南》和内阁决议案《为提高行政透明度的预算执行》也同样完善了日本预算公开进程。

（四）澳大利亚

澳大利亚的预算发展历程总体来说开始较晚，但发展很快，这主要是因为其受当时国际环境和一些重大事件的影响，加快了走向预算公开的步伐。1986年，英国议会通过"与澳大利亚关系法"，澳获得完全立法权和司法终审权。20世纪80年代以来的政府连年赤字推动其对政府预算和报告体系实施改革。1983年，澳大利亚第一届新工党政府开始了"新公共管理运动"改革，财政预算信息公开是这一改革运动的重要组成部分。1994年，邻国新西兰颁布了旨在转变财政管理方式、增强财政预算透明度的《财政责任法》，客观上推动了澳大利亚《预算诚信章程法》的颁布。1997年爆发的亚洲金融危机，对亚洲近邻且是重要经济伙伴的澳大利亚产生了重大影响，使澳大利亚更加重视规范经济行为，客观上加快了其财政预算公开的改革进程。以上这些历史事件很大程度上推动了澳大利亚预算公开进程的快速发展。

（五）印度

印度预算公开发展历程的一大特点就是人民对于预算公开的发展具有巨大的推动作用。对整个印度社会信息化建设及民主化发展具有里程碑意义的法律《信息权利法》的颁布，就是依靠人民群众的力量。印度通过这种方式是有其必然性的。印度是一个封建传统根深蒂固的国家，下层民众很难意识到自己作为国家公民应该维护其知情权，政府习惯于对信息保密。然而，政府的腐败与寻租行为不断侵蚀着人民群众的利益，人民开始抗争，要求政府公开财政信息，包括关于工资、预算的文件。因此，印度的政治制度和文化传统决定了印度政府需要在人民要求实现其权利的压力下，被迫进行政府信息的公开。

综上，我们可以看出，尽管各个国家在预算公开发展的历程中，有不少相似之处，但其走向预算公开之路还是和其所面临的历史背景、政治制度有密切关系，因此其道路又是不同的，将这些经验运用到中国预算公开时，也应具体考虑中国的特殊国情和与西方国家不同的政治体制，在借鉴别国先进经验的同时发掘中国自身特色，走出一条属于中国的预算公开之路。

第九章
各国预算公开的法律依据比较

综合来看,各国有关预算公开的法律依据主要集中于四个层次:基本法(宪法)、信息自由法(信息公开法)、财政(预算)法、其他法依据。但具体到各个国家,预算公开有相同性也有差异性。本部分我们分析美国、英国、德国、澳大利亚、新西兰、加拿大、日本、俄罗斯、印度等九个国家预算公开的法律依据,为我国预算公开法律建设提出相关政策建议。

一、基本法

(一)美国《宪法》

美国《宪法》首先保证了政府预算信息的公开,美国《宪法》第一条第九款规定:"一切公款收支的报告和账目,应经常公布。"

(二)英国《宪法》

英国不是成文法国家,英国《宪法》是几百年来习惯法的总和,包括1215年的《自由大宪章》、1679年的《人身保护法》、1689年的《权利法案》等。英国《宪法》中"议会至上"的基本原则,赋予了代表普通群众的议会(尤其是下院)对国王和政府的监督,使得政府信息公开成为必然。

(三)德国《基本法》

《德意志联邦共和国基本法》于1949年5月24日生效。在《基本法》第5条第1款①和第17条②中阐述了公民的言论、信息自由权和请愿权,明确了政府义务和公民权

---

① 《基本法》第5条第1款:人人有以语言、文字及图画自由表示及传布其意见之权利,并有自一般公开之来源接受知识而不受阻碍之权利。出版自由及广播与电影之报导自由应保障之。检查制度不得设置。

② 《基本法》第17条:人民有个别或联合他人之书面向该管机关及民意代表机关提出请愿或诉愿之权利。

利，也从根本上构成了德国政府信息公开制度的宪法依据。① 《基本法》第110条②规定，联邦一切收支都应编入预算中，保证了预算公开信息的完整性。此外，《基本法》还规定了审计部门在预算公开中的审计责任，审计院的审计报告也成为预算信息公开的重要内容之一。

（四）澳大利亚《宪法》

澳大利亚联邦《宪法》于1901年1月1日生效，是英国《宪法》和美国《宪法》的混合体。其中，第81条规定，联邦政府的收入应为一总收入款项，这保证了政府预算的完整性和规范性。虽然澳大利亚《宪法》没有对人民的基本权利作专门规定，但强调了个人信仰自由、非歧视等，生活在澳大利亚的每一个人的基本权利和自由是有保障的，无形之中也为政府预算公开奠定了基础。

（五）新西兰《宪法》

1986年新西兰改革了《宪法》，废止了英国议会制定的新西兰1852年宪法法案，加入了有关宪法重大事项的条款，新改革的《宪法》于1987年1月1日生效。《宪法》第22条规定了议会对征税、借债以及财政支出方面的控制权，规范化的预算管理成为预算公开的前提。

（六）加拿大《宪法》

加拿大《宪法》由很多法律组成，包括政治习惯和司法实践惯例，该《宪法》是英国和美国宪法的混合体，它采纳了美国的联邦制和英国的议会民主制。《宪法》中关于权利、自由、平等的论述成为预算公开的重要渊源。

（七）日本《宪法》

日本《宪法》（1945年）规定了国会在处理国家财政事务上拥有最高权限。如第83条规定，国家财政事务处理权限，应在国会决议的基础行使。第84条规定，新课税或变更现行税收时，必须依据法律或法律规定的条款进行；国家费用支出或者国家负担债务，必须依据国会决议。第86条规定，内阁每一会计年度编制预算向国会提交，必须经国会审议并经过决议才能生效。第87条规定，内阁就其支出负责，所有的预备费支出，事后内阁有必要获得国会的同意。特别的，日本《宪法》对预算公开作了直接规定，其第91条规定，应该对内阁、国会和国民，就国家财政状况进行报告。

（八）俄罗斯《联邦宪法》

1993年通过的俄罗斯联邦《宪法》，其中第24条第二款规定："国家权力机关和

---

① 摘自《最新历史版本：德国政府信息公开》。
② 《基本法》第110条：联邦之一切收支应编入预算案，联邦企业及特别财产仅须列其收入或支出，预算案应收支平衡。

地方自治机关及其公职人员必须保证每个人均有可能接触直接涉及其权利和自由的文件与资料，如果法律未另作规定的话。"联邦《宪法》第 29 条第 4 款规定，"每个人都有以合法的方式自由寻找、获取、转达、生产和传播信息的权利"，这从宪法层面较直接地为政府预算公开提供了法律依据，也对公民知情权提供了保障。

（九）印度《宪法》

1949 年 11 月 26 日制宪会议通过，1950 年 1 月 26 日颁布实施的印度《宪法》，并没有直接规定预算公开的相关内容，但阐明了保护公民言论自由等权利，且对预算的列支范围、预算程序等进行了规定。

二、信息自由法

（一）美国《信息自由法案》

美国 1966 年通过和实施了旨在促进联邦政府信息公开化的行政法规《信息自由法案》（Freedom of Information Act，FOIA），这一法案规定了与预算相关的除国防与国家安全有关的九大例外事项外，其余例外事项都要公开，这极大地扩展了可以向公众披露的政府信息的范围，成为当今世界上政府信息公开方面最为完备的法律之一。

1972 年通过的《联邦咨询委员会法》和 1974 年通过的《联邦隐私权法》中更进一步规定会议、文件公开与保密以及与信息有关的公开和保密事宜。1976 年通过的《政府阳光法案》要求政府将政府财政支出预算信息公开以利于新闻、舆论和公众的监督。另外，1996 年出台《电子情报公开法修正案》。最近几年，美国又出台了《联邦资金责任透明法案》、《以公开促进政府效率法》（the OPEN Government Act of 2007）等促进预算公开的法案。在这一系列法案下，美国实现了财政预算的公开以及支出的各个分项和各级次的全部对外公开。

而在联邦政府的引领下，美国州和州以下政府也通过了《阳光政府法案》和《公共记录法案》。[①] 如亚利桑那州的《公共记录法案》（Arizona Public Records Law）规定"亚利桑那州并不存在信息公开的豁免机构。每个政府工作人员（officer）和公共机构（public body）都有保持、维护公共记录的责任和义务"，在亚利桑那没有特定的预算信息是不能公开的。

（二）英国《信息自由法》

英国于 2000 年制定并于 2005 年 1 月 1 日实施的《信息自由法》（Freedom of Information Act 2000，UK FOIA），规范了由官方以及为官方提供服务的私人所持有信息的公开事宜，确立人人（含外国人）皆有获悉官方持有之信息（包括预算信息）的一般性权利。《信息自由法》共有八章 88 条内容和八个附表，适用于一切"官方持有"的

---

① 赵谦：《美国财政预算信息公开的考察和思考（上）》，载于《中国政府采购》2013 年第 4 期。

信息，包括以书面、数字化录音、录像等各种形式纪录的信息。法律规定，信息公开方式区分为主动公开与被动公开，法律中还详细规定"公开的成本过于高昂"及"重复申请"等 20 多项豁免公开事项。

与《信息公开法》相关的另一部法律是《公共部门信息再利用规则》。该规则于 2005 年 7 月 1 日正式生效，共包含 21 个条款，详细规定了与公共部门信息再利用有关的各个方面的内容，包括"公共部门"和"再利用"的定义，其中的"再利用"是指除为履行本职工作需要而制作某项文件的公共部门之外的自然人、法人和其他机构，对该文件进行的非用于制作该文件初始目的的重复使用。规则规定了再利用信息的范围，申请信息再利用的程序，公共部门回复信息再利用申请的程序与时限，公共部门提供再利用信息的方式，信息再利用过程所涉及的非歧视、禁止排他性协议、收费等活动要求，公共部门应公布的信息，以及解决或调解与公共部门信息再利用问题有关的投诉等内容。

（三）德国《信息自由法》

德国《信息自由法》[①] 于 2005 年 6 月 3 日表决通过，2006 年 1 月 1 日起正式生效。《信息自由法》是德国政府信息公开最重要的法律依据，也是德国公民享有对政府信息普遍知情权的法律保障。该项保障信息自由的法案旨在进一步强化公民对政府机构工作的知情权。全法共分 15 章，包含了公民对政府信息普遍知情权定义、不受政府信息公开义务约束的特殊信息内容、公民查阅政府信息的申请及相关手续、申请费用及被拒后可寻求的法律途径、政府信息公开义务及联邦数据保护和信息自由托管部的职权及义务等重要内容。目前该法在联邦层面已经开始施行，但在各联邦州内具体推进的过程不甚理想，迄今为止仅有勃兰登堡州、柏林市、石荷州、北威州、梅前州、汉堡市、不来梅州和萨尔州等 8 个联邦州制定和实施了本州的《信息自由法》。[①] 根据《信息自由法》，德国成立新的联邦数据保护和信息自由托管局（BFDI），该局隶属于德国内政部，是德国联邦层面唯一负责数据保护和政府信息公开的政府机构。BFDI 为便于各联邦部委更好地执行《信息自由法》，制定了《信息自由法使用建议》，规范该法的具体实施细则。

（四）澳大利亚《信息自由法》

1982 年澳大利亚政府制定了《信息自由法》（Freedom of Information Act），该法律规定政府有义务向公众发布政策等信息，每个公民和社团均有获取政府信息的权利。所有联邦政府机关必须执行该部法令，为公众提供获取信息的渠道，同时各州和领地也颁布了适用于州和地方政府机关的信息自由法规，使民众及时了解到财政信息。

---

① 欧盟议会于 1979 年通过的第 854 号（1979）关于"政府信息公开和信息自由权"的建议草案，第一次为其成员国在政府信息公开方面提供了立法原则。在此之后，欧盟分别与 1981 年 11 月 25 日和 2002 年 2 月 21 日两次通过决议，为成员国在信息自由方面的立法形式及内容提供具体指导原则。德国现行的《信息自由法》也主要参照了欧盟三次决议的相关立法原则。

（五）加拿大《信息获得法》

1985年，加拿大国会通过《信息获得法》（Access to information Act 1985），是政府信息公开的基本法律。该法最新一次修订是2013年。

（六）日本《关于行政机关持有信息公开的法律》

日本《关于行政机关持有信息公开的法律》（1999年5月1日法律第42号，2001年4月1日起实行），即所谓的《信息公开法》。该法规定：无论何人（包括非日本国籍在日本居住者及国外人士），都可向财务省申请公开行政文件和信息。申请人按照一定行政程序提出所申请公开的行政信息和文件，在不违反非公开信息规定的前提下，各部门原则上必须提供。财务省应尽力完成各种行政活动的说明责任，努力推进公正、民主的政府行政。财务省除设立申请公开权制度之外，还通过文件阅览窗口制度或电子政府窗口制，向申请人提供更为便捷地阅览行、财政公开信息的平台。

此外，《独立行政法人持有信息公开的法律》（2001年12月5日法律第140号，2002年10月1日实行）规定：任何人（包括非日本国籍在日本居住者及国外人士），都可向独立行政法人等申请公开其所保有的法人文书。除法律规定的"不公开文书"外，对于申请人提出的信息公开申请，独立行政法人等都需提供相应的法人文书。

（七）俄罗斯《信息、信息化和信息保护法》

俄罗斯联邦法律《信息、信息化和信息保护法》（1995年通过）第10条"可以接近的信息资源"第1项规定，除了法律限制接触的信息外，俄罗斯的国家信息资源是公开的和全社会共享的，这就从总体上确立了信息公开的原则。它的第3项还规定了禁止加以限制的信息的清单。

（八）印度《信息权利法》

印度联邦政府于2005年6月21日正式颁布了《信息权利法2005》，其根本目标是为了确保公民在公共管理机构的控制下的信息获取，提高公共管理机构工作的透明度和可信度。印度这一法案赋予全体公民向中央政府、公共管理机构以及各邦公共管理机构请求信息的权利。该法共由六章组成：第一章是预案，说明了法案的适用地区："除查谟和克什米尔地区之外的所有地区"，规定了部分条款自法案批准之日起执行，其余条款于该法案颁布后第120天正式实施。第二章是信息权利与公共管理机构的义务，在这章中先明确了所有公民都有信息获取的权利，规定要设立公共信息官员和辅助公共信息官，并阐述了他们具体的责任义务。除此之外，还规定了免予公开的信息范围。第三章和第四章分别规定了中央信息委员会和邦信息委员会的人员构成、人员任命、资质条件、任期与薪金；第五章是信息委员会的职能和处罚条例；第六章是其他规定。

三、财政（预算）法

（一）美国《预算与会计法案》

1921 年美国沃伦·哈丁总统正式签署《预算与会计法案》，在法律上完成了美国联邦一级的公共预算制度改革，建立了保证预算公开的组织体制。而在 1921 年美国通过《预算与会计法案》之前，美国大部分州都通过了《预算法》，都涉及预算信息公开的相关条款。

（二）英国《财政稳定法》、《预算责任和国家审计署法》

1979 年，以撒切尔夫人为首相的新内阁受到新自由主义思潮①的影响，对政府以及财政预算体制进行了一系列改革，如 19 世纪 80 年代末的政府再造改革、民营化运动的推进，90 年代的财政预算改革。其中，最具影响的便是 1997 年提出的，并于 1998 年通过的《财政稳定法》（Code for Fiscal Stability 1998）。《财政稳定法》的目的是要通过制定相应的财政政策制定和实施的基本原则，以及强化政府进行财政预算报告的责任意识，来提高政府制定和实施财政政策的能力。②

《财政稳定法》是英国预算公开的重要法律依据之一，该法案共 33 条，其中明确提出了透明性作为财政预算管理的首要原则，即制定和实施财政政策的整个过程都要保证公开透明，并且要及时公开政府财政账户。透明性还要求，除豁免公开的信息外，③ 政府应公布足够的信息，以便公众对财政政策的实施和公共财政的状态有清晰的了解。该法规定，每年在编制预算时，财政部应公布《财政说明和预算报告》（Financial Statement and Budget Report，FSBR），说明经济规划和财政安排，并对即将实施的、将会产生重大影响的财政政策工具进行说明，如有必要，还应当对该工具如何影响经济进行预测说明，在编制预算时同时发布《经济和财政战略报告》（Economic and Fiscal Strategy Report，EFSR）。此外，财政部还应发布《经济和财政情况预测》（Economic and Fiscal Projections，EFP）。财政部应将所有公开的报告公示在财政部网站上，并保证所有公开的报告能够买到或能免费查阅。

2011 年议会通过的《预算责任和国家审计署法》（Budget Responsibility and National Audit Act 2011）是预算执行和监督的重要组织性法律。该法规定，国家审计署独立于政府，代表议会对政府公共开支进行审核，监督政府运作，向议会报告工作。国家审计署的报告不仅送交议会，由议会责成有关政府部门或社会团体予以回应，同时也上

---

① 新自由主义思潮的基本观点有如下几方面：第一，崇尚经济自由，反对国家干预。第二，主张私有化，反对公有制。第三，主张全球自由化，反对建立国际经济新秩序。第四，主张福利个人化，反对福利国家。
② 据英国 1998 年《财政稳定法》（Code for Fiscal Stability 1998）Section 1 – 2 翻译整理。
③ 豁免公开的信息包括两类：一类是"实质性伤害"（substantially harm），具体包括：有关国家安全、国防或国际关系的；有关调查、起诉或犯罪预防，以及民事诉讼程序的；涉及隐私权的；有关其他党派与政府进行保密通信的；有关政府从事商业活动能力的。另一类是公开可能妨碍政府进行决策的。

网并向媒体披露。

（三）德国《联邦和州预算基本原则法》和《联邦预算法》

德国于1968年8月同时通过了《联邦和州预算基本原则法》（最近一次修订是2010年5月）和《联邦预算法》，《预算基本原则法》第8条和《联邦预算法》第11条均规定了预算的完整性和统一性等原则，规定预算要讲求公开性原则，即要求可以让各方公开查证，保证各方知情权，让公民参与到预算编制的活动中来。①《预算法》第80条特别规定了"账目公开"，即对于每个预算年度，主管机构均应在已结清账目的基础上公开账目。经与审计署协商一致，联邦财政部可以决定在另一个期间公开账目。

（四）澳大利亚《预算诚信章程法》

1998年澳大利亚政府颁布了《预算诚信章程法》，对整个预算的编制和公开内容都做了详细的规定，该法律规定财政部应定期制定和公布财政预算报告以及预算执行报告，并规定了财政预算报告的内容、编制程序、编制原则、公布时间等，成为了一部专门规定财政预算信息公开的法律，大大深化了政府预算信息公开的力度。1997年颁布的《财政管理和责任法》也是与财政预算信息公开相关的重要法律。

（五）新西兰《公共财政法》

新西兰1989年颁布了《公共财政法》（The Public Finance Act, 1989），强调了政府各部门的预算及报告义务，把公共部门财务管理的重点由投入转向产出和结果，同时在此法中要求所有的公共财物生命都要使用权责发生制，并且对普通大众公开，以此来提高预算的透明度，该法最近一次修订是2013年。1993年新西兰于议会通过了《财政报告法》（Financial Reporting Act, 1993），进一步强化了公共部门对权责发生制会计计量基础的应用，该法最近一次修订是2008年。1994年生效的《财政责任法》（The Fiscal Responsibility Act, 1994），是迄今为止在财政信息公开方面最重要的一部法律，通过细化一系列有关财政管理责任的原则，提高绩效报告的质量来规范财政政策的实施。同时，要求任何与上述原则相偏离的情况都必须要向社会公布。澳大利亚通过的以提高政府预算透明度的《预算诚信章程法》，其中的"合理财政原则"便是在吸收新西兰"财政责任"以及"合理管理"原则的基础上发展而来的。英国制定的《稳定财政规则》也在一定程度上受到了新西兰制定"长期财政目标"方法的影响。

（六）加拿大《联邦政府责任法》

2006年的《联邦政府责任法》（Federal Accountability Act 2006）对1985年《加拿大国会法》（Parliament of Canada Act 1985）进行修正，主要意图在于提高政府支出的

---

① 国际司：《德国财政预算控制与风险防范管理情况介绍》，财政部网站，2013年5月23日。

透明度，使得预算与支出之间的关系更为明晰。该法还详细规定了国会预算官员（Parliamentary Budget Officer）的权限与职能；该机构直接对参议院和众议院负责，对政府的财政预算和支出进行独立审查与评估，必要情形下政府财政信息对其完全公开。

（七）日本《财政法》和《地方财政法》

日本《财政法》于 1947 年通过，后经多次修订使用至今。有关预决算信息的公开，主要依据《财政法》第 46 条规定，即内阁在预算成立后应立即将预算、上年度收支决算及公债、借款、国有资产现存总额及其他财政相关的一般事项，使用印刷、讲演或其他适当方法向国民报告。此外，内阁在每个季度都须向国会及国民报告预算使用状况、国库及其他财政状况。日本《地方财政法》第 30 条关于地方财政状况报告的规定：内阁每年必须全面了解地方财政的状况，并向国会报告。总务大臣在编写地方财政状况报告时，必须听取地方财政审议会①的意见。

（八）俄罗斯《预算法典》

1998 年 7 月 31 日通过（于 2000 年 1 月 1 日正式生效）的俄罗斯联邦《预算法典》是俄罗斯境内一切与预算有关的法律、法规制定的基础和应遵循的准则。俄罗斯《预算法典》第 5 条"俄罗斯联邦预算法律生效"规定，俄罗斯预算法按财政年度通过，自签署之日起生效。预算法应当在其按规定通过、签署后立即公布。俄罗斯《预算法典》第 36 条关于俄罗斯预算体制原则，将"预算公开"作为俄罗斯预算制度的基本原则之一，进行了专门阐述。

四、其他法律依据

（一）美国

为监督由专业委员会主导的咨询性质的预算过程，美国于 1972 年通过了《联邦咨询委员会法》，保证各种形式的专家咨询机构建议的客观性以及公众在专家咨询过程中的知情权。在实现政府财政预算文件公开后，政府财政预算制定过程的公开成为下一步改革的重点，在此背景下，美国于 1976 年通过了《政府阳光法案》。1996 年美国时任总统克林顿签署了《电子信息自由法修正案》，要求采取更多方式公布政府信息。在 1921 年美国通过《预算与会计法案》之前，美国大部分州都通过了《预算法》。同时在联邦政府的引领下，州和州以下政府也通过了《阳光政府法案》和《公共记录法案》。

（二）英国

英国于 1985 年 7 月 16 日通过了《地方政府法》（Local Government Act 1985）。其中第 43 章"信息的获取"，主要对公众获取地方政府的信息作出了相应的规定，包括 6

---

① 总务省下设的非常设机构，由中央政府相关大臣、地方知事、市长代表和专家组成。

个部分和 3 个附表。《地方政府法》明确规定,除涉及或者可能会涉及机密信息的谈判和诉讼外,议会会议内容原则上应对公众开放。

(三) 德国

《联邦州行政管理法》(LVG)是德国联邦议会于 1976 年 4 月 1 日正式表决通过,后经过多达 8 次修订,是德国联邦体制内调整联邦州各级政府及州政府与联邦政府相互关系的重要法律。该法共分 6 章 34 条,其中在第 26 条第 1 款和第 31 条分别对联邦、州各级政府对公民在获取相关行政管理信息及政府职能公开方面进行了规定,该法是德国第一次用联邦法的形式明确政府信息公开义务。

德国《政府采购法》中规定了政府采购在国民经济发展中需达到的三个目标:公开性和透明度目标,促进和利用世界竞争的目标,使私人公司处于平等竞争水平的目标。可见预算执行中采用政府采购方式以实现"公开性和透明度"是德国政府预算公开的重要环节之一。德国《发标法》规定,政府采购合同金额在 20 万欧元(40 万马克)以上的,必须在欧盟范围内招标,登载在欧盟的一本招标杂志上,这本杂志每天都出版,一天登载 300 项左右的招标信息;合同金额在 20 万欧元以下的,在德国国内招标,德国也出版了一份联邦招标报,供登载国内招标信息。[①]

(四) 澳大利亚

1983 年,澳大利亚第一届新工党政府开始了"新公共管理运动"(New Public Management)改革,[②] 财政预算信息公开成为此次改革运动重要组成部分。当时颁布的《档案法》(Archives Act 1983)规定公众通常有权利使用联邦政府的文件档案,澳大利亚政府机关必须遵守澳大利亚国家档案馆的规则,对本机关的档案进行保留或者处置。1997 年澳大利亚颁布的《总审计长法》(Auditor—General Act 1997)规定,对政府机关信息公开进行年度审计,加快了其财政预算公开的进程。

(五) 新西兰

《新西兰官方信息法》(New Zealand's Official Information Act 1982)在促进财政透明方面也起到了重要作用。与预算信息公开有关的法律还包括《地方政府法》(Local Government Act 2002)、《公共审计法》(Public Audit Act 2001)等。

(六) 加拿大

作为一个联邦国家,除了联邦政府财政预算公开的法律,加拿大各省还分别规定

---

① 吕建伟,摘自《联邦德国的政府采购与国库集中支付制度》,http://www.chinaacc.com/new/287%2F291%2F330%2F2006%2F3%2Fli630314322619360023026-0.htm,2006 年 3 月 9 日。

② 新公共管理运动指 20 世纪 70 年代末 80 年代初,西方发达国家为迎接全球化、信息化和知识时代的来临以及摆脱财政困境、提高国际竞争力和行政绩效而实行的行政改革。这场行政改革运动被看做重塑政府再造公共部门的新公共管理运动。参见潘顺恩:《澳大利亚新公共管理运动的概况及启示》,载于《宏观经济研究》,2005 年第 3 期。

了自己的相关法律，如 BC 省的《预算公开与责任法》（Budget Transparency and Accountability Act），Alberta 省的《政府责任法》（Government Accountability Act），以及 Quebec 省的《公共管理法》（Public Administration Act）等。

（七）日本

《地方自治法》赋予居民监督政府的权力。《地方自治法》第 7 条规定，每年度，内阁必须整理记载反映下一年度地方财政收支总额预计额的相关资料，提交国会并向一般大众公开。根据《地方自治法》及其实行令等相关规定，为了使财政能健康运营、相关事务能按计划且有效率地执行，国家出台了《关于预算的编制与执行的规则》。《关于中央政府债权管理等的法律》，2013 年 6 月 28 日内阁决议案《为提高行政透明度的预算执行》该决议案要求，政府各省厅应统一就预算执行等信息公布，使外部查证和积极利用相关信息成为可能。

早在 1982 年山形县县的金山町、1983 年神奈川县和埼玉县县就出台了关于信息公开手续的条例。此后，各地纷纷出台有关信息公开手续的条例。目前，日本 47 个都道府县都制定有《信息公开条例》。大阪府财政运营基本条例（大阪府条例第 136 号，2011 年 12 月 28 日），为了能顺应大阪府社会经济形式变化的需要，确保健全的财政运营，以提高辖区居民的福祉为目的，就确保财政运营规律、保持财政运营的计划性、透明度等基本理念和原则做出了规定。该条例第四章专门就确保财政运营透明度、有关财政风险信息的把握和明确、预算编制过程的公开、财务报表的制作和公开等作了明确规定。在公开财政状况方面，要求知事需在每年 6 月和 12 月公布府的财政概况。

（八）俄罗斯

1999 年 10 月 6 日，俄罗斯联邦政府颁布《关于俄罗斯联邦主体国家权力机构和执行机构组织的总原则》（N 184 - Ф3）。该法令对联邦主体①预算公开提出了具体要求，即俄罗斯联邦主体预算草案、俄罗斯联邦主体预算法、俄罗斯联邦主体预算执行年度报告、俄罗斯联邦主体预算季度执行信息必须正式发布。

2003 年 10 月 6 日，俄罗斯联邦政府颁布《关于俄罗斯地方自治机构组织的总原则》（N 143 - Ф3）。该法令对俄罗斯地方政府的预算公开提出了如下要求：俄罗斯地方预算草案、地方预算决议、地方预算执行年度报告、地方预算执行季度信息，地方自治机构行政管理人员人数、薪酬的实际数量等必须正式公布。

此外，2005 年 7 月 21 日颁布的联邦法律《依据国家和地方需要采购商品、工程、劳务》（N 94 - Ф3），2011 年 7 月 18 日颁布的联邦法律《部分类型法人采购商品、工程、劳务》（N 223 - Ф3），要求公开披露政府部门采购信息；2010 年 6 月 3 日发布第 1101 号俄罗斯联邦政府令《2012 年前提高预算支出绩效规划》，该规划指出，预算公开是提高预算支出绩效的基础和保障，应建立统一的公共财政信息网络"电子预算"，

---

① 即俄罗斯州、自治区、边疆区、自治共和国一级政府。

通过该信息系统人们可以很容易地了解每一个政府机构的财务活动，以及资产和负债情况；2011 年 7 月 20 日发布第 1275 号俄罗斯政府令《建立和发展国家公共财政互联网信息管理系统"电子预算"》，该命令指出，"电子预算"的目标是保障国家和地方政府活动的公开、透明及可问责，应借助于统一的信息空间和高科技信息技术提高国家和地方政府的财务管理质量；2011 年 8 月 4 日俄罗斯财政部发布第 06 - 05 - 17/3 - 2 号法规《关于提高公民对俄罗斯联邦主体预算资金使用情况的意识》，该法令指出，应培养公民的预算参与意识，鼓励公民以各种形式参与到预算决策及预算监督之中；2013 年 3 月 30 日俄罗斯联邦发布第 286 号政府令《关于建立公共服务组织工作质量独立评估体系》，为保障该体系的正常运作，各公共服务组织需要向其及时、完整、准确提供各类公共服务信息，例如，提供服务的价格、服务的收费范围及内容等。

1999 年 10 月 6 日，俄罗斯联邦政府颁布《关于俄罗斯联邦主体国家权力机构和执行机构组织的总原则》（N 184 - ФЗ）。该法令对联邦主体[①]预算公开提出了具体要求，即俄罗斯联邦主体预算草案、俄罗斯联邦主体预算法、俄罗斯联邦主体预算执行年度报告、俄罗斯联邦主体预算季度执行信息必须正式发布。

2003 年 10 月 6 日，俄罗斯联邦政府颁布《关于俄罗斯地方自治机构组织的总原则》（N 143 - ФЗ）。该法令对俄罗斯地方政府的预算公开提出了如下要求：俄罗斯地方预算草案、地方预算决议、地方预算执行年度报告、地方预算执行季度信息，地方自治机构行政管理人员人数、薪酬的实际数量等必须正式公布。

此外，2005 年 7 月 21 日颁布的联邦法律《依据国家和地方需要采购商品、工程、劳务》（N 94 - ФЗ），2011 年 7 月 18 日颁布的联邦法律《部分类型法人采购商品、工程、劳务》（N 223 - ФЗ），要求公开披露政府部门采购信息；2010 年 6 月 3 日发布第 1101 号俄罗斯联邦政府令《2012 年前提高预算支出绩效规划》，该规划指出，预算公开是提高预算支出绩效的基础和保障，应建立统一的公共财政信息网络"电子预算"，通过该信息系统人们可以很容易地了解每一个政府机构的财务活动，以及资产和负债情况；2011 年 7 月 20 日发布第 1275 号俄罗斯政府令《建立和发展国家公共财政互联网信息管理系统"电子预算"》，该命令指出，"电子预算"的目标是保障国家和地方政府活动的公开、透明及可问责，应借助于统一的信息空间和高科技信息技术提高国家和地方政府的财务管理质量；2011 年 8 月 4 日俄罗斯财政部发布第 06 - 05 - 17/3 - 2 号法规《关于提高公民对俄罗斯联邦主体预算资金使用情况的意识》，该法令指出，应培养公民的预算参与意识，鼓励公民以各种形式参与到预算决策及预算监督之中；2013 年 3 月 30 日俄罗斯联邦发布第 286 号政府令《关于建立公共服务组织工作质量独立评估体系》，为保障该体系的正常运作，各公共服务组织需要向其及时、完整、准确提供各类公共服务信息，例如，提供服务的价格、服务的收费范围及内容等。

---

① 即俄罗斯州、自治区、边疆区、自治共和国一级政府。

五、各国预算公开法律依据的规律

我们将以上内容进行汇总，会发现各国预算公开法律建设方面有很多共性的地方（见表9-1）。

表9-1　　　　　　　　各国预算公开法律依据汇总表

国家	宪法或基本法	信息自由法（实施年份）	财政（预算）法（实施年份）	其他法
美国	宪法*	信息自由法案（1966）	预算和会计法（1921）	地方政府预算法促进了《预算和会计法》的颁布，联邦《信息自由法》促进了地方《阳光政府法案》、《公共记录法案》的颁布
英国	宪法	信息自由法（2005）	财政稳定法（1998）、预算责任和国家审计署法（2011）	《地方政府法》
德国	基本法	信息自由法（2006）	联邦和州预算基本原则法（1968）、联邦预算法（1968）	《联邦州行政管理法》、《政府采购法》、《发标法》
澳大利亚	宪法	信息自由法（1982）	预算诚信章程法（1998）、财政管理和责任法（1997）	《档案法》、《总审计长法》
新西兰	宪法	—	公共财政法（1989）、财政报告法（1993）、财政责任法（1994）	《新西兰官方信息法》（1982）、《地方政府法》、《公共审计法》
加拿大	宪法	信息获得法（1985）	联邦政府责任法（2006）	地方政府《预算公开与责任法》、《政府责任法》、《公共管理法》
日本	宪法*	关于行政机关持有信息公开的法律（2001）	财政法（1947）、地方财政法	《地方自治法》、《地方交付税法》，在信息自由法出台前，一些地方就出台了一些信息公开条例，信息自由法颁布后，更多的地方政府开始制定本地区的信息公开条例

续表

国家	宪法或基本法	信息自由法（实施年份）	财政（预算）法（实施年份）	其他法
俄罗斯	宪法*	信息、信息化和信息保护法（1995）	《预算法典》（1998）	《关于俄罗斯联邦主体国家权力机构和执行机构组织的总原则》（1999）、《关于俄罗斯地方自治机构组织的总原则》（2003）、《依据国家和地方需要采购商品、工程、劳务》（2005）、《部分类型法人采购商品、工程、劳务》（2011）、《建立和发展国家公共财政互联网信息管理系统"电子预算"》（2011）、《关于提高公民对俄罗斯联邦主体预算资金使用情况的意识》（2011）、《关于建立公共服务组织工作质量独立评估体系》（2013）
印度	宪法	《信息权利法2005》	印度2002年财政法（未找到具体的文本）	—

注：*表示法律中有直接的预算公开的条款。

表9-1汇总了包括美国、英国、德国、澳大利亚、新西兰、加拿大、日本、俄罗斯、印度在内的九个国家预算公开的法律依据。从表9-1中可看出：

（一）预算公开的法律层次与实施细则比较完备

财政预算信息公开的历程就是相关法律不断健全和完善的过程，其结果就是为预算信息公开提供了坚实的法理基础。其意义是多方面的，一方面使公众拥有了获取预算信息的法律依据，另一方面使政府能够更为有效、公开、清晰的实施财政预算管理。当然，作为法律，也提供了违反预算信息公开的惩罚依据。

（二）宪法或基本法中均能够找到与预算信息公开的相关条款或渊源

如宪法或基本法中均涉及保障人的权利、自由、民主、平等，保障人民监督权，这必然包括人民获得预算公开信息的权利。此外，众多国家的宪法或基本法中还提及议会对国家预算的最终审批权，也为预算信息公开创造了制度基础。这其中，美国、日本的宪法中则明确提出了预算公开的内容，如美国宪法第1条第9款规定："一切公款收支的报告和账目，应经常公布"；日本宪法第91条规定，应该对内阁、国会和国民，就国家财政状况进行报告。俄罗斯宪法第24条第二款规定"国家权力机关和地方自治机关及其公职人员必须保证每个人均有可能接触直接涉及其权利和自由的文件与资料，如果法律未另作规定的话"，这也可以看成是较直接的预算信息公开的条款。

（三）各国预算公开法律依据的大发展始于 20 世纪 80 年代

通过比较，我们会发现，很多与预算公开相关的法律都在此后制定。这在很大程度与这一时期西方"新公共管理运动"相关，或者说，新公共管理运动所倡导的"重塑政府"、"再造公共部门"极大地促进了政府信息公开乃至预算公开。这可能从两个方面得到解释：一是历史地看，预算产生于封建社会末期资本主义初期，社会政治因素和阶级斗争，特别是新兴资产阶级利用封建王室之间的斗争，对预算的产生曾经起到了强有力的推动作用，但随着社会民主的发展，信息公开才慢慢提上日程。二是由于预算信息公开是国家信息公开的重要组成部分，因此规范完善的财政（预算）法是信息公开法出台的前提。各国信息公开法的出台，使得预算公开得到法律上的强化，因而又促进了预算信息公开。

（四）预算信息公开法律的出台与民间组织或民间人士的推动关系密切

如英国在 2005 年《信息自由法》出台前，民间组织或个人曾提交了三个版本的信息公开法案：1978 年英国下院议员 Clement Freud 以个人身份提交了信息公开立法的议案，本议案是由一个名叫"非中心政策小组"（Outer Circle Policy Unit）起草的，1981 年同样是由非中心政策小组起草，英国下院议员 Frank Hooley 提交了另外一部信息公开法草案，1984 年英国下院议员 David Steel 再次提交信息公开法案，本法案是由信息公开运动（以下简称 CFI，Campaign for Freedom of Information）组织起草。这些民间组织提交的法案对信息自由法的出台起到了重要的推动作用。再如美国预算公开法律体系的形成也不是一蹴而就的，而是美国立法机关通过漫长时间的探索，在与政府、公众的不断博弈中总结经验才慢慢形成的。

（五）各国中央政府与地方政府均有相对独立的预算公开法律

无论是联邦制的国家还是单一制的国家，其中央和地方均有各自独立的与预算信息公开相关的法律法规，且联邦制国家和单一制国家在中央和地方预算信息公开法律制定方面均体现了一定程度的互动。美国预算公开比较彻底，联邦政府对地方政府预算公开没有具体规定和要求，有关预算公开的事项由各州自行决定。但在联邦政府预算信息公开法制建设不断完善的同时，各州政府也同时在开展州级政府预算信息公开。该过程既有州级政府变革在先推动联邦政府的改革，也有联邦政府引领州级政府的改革。在 1921 年美国通过《预算与会计法案》之前，美国大部分州都通过了《预算法》。而在联邦政府的引领下，州和州以下政府也通过了《阳光政府法案》和《公共记录法案》。同样是联邦制的国家，德国预算公开法律主要集中在联邦政府层面，联邦政府对州政府在预算公开中所负责任也作了规定。而在日本，地方出台信息公开法律要比中央更早，国家层面的《信息公开法》制定于 1992 年，而早在 1982 年山形县县的金山町、1983 年神奈川县和埼玉县县就出台了关于信息公开手续的条例，可以说，地方出台的信息公开条例促进了国家信息公开法的出台。

（六）转轨制国家俄罗斯自成立以来在预算公开方面迈出了很大的步伐

俄罗斯在 1993 年出台的宪法中就有明确的政府信息公开（包括预算信息）的条文，1998 年通过的《预算法典》明确规定，预算法应当在其按规定通过、签署后立即公布，并将"预算公开"作为俄罗斯预算制度的基本原则之一。在此之后，俄罗斯一直没有停止"预算公开"的步伐，通过频繁地发布联邦法律、政府条例、政府令以及财政部部门法规等形式，对预算公开进行相应的规定，足见其对预算公开的重视。

第十章
各国政府预算公开目标定位的比较

一、各国政府预算公开目标

各国政府通过不同的形式表达了其政府预算公开的目标定位。或许对政府预算公开目标定位的表述不尽相同，但归纳总结其体现的核心思想，总体来说政府预算信息公开的目标涉及：解释公共受托责任、服务财政管理需要、利于加强社会监督与其他特殊目标等方面。

（一）美国

美国联邦政府会计准则遵循委员会（FASAB）发布的第4号概念公告表明了美国政府合并财务报告的目标读者主要为公众及其中介、国会成员、政府行政官员和项目管理者。从其目标读者可知联邦政府财务信息公开的目标定位在于：解释公共受托责任（财政资金是公共资金，政府有责任向社会公众公开，从而有利于加强社会公众对政府的监督），服务财政管理需要，加强社会监督和其他特殊目标。对此，FASAB在1996年公布的 Overview of Federal Accounting Concepts and Standards 有明确的说明，具体见专栏10-1。[①]

专栏10-1

联邦财务报告的目标

1. 预算完整性

联邦财务报告应协助实现政府责任：对于通过征税或其他手段筹措资金，使他们的支出与建立政府某个财政年度预算的拨款法律和相关法律规则保持一致。联邦财务

---

① 艾伦·希克：《联邦预算——政治、政策、过程》第3版，中国财政经济出版社2011年版，第258页。

报告应当提供信息帮助读者确定：预算资源如何被获取并使用，以及他们获取和使用是否有合法授权；预算资源的现状如何；预算资源的使用信息如何同项目运作的支出信息相联系，预算资源现状的信息是否和其他资产和债务的会计信息一致。

2. 运作绩效

联邦财务报告应该用来帮助报告使用者评价报告主体的服务努力、成本和完成情况，这些努力和成果获取资金的方式，以及主体的资产和债务管理。联邦财务报告提供的信息应该能够帮助读者确定：具体活动和项目成本以及这些成本的组成和变化；与联邦项目有关的努力和成果，以及随着时间产生的成本变化；政府管理其资产和债务的效率和效果。

3. 管理工作

联邦财务报告应该有助于报告使用者评估政府运行和投资对国家的影响，以及政府和国家财政条件由此已经、或将要发生的任何变化。

4. 系统和控制

联邦财务报告应当有助于使用者理解财务管理系统、内部会计和行政控制是否足以保证：交易执行遵守了预算和财政法律及其他要求，与授权目标一致并根据联邦会计准则进行记录；资产得到正当保护以防止欺诈、浪费和滥用；绩效评估信息有充足的支持。

类似的，美国州和地方政府的政府会计准则委员会（GASB）1987 年发布的第 1 号概念说明了政府财务报告的目标：（1）阐明和评估政府受托责任；（2）评价政府运营结果；（3）评估政府提供服务的能力。这些目标来源于立法机关、监察机构、投资者和债权人这三类主要信息使用者的信息需要。

（二）德国

德国预算公开目标的设定是以公民享有信息自由的权利为基础的，同时也是政府主动公开信息的结果，因此可以将德国预算公开的目标总结为"公民知情、政府透明"。首先，通过政府预算编制过程的公开、预算审查情况的公开、预算书和决算书的公开，增加了预算的透明度，实现公民享有预算的知情权、参与权。如《基本法》中关于公民的言论、信息自由权和请愿权的说明；《信息自由法》中则详细解释了公民对政府信息普遍知情权、公民查阅政府信息的申请及相关手续、申请费用及被拒后可寻求的法律途径、政府信息公开义务，确保了公民预算信息知情权，使预算信息公开落到实处。其次，通过预算公开，为社会各界了解和研究预算提供详细的资料，能够广泛借助社会力量，发现和分析预算中存在的问题，使预算置于公众的监督之下，更易于赢得公众的好感与信任，从而有利于公共利益的实现。近二十年以来，包括德国在内的市场经济发达国家以及国际组织之所以大力推动预算公开制度，就是因为借助于这一制度平台可以让公众全面了解政府的财政收支状况和施政决策情况，明晰财政风险，监督资金的分配、使用，评价资金的运用效率和政府施政效能，督促政府更好地履行公共受托责任，优化国家公共治理，确保政府真正完全彻底地为人民利益服务。

（三）澳大利亚

1. 解释公共受托责任

预算改革过程中，澳大利亚重视引入市场竞争机制，重新界定政府职能范围，以实现"小政府、高效率"的政策目标，使得在政府部门服务质量不断提高的同时，政府运行成本却明显下降，各级财政状况相应得到改善，这体现了澳大利亚的预算制度在有效地执行或者诠释着公共受托责任。

另一方面，从法律上看，澳大利亚的《预算诚信章程法》分别就立法目的、基本原则以及诸项报告的内容作出了规定。其中第 3 章规定了该法的基本原则——合理财政原则，第 4 条规定：政府的财政政策应当以保持经济持续繁荣以及促进人民福祉为导向，制定可持续发展的中期战略框架。由此可见，作为专门规定财政预算信息公开的法律，其首要目的是要解释公共受托责任，服务于促进人民福祉这一终极目标。

2. 服务财政管理需要

作为澳大利亚一部专门规定财政预算信息公开的法律，对澳大利亚预算公开起重要推动作用的《预算诚信章程法》，对整个预算的编制和公开内容都做了详细的规定。该法律规定财政部应定期制定和公布财政预算报告以及预算执行报告，并规定了财政预算报告的内容、编制程序、编制原则、公布时间等，大大深化了政府预算信息公开的力度。《预算诚信章程法》正式将权责发生制作为预算的会计制度基础。权责发生制的目的在于提高财政预算信息的完整性以及财政预算信息的透明度，其特点在于可以将那些大量游离于政府会计体系之外的负债明显地体现在会计账目之中，披露隐性财政风险，便于对财政形势作出更为完整恰当的估计，制定正确的财政政策，最大限度地避免财政风险。

3. 利于加强社会监督

1996 年澳大利亚加入了国际货币基金组织（IMF）的数据公布特殊标准（Special Data Dissemination Standards，SDDS），这个系统是 IMF 向成员国提供的一套在数据采集和公开方面的指导标准，以使各国在向公众提供全面、及时、准确、可靠和容易获得的数据方面有共同依据。因此，澳大利亚的预算信息公开，有很大程度上可归结为当局政府努力提升财政信息透明度，利于加强社会公众对政府资金行为的监督控制。

（四）新西兰

1. 解释公共受托责任

新西兰是在面临内外困境之时才实施财政透明政策的，其中的功利性不能否认。就其实施的效果而言，新西兰的预算公开制度在提高政府财政决策水平，化解危机，提升政府形象和公信力方面起到了十分重要的作用。这些目标也正是新西兰政府改革的最初目的。财政透明,不仅仅作为一种实现特定财政目标的手段而存在,更是政府实现既定财政目标的手段。

2. 服务财政管理需要

新西兰于1994年颁布了《财政责任法》,这一法律旨在转变财政管理方式、增强财政预算透明度。因此,《财政责任法》所要求的预算公开,目标定位于服务财政管理需要,增强财政预算透明度。进一步地,新西兰财政信息公开规则体系的形成,开端于以提高政府绩效为目标的公共管理运动。因此,新西兰预算公开定位于服务财政管理需要的目标。

3. 利于加强社会监督

将政府对公共财政资金的使用情况置于公众的监督之下,通过这种方式,充分保障公众的知情权,而这种方式的首要前提便是向公众公开预算相关信息。新西兰法律对于会计计量基础、报告内容、格式等都作了详细规定,为保障公众的知情权提供了法律依据,使行政机关的财政信息公开行为尽可能地被规范为便于监督和评估的模式。致力于加强社会监督,由此也就成了新西兰预算公开的目的。

(五) 俄罗斯

对于俄罗斯预算公开的目标,在俄罗斯总统普京2013年的预算咨文中有很明确的表述。普京指出,预算公开是俄罗斯预算政策的优先发展方向之一,保障预算过程向全社会公开、透明,是俄罗斯政府2014~2016年间的主要任务之一。俄罗斯预算公开的目标是:(1) 使每一个公民都能很容易地获取预算信息;(2) 全社会都了解预算政策的主要目标、任务和优先方向;(3) 全社会都了解国家支出及其取得的结果。[①] 并实现俄罗斯预算公开的最终目标——增强全社会对国家制度的信任。

二、各国预算公开目标的相同之处

(一) 预算信息公开制度的形成多源于政治斗争的妥协或财政改革的需要

澳大利亚的预算信息公开制度的形成始于20世纪80年代,当时澳大利亚政府出现连年财政赤字,政府运行成本持续上升引起人们对政府角色、政府活动的效率和有效性的关注与争议,"小政府"成为公众普遍赞同的选择。为加强政府公共支出管理,遏制政府开支迅猛增长的势头,提高政府公共管理的公开性、有效性,提高财政预算的效率、效果和透明度,澳大利亚政府开始进行预算改革。新西兰开始于20世纪80年代末和90年代初的新绩效预算改革,也有着深刻的历史根源。当时的经济困境是改革的根本动因,而其独特的政治结构和政治传统为新绩效预算改革的成功提供了得天独厚

---

① Бюджетные послания Президента РФ Федеральному Собранию 《О бюджетной политике в 2014 – 2016 годах》.

的现实条件。印度的《信息权利法》的产生源于民众对政府及公共管理机构的腐败行为的斥责以及自身为改善生活和工作环境要求公开最低工资文件的抗争。俄罗斯的预算公开得到了较快发展，究其原因主要在于：顶层推动与制度设计并行，预算公开法律制度不断完善，不断拓宽预算公开领域，多渠道发布预算信息，积极吸引公民参与。结果导向中期预算改革是俄罗斯近十年来政治经济改革的重心，而预算公开则是保障绩效预算顺利实施的基础。为此，俄罗斯总统多次在预算咨文中提出要保障预算的公开与透明，在近年来的预算咨文中更是将预算公开作为预算改革的主要任务予以重视和提出。

（二）预算公开目标定位多将预算公开的现实目标与更高目标统一起来

这样既关注了预算公开目标设定的实际可操作性，为现实的预算公开实践指明努力的方向，同时又站在更高的理论高度，把预算公开的目标放在公民社会建设与法治国家建设的广阔视野中来考察确立。

（三）预算公开的目标定位多有解释公共受托责任的目标

市场经济发展相对成熟的国家，预算制度也随之相对成熟，这反映了预算制度，乃至预算公开，受到市场经济体制成熟的影响和约束。市场通过预算的法律权威直接控制了政府的经济命脉，使得政府活动必须符合其利益。近二十年以来，大多数市场经济发达国家以及国际组织之所以大力推动预算公开制度，就是因为借助于这一制度平台可以让公众全面了解政府的财政收支状况和施政决策情况，明晰财政风险，监督资金的分配、使用，评价资金的运用效率和政府施政效能，督促政府更好地履行公共受托责任，优化国家公共治理，确保政府真正完全彻底地为国家最高主权者人民的利益服务。

（四）预算公开的目标定位多有服务财政管理需要的目标

各国政府都拥有一套相对比较完善的预算编制和审批过程，预算公开伴随于其中，与预算编制和审批过程相互配合，形成完整的预算管理体系。从重塑公众政治生活、提高财政预算公信力来看，预算管理的关键在于公开。任何监督都不如公开有效，所以"法治政府"应当是"阳光政府"。因此，各国也是遵循这一思路逐渐完善各自的预算公开体系。由于在财政管理实践中衍生出了预算公开这一目标，才使得预算才能更为完整。可以说，预算的公开可以推动财政管理。从发达市场经济国家的财政实践看，财政预算应囊括所有的财政收支，不能出现财政资金体外循环的现象，更不应该出现预算外之外又有资金。预算外资金的大量存在并长期体外循环表明财政职能还不完整，也表明政府预算就无法公开透明。正是由于成熟市场经济国家的预算公开，他们的预算外资金规模则相对较小，且政府一切支出均纳入预算管理，支出预算按"零基法"和"因素法"编列以及合理的定员定额标准支出体系和科学的政府预算收支分类，这些制度有效地抑制了公共支出部门经费的过度膨胀，确保了预算收支的公开性、合理性和严肃性。

（五）预算公开的目标定位多有利于加强社会监督的目标

各国的成功做法证明，有效的多元化的财政监督体系，能够极大地确保财政透明度的实际效果。美国、加拿大、澳大利亚等，除了拥有独立的内部、外部审计机构外，还充分运用媒体与公众对财政运行情况进行监督。

三、各国预算公开目标的不同之处

（一）预算公开目标定位的侧重点不太相同

在各个国家的预算公开目标定位上，德国的预算公开是以公民享有"信息自由权"为基础的，别的国家可能更注重的是公民对政府的监督权，德国提出的信息自由则从更开阔的角度阐述了预算公开的必要性。印度的预算公开的根本目标是为了确保公民在公共管理机构的控制下的信息获取，提高公共管理机构工作的透明度和可信度。因此，其更为侧重对利于加强社会监督的角度进行制度设定的。2013年2月9日，俄罗斯财政部发布《2018年前提高国家和地方公共财政管理绩效规划》草案，明确提出未来公共财政改革的核心就是向俄罗斯公民提供更多的预算信息，使俄罗斯预算公开指数评分在2020年提高到85分。

（二）预算公开目标定位的形成过程并不相同

美国预算改革起步相对较晚，19世纪90年代到20世纪20年代后期，美国才开始建立现代预算制度，美国首先建立强大的联邦议会和州议会体系，使行政权力受到极大限制。从1789年联邦政府成立之日到1921年之前，预算权一直单独控制在国会手中，此时预算功能更多的体现了解释公共受托责任这一目标。随着行政预算的发展，现代国家预算管理的连贯性以及向选民负责任的工具开始逐渐成熟，预算从立法机构向行政机构的授权，预算公开目标定位也开始逐渐突出服务财政管理需要和利于加强社会监督的目标。

印度《信息权利法》的产生始于1990年拉贾斯坦邦的人民组织MKSS（Mazdoor Kisan Shakti Sangathan）。当时当地的工人和农民为了提高生活和工作环境，通过抗争罢工迫使政府公开关于最低工资的相关文件，并揭露了公共管理机构的腐败行为。自此要求政府公开信息的运动不断发展，范围扩展到拉贾斯坦邦的大部分地区。1996年的一次运动竟然持续了40多天，迫使邦政府勉强作出回应。在1998年拉贾斯坦邦政府任命委员会起草信息权利法案，联邦政府于2005年6月21日正式颁布了《信息权利法2005》。《信息权利法案2005》的根本目标是为了确保公民在公共管理机构的控制下的信息获取，提高公共管理机构工作的透明度和可信度。对于印度来说，最初的预算公开的目标是来源于解释公众的受托责任，即政府对自身公共机构腐败行为以及最低工资文件的披露，其后经过逐渐的演化，目前印度的预算公开范围包括了经常性预算和资本性预算，迎合了服务财政管理的需要。此外，在印度的《信息权利法》的形成过程经历了一次民众与政府的博弈过程，或者说民众的信息需求在法律的形成过程中得到了一定程度的体现。

澳大利亚在经历了执政党与反对党之间的数次激烈政治博弈后，《预算诚信章程法》作为深化财政预算信息公开方面的法律，于1998年获得议会通过。该法律规定财政部应定期制定和公布财政预算报告及预算执行报告，并规定了财政预算报告的内容、编制程序、编制原则、公布时间等。促成《预算诚信章程法》在90年代末问世的原因，除了执政党工党出于争取选民以赢得大选的原因而坚持以外，国际环境也在客观上推动了这一法律的颁布。澳大利亚于1996年加入了国际货币基金组织（IMF）的"数据公布特殊标准"（Special Data Dissemination Standards，SDDS），这个系统是IMF向成员国提供的一套在数据采集和公开方面的指导标准，以使各国在向公众提供全面、及时、准确、可靠和容易获得的数据方面有共同的依据。在此背景下出台的《预算诚信章程法》被评为"一套世界领先的预算公开机制"，因此，澳大利亚在预算公开的改革初期就突出了对社会公众信息需求的满足。与此几近同时的是，1997年爆发的亚洲金融危机，对亚洲近邻且是重要经济伙伴的澳大利亚产生了重大影响，使澳大利亚更加重视规范经济行为，客观上加快了其财政预算公开的改革进程，因此在预算公开的目标定位中，加入了服务财政管理的需求，以利于规范政府财政行为。

俄罗斯的预算公开的历史不算太长。2005年，俄罗斯正式引入预算公开，第一次开始向民众解释，什么是政府预算。2006年，俄罗斯出版《俄罗斯预算指南—2006》，这本书以非常通俗的方式讲述什么是政府预算，政府预算要经历哪些过程，以及政府预算的结果是如何产生的。紧接着，俄罗斯又出版了第二本关于预算普及的书《俄罗斯2004—2007年公开预算：神话与预算》。政府的积极推动，民众的广泛参与，使俄罗斯预算公开得到迅速发展。

第十一章
各国预算公开责任机构的比较

一、各国政府预算公开责任机构

(一) 美国

1. 立法部门

在促进预算信息公开中,立法部门的主要职责是制定预算公开的相关法案,联邦政府制定联邦的《阳光政府法案》和《公共记录法案》,州政府各自制定各自的《阳光政府法案》和《公共记录法案》。在美国,审计部门隶属与立法部门,属于典型的立法型审计。审计机构在预算公开中的职责是负责审查预算信息公开的真实性等,但不负责政府预算公开方面的内容。不过,审计机构需要公开财政审计信息。

2. 行政部门

美国是典型的财政分权国家,联邦、州和地方政府政府的财政都是独立的,"一级政府、一级预算",各级政府负责公开各自的预算。每级政府的预算办公室(BUDGET OFFICE)负责本级政府所有预算信息公开,预算单位不负责预算信息公开,但一些部门的网站也会主动公布本单位的部门预算信息。

3. 司法部门

司法部门的职责是在政府机构违背相关法律时强制要求政府公开预算信息,比如当公民在向行政机构申请预算信息公开受阻时接受公民诉讼并作出裁决。在联邦制国家,美国联邦法院接受要求联邦政府公开预算的诉讼而不接受要求州政府公开预算的诉讼。

(二) 英国

英国信息公开的相关监督管理机构主要有:

1. 信息委员（Information Commissioner）

根据《信息自由法案》，指定"信息委员"首要负责监管该法案的实施，信息委员直接向议会负责，信息委员办公室为具体执行部门，主要职能包括培训和引导公众获取公共部门信息、答复公众疑问，并对公共部门违反该法案的行为有执法权。此外，该办公室还对《数据保护法》、《环境信息条例》和《个人隐私及电子通信条例》的实施进行监管。

2. 信息法庭（Information Tribe）

根据《信息自由法案》，由信息法庭负责处理有关《信息自由法案》的诉讼，该法庭由数据保护法庭（Data Protection Tribunal）改名而来。

3. 公共部门信息办公室（The Office of Public Sector Information）

该办公室隶属文书局，其主要职能包括：负责公共部门的信息政策及标准的制定、公共部门信息汇总和管理、政府部门信息版权管理、指导政府部门执行有关信息法案、指导公众利用公共部门的信息等。

4. 司法部（Ministry of Justice）

其有关职能包括：负责《信息自由法案》和《数据保护法》及相关法律的司法解释和政策制定、向信息委员和信息法庭提供资助、监督中央政府对法案的执行情况、为中央政府执行法案提供指南并协调各部门间的信息共享等。

（三）德国

德国联邦预算执行及预算公开的责任机构以联邦议院、联邦政府财政部、各部委和联邦审计院为主。州及地方预算公开的机构以州议会、财政局、各部门及地方审计院为主。

1. 立法部门——议会

预算权是议会最主要的权力，议会对政府最主要的监督体现在预算审查监督方面。在德国，议会进行的所有关于财政预算的讨论以及最终通过的预算都必须公开，便于公众接触和使用。有些支出可按合适的限制条件进行分类，便于有该信息接触权的人接触。①

联邦议会设有预算委员会，预算委员会在预算工作中居于主要地位，其对于联邦政府提出的年度预算草案的决议是联邦议院全体决定的基础，也是整个国家财政活动的基础。各预算部门和政府要向预算委员会及议会报告预算编制情况，并接受有关质询。预算委员会的成员主要来自执政的社民党、绿党和在野的基民盟、自民党等。预算委员会主席通常由最大的在野党的成员担任，旨在强调预算委员会对于联邦政府预算的监督作用。

---

① 万文翔、李莉等：《德国财政预算对我国的启示》，载于《中国财经报》2012 年 1 月 21 日，http://www.cfen.com.cn/web/meyw/2012-01/21/content_833322.htm。

议会预算委员会又下设审计委员会,主要根据审计院的审计结论,召集财政部、审计院及有关部门进行审核,并将决议草案提交议会审议。[①] 审计委员会更多依赖于联邦审计院的年度审计报告对预算执行情况进行监督。[②] 预算委员会还下设两个小组委员会:账目监督审计委员会(简称审计委员会)和欧盟事务委员会。审计委员会监督联邦政府是否有效率地使用预算资金,对联邦审计院在年度审计报告中指出的上一财政年度各部门和机构执行预算出现的问题进行审查,并作出决议,就如何解决审计报告中指出的问题提出建议,通过预算委员会提交联邦议院大会。此外,审计委员会还对每年由财政部提交的包含上一财政年度预算数和执行数的决算案进行审查,以便证明预算执行的合法性。[③]

2. 财政部门

联邦财政部负责编制联邦预算草案,经联邦政府通过后提交议会审议。议会批准的联邦预算资金由财政部拨付给各部门和机构。财政部门于每年的1月完成上一年度的决算草案编制并提交审计院和议会预算委员会下属的审计委员会。政府在每年的1月份公布编制下一年度预算的方针,此后的预算编制进程、预算编制中的重要情况和重大变化等,都随时报道,予以公开。[④]

联邦财政部设立内部监督专门机构,人员编制16人。每年对财政部内所有内设机构开展内部监督检查,并将内部监督检查报告上报部长。内部监督检查主要利用计算机网络结合预算编制、执行随时进行,也可到内设机构或延伸至资金使用部门开展现场调查核证,发现问题有权停止资金拨付。[⑤] 此外,在各个部执行单项预算的同时,联邦财政部对总计划全权负责。财政部的任务是监督各个部的执行情况。若一部门的执行状况偏离预算时,财政部可以提出限制和冻结该部门资金。同时,联邦财政部有权对预算计划以外的特殊支出作出决定。

《联邦财政预算》和《联邦财政决算报告》作为政府公开发行的出版物,使每个公民都可以了解每笔财政资金的来源与用途、预算执行的情况,只要是财政资金,任何机构的任何支出项目都必须列入预算,并予以公开。德国财政部专门设有情报、新闻处,负责向公众宣传和解释各部门的政策、措施。

3. 各政府部门

德国在政府部门内都设有预审站,负责对本部门预算支出具体账目进行监督检查。预审制度是德国的创举。预审站虽设在部门内部,但其编制和人员的确定都需要联邦审计院的同意,在业务上它只接受联邦审计署的指令。从这个角度说,预审站并不是部门内部监督,而是外部监督。自20世纪80年代以来,联邦审计院开始组织预审站负责部门预审。目前,预审站已成为德国联邦审计署行使财政监督的重要伙伴。

---

①⑤ 财政部国际司:《德国财政预算控制与风险防范管理情况介绍》,2013.5, http://gjs.mof.gov.cn/pindaoliebiao/cjgj/201305/t20130523_884087.html,2013年5月23日。

②③ 王晓萍:《关于德国政府预算执行的管理情况》,载于《吉林人大》2010年第12期,第20页。

④ 刘晓凤:《德国部门预算管理经验对我国的借鉴》,载于《安徽教育学院学报》2007年第5期,第41~45页。

联邦的各个部和联邦级的管理机构是联邦预算的具体执行者,在预算执行的过程中,每个具体执行者,有义务随时提供他们的开支状况。①

4. 联邦统计局

德国政府为财政工作建立了一套自动的记账系统,即联邦预算、结算和记账自动系统(以下简称"HKR 自动系统")。在预算的执行过程中,所有收入和支出都按照一定的处理程序进入了 HKR 自动系统。联邦统计局每个季度根据 HKR 提供的数据,公布实际发生的财政收支数据。联邦统计局的刊物《财政和税收统计》作为公开的出版物,使每个公民都可以了解预算执行的情况。年终 HKR 自动系统根据系统所储存的数据,提出年终决算报告,作为财政部的年终决算数据,同时根据审计的要求提交联邦审计院。

5. 联邦审计院及各州审计院

联邦审计院是宪法规定的独立的审计机构,既不隶属于议会也不隶属于联邦政府,其成员拥有司法中立地位,对联邦预算的执行进行独立审计。德国联邦和各州均设有相应的审计院,联邦和各州宪法及相关的单行规定确定了审计院的任务,各级审计院没有上下级的隶属关系,各自在法律规定的框架内工作。审计工作只服从于法律,审计决定的原则等同于法庭的合议制,从而保证了联邦和各州审计机构的合理性和效率。联邦审计院独立于联邦政府,独立决定审计的时间、地点和内容,审计院的官员不能被解雇。②

联邦议院预算委员会下属审计委员会与联邦审计院共同对预算执行进行审计监督。审计委员会更多依赖于联邦审计院的年度审计报告对预算执行情况进行监督。审计院的职能,主要有三个方面,首先是对政府预算的审查职能,主要审查预算编制的合规性和合法性、预算执行的合法合规性和经济效益性,这是最核心的职能;其次是咨询职能,即为议会提供服务,从专业的角度提出建议,为议会立法发挥咨询功能;最后是参与职能,为议会、政府制定法律法规提供相关信息。

(四)澳大利亚

澳大利亚政府一直重视政府预算信息编制及信息公开。根据《预算诚信章程法》澳大利亚政府每年 10 月开始就要准备预算的编制,直至次年 5 月,经过议会批准,政府在财政部的官方网站上公布政府预算报告,供民众查阅监督。澳大利亚政府力求做到 OECD 提出的透明、及时、真实、可靠,将其年度报告、中期报告以及选举前经济和财政的展望报告都发布于财政部官方网站上。在选举前经济和财政展望报告中,不仅要公布财政政策和预算收支预测,同时,财政部和国库部部长要发表联合声明,声明对他们之前做的预算信息做过详细的核实和审查。另外,《预算诚信章程法》第 13

---

① 财政部财政制度国际比较课题组:《德国财政制度》,中国财政经济出版社 1999 年版。
② 财政部预算司:《德国财政预算制度及政府间财政关系》,http://www.mof.gov.cn/pub/yusuansi/zhengwuxinxi/guojijiejian/200810/t20081020_82834.html,2008 年 10 月 20 日。

条专门为预算报告建立了辅助机制，规定联邦政府各部门有义务帮助财政部发布年度报告，财政部也有权要求联邦政府各部门提供完成报告所需要的信息。相关部门应当及时向财政部提供信息。

无论是新西兰还是澳大利亚，财政预算信息公开的核心是行政机关，同时，行政机关也是主要的监督对象，负责制定和执行财政政策，掌握最详细的财政信息。由行政机关履行公开职责，也是财政信息公开制度设计的应有之义。当确定执行权的归属之后，规则的制定权和监督权就应由其他主体行使，一则可以避免行政机关在规则制定过程中，过多考虑自身利益，以致逃避应有责任；二则可为监督权的行使提供恰当的依据。①

澳大利亚预算监督非常严格，国库部、财政部以及支出审查委员会是参与财政预算信息公开的主要行政机关。国库部主要负责宏观经济政策的制定和税收征管，编制政府收入预算，并将其所编制的收入预算连同支出审查委员通过的支出预算一并报内阁审查。财政部在初步审定各部门支出预算的基础上，汇编政府支出预算，有关事务由专设的预算司承担。支出审查委员会由总理、财政部长、国库部长、国库部部长助理、基础工业和能源部长、卫生与老年关怀部长组成，负责审核部门预算及财政部门所编制的政府支出预算，是政府的预算审批机关。

从过程上讲，预算监督包括事前（严格的预算编制和批准程序）、事中（零余额账户体系和审计署的预算执行审计）和事后监督（包括决算报告制度和审计署的决算审计）。② 从监督主体讲，负责预算执行及监督的主要有议会、国库部、财政与行政管理部、审计署等。在议会监督方面，除了正常的预算法案批准、财政税务政策批准等外，主要是反对党监督。澳大利亚是多党制国家，反对党总是想抓住执政党的"把柄"，因此对政府执行预算"盯"得很紧，而执政党为了不被抓住把柄，也对预算执行"盯"得很紧。在国库监督方面，主要是对税收的征收监管。国库部下设的税务局，有 2 000 多名稽查人员，充分发挥计算机在税务征管中的作用，对纳税人有针对性地进行检查。在财政与行政管理监督方面，除在预算编制时对各部门支出进行测算、严格审核预算指标外，在预算执行中通过国库单一账户系统，与各部门零余账户连接，对每天的支出进行分析和整理，随时监控预算执行情况。各部门每年 10 月上报上一预算年度财务执行报告，财政与行政管理部审核后在第二年 3 月上报议会审议，同时作为制定下一个预算年度预算的依据。澳大利亚的审计署隶属于议会，不受行政干预，负责对所有政府部门进行审计，一般每年对每个部门的预算执行情况进行一次审计，包括"合法性"审计（主要看是否有违反国家法规和会计机制的情况）和"绩效性"审计（主要看资金使用效益、财务内部控制制度等）。审计署自身的预算执行情况则由议会聘请独立会计师进行审计监督。

---

① 董妍：《新西兰财政信息公开制度的国际影响及其启示》，载于《黑龙江政法管理干部学院学报》2012 年第 6 期，第 134~137 页。

② 2007 年财政管理与财政监督培训团：《澳大利亚财政管理与财政监督的基本情况及其启示》，载于《财政监督》2008 年第 6 期，第 66~68 页。

（五）日本

1. 立法部门

根据日本《宪法》（第 60 条）规定：预算案首先应向众议院提出。众议院在预算审议方面具有优先权。如果参议院与众议院决议出现分歧，经两院协议后仍无法达成一致意见，或者众议院表决预算后参议院 30 天内仍不决议的（除国会休会期间），众议院决议可被认为是国会决议（《宪法》第 60 条）。也就是说，众议院决议的预算，即便参议院没有审议，30 日后将自动生效。如果预算在 3 月初经众议院通过，就无须制定暂定预算。因此，无论是政府还是在野党都很重视预算在众议院的通过。

2. 行政部门——地方政府的责任

按照《地方自治法》的规定，日本的地方公共团体（地方政府）拥有高度自治权，中央政府除对地方政府有一定的监督权之外，原则上不得干预地方行政事务。地方公共团体通过制定行政信息公开条例等政令形式，以推进地方行政的信息公开、透明。

在信息公开制度的制定和实施方面，日本各地存在较大差异，一些地方政府表现出较大的主动性。早在国家《信息公开法》出台前的 20 世纪 80 年代，如山形县金山町于 1982 年、神奈川县和琦玉县于 1983 年就出台了关于信息公开的实施条例。实际上，在中央政府行政机关信息公开法制定前，许多地方政府都制定了相关信息公开的条例。地方政府信息公开在制度上与中央政府最大的不同是：地方以政令、条例的形式对信息公开加以制度化规定，而中央政府则是通过法律的形式对国家行政机关进行规定。如今，日本所有的都道府县都制定了信息公开条例，也制定了执行机关（知事部局）、公安委员会、警察本部长、议会等的信息公开程序。另外，几乎全部的市町村、特别区、广域连合、部分事务组合都制定了信息公开条例和规定，以及执行机关和议会信息公开的手续。中央政府信息公开法制定并实施以后，各地方政府信息公开条例的内容几乎与《信息公开法》相同，但也有个别地方政府，如逗子市制定了独自条例，设立了信息公开审查委员会制度。

3. 行政部门——主管部门的责任

在日本，内阁总务省作为中央政府主管地方政府与中央政府事务协调的职能部门，同时还对中央政府信息公开法实施负有行政监督权。总务省每年都会对行政机关及独立行政法人执行信息公开法的情况进行相应调查，调查项目主要为申请信息公开的次数、公开或不公开件数、不公开的理由、申请处理天数、不服行政申诉及诉讼等，调查结果公布在总务省官方网站。

4. 行政部门——预算单位的责任

根据 2013 年 6 月 28 日的日本内阁决议案《为提高行政透明度的预算执行》要求：政府各省厅应统一就预算执行等信息公布。为此，内阁官房行政改革推进本部事务局向各省厅发布了《关于预算执行等信息分布的指南》，就财务省及各省厅在预算信息公开方面作出了详细要求。涉及预算概要、公共事业相关事项、有关补助金等事项、委托调查费事项、其他项目相关事项（包括部门经费及职员差旅费、出租车费等）、公布方法、好的做法的共有等内容。自此，预算单位在此框架下就预算公开进行了规范和统一。

5. 审计及其他部门和机构组织

在日本，除了财务省及地方政府财政部门内部的自我监督外，还存在会计检查院、议会的预算特别委员会、财政监督委员会等外部监督机构。除了财政收支外，国库债务负担也是预算审议的内容。

（六）俄罗斯

在俄罗斯对预算公开负有责任的部门有：俄罗斯联邦会议国家杜马、俄罗斯联邦会议联邦委员会、俄罗斯联邦政府、负责编制和执行联邦预算的机关（俄罗斯联邦财政部）、通过国库执行联邦预算的机构（联邦国库局）、组织预算收入的机构（俄罗斯联邦税务总局）、俄罗斯银行、俄罗斯联邦审计院、国家预算外基金委员会等，这些机构都要将本机构负责的预算信息向全社会及时发布。

1. 立法（代表）机关

俄罗斯立法（代表）机关（包括国家杜马和联邦委员会）、地方自治代表机构的主要预算职责包括：审查和批准预算及决算，对预算执行实施监督，形成并确定相应级次预算执行监督机关的法律地位，依据《预算法典》及联邦、联邦主体预算法规和地方法规行使其他职权。

2. 行政机关

在俄罗斯，各级行政机关在预算公开方面负有重要职责：准备预算，编制预算草案；执行预算；管理国家和地方债务；对预算执行进行部门监督；提交决算报告；履行《预算法典》及联邦、联邦主体其他预算法规、地方自治代表机构法规确定的其他权限。

俄罗斯《预算法典》规定，在政府预算草案编制之前，相关部门应首先对俄罗斯联邦、联邦主体、地方政府以及各经济部门的社会经济发展情况进行预测，并编制出相应的综合财力平衡表，为执行权力机关编制预算草案提供依据。《预算法典》第172条规定，编制预算草案是联邦政府、相应的联邦主体执行权力机关以及地方自治机关的专属特权，由俄罗斯联邦财政部、各联邦主体及地方政府的财政机关负责各级预算草案的编制。

在俄罗斯，负责联邦预算、国家预算外基金预算、地区预算外基金预算、联邦主体预算和地方预算执行的是联邦政府、联邦主体最高行政机关和地方行政机关，由相应级别的财政部门依据汇总的预算清单和现金计划，组织预算的具体实施。俄罗斯各级预算都要根据集中收付制原则执行预算。俄罗斯预算执行中的现金服务由联邦国库统一负责。根据与联邦主体政府和地方政府的协议，为依靠联邦主体自有收入预算提供财务保障的预算执行权限，可以由联邦国库转移给联邦主体政府。

每一财政年度末，由俄罗斯财政部长发布财政年度结束并准备整个联邦决算报告和各预算外基金决算报告的指令。根据财政部长的指令，所有用款单位要准备好年度收支报表。俄罗斯财政部或其他授权机关会同联邦国有财产部一起，提交利用联邦预算资金投入法人注册资本（资本金）以及这些投入所获得收入的综合报告。国家采购人要准备好关于使用联邦预算资金进行国家采购情况的综合报告，联邦国库企业要准备好年度会计报表并送交预算资金总支配人。

每年不迟于 6 月 1 日，联邦政府以联邦法律形式向国家杜马和联邦审计署提交上一财政年度联邦决算报告。与联邦决算报告同时提交国家杜马的还包括联邦专项预算基金决算报告。联邦决算报告应当按照报告年度联邦预算法批准时采用的预算分类编制。

3. 联邦国库

在俄罗斯联邦，规定通过国库执行预算。俄罗斯联邦国库对下列事项负责：（1）正确地执行联邦预算，管理账户和预算资金，安排与提供预算借款、预算投资和国家担保有关的支出拨款，将预算资金全额拨付给用款单位；（2）及时将预算资金拨付给用款单位，及时将预算资金计入用款单位账户，及时提供报表及其他与预算执行有关的材料，及时将预算拨款通知书和预算付款额度通知书送达用款单位；（3）不对未纳入预算季度收支任务书的支出项目拨款，不对超过批准的预算付款额度拨款；（4）监督总支配人、支配人、用款单位及信贷机构遵守预算法律，执行联邦审计院的指示以及司法机关有关赔偿财政机关给用款单位造成的损失的决定书。

4. 审计署

俄罗斯联邦审计署对报告年度的政府决算报告进行外部审计，并利用材料和检查结果对联邦政府向国家杜马提交报告之后四五个月内，就联邦预算执行情况的报告作出结论。

表 11–1　　　　　　　　政府预算公开的责任机构比较

国家	预算公开的相关责任机构	职　责
美国	立法部门	制定预算公开的相关法案
	行政部门——各级政府的预算办公室	负责本级政府所有预算信息公开
	司法部门——审计部门	负责审查预算信息公开的真实性等，公开财政审计信息

续表

国家	预算公开的相关责任机构	职责
英国	信息公开监督管理机构——信息委员	负责监管《信息自由法案》的实施；培训和引导公众获取公共部门信息、答复公众疑问，并对公共部门违反该法案的行为有执法权
	信息公开监督管理机构——信息法庭	负责处理有关《信息自由法案》的诉讼
	信息公开监督管理机构——公共部门信息办公室	负责公共部门的信息政策及标准的制订、公共部门信息汇总和管理、政府部门信息版权管理、指导政府部门执行有关信息法案、指导公众利用公共部门的信息等
	信息公开监督管理机构——司法部	负责《信息自由法案》及相关法律的司法解释和政策制定、向信息委员和信息法庭提供资助、监督中央政府对法案的执行情况、为中央政府执行法案提供指南并协调各部门间的信息共享等
德国	立法部门——议会	负责预算审查监督；联邦议会下设预算委员会和审计委员会，分别对预算编制和预算执行情况进行监督
	财政部门	联邦财政部负责编制联邦预算草案，给各部门和机构拨付经议会批准的预算资金；对各部门的预算执行情况进行内部监督；公开政府预算信息；专设情报、新闻处，向公众宣传和解释各部门的政策措施
	各政府部门	各政府部门内都设有预审站，负责对本部门预算支出具体账目进行监督检查
	联邦统计局	出版《财政和税收统计》，公开预算执行情况；提出年终决算报告，作为财政部的年终决算数据
	联邦审计院及各州审计院	对联邦预算的执行进行独立审计
澳大利亚/新西兰	行政机关——国库部	负责宏观经济政策的制定和税收征管，并负责编制政府收入预算，履行财政信息公开职责
	行政机关——财政部	在初步审定各部门支出预算的基础上，汇编政府支出预算；公开相关的政府预算信息
	行政机关——支出审查委员会	负责审核部门预算及财政部门所编制的政府支出预算，是政府内部最高的预算审批机构
	议会	预算法案、财政税务政策批准；预算监督
	审计署	隶属于议会，不受行政干预，负责对所有政府部门的预算执行情况进行审计监督；审计署自身的预算执行情况则由议会聘请独立会计师进行审计监督

续表

国家	预算公开的相关责任机构	职责
日本	立法部门	众议院与参议院审议预算
	行政部门——地方政府	制定地方信息公开制度和条例
	行政部门——主管部门	对行政机关及独立行政法人执行信息公开法的情况进行相应的行政监督和调查
	行政部门——预算单位	在《关于预算执行等信息分布的指南》的框架下,发布和公开预算信息
	审计及其他部门和机构组织	除了财务省及地方政府财政部门内部的自我监督外,会计检查院、议会的预算特别委员会、财政监督委员会为外部监督机构
俄罗斯	立法机关——国家杜马和联邦委员会	审查和批准预算及决算,对预算执行实施监督,形成并确定相应级次预算执行监督机关的法律地位
	行政机关——联邦财政部	准备预算,编制预算草案;执行预算;管理国家和地方债务;对预算执行进行部门监督;提交决算报告
	联邦国库	执行联邦预算
	审计署	对年度政府决算报告进行外部审计,并利用材料和检查结果对联邦政府向国家杜马提交报告之后四五个月内,就联邦预算执行情况的报告作出结论

资料来源：作者根据相关资料归纳整理。

二、各国预算公开责任机构的相同之处

（一）行政、立法、审计等相关机构在预算公开中互有分工，形成权力的制衡机制

在信息公开方面，各国由行政部门公开各自的预算。其中，美国由每级政府的预算办公室负责本级政府所有预算信息公开；德国的财政部专门设有情报、新闻处，负责信息公开，德国的联邦统计局也会每个季度公布实际发生的财政收支数据；日本从中央到地方都制定了信息公开条例，各部门也都设计了各自的信息公开程序。

在预算审计监督方面，澳大利亚的审计署一般每年对每个部门的预算执行情况进行一次审计，包括"合法性"审计（主要看是否有违反国家法规和会计机制的情况）和"绩效性"审计（主要看资金使用效益、财务内部控制制度等）。德国联邦审计院的最核心的职能是对政府预算的审查职能，主要审查预算编制的合规性和合法性、预算执行的合法合规性和经济效益性。

财政信息公开制度的构建应当以执行权为核心。行政机关制定和执行财政政策，掌握最详细的财政信息，因而财政信息公开的执行权应当由行政机关来行使。同时，

行政机关是财政信息公开制度中的主要监督对象，由行政机关履行公开职责，也是财政信息公开制度设计的应有之义。当确定执行权的归属之后，规则的制定权和监督权就应由其他主体行使，一则可以避免行政机关在规则制定过程中过多考虑自身利益，逃避应有责任；二则可为监督权的行使提供恰当的依据。当然，由于财政工作的特殊性，应当允许政府在实施财政信息公开规则时在一定范围内有所变通，但必须严格履行说明理由的义务。澳大利亚、英国、美国也都采用了这种权力配置模式。

（二）立法机关确定信息公开的内容、技术指标和计量基础，行政机关专责执行与实施

新西兰正是采取了这样的权力配置模式。财政信息公开制度的规则制定权掌握在国会手中，执行权由行政机关来行使，监督权由审计机关、议会和公众共同行使。这种权力配置模式能使财政信息公开制度的效能得到很好的发挥。

三、各国预算公开责任机构的不同之处

（一）各国财政部门都有大致相同的组织机构，但是也有较大的差别

就预算机构来说，绝大部分设置在财政部之内，但是个别国家将它设置在财政部之外。比较典型的例子是美国，美国 1913 年起，从财政部中将预算的权限划分出来，归入总统直接办事机构，称为预算局，一直是总统编制和审核预算的助手。后来又增加了一些行政管理的职能，把预算与行政管理结合起来，1970 年改组成为行政管理和预算办公室。该办公室与白宫办公室、国家安全委员会等总统直接办事机构同级，财政有关预算的职责和权力归入到这个办公室来实施。

澳大利亚分设国库部和财政部，分别负责编制政府的收入预算和支出预算。国库部主要负责宏观经济政策的制定和税收征管，编制政府收入预算，并将其所编制的收入预算连同支出审查委员通过的支出预算一并报内阁审查。财政部在初步审定各部门支出预算的基础上，汇编政府支出预算，有关事务由专设的预算司承担。

（二）预算审计监督机构略有差异

大多数国家的审计部门隶属于议会，不受行政干预，负责对所有政府部门的预算执行情况进行审计，如澳大利亚和新西兰等。但德国联邦审计院是宪法规定的独立的审计机构，既不隶属于议会也不隶属于联邦政府，其成员拥有司法中立地位，对联邦预算的执行进行独立审计。

此外，在预算审计方面，德国创立了预审制度，德国在政府部门内都设有预审站，负责对本部门预算支出具体账目进行监督检查，预审站虽设在部门内部，但其编制和人员的确定都需要联邦审计院的同意，在业务上它只接受联邦审计署的指令，从这个角度说，预审站并不是部门内部监督，而是外部监督。

第十二章
各国预算公开内容范围的比较

美国、英国、德国、澳大利亚、新西兰、日本这些国家公开的预算信息都基本地包含了政府的预算报告和财务报告,有的甚至更广。具体地,我们将从预算报告体系的构成、部门预算的公开、其他与财政扶持相关的机构与组织的预算公开和公开信息的分类方法及统计口径等方面分别展开对比分析。

一、国际货币基金组织（IMF）关于财政信息公开内容的框架

关于各国预算公开的内容范围方面,国际货币基金组织理事会于1998年先后通过了《财政透明度良好做法守则》（下文简称《守则》）和《财政透明度手册》（下文简称《手册》）（Manual on Fiscal Transparency），并在2001年、2009年分别对这两个文件进行了修订。在2009年修订的《财政透明度手册》中关于政府财政信息公开的内容方面,认为:

（一）政府应当向公众提供全面的财政信息

这包含两个层次:第一,"全面"的财政信息包括哪些方面的内容（What）;第二,这些信息应当如何提供（How）。《手册》指出,向公众提供的财政信息至少应当包括预算信息、资产和负债信息以及各级政府的合并财务状况等。这里要求的预算信息涵盖了所有的预算和预算外活动,包括年度预算和预算的执行情况、相关年度预算的比较信息、未来年度的预测情况以及预算外资金的明细情况等。资产和负债信息的提供则主要是以资产负债表为载体,辅之以表外披露的形式。政府应当在资产负债表内披露所有的资产（分为非金融资产和金融资产）和负债（包括公共债务和其他负债,可以按照到期时间长短、国内和国外负债等进行分类）。同时,政府应当对或有事项、税收支出和准财政活动进行充分的披露,在可能的情况下予以计量并考虑在表内确认。此外,为了反映各级政府的整体情况,IMF要求编报各级政府的合并财务报告,甚至是整个广义政府的合并报告。

（二）政府应当适当公开其预算编制和执行过程，并向公众提供预算报告

《手册》对预算信息方面的要求是对第二点——向公众提供全面的财政信息基本要求的补充，这是由于预算是各国政府财政政策的主要工具，预算信息也就成为财政透明度的重要内容。《手册》要求政府适当地公开其预算编制和执行过程，这里之所以说"适当"，是因为有些预算过程过于敏感，而且公布预算所有阶段的成本可能过高等原因。在向公众提供的预算报告中，政府应当说明财政政策的目标、宏观经济的框架、预算政策和主要财政风险等。而为了体现信息提供的定期性和及时性，预算报告应当包括年报、半年报、季报和月报。此外，在预算执行过程中，应当建立健全内部控制制度，并在此基础上进行有效的内部审计。

在规范预算会计制度时，IMF 强调，它完全支持权责发生制的《国际公共部门会计准则》和《政府财政统计手册》，并规定应当采用权责发生制会计，在此基础上同时提供政府现金流量表。IMF 认为，提高财政透明度所要求的很多做法都必须通过采用权责发生制会计来解决，比如，财政风险的评估和披露，预算项目的投入产出分析，政府财政状况指标的计量等，而收付实现制会计无法满足这些要求。IMF 指出，只有采用权责发生制会计才能全面反映政府的资产和负债，涵盖政府的所有公共交易。比如对于政府对供应商、雇员和养老金领取人的拖欠款，采用收付实现制就会低估政府的实际赤字。另外，政府应收未收的税款拖欠量也很大，也需要予以反映。

二、各国预算公开的报告体系构成

（一）政府预决算报告体系的构成

预算报告的目的在于说明有关部门、机构是否遵守预算规定、整个政府的工作是否称职。报告内容应有助于说明各种资源是否按照批准的预算方案和法定要求使用，资金是否充裕，支出状况如何，各个项目要耗费多少资金，如何为这些项目融资，各个项目计划和项目的实行对政府的财政状况影响如何。因此，预算报告披露的内容应该尽可能全面，包括所有政府的收支，所有对财政状况具有现时或未来影响的决策。而预算文件披露的相关数据应达到规定的数据质量标准，即预算数据应反映最近收入和支出的趋势、潜在的宏观经济发展情况以及明确界定的政策承诺；年度预算和决算账户应说明会计基础，这些数据应前后一致，翔实可靠，必须来源于可靠的历史数据和较为精确地对未来的预测。表 12-1 反映了不同国家预算报告的特点。

表 12-1　　　　　典型 OECD 国家预算报告内容体系

国家	预算报告基本情况	具体内容	会计基础	其他说明
美国	包括预算指导方针文件、功能分类和经济分析文件、部门分类文件等	政府预算 预算分析书 附录 历史图表等	不同层次、不同性质的预算文件采用不同的会计基础	还包括总统预算咨文、中期展望、预算概况、补充资料和主要问题的事实表格等
英国		经济预测、财政预测、政府的对策、经济增长措施和公平五个部分	权责发生制	由财政部汇编成"公共支出白皮书"于每年春天季出版
德国	包括政府五年预算报告和年度预算报告	政府五年预算报告（6个表）：五年财政计划的总表、筹资总表、按支出任务划分的支出总表、按支出种类划分的支出总表、按支出类型分类的联邦投资计划和按任务分类的投资计划 年度预算（3个表）：预算总表、单项预算支出汇总表和联邦单项预算表	收付实现制	
澳大利亚	包括年度报告、中期报告和选举前的经济和财政展望报告	其中，年度政府报告又分为年初财政预算经济和财政展望报告、年中经济和财政展望报告以及政府年度预算案	权责发生制	
新西兰		主要包括财政表现、财务状况、现金流表、权益变动表、重大的会计政策和对或然负债和政府许诺的解释说明等	权责发生制	还需包括政府的运行情况和短期财政计划以及对未来至少十年的经济形势展望和长期财政目标
日本	要求涵盖内容全面	应涵盖所辖范围内的收入、支出、跨年度经费、滚动费和国库债务负担行为等		预算表中还要包括本年度之前两个年度的预算数据

资料来源：作者根据相关资料归纳整理。

总的来说，这些国家在预算报告中均披露了关于预算的较全面的信息，除编制基本的本年度财政收支计划外，大部分还对未来经济发展情况和财政运行情况进行了预测，德国和澳大利亚还要求编制未来五年的中期预算。此外，除美国的部分公共部门和德国之外，其他国家的预算报告均采用权责发生制的会计核算基础，这不仅增加了政府预算的科学性，也提高了政府预算的透明度。

（二）政府财务报告

政府财务报告通常包括基本的财务报表和一些非财务信息，其中，基本的财务报表通常包括存量报表、流量报表、预算报表、业绩考核表等。存量报表通常采用资产负债表的形式，而流量报表体现为运营表和现金流量表。政府财务报告的主要报表要素取决于编制报表的会计基础，以完全收付实现制基础的财务报告的主要要素为现金收入、现金支出和现金结余，以权责发生制为基础的财务报告包括的主要要素通常为资产、负债、权益、收入和费用等。

表 12-2　　　　　　　　典型 OECD 国家政府财务报告构成

国家	财务报告构成	说　明
美国	联邦政府综合年度财务报告：简介、财务和数据三部分； 州和地方政府综合财务报表：管理层阐述和分析、基本财务报表和要求披露的补充信息	州和地方政府的基本财务报表由政府整体财务报表（净资产表和业务表）、基金财务报表（政府基金财务表、业主基金财务表和信托基金财务报表）和财务报表附注三部分构成
英国	由年度工作报告、会计主管职责公告、内部控制声明、主要财务报表及附注，以及审计报告五部分组成	主要财务报表及附注是资源报告的核心部分，主要包括六种：议会批准资源表、经营成本表、确认的利得与损失表、资产负债表、现金流量表和按部门活动目标分析的经营成本表。会计报表附注是资源报告中篇幅最长、份量最重的一部分，主要是对财务报表反映的信息做进一步的解释说明，以帮助信息使用者更好地理解财务报表
新西兰	包含在预算报告中，并在权责发生制的核算基础上，披露以下内容：财政表现、财务状况、现金流量表、权益变动表和重大的会计政策和对或然负债、政府许诺的解释说明等	还需包括政府的运行情况：政府的借款状况、未分配的资金和资本支出、应对紧急情况的费用和资本支出、政府的委托金以及其他反映政府财政状况的信息
日本	包括两大部分：一部分是由各省厅提交的财务报告；另一部分为独立行政法人财务报表	其中，各省厅提交的财务报告包括各省厅所辖机构的一般会计报告和公营企业等的特别会计报告。 日本政府的财务报表主要包括以下四部分及其附表的明细表：资产负债表、业务费用计算书、资产负债差额增减计算书和区分收支计算书

资料来源：作者根据相关资料归纳整理。

综合以上各国情况来看，这些国家在政府财务报告主体、披露信息种类和会计核算基础等方面具有相似点，如按报告主体来看，均包含有部门财务报表、政府作为整体的财务报表和基金财务报表等，日本甚至将公营企业和独立行政法人的财务报表也涵盖在内；从披露信息种类来看，在政府财务报告中普遍包含了资产负债表、业务成本表、权益变动表和财务报表附注等内容，能使信息使用者清晰明白地看到政府的财务状况，提高了透明度；此外，从报表的会计核算基础来看，这些国家也几乎全部采用了权责发生制的会计核算基础，使得收入与支出相匹配、责任与义务相统一，不仅提高了财务报告的科学性，也增强了报表的可理解度，提高了政府财务信息的透明度。

三、各国部门预算公开的内容比较

美国无论是联邦政府还是州政府与地方政府，各个部门预算公开内容不因财政经费保障程度的差异而有变化（联邦政府的情报部门等涉及保密事项除外）。各部门的预算由各级财政部门统一负责公开，因而在公开时间、公开内容、细化程度上不因部门而有差别。

英国的部门预算是各部门在按《信息自由法案》要求所编的"公开计划"基础上进行的。预算年度结束后，政府各部门要对本部门的各项收支、财产、往来款项等进行年终清理，在清理的基础上结算各类收支账户，然后编制决算报告书，连同决算附件报送财政部。各部门每年还须提出公共支出报告，向议会和公众报告部门公共支出的状况。部门报告由财政部汇编成"公共支出白皮书"于每年春季出版。

澳大利亚各部门的部门预算也均可在各部门的官方网站上获得。其预算的编制均遵循权责发生制，对预算的公布最细致的有三级（相当于中国政府收支分类科目的"项"），有些预算只公布两级（相当于中国政府收支分类科目的"款"）。支出预算中有"管理支出"和"部门支出"等项目，但就"管理支出"的具体内容，分为"年度一般服务"和"特别拨款"，并没有设立专门的"三公经费"预算。此外，州政府及部门预算报告中均强调绩效预算，设有专门的篇章介绍预算实施计划达到的绩效。

在日本，不同部门在推进电子政务、信息公开等方面的进程不尽相同，有关预算内容的公开程度也存在较大的部门差异。总体来看，预算主管部门（财政部门）、地方与中央事务协调部门（总务部门）等直接涉及预算编制、协调的部门，其预算公开程度方面高于其他政府职能部分。地方政府在信息公示、预算公开方面推进的进程早于中央政府。后经中央政府的统一规范，特别是就中央省厅部门在预算信息公开方面的具体做法做出了统一和规范后，使得部门间在预算信息公开方面的做法进一步规范和趋同。而各省厅则对地方相关预算单位发挥着指导性作用，这使得地方在预算信息公开方面得以进一步推进和深入。

此外，日本为提高信息的一览性和检索的便利，出台了《有关充实预算执行信息公开的指南》（2011年、2012年修订），要求各省厅以本指南为最低标准，进一步公开相关信息。如果因信息公示而有可能给行政执行造成影响，各省厅可自行判断，不公示相关信息。此种情况，应说明不公示的原因。公示信息应定期更新、连续公示（至少每季度一次)。各省厅公示的相关信息，可通过财务省网站连接检索，甚至明确规定，各省厅网站公布信息或数据，一般应以 PDF、Excel 等多种格式公示。

可以看出，这些国家在部门预算的编制、执行和公开过程中，均有相应完善的法律法规作规定和保障，无论是编制的方式、内容，还是执行过程中的调整，都及时地通过各种渠道予以公布。因此，法律法规的保障和信息公开的及时性以及广泛的可获得性是保证部门预算透明的重要因素。

四、各国与财政拨款相关的机构与组织的预算公开

在德国，公共企业也要遵循严格的报告要求。企业必须提交每年的报告，而这份报告会受到联邦和州审计院的检查。如果公共企业是依据私有法律成立的，他们也要和私有公司一样，遵守同样的报告要求。在德国执行欧盟的透明度指示后，公共企业的非商业活动以及成本的定义又被加强了，现在要求商业活动和非商业活动要单独计量成本。联邦企业的报告要公开给自己的股东以及联邦政府。

日本在其他公共部门的信息公开方面，由于受到公共管理运动的影响下，为了提高公共部门的运营效率，敦促公共部门提高财政运营的透明度、明确财政责任和说明责任。如国有资产特别预算的公开，要求建立国有资产台账，编制增量及存量报告书及其总核算书、无偿租赁状况报告书及其总核算书等，并提交国会例会汇报。

五、各国预算公开的分类方法及统计口径

美国、英国、德国三个国家在公开信息分类方面，一般是按部门分类、按功能分类和按经济分类等方法，具体可参见表 12-3。

表 12-3 典型 OECD 国家预算公开的分类方法与统计口径

国家	分类方法	统计口径
美国	按部门分类：卫生部、国防部等部门预算；每个部门的预算支出又按功能和经济分类	采用大口径的预算信息公开统计方法，将所有政府性都纳入预算公开的统计范围；财务报告中除财务信息外，还包含了大量的非财务信息
英国	1. 公布机构的一些基本信息； 2. 部门的财务信息； 3. 当前部门的工作重心，优先项目； 4. 部门政策的制定； 5. 为保证部门履行职责所达成的书面协议； 6. 法律中明文规定的与部门职能有关的登记在册的信息、数据等； 7. 部门向市民提供各项服务的记录	

续表

国家	分类方法	统计口径
德国	1. 按部门分类：如联邦总统及总统府、国会、参议院、总理及总理府、外交部等； 2. 按功能分类：如教育科研文化、社会保障及战争补偿、健康体育与休养等； 3. 按经济分类：如人事支出、实物费用、补贴支出、建筑项目等	目前德国联邦政府收支分类共分 9 000 多个支出科目，其中 1 500 个收入科目，7 500 个政府支出科目

资料来源：作者根据相关资料归纳整理。

由表 12-3 可以看出，这些国家所公开的预算信息基本均按部门、按功能和按经济分类公布；但在统计口径上，这些国家口径较宽，几乎将与政府收支有关的所有项目涵盖进来，让公众尽可能全面地了解政府掌握的资源。

六、各国预算公开内容的共性与特点

总的来说，从以上对比中，我们可以发现，美国、英国、德国、澳大利亚、新西兰、日本预算信息公开的范围与内容具有以下特点：

（一）预算信息公开的范围与方式等，皆由相关法律予以规定

如美国的《信息自由法案》和《政府阳光法案》、英国的《信息自由法案》、德国的《预算基本原则法》、澳大利亚的《信息自由法》和《预算诚信章程法》以及新西兰的《财政责任法》等，都明确规定了政府预算信息公开的内容与范围、信息披露的格式以及公开的方式和其他规定等。在实践中，各国均制定了一系列法律制度和准则，用以规范政府财务信息披露。这些制度和准则主要反映在财政预算的相关法律、政府会计准则体系、信息披露时限和审计制度的规定。

1. 财政预算的相关法律

为规范政府财务信息披露，各国在财政预算的相关法律中对应披露的内容和不能披露的内容，以及相关部门的职责做出规定。以美国为例，1976 年通过了《联邦政府阳光法案》，要求将财政支出公开，以利于新闻、舆论和人民的监督。

2. 公共部门会计准则体系

各国政府在改革过程中都根据本国的改革需要制定了公共部门的会计准则。大部分国家的公共部门的会计准则是由财政部制定的，也有一些国家是由财政部指定独立的委员会制定，或由私营部门会计准则委员会来制定的。有些国家建立了一套完整的政府会计准则体系，适用于中央和地方政府有些国家在中央政府和地方政府建立了不同的政府会计准则体系，如美国存在两套不同的政府会计准则体系，分别适用于联邦政府和州政府。此外，很多国家还对信息披露的时限和审计检查制度作出严格规定。

（二）政府预算报告和财务报告是政府财务信息内容披露的主要载体

在西方国家，政府财务信息披露的主要方式为政府预算报告和政府财务报告，此外还有其他一些定期或不定期公开的经济文件。如美国的相关财政信息披露渠道还有总统经济报告、国会预算办公室的相关决定、财政公告、月度财政收支公告、国债月报、社会保险和医疗保险托管基金报告等。

1. 政府预算报告

大多数国家都把预算报告作为定期对外披露财务信息常规的、主要的手段。在西方国家，公众习惯上已经把预算当成是了解和监督政府的主要信息来源渠道。财务信息使用者透过预算，不仅可以了解政府在当前年度以及以后一年的收支计划、政策意图和政策重点，知晓政府的整个收支规模，预测政府的相关政策对经济、社会和公众作为纳税人、债权人和投资者自身利益的影响，并且可以监督政府资金使用的绩效和效率。随着时代的进步，现代预算制度呈现出涵盖信息范围越来越宽、信息越来越细化的趋势。以美国为例，对外公开的预算文件包括美国政府预算、政府预算补充材料、政府预算附录、对政府预算的特别分析、政府预算的历史数据以及其他预算文件。

2. 政府财务报告

政府财务报告是为满足信息使用者的需求而编制的以财务信息为主要内容、以财务报表为主要形式、全面系统反映政府财务受托责任的综合报告。政府财务报告是全面反映政府财务状况和披露政府财务信息的主要载体。在目前已建立政府财务报告的国家中，财务报告的内容通常包括财务报表体系、管理讨论分析、报表附注等财务信息和非财务信息。政府财务报告主体通常编制下列财务报表：财务状况表、资产负债表、财务业绩表、现金流量表以及预算执行情况表。

3. 政府财务信息披露内容全面、充分

信息披露的内容是财务信息使用者关心的重点，是信息披露的实质，决定着政府财务信息披露作用的发挥。很多国家通过法律明确，除国防、外交、国家安全、个人隐私以外的信息均应对公众披露。

4. 政府预算报告的主要内容

预算报告披露的内容应尽可能全面，包括所有政府的收支，所有对财政状况具有现时或未来影响的决策，诸如财政直接支出、或有负债、贷款、税式支出和其他准财政支出。预算文件应反映财政政策的目标、宏观经济的框架、预算的政策基础和可识别的主要财政风险，提供预算的主要假设，明确描述年度预算中实行的新政策，应在总额基础上报告预算数据，区分收入、支出和融资，并根据功能类别和经济类别对支出进行分类应在同样的基础上报告预算外活动的数据应说明主要预算项目所要达到的目标。

（三）预算公开的内容包括基本信息与拓展信息

预算报告中普遍包含了对未来经济发展的预测，使预算更具科学性、前瞻性和说服力。透明清晰的预算流程，使得公众不仅能获知最终的预算信息，还能在预算过程中行使监督权。以上各国在财政预算公开的同时，一般要求从预算方案到预算审计的整个过程中的信息均需要公布。该工作与整个预算过程是紧密联系的，而透明清晰的预算流程保证了预算信息及时、连续地公开。这样公众可以在知道相关信息的情况下通过各种渠道发表自己的观点，相关团体进而可以通过游说等措施表达自己的利益诉求，以便在预算成为法案之前对预算进行修改。而且，公众可以根据预算编制过程中的各种变化知道相关部门是否行使其职权，从而对其进行监督。

（四）全面的预算信息和清晰的信息结构，使公众易于理解预算内容

这些国家的政府预算报告几乎涵盖了政府的所有收支信息，即一般预算信息，基金预算，甚至还包括与财政扶持相关的非行政机构的预算信息。此外，这些国家在预算报告和政府财务报告中对信息进行了科学的分类，并基于权责发生制对政府的财务信息进行科学的披露，便于公众较好地理解政府的预算信息和财务状况，提高了透明度。

（五）预算信息公开的手段多样化，增加公众了解预算信息的渠道

对比可以发现，以上这些国家的预算信息和政府的财务信息均通过互联网、新闻媒体、出版物等渠道广泛地向社会公布。各级预算不仅对国会、议会公开，同时也对社会公众公开。甚至在政府预算的编制过程中，有的国家就通过平面媒体、电视、广播等多种媒体对其编制过程进行充分及时的报道，以便民众能够了解到整个预算编制的过程。

第十三章
各国预算公开方式、形式与对话机制比较

一、各国预算公开的方式

(一) 通常分为主动公开和被动公开

各国信息公开的方式主要包括"主动公开"和"被动公开"两种类型。主动公开由政府部门自行拟定"公开计划"实施，计划详细说明公开信息的种类、公开方式、取得信息的费用等问题。被动公开也称依申请公开，即未列入公开计划的政府信息，公众需要通过书面申请的方式公开。对于口头申请，政府部门可以拒绝公开。因各种原由无法提出书面申请的公众，政府部门应予以帮助，或告之能为其提供帮助的政府部门。对于公众的"信息公开请求权"，政府部门有两项义务：其一，肯定/否定义务，即告知申请人本部门是否持有该信息；其二，提供义务，即如果本部门持有该信息，应向申请人提供。政府部门应在收到申请书一定期限（美国为20个工作日内，特殊情况下，最多不超过60个工作日），履行上述义务。

从各国实践来看，通常都对主动公开的适用范围界定清晰，一般采用列示法，即表明哪些信息需要主动公开。美国联邦政府对行政机关主动公开的信息就以列举来规定，这包括"及时地在《联邦登记》上公布的信息"和"保证公众可以查阅、复制的信息"两种情况。《联邦登记》主要公布四大类联邦政府信息，即总统文件、联邦机构的法规条例、联邦条例草案和行政机关的各项通知。按照规定，应予公布的政府信息应从各制发机关汇总到联邦登记办公室，除非遇到特殊情况，联邦登记办公室应该在收到文件后的第3个工作日公布。对于案件的最终裁决、《联邦登记》上没有公布的政策说明与解释、行政人员手册等，行政机关要编制索引以满足公民随时查阅、复制的需要。考虑到这类信息涉及范围广、类型多，所以采取概况性的规定，在没有人申请时行政机关对这类信息没有公开的义务。

英国主动公开方式主要是指英国"当局"拟定公开计划，一项公开计划载有一个机构应当定期提供的各种信息，这些信息应当很容易被任何人发现和使用。由于定期

公布信息作为一个机构正常业务的一部分，因此这些信息应当很容易通过代理网站获取或者很迅捷快速地被机构官员发送出去。[①] 英国《信息公开法》规定申请人需就信息公开提出书面申请，相关政府机关有义务在其申请过程中提供咨询。政府机关收到申请后如决定可以公开，须在 20 天内通过复印、查阅、摘抄或其他方式提供；如决定不能公开，须书面通知申请人并明确告知不予公开的理由。[②] 即没有列入公开计划的信息可以通过申请公开获得。任何人都可以向当局申请公开信息，对于符合公开条件的信息当局需予以提供，不符合公开条件的信息当局需向申请人说明原因。上述规定对公民申请信息公开做出了要求，对政府信息豁免权的使用做出了具体规定。如果政府部门拒绝公众的信息公开申请，该申请人可以寻求法律援助，援助途径包括信息专员、信息裁判所、法院等。其中信息专员在接到申请人的申诉后，要作出三种通知决定：认定通知，即认定政府部门拒绝公开信息的做法是否违法；执法通知，命令政府部门向申请人公开信息；信息通知，命令政府部门向信息专员说明其作出不公开信息的理由。如果政府部门不执行上述任何一项"通知"，亦未申诉，信息专员可以认定该政府部门行为违法，移送相关机构以"藐视法庭罪"论处。

在日本，国会对于预决算的审议（包括中央与地方政府总预算、部门预算等）、财政大臣的讲话、财政决策、财政状况等重要新闻都会通过新闻发布或财务省、总务省等政府相关网站刊载形式发布。财务省年度的文件、资料都要送国会图书馆备份。国会图书馆设有专门的资料室，供查阅和复印，但要收取工本费。此外，财务省还指定了国家图书馆、东京大学图书馆等机构保存财务省资料，供查阅。对在上述机构查阅不到的资料，可直接向财务省申请查阅。按照《信息公开法》相关规定，财政信息的种类包括财务省内部职员工作中使用、后交由行政机关管理的文件、图纸、电磁记录软盘（录音磁带、磁记录软盘记载的电子信息）等，都可成为申请公开的对象。但市场流通的书籍，博物馆及公文书馆以及类似机关特别管理的、供一般阅览的史料等除外。在对《信息自由法 2002》进行了必要的修改后，联邦政府于 2005 年 6 月 21 日正式颁布了《信息权利法 2005》。《信息权利法 2005》规定，所有的公共管理机构应该建立自己的信息资源目录，并在此法案颁布 120 天内公布。

（二）各国预算公开的依据

从各国情况来看，一般都对主动公开通过专门的法律规定进行规范，这使得主动公开和被动公开都有了法律依据，从而保证信息公开能够实现。比如美国，《信息自由法》规定对于《联邦登记》和政府出版物上找不到的政府信息，个人和团体应当以书面形式提出查询申请，政府应在 10 日以内作出决定。对于拒绝提供信息的决定，当事人可以提出复议，政府机构收到复议申请后要在 20 日以内作出答复：或者提供信息，或者指出根据哪条例外情况无法提供信息。在符合某些条件的情况下，申请人也可以申请加急办理。提供信息可以合理收费，但申请人可以申请减免费用，对媒体不得收

---

① Ministerial Guidelines, page3.
② 李云驰：《美国、英国政府信息公开立法的比较与借鉴》，载于《国家行政学院学报》2012 年第 3 期。

费。如果20天内未能获得全部或部分的申请信息,申请人可以向政府部门的上诉官员上诉,上诉被驳回或是20天内未得到答复可向法院起诉,如果20天内申请未得到答复可直接向法院起诉,胜诉后法院将命令政府部门提供信息。[①] 美国《信息自由法》对信息公开申请人并没有太多的限制,任何自由人(包括外国人)和法人都在法律适用范围之内,任何行政部门、军事部门、政府公示、政府控制的公司或其他隶属行政部门的机构和独立性质的管制机构都要对信息公开申请作出积极地回应。

英国规范政府信息公开的主要法律是《信息自由法案》。该法案对英国公开计划作出了明确的规定,首先是每个政府部门都有公开发布其信息的责任与义务,其次,规定了公开计划的内容,即哪些内容应该包含在公开计划中。最后指出了政府在发布公开计划的时候应该遵循的规则,如果"信息官"拒绝或撤销其公开计划,要说明拒绝或者撤销的理由。

在日本,根据《信息公开法》规定:可公开的"行政文件"是指行政机关工作人员履职过程中所制作或获取的文件、图画及电磁记录(以电子方式、磁记录方式等,靠知觉无法识别的方式制作的记录)、供该行政机关职员用于组织目的、为该行政机关所保存的东西。但不包括以下内容:官方公报、白皮书、报纸、杂志、书籍等,以销售为目的、面向不特定多数人群的发行物;政令所定公共图书馆及其他部门,依据政令所定之历史或文化资料或学术研究资料而特别管理的文字等。而《独立行政法人持有信息公开的法律》中关于"法人文书"也有类似《信息公开法》的规定。根据《国会法》相关规定:在预算决议时必须召开听证会。听证会大致召开一天半时间。由各党推荐的经济学家、工会代表以及反映其他政治诉求的公述人进行公述,并接受预算委员会委员的质疑。国会对于预决算的审议(包括中央与地方政府总预算、部门预算等)、财政大臣的讲话、财政决策、财政状况等重要新闻都会通过新闻发布或财务省、总务省等政府相关网站刊载形式发布。财务省年度的文件、资料都要送国会图书馆备份。因此,国会图书馆设有专门的资料室,供查阅和复印,但要收取工本费。日本《财政法》第46条规定:除提供国会审议所需财政信息之外,还通过各行政区域财政省派出机构,通过传统方法公开财政信息。特别是近些年,随着网络技术的普及,财务省官方网站还积极向社会公布财政、预决算信息等。作为主管财政信息的行政省厅,日本财务省在预算信息公开方面起着引领作用。一直以来,日本财务省按照国家相关法令规定及内阁对信息公开的要求,积极制定相关规章制度,向国民公开预、决算等相关信息,并试图由此增强全体国民对国家财政收支的理解、监督,力图提高财务省自身管理的行政效率。同时,财务省在信息公开体系化建设方面的做法也为其他省厅仿效和借鉴。另外,各省厅公示的相关信息,可通过财务省网站连接检索。

(三) 各国预算信息公开的程序

预算信息公开的实现离不开规范的程序设计。从各国实践来看,虽然其公开程序

[①] A Citizens Guide on Using the Freedom of Information Act and the Privacy Act of 1974 to Request Government Records: Second Report——By the Committee on Government Reform of the House of Representative of the United States.

不尽相同，但有一点是相同的，即程序都比较规范。

英国公共机构主动公开信息的主要程序是：国务大臣颁布公共机构信息公开指南，各公共部门根据《信息自由法》和信息公开指南，编写信息公开目录，提交信息专员署审核通过，按照信息公开目录，按时逐项公开。信息公开目录一般四年修订一次，各部门也可根据实际随时修改，但必须提交信息专员审核通过才能实施。依申请公开的程序是：申请人向索取信息的公共机构提出书面申请，申请内容包括申请人的姓名、联系地址、要求公开的信息，不必写明信息的用途。公共机构接到申请后，根据申请的内容，判断申请的信息属于公开的信息还是例外信息，如属于公开的信息，公共机构必须在规定时间内对申请作出答复。如果属于例外信息，公共机构拒绝提供要求的信息，但必须在规定时间内通知申请人申请的信息属于例外情况及其理由。

日本对被动公开的程序规定也非常规范，申请人须在指定的财政信息公开窗口办理信息公开的申请手续或通过电子申请信息系统提出。需填写必要的申请表格，申请表格中需填写所申请财政信息的目的并注明所需信息的名称。申请需支付手续费（原则上，纸质文件每份300日元，电子文件每份200日元）。所申请公开的信息文件等的许可、不许可决定，原则上须在30日内做出，并就决定的原因通知申请人。

接到公开通知的申请人，须在接到通知30天以内填写"行政信息公开实施方法等申请书"，直接向财务省信息公开窗口提交或邮寄。信息的交付方式，当信息为文件或图片时，可提交黑白或彩色复印件，也可提交扫描后制作的磁盘、CD-R或DVD-R；当为电子记录时，可复制在磁盘、CD-R、DVD-R后提交。申请人可从申请书所列示的方法中选择交付方式。当希望邮寄交付时，公开申请实施手续费和邮寄费一起邮寄给申请窗口（不得使用现金，手续费以收入印纸形式，邮寄费以邮票形式）。

申请人申请公开的行政信息和文件是否可以公开，需经财务省审核。审核和判断的标准是《对财务省持有之行政信息公开申请的公开决定相关的审查基准》（2001年3月30日公布，财务省训令第24号）。该审查基准制定的依据是《信息公开法》及《个人信息保护法》相关规定，具体内容构成为：（1）目的；（2）公开的决定原则；（3）记载非公开信息时的决定；（4）由于公益上的理由作出的裁量性公开；（5）关于行政文件存在与否的信息；（6）其他的非公开决定；（7）地方分支部局的审查基准。除此以外，该审查基准还对《信息公开法》中的条款作出了具体判定标准。当申请人被告知所申请的行政信息不予公开时，可向财务省大臣提起不服申诉，也可直接向裁判所提起法律诉讼。

二、各国预算公开的形式

政府预算的公开形式具有多样性，除了基本表格和预算说明外，还应运用更为直观的饼状图、趋势图等图形对预算数据进行横向和纵向比较。

（一）预算表格和说明

各国公开的预算信息主要以各种政府预算报告为主，而这些信息通常以表格和说明的形式呈现，年报及月报是普遍采用且较为成功的信息公开方式，公民可以选择网上下载（免费）或者纸质文本寄送（收取一定费用）两种方式获取。

（二）充实的数据信息

为便于研究和比较，通常各国还以历年数据的形式提供信息。各国财政部网站提供历年预算案和预算前报告以及部分支出报告，由机构专业人士对报告内容进行解读，民众可以通过阅读解读文章对预算案信息有一个更为清晰的了解。

英国有"数据英国"网站，涵盖各种数据信息。由于英国每个政府部门每年都要公布年度报告，其中包括详细的开支分项且英国49个政府部门一年发布近万条信息。为了便于公众理解和判断，英国政府专门建立了强大的在线数据公开系统"数据英国"（data.gov.uk）网站，把政府各部门已经公开的数据汇总在一起便于查阅。该网站有超过9 000个数据集，数据涵盖了从中央到地方各部门的各种数据，[①] 提供数据的格式较为多样，有 RDF、PDF、CSV、HTML 等。

澳大利亚政府不仅使预算信息清晰、便捷化，同时也具有了较高的学术性。在政府官网上不仅可以找到理念预算报告，同时还专门开辟了报告预算流程链接，来具体形象的向群众解释预算报告的编制流程，并对流程中每个部分提供了链接进行解释与报告信息下载。

（三）公开形式的选择以便于公众理解为宗旨

虽然公开形式多种多样，但各国往往以便于公众理解为宗旨来选择公开的具体形式，这也符合预算信息公开的初衷。

美国联邦政府的所有预算文件都可以免费在管理与预算办公室（Office of Management and Budget，OMB）的官网和政府印刷办公室（Government Printing Office，GPO）等网站下载，[②] 其中文字部分的预算信息提供 PDF 版本，数据部分的预算信息提供 excel 版本，以方便用户进行数据处理。此外，还可以在政府印刷办公室（GPO）购买包括所有政府预算文件的光盘。

在英国，为了便于公众了解晦涩难懂的支出报告，政府提供了一些专业的解读。前一部分属于文字解读，主要解释政府如何削减支出以及财政部在削减支出中扮演的角色。后一部分是音频解读，由财政大臣讲解支出计划如何帮助英国削减赤字。这两种解读使民众可以不用仔细去看支出计划便可以方便了解其内容，增强了信息的可获得性。

---

① http://data.gov.uk/about-us.
② OMB 的网站为http://www.whitehouse.gov/omb/budget，GPO 的网站为http://www.gpo.gov/fdsys/browse/collectionGPO.action? collectionCode = BUDGET。

三、各国预算公开的途径

随着现代信息技术的发展,各国公开预算信息的途径也更加丰富和先进,主要有公开出版物、新闻发布、政府网站、公共图书馆、咨询服务等。

美国联邦政府预算通过网络公开、出版光盘、公共图书馆三种途径主动公开,而州政府预算主要通过网站主动公开。目前,印度已经开通《信息权利法2005》门户网站(www.rti.gov.in),该网站提供了各政府部门、公共信息官(PIO)、信息委员会(SIC)相关信息、信息公告、国内信息公开进展情况以及国外对印度《信息权利法2005》的看法和相关新闻等,以便公众更加方便地获取政府信息。德国电视、广播、杂志、报纸都成为公开的媒介之一,德国预算程序和结果公开透明,让民众最大限度地参与到政府预算活动中来,使政府预算得到最大限度的公开。首先,政府公布年度预算框架后,接下来的预算编制进程以及编制过程中的重要情况通过媒体随时报道;其次,议会每个年度预算审议的讨论和辩论过程都经电台,电视台直播;最后,最终形成的年度预算要通过互联网向社会公开。《联邦财政预算》、《联邦财政决算报告》、《财政和税收统计》作为政府公开发行的出版物,使每个公民都可以了解每笔财政资金的来源与用途、预算执行的情况,只要是财政资金,任何机构的任何支出项目都必须列入预算,并予以公开。德国财政部还专门设有情报、新闻处,负责向公众宣传和解释各部门的政策、措施。① 财政部的收支报告及联邦审计署的年终决算审计报告,都要提交议会的预算委员会,作为议会批准决算的基本文件。这两个报告都对社会大众公开。公开的内容,不仅是简单的财政预算的执行结果,还包括财政运营的基本过程和主要方面,如预算编制过程、预算审查情况、预算书和决算书等,在图书馆及因特网上都可以很方便地查阅。②

英国预算公开的途径主要分为传统途径和网络途径。传统途径对应传统媒介,英国比较著名的媒体有BBC、泰晤士报、路透社等,这类媒体会在第一时间发布英国预算报告以及进行相关解读。英国国家档案馆建立了非常完备的档案信息资源服务体系,包括联机目录、国家数字档案库、"获取档案"项目、国家档案登记系统等,可为公众提供全面的档案信息服务。此外,英国国家档案馆对于正式出版(网络出版)的政府信息资源和未正式出版的政府信息资源采取了不同的公开与服务方式,2003年9月,建立了专门选择性收藏英国中央政府网站的档案馆——英国政府网络档案馆,以收藏在网络上出版且易消逝的政府信息。英国政府网络档案馆采集并保存的网站信息都可以在万维网上公开、免费获取,主要包括"商业、工业、经济和金融"、"文化和休闲"、"环境"等11个主题,读者可以通过政府网络档案馆主页上的搜索引擎和专题索引工具进行检索利用,本国用户还可以直接到国家档案馆公共检索大厅进行查询。英国政府将未出版的政府信息资源看做国家资产的重要组成部分,国家档案馆下属的公

---

① 刘晓凤:《德国部门预算管理经验对我国的借鉴》,载于《安徽教育学院学报》2007年第25期。
② 国际司:《德国财政预算控制与风险防范管理情况介绍》,财政部网站,2013年5月23日。

共部门信息管理办公室通过创建信息资产登记系统（Information Asset Register，简称 IAR）的方式加以管理和提供利用。IAR 是由英国政府根据《1999 年政府部门出版物的未来管理政策咨询白皮书》(the Consultation on the Future Management of Crown Copyright) 推出的集中式检索系统，其目标是覆盖英国所有政府部门和机构的信息资源，包括数据库、旧档案集、近期电子档案、统计数据集、研究项目等，并创建了 IAR 元数据，通过 Inforoute 站点提供服务。[①]

此外，作为近年来发展迅猛的网络在英国预算公开透明方面发挥了巨大的作用，英国预算信息大部分都是通过政府财政部的网站发布，而且在 2010 年英国政府新组建了政府预算办公室（OBR），在该机构网站上，政府预算也是重点。目前在英国，民众有以下几种主要途径了解系统精确的政府预算报告：第一是政府官方网站——英国财政部网站（HM Treasure），英国主要的预算信息可以通过财政部网站了解；第二是英国政府预算办公室（OBR）；第三是具有科研性质的研究机构网站——英国财政研究所网站（Institute For Fiscal Studies），此类网站是对英国预算信息的具体解读，便于民众深入了解预算情况；最后是民间网站。

在英国公开指南中明确规定各部门有义务告知公民信息公开的范围以及获取的方法途径。各部门必须把公开的信息上传到各自的官方网站上。考虑部分人不方便上网或是不愿意上网，政府部门除了在自己的官网上公布信息外还应该配合着其他公开途径，尽可能满足民众对公共信息的需求。对于有些信息公开的方式比较特殊，只能是想要了解该信息的人亲自观看。对于这种情况，信息持有部门要提供有效的联系方式，有专人负责安排对该信息提出要求的人亲自观看。各部门公开的信息必须以法定的语言呈现，有明文规定除了官方语言以外还应该采用的语言，信息持有部门有义务翻译该信息，提供相应的版本。为了不违背残疾人保护法等诸如此类的法律，信息持有部门还应该在提供政府公共部门的信息时，还应该按照此类法律的规定以响应的方式提供信息。

四、各国预算公开的频率

从各国实践看，及时公开数据往往很重要，政府应该及时尽可能快地公布数据，即使它没有详细地分析说明。公开的资料在第一次公布的时候应该尽可能地准确，虽然可能会出现错误，但是不应该为了纠正错误过分地延迟公布时间。相反，出版物应该被用来解决任何存在的缺陷和不足。在公开的数据中发现错误，或因为其他的原因（如遗漏）将文件更改，地方政府应该公布经过修订的资料，明确在何处做了修改、是如何修改的。《信息自由法》规定：[②] 一是除本条第（2）小节和第（3）小节之规定外，官方必须遵守第 1（1）部分（即任何发出请求的人都有权利从官方得到书面通知官方是否掌握所请求的信息，如果有，该信息应当被提供），并且在任何情况下不晚于

---

① 谭必勇：《欧美国家档案馆参与政府信息公开的路径及其启示》，载于《档案学通讯》2010 年第 6 期。
② Freedom of Information Act2000, section 10.

自收到请求之日起的 20 个工作日；二是如果当局寄了一张收费通知单给申请人且申请人已经根据第 9（2）之规定缴费的，即如果收费通知单已经寄发给申请人，除非申请人在自发出通知单起三个月内缴费，否则当局没有义务履行第 1（1）之规定，发出通知单到缴费之间的工作日不计算在第（1）部分 20 个工作日内。

　　日本内阁发布《关于预算执行等信息分布的指南》要求：各省厅就相关事项的详细内容应随时公布。具体到"有关补助金等事项"，要求各省厅每季度末 45 天内发布一次。但是，在公布决定交付额时，如果需要估计交付单位法人的采购预定价格等特殊事由，公布时间可以适当推迟；对于"委托调查费事项"，规定各省厅于每季度末 72 天以内公布。至于成果，需报告后再发布；对于"部门经费及职员差旅费"，规定各省厅应每季度汇总支出额，于出纳整理期截止后 45 天内公布。如果季度支出额占当年支出额的比重较上年度增加时，应向国民明确说明理由；对于"租车费"，规定各省厅应就每季度的支出情况按预算类别、组织类别汇总，于年度末 72 天以内公布。至于登载时间，各省厅公开的事项，应登载至少 5 年（从公布之日第二天算起）。

　　德国联邦总理通常于每年 9 月 1 日前将预算草案提交联邦议院和联邦参议院进行秋季讨论，实行三读。审计报告在每年秋天发布，在下一个会计年度还要检查在审计报告中提出的建议是否付诸实施。[①] 联邦统计局每季度会根据 HKR 系统提供的数据公布实际发生的财政收支数据。财政部的月报和年报，年报及月报是两种联邦部委普遍采用且较为成功的信息公开方式，公民可以选择网上下载（免费）或者纸质文本寄送（收取一定费用）两种方式获取。

　　美国联邦政府和州政府预算公开的时间都非常及时，在向议会提交预算报告的同时（大部分年份在 2 月份）在网上全部公开本级年度预算报告。从近五年的联邦政府预算来看，联邦预算过程时间安排表虽没有发生变化，但总统向国会提交预算时间的变化使预算公布时间也相应发生变化。2010 年度的预算报告在 2009 年 5 月 11 日（星期一）公开，2011 年度的预算报告在 2010 年 2 月 1 日（星期一）公开，2012 年度的预算报告在 2011 年 2 月 14 日（星期一）公开，2013 年度的预算报告在 2012 年 2 月 13 日（星期一）公开，2014 年度的预算报告在 2013 年 4 月 10 日（星期三）网上公开。

五、各国预算公开的对话机制

　　各国预算公开的对话机制主要有：通过网站问询回复，举办公民开放日活动，参与式预算。

（一）通过网站进行对话

　　英国财政部是负责开展和执行英国政府的公共财政政策和经济政策的英国政府部门。民众可以从 Departments 进入英国财政部网站，也可以直接检索。值得一提的是，

[①] 万文翔、李莉等：《德国财政预算政策研究》，载于《中国财政》2012 年第 10 期。

在 Get involved 板块中，英国政府为民众提供了几个主要渠道参政，可以简单归纳为三种：第一种是政府会发布一些政策议题，让民众积极参与到政策制定中来。英国民众可以把自己的意见或建议发送给协商会，且政府机构在制定政策的时候会把这些建议或意见考虑在内。第二种渠道是民众可以创建一份请愿书影响议会和政府，如果请愿书有超过 10 万人在线签名，则将会提交下议院辩论。第三种渠道也是最迅捷的一种渠道就是通过一些社会媒介参与政府政策制定。除此三种主要渠道外，英国政府还提供了一些其他渠道（政策、参与途径）以适应不同人群的不同要求。英国财政部网站首页右端介绍了 2013 年支出报告（Spending Round 2013）、2013 年预算（Budget 2013）以及其他一些相关文件，网页中部简要介绍了英国财政部的职能，发布了一些财政政策与文件。如果想了解具体信息，右边 Follow us 还提供了几种渠道：Twitter、Flickr、YouTube 等，在这一类媒介上，公众可以自由发表对于预算信息的意见、看法，通过交流对新预算案有更加直观的认识。网页底部则给出了英国财政部的联系方式，右侧还具体提供了投诉程序（Complaints procedure）以及透明数据（Transparency data），投诉程序详细介绍了民众投诉的方式以及如果对投诉结果不满意该如何继续申诉等问题，透明数据提供了大量关于财政部的信息供民众查询，公开期限因公开内容而异，有每年公开一次、每季度公开一次以及每月公开一次。

澳大利亚在政府预算的每个页面底端都标记着政府的联系方式，如果对公开的内容有任何不满意的地方，可以随时联系政府官员进行询问，明确了政府部门的职责。

在日本网站已经成为沟通政府与公众的重要途径。基本上每个政府网站都专门设有"意见箱"、"意见、要求"、"商谈"等服务窗口，以方便国民向政府部门提意见、建议等。有些政府部门网站还专门设有"常见 Q&A"等窗口，归纳整理国民相对关心或有密切关系的法规、信息、咨询等内容，方便国民参考。用户可通过点击相关连接，输入相关意见、建议内容以及希望提交的部门、个人联系方式等信息，网站将自动将输入的信息转送到相关部门。一般情况下，相关部门受理后，会作出及时处理并予以回复。同时，网站还公布针对提出的意见、要求等国税厅采取的相应改善措施等。另外，为了保护国民的个人权益及信息安全，一些政府机构还采用 SSL（Secure Sockets Layer）技术实行密码化处理。

（二）参与式预算

参与式预算也称市民参与型预算，是指地方自治体在编制预算时，不仅地方政府的职员，辖区居民也应参与决策和编制过程。具体来说，地方自治体预算中除了职员工资、市所有设施管理费等市政运营方面所必要的经费支出外的其他经费支出由市民集会决定其用途。参与型预算是参与型民主主义和连带经济的一种重要表现形式。参与式预算最初见于 1989 年巴西的柏路哈里桑塔市。之后，不仅在巴西各地，乌拉圭、阿根廷等南美国家，西班牙、法国、德国等欧洲国家也得到了推广。

20 世纪 90 年代后期，日本社会出现地方分权化的倾向。究其原因，一方面，由于经济的长期低迷，地方自治体的财力下降，如何将有限的预算满足多样化的居民需求，这就需要与居民达成协议。另一方面，居民运动的兴起与社会参与意识的增强。在日本，特别是1998年《NPO法》的实施使得以NPO为中心，市民团体增加，市民参与社会事务的呼声日益高涨。再一方面，特别是1999年《地方分权总括法》（全名《有关推进地方分权相关法律整备的法律》，2000年4月1日起实施）的出台，对相关475个法规进行了修订。中央政府与地方自治体的关系从过去的主从关系开始向对等关系转变。中央政府主导的行政管理体制开始转向居民自治。就目前日本地方自治体参与式预算的事例来看，主要分为以下五种类型：（1）预算编制过程的公开；（2）市民委员会编制预算议案；（3）预算的部分交给自治体地区；（4）个人居民税的1%通过市民投票加以补助；（5）预算编制前接受NPO的事业提案。

目前，日本地方自治体居民参与式预算刚刚起步，而且存在因行政首长施政方针的变化而导致政策被废止，参与式预算缺乏稳定性。同时，还存在诸多值得探讨的问题。如如何推进市民参与，在预算编制的哪个阶段市民参与是恰当的，市民参与的成本与效益如何，反映市民呼声的最佳方法是什么，地方自治体议会的作用与市民直接民主主义两种手段如何共存等。但今后随着地方分权化意识的日益高涨，居民参与预算编制的意识也将日益提高。而且以NPO为首的市民社会组织成为参加式预算的基础。今后，为了更好地经营城市、强化地方自治，有必要有效利用市民团体，将市民培养成为改变社会的力量。因此，地方自治体自身还需做好职能定位，建立有效制度，为市民参与预算拓展更多的渠道。

德国参与式民主兴起的背景在于政党社会合法性的逐渐丧失，党员数量减少，选举投票人数锐减。因此，德国政府促使地方政府将管制事务中的决策权向公民开放，许多"市议会章程"规定对市长进行直接选举，党在选举候选人时也允许选民表达对某个特定候选人的偏好。同时，公民直接参与或通过团体参与的观念也变得越来越重要和普遍。公民通过采取自愿行动以争取本社区的利益，从而在经济不景气的情况下，最大效用地利用公共资源。

德国的参与式预算分为三个阶段：第一个阶段是公开信息，公民可以了解到关于市财政收入和财政开支、税收的详细信息以及一些固定的开支（如人员、管理等）的信息；第二个阶段包括公民在公共会议上进行咨询，同时辅以在互联网上的调查问卷；第三个阶段是报告阶段，接着市议会会对预算进行表决。参与式预算的作用同行政当局设立的负责金融和预算的组织一样，被视为是对传统政策制定的一种补充。在这三个阶段里，每一阶段在实际运用中也具有灵活性。[①]

以德国柏林市利希滕贝格区参与式预算实践为例，利希滕贝格政府采取了很多措施以确保每个公民都有机会和可以依赖的方式参与到预算安排会议中，具体来说，有以下四种方式：（1）在各分区参加讨论。通过参加分区机会，从2008年9月中旬到10月中旬，在利希滕贝格的所有分区举行的讨论会议上，公民都可以集合起来与来自各党派和政府的代表以及其他公民讨论本分区的预算计划。（2）通过互联网络在线对话

---

① 赵丽江、陆海燕：《参与式预算：当今实现善治的有效工具——欧洲国家参与式预算的经验与启示》，载于《中国行政管理》2008年第1期。

协商讨论。具体包括：与具体的信息共识部门进行在线对话，举行有组织的论坛，使用预算计算器，共建式建议表，优先性投票，简报，编辑对于政客的访谈等。（3）通过邮寄信件进行参与。某些居民由于各种原因而不能参加区居民会议等的讨论。为了方便他们提出自己的意见，区政府当局允许每位居民都可以通过写信的方式在任何时间向行政区办公室提交自己的建议。（4）通过问卷进行代表性的调查研究。市政府随即向市民发放一定数量的问卷，然后对问卷的数据进行统计汇总，找出最具建设性的建议，并将其纳入到预算讨论会议和预算安排中来。另外，区政府当局还设计了一些保证公民和公民社会组织参与的具体的、特殊的工具和方式。一是为少数人和边缘化群体举行小型会议；二是赋予所有本地居民自由进入本区图书馆的权利；30 对在线参与者给予技术支持；四是对参与者进行民意调查之前进行电话访谈；五是协助公众会议中听力有障碍的参与者表达建议。

（三）预算审批流程中引入对话机制

各国通常在预算审批环节引入对话机制，如宣读预算草案、质询、询问、听证等，以让民众表达预算诉求。

就英国预算案的审议流程来看，每年 1 月下旬国会召开之际，由内阁向国会提交预算案。首先是众议院（预算先议权）审议。经众议院预算委员会审议后，众议院表决通过。之后再提交参议院，参议院表决后预算正式生效。在国会上，总理进行施政演说时，由财务大臣就财政政策进行演说，并就预算进行说明。而在委员会上，财务大臣主要进行主旨说明，由财务副大臣进行补充说明。在之后约 2 天的全体内阁会议上，执政党与在野党代表议员对预算提出基本质疑，这一情况由 NHK 现场直播。此后 2 周，由委员会委员提出一般质疑。对于政治话题集中的审议，总理出席并提出质疑，此情况由 NHK 现场直播。根据《国会法》相关规定：在预算决议时必须召开听证会。听证会大致召开一天半时间。由各党推荐的经济学家、工会代表以及反映其他政治诉求的公述人进行公述，并接受预算委员会委员的质疑。预算审议最后阶段，各省厅召开分会进行审议。通常，分 68 个分会，召开时间约 1 天半。最后，由全体内阁会议上，在归纳总结质疑点的基础上，各党各会派的代表就赞成或反对陈诉意见，经讨论后表决。最后由预算委员会进行审议。通常众议院预算委员会的审议大致需 12~15 天。在主会议上，经讨论后，以记名投票形式表决，预算在众议院通过。参议院的审议程序与众议院的基本相同。

新西兰政府预算从编制到公布一直都是在社会公众监督下完成的。在制定财政经济发展规划和预算时政府需要充分征求意见，如新西兰基督城市政厅在制定财政经济发展规划时，向本市公民发放调查表 4 000 多份、广泛征求民意，同时在市政厅 3 次召开听证说明会，听取和回答社会公众的意见。

第十四章
各国预算公开例外事项处理的比较

一、各国预算公开例外事项的确定原则

从典型国家预算公开的规定来看，预算信息公开与否主要以国家《信息公开法》相关规定为依据，有的国家单独就预算公开的例外事项作出了规定，有的国家则没有做单独规定。一般来讲，涉及国家机密、商业秘密、个人隐私、行政内部行为等信息规定为不公开信息。

（一）美国

美国《信息自由法》明确规定：涉及国家秘密、商业秘密、个人隐私和内部行政行为的信息可以不公开。不过，美国联邦政府公开了国防、外交和公共安全等传统认为涉及国家秘密的部门的预算信息，且公开的时间、完整程度和详细程度和教育、卫生等其他部门基本没有差别。

（二）英国

英国信息委员办公室（ICO）专门制定了一套政府信息公开计划的模板，其中具体分为两个版本。其中一个版本是针对某些特殊的政府部门，这一类的政府部门所掌握的政府公共信息并不是都要公开；另一个版本是通用的，除了上述的特殊部门以外的部门都适用这个版本。

（三）德国

德国《预算法》明确规定：预算应遵循7大原则，包括全面性、明确性、整体性、准确性、历史连续性、特定性和公开性。其中公开性原则是指在议会进行的所有关于财政预算的讨论，以及最终通过的预算都必须公开，便于公众接触和使用。但同时也规定，有些支出可按合适的限制条件进行分类，便于有该信息接触权的人接触。

（四）澳大利亚

澳大利亚《信息自由法》（Freedom of Information Act 1982）除赋予每个公民和社团获取政府信息的权利外，也对澳大利亚信息公开的例外事项作了详细列举，并严格定义及限制，凡不属例外事项的信息一律公开。同时，还规定了许多公共利益条款，有效地防止了例外事项被扩大化解释。

（五）日本

日本政府部门在信息公开方面除了受《关于行政机关持有信息公开的法律》（即《信息公开法》）约束外，还同时受《独立行政法人持有信息公开的法律》、《关于个人信息保护的法律》等法律的约束和限定。但上述三个法律所遵循的基本原则是一致的。即以《信息公开法》为依据。日本《信息公开法》（1999 年）第 5 条规定：因公开可能妨碍国家安全、损害与其他国家或国际机关之间的信赖关系或造成与其他国家及国际机关的谈判中的不利影响的情报，行政机关的长官认为属于该情报并且有相当理由的，可不公开相关信息；因情报公开会妨碍预防犯罪、镇压或搜查、公诉、刑罚的执行及其他公共安全和公共秩序的维持的情报，行政机关的长官认为属于该情报并且有相当理由的；国家机关或地方公共团体内部或互相之间审议、讨论或协商的情报，因公开会影响中立的意思决定，或在国民中造成混乱，或使特定人得到不当利益或使特定人受到不利影响的；属于国家机关或地方公共团体进行的事务事业的情报，因公开可能使该事务事业造成下列妨害的，或者其他从该事务事业性质上看对该事务事业的正常进行可能造成妨害的；与监察、检查、取缔或考试有关的事务，因该情报公开使掌握正确的事实困难或容易造成违法或不当行为，或发现困难的；与契约、谈判或争讼有关的事务，因该情报公开可能造成国家或地方公共团体财产上的利益损害或作为当事人地位不当损害的；与调查研究有关的事务，因该情报公开可能造成不当妨害该事务公正、有效进行的；与人事管理有关的事务，该情报公开对确保公正、平稳的人事管理有可能造成妨害的；与国家或地方公共团体经营的企业有关的事业，该情报公开可能损害该企业经营上的正当利益的。

日本各政府机构在信息公开方面一般依据的是《信息公开法》、《独立行政法人持有信息公开的法律》等一般法。部分机构在相关信息公开方面有一些特殊规定。根据内阁官房国家战略室的《有关充实预算执行信息公示的指南》规定：如果因信息公示而有可能给行政执行造成影响，各省厅可自行判断，不公示相关信息。此种情况，应说明不公示的原因。

（六）印度

印度政府信息、预算信息公开的主要法律依据是《信息权利法 2005》、《政府机密法令 1923》等法规。根据《信息权利法 2005》规定，免予公开的信息确定的基本原则是：对国家主权、安全、战略、科技和经济利益以及外交是否产生不利影响，是否破坏议会或者邦立法机构基本权利，是否对商业机密、交易秘密或知识产权造成侵害，是否会损害第三方权益或个人信用及隐私权，是否对个人生命或生理安全造成危害，是否妨碍执法或对犯罪行为进行的调查、逮捕或起诉的信息等。

（七）俄罗斯

俄罗斯关于预算公开范围的界定，除了依据《信息公开法》外，还需遵循《预算法典》的相关规定。《预算法典》第 36 章中关于"秘密条款"的规定成为俄罗斯预算公开中例外事项的主要依据和基本原则。

二、各国预算公开的例外事项

关于预算公开的例外事项，有的国家财政部门单独制定规章（包括办法、目录、指南等）加以细化规定；有的国家不作单独规定，财政部门在判断信息是否公开时主要依据的是《信息公开法》相关规定。

（一）美国

美国《信息自由法》规定了九项豁免公开的政府信息：（1）根据总统行政命令明确划定的国防或外交秘密；（2）纯属行政机构内部的人事规章和工作制度；（3）其他法律明确规定不得公开的信息；（4）第三方的商业秘密以及第三方向政府机构提供的含有特惠或机密情况的金融、商务与科技信息；（5）除了正与该机构进行诉讼的机构之外，其他当事人依法不能利用的机构之间或机构内部的备忘录或函件；（6）公开后会明显地不正当侵犯公民隐私权的人事、医疗档案或类似的个人信息；（7）为执法而生成的某些记录和信息；（8）金融管理部门为控制金融机构而使用的信息；（9）关于油井的地质的和地球物理的信息。但这九条豁免公开的政府信息并没有完全阻挡联邦政府公开国防、外交和安全部门的预算信息：国防部预算对各军种的人员经费、行政经费、和武器装备的购买费用都有详细的列举，国土安全部（Department of Homeland Security）的预算详尽程度跟一般行政部门没什么区别，司法部下设有联邦调查局（FBI），FBI 的预算详尽程度与一般部门的预算也没什么差别，按项目分类和经济分类来列举。

美国联邦政府预算相对不公开的是情报部门的预算，但仍可以从美国科学家联合会官方网站（http://www.fas.org/irp/budget/index.html）找到自 2006 年以来的情报预算支出总额信息。美国情报部门的预算支出主要由国家情报项目（National Intelligence Program，NIP）和军事情报项目（Military Intelligence Program，MIP）构成，分别由国家情报办公室（Office of the Director of National Intelligence）和国防部负责公开。在美国科学家联合会网站中还可以找到国家情报办公室和国防部下属机构国家侦察办公室（National Reconnaissance Office）、国家地理空间情报局（National Geospatial-Intelligence Agency）等部门经国会批准的预算文件，虽然没有像教育等部门详细的人员支出、项目支出信息（这些项目支出的具体数字进行了留白或涂黑等技术处理），但仍有各个支出项目的简要描述。

（二）英国

英国信息委员办公室（ICO）制定有两种政府信息公开计划模板，一个版本适用于一般性政府部门，另一个版本适用于特殊政府部门。两个版本中适用于一般政府部门的政府公开计划中规定的不公开信息，包括：（1）法律明文规定不允许公开的内容，或是《信息自由法案》中规定免于公开的信息。（2）尚未正式实施的一些方案，这些方案还未最终成型，尚处在讨论修改阶段。涉及这些的公共信息可以免于公开。（3）已经存档封存的或是类似封存而导致无法轻易获得的信息。

《信息自由法》规定了例外信息条款，包括：可以通过其他方式获得的、将要公开的信息或者已经公开的信息；与国家安全有关的信息；损害国防的信息；损害国际关系的信息；损害大不列颠联合王国内部关系的信息；损害经济利益的信息；与公共机构实施侦察和诉讼有关的信息；与法律实施有关的信息；法院档案；与审计职能有关的信息；与会议特权有关的信息；与政府政策的制定有关的信息；与国王、王室成员及其家族的通信有关的信息；与公众健康、安全有关的信息；与个人信息有关的信息；获得信息的基础是以保密为前提的信息；法律职业特权信息；与商业秘密有关的信息。此外，任何法律禁止披露的信息都是例外信息。

适用于特殊部门的政府公开计划中规定的不公开信息。这里所谓的特殊部门是指在部门的职能中除了公共职能以外还具备其他职能，这一类部门的活动内容只有一部分涉及公共服务。对于这一类部门他们只需要公开涉及的公共服务的活动信息，而除此之外的信息不在公开范围之列。涉及公共服务的信息的公开范围、公开方式、公开途径、收费标准都和一般部门相同。特殊政府公开计划的模板一般每四年更新一次，由信息委员会完成。适用于特殊部门的政府公开计划，各机关部门可以不加任何修改直接套用，或是在能够提出合理解释并且合法的前提下可做修改。当新版本的政府公开计划出台时，信息委员会会专门通知各部门实时更新自己的政府公开计划。

（三）德国

德国《预算法》第 10 条 a 中关于"需要保密事项"的规定如下：

（1）对于其使用应保密的支出，预算案可以规定，由联邦审计院按照《联邦审计法》第 19 条第 1 句第 1 项或第 2 项的规定进行审计。而联邦审计法（1985 年 7 月 11 日）第 19 条"保密事项"规定，根据联邦预算法第 10a 条规定，联邦审计院的预算审计应当：由审计院院长或副院长参与的相应合议组进行，或由审计院院长单独进行；如审计院院长岗位空缺，则由副院长进行；审计局决策会与审计院决策会不对此负责。

（2）出于绝对保密原因，在例外情况下，联邦议院可以在批准经济计划的预算立法程序中通过一个由预算委员会委员组成的委员会（保密委员会）批准应按需保密的经济计划支出，该机构由联邦议院在任期内根据 1978 年 4 月 11 日的《关于议会对联邦情报活动的监督的法律》(《联邦法律公报》第一部分第 453 页）第 4 条第 2 款和第 3 款的规定选举产生。联邦财政部应将情报机构的经济计划提交保密委员会批准，但联邦议院另有其他规定的除外。保密委员会应及时通知预算委员会此类经济计划的总金额。保密委员会委员有义务对其在委员会工作期间所知道的所有事项保密。

（3）根据《联邦审计署法》第 19 条第 1 句第 1 项的规定，在第 2 款规定情况下，联邦审计署进行审计，并将其对年度决算以及预算执行和经济执行的审计结果通知保密委员会、主管的联邦最高行政机关和联邦财政部。

综上，除涉及保密事项外，德国预算公开的力度还是相当大的。德国在实践中并没有制定查询目录，而是由职能部门自觉的进行评判，依据其是否掌握被申请信息及被申请信息能否进行公开的情况作出决定。

（四）澳大利亚

澳大利亚《信息自由法》就政府信息公开的例外事项做了详细列举，并严密定义及限制，凡不属例外事项的信息一律公开。同时，还规定了许多公共利益条款，有效地防止了例外事项被扩大化解释。澳大利亚现有的免除公开条款按其主要功能可分为两大范畴：

1. 与政府责任和运作有关的例外事项

（1）与国家安全等有关信息，当行政机关能够举证证明"能合理预见到公开将导致对国家安全、国防、国际关系或联邦州际关系的损害"时可拒绝公开。

（2）内阁和行政委员会文件。澳大利亚《信息自由法》第 34 条、第 35 条规定了对内阁和行政委员会文件的豁免。这涉及政府的最高行政机构，承认了澳大利亚政府体制中部长集体责任制的惯例。其存在的基本原理是确保内阁和行政委员会的讨论和研究、商议不受日常的详细审查，从而保证内阁在作决定的过程中可以充分自由地进行讨论和考虑，而免受偏见的影响。

（3）考虑过程和内部工作文件。澳大利亚《信息自由法》第 36 条规定：如果申请公开的事项性质上属于在行政机关考虑过程中获得或记录下来的主张、建议、讨论，或是为行政机关考虑而准备的意见、建议、咨询，并且公开该文件将有违公共利益，则该文件属于免除公开的范围。

2. 旨在保护第三方信息的条款

澳大利亚《预算诚信章程法》第 12 条，除了从正面和侧面规定预算报告应当包含的内容外，还规定财政部门制定政策时决策中的信息是不能公开的。因为公开这些问题一则通常涉及商业秘密，公开会对某些企业或者某个行业产生不利影响；二是公开决策过程中的信息有可能导致国家秘密的泄露，损害国家利益和公共利益。

（五）日本

根据《关于行政机关持有信息公开的法律》（即《信息公开法》）、《独立行政法人持有信息公开的法律》的规定，行政机关、独立行政法人不公开信息各包括三类。一是"不公开信息";二是"部分公开信息";三是"基于公益原因的裁量性公开信息"。但行政机关、独立行政法人的具体规定有所差异。

1. 关于行政机关"不公开信息"、"部分公开信息"与"基于公益原因的裁量性公开信息"的规定

"不公开信息"主要列举了六种情况。

（1）有关个人信息（除经营者个人及有关经营事业信息），当该信息中包含姓名、出生年月日或其他记录可识别特定个人（包括与其他信息比对后，可识别特定个人的信息）、或虽然不能识别特定个人，但公开后仍可能对个人权利和利益产生损害。

（2）关于法人或其他团体法人（除国家、独立行政法人等外，还包括地方公共团体及地方独立行政法人）的信息或从事经营的事业信息。但不包括被认为与生命、健康、生活或财产保护相关的信息。

（3）行政机关负责人认为由于公开可能会对国家安全造成损害、对与其他国家或国际间的信赖关系造成损害、或与其他国家或国际交涉造成不利，或相当理由的信息。

（4）行政机关负责人认为由于公开可能会对预防犯罪、镇压或搜查、公诉维持、刑事执行及其他公共安全和秩序维持造成障碍，或相当理由的信息。

（5）国家机关、独立行政法人等、地方公共团体及地方独立行政法人内部或相互间的审议、研讨或协议相关的信息，如加以公开可能会对正常的意见交换或意思决策中立性造成影响，国民之间产生混乱或给予特定人员不正当利益、或造成不利的信息。

（6）国家机关、独立行政法人等、地方公共团体或地方独立行政法人所开展之事业，或与事业相关的信息，如公开于众，可能会对以下所列事项产生障碍及其他该当事务或事业性质、当该事务或事业实施产生妨碍时。一是监察、检查、取缔、试验或租税赋税及与征收相关事务，难以把握的准确事实，或容易滋生不当行为，或难以发现；二是关于合同、交涉或诉讼相关的事务，国家、独立行政法人等、地方公共团体或地方独立行政法人财产利益或造成当事人地位受损；三是可能损害与调查研究相关的事务，并对其公正和有效开展工作造成不当妨碍；四是对人事管理相关事务及确保公正开展人事工作造成障碍；五是国家或地方公共团体经营的企业、与独立行政法人等或地方独立行政法人相关联的事业、其企业经营上正当利益可能受到损害。

"部分公开信息"主要列举了两种情况。

（1）当与公开申请有关的行政文件中记载有不公开信息时，如能容易区分不公开信息时，行政机关负责人须对申请人公开剔除不公开部分的行政文件。但当剔除之后所公开之文件无意义时，可不受此限。

（2）是当与公开申请的相关行政文件中记录有前款规定"可识别特定个人"时，可通过剔除这些信息中能识别姓名、出生年月日及其他特定个人的内容，并判断即使公开也将不会对个人权利和利益产生损害时，剔除后剩余部分可视为没有包括"可识别特定个人"信息。"基于公益原因的裁量性公开信息"是指即使公开申请的相关行政文件中记载有不公开信息时，行政部门负责人如认为对社会公益上特别有必要，可对申请者公开该行政文件。

2. 关于独立行政法人等"不公开信息"、"部分公开信息"与"基于公益原因的裁量性公开信息"的规定

《独立行政法人持有信息公开的法律》就"不公开信息"、"部分公开信息"与"基于公益原因的裁量性公开信息"作出了规定。

"不公开信息"应属于以下几种情况。

（1）个人相关信息（除经营者个人及有关经营事业信息）。该信息中包含姓名、出生年月日或其他记录可识别特定个人（包括与其他信息比对后，可识别特定个人的信息）、或虽然不能识别特定个人，但公开后仍可能对个人权利和利益产生损害。但以下情况除外。一是根据法令或惯例公开的或预计公开的信息；二是为保护人体生命、健康、生活或财产，被认为有必要公开的信息；三是个人为公务员、独立行政法人职员、地方公务员或地方独立行政法人职员，其信息与其职务、职务履行内容相关的信息。

（2）关于法人或其他团体法人（除国家、独立行政法人等、地方公共团体及地方独立行政法人）的信息或从事经营的事业信息。包括：由于公开，可能会对该法人等或该个人权利、竞争上的地位或其他正当利益产生损害；被认为接受行政机关邀请，以非公开为前提条件而提供的信息，或赋予其他相当条件认定该信息的性质及当时状况合理。上述信息中不包括被认为与生命、健康、生活或财产保护相关，有必要公开的信息。

（3）国家机关、独立行政法人等、地方公共团体及地方独立行政法人内部或相互间的审议、研讨或协议相关的信息，如加以公开可能会对正常的意见交换或意思决策中立性造成影响，在国民间产生混乱或给特定人员带来不正当利益或产生不利影响。

（4）国家机关、独立行政法人等、地方公共团体及地方独立行政法人从事事务或业务相关信息，如加以公开可能对事业或事务的性质或正当实行造成损害的相关信息。包括：一是对国家安全造成损害、或对其他国家或国际间的信赖关系造成损害、或与其他国家或国际交涉造成不利；二是对于犯罪的预防、镇压或搜查等其他公共安全与秩序的维持产生障碍的信息；监察、检查、取缔、试验或租税赋税及与征收相关事务，如公开可能使事实难以准确把握，或容易滋生不当行为，或发现困难；三是关于合同、交涉或诉讼相关的事务，国家、独立行政法人等、地方公共团体或地方独立行政法人财产利益或造成当事人地位受损；四是调查研究相关事务，如公开可能对其公正、效率实行产生不当阻碍的信息；五是人事管理相关事务，如公开可能对于确保公正、顺畅的人事安排产生妨碍的信息；六是独立行政法人等地方公共团体经营的企业或地方独立行政法人从事的事业，如公开可能对企业经营的正当利益产生损害的信息。

"部分公开信息"包括以下两种情况。

（1）当独立行政法人等被申请公开的法人文书中记载有不公开信息时，如能容易区分不公开信息时，可剔除不公开部分后予以公开。但当剔除之后所公开之文书无意义时，可不受此限。

（2）当与公开申请的相关法人文书中记录有前款规定"可识别特定个人"时，可通过剔除这些信息中能识别姓名、出生年月日及其他特定个人的内容，并判断即使公

开也将不会对个人权利和利益产生损害时，剔除后剩余部分可视为没有包括"可识别特定个人"信息。"基于公益原因的裁量性公开信息"是指：独立行政法人等即使要求公开的法人文书中记载有不公开信息时，如果基于公益必要，可对申请者公开该法人文书。

3. 关于保护个人信息的规定

根据《关于个人信息保护的法律》（2003年5月30日法律第57号，2005年4月1日起实行），（以下简称《个人信息保护法》）规定："个人信息"是指有关个人生存的信息，包括能够识别个人姓名、出生年月日等的相关信息。在对待个人信息的基本理念和政府责任是：以尊重个人人格为前提，慎重、恰当对待个人信息。为此，国家、地方政府、独立行政法人等应以法律为依据，考虑到个人信息的特点及利用方法，为保护个人权益，应制定必要的综合性、一体化政策，就个人信息保护施政的基本方向、具体措施、申述等的处理做出规定，以确保恰当对待个人信息。

4. 关于预算"不公开信息"的规定

日本各政府机构在信息公开方面一般依据的是《信息公开法》、《独立行政法人持有信息公开的法律》等一般法。部分机构在相关信息公开方面有一些特殊规定。根据内阁官房国家战略室的《有关充实预算执行信息公示的指南》规定：如果因信息公示而有可能给行政执行造成影响，各省厅可自行判断，不公示相关信息。此种情况，应说明不公示的原因。

总体来看，日本各政府部门关于"不公开信息"的规定大都依据《信息公开法》而制定。以财务省为例，财务省列举了六种信息不能公开的情况。（1）个人信息；（2）法人等信息；（3）国家安全等信息；（4）公共安全等信息；（5）审议、研讨等信息；（6）事务、事业信息。就这六种非公开信息的类型来看，大致分为三类：一类是个人、法人等信息；二类是涉及国家利益与安全的信息；三类是有损于决策中立性，可能导致误解或混乱的信息。信息的公开与否由财务省内主管部门负责人依据相关法律作出判断，对此行政权力的约束由财务省召集的信息公开和个人信息保护审查委员会实行。除此以外，财政信息原则上都公开。

（六）印度

《信息权利法2005》规定免予公开的信息包括：公开会对国家主权、安全、战略、科技和经济利益以及外交产生不利影响的信息；被任何法院和法庭限制发表或蔑视法庭的信息；其公开将会破坏议会或者邦立法机构基本权利的信息；包含商业机密、交易秘密或知识产权的信息，其公开会损害第三方权益的信息（除非由政府机构提供担保）；现有的关于个人信用的信息（除非由政府机构提供担保）；从国外政府秘密取得的信息；对个人生命或生理安全造成危害的、用来帮助安全执法的信息；妨碍对犯罪行为进行调查、逮捕或起诉的信息；内阁公文，包括部长级会议的记录以及政府机构及其部长提出或为他们提出的意见和建议等；同任何公共行为和公共利益无关的个人信息，未经中央公共信息官和邦公共信息官或上诉机构同意，一旦泄露将侵犯个人的隐私权。

《信息权利法 2005》中还规定，除了《政府机密法令 1923》规定的事项和免公信息外，如果公共利益超过了被保护者的利益，公共机构允许查看信息；对于免公信息中的部分信息，如果距请求之日 20 年的事件信息可以公开。同时，该法案还规定了"可分割性"原则，如果申请的信息可以从含有免予公开的信息中分离出可公开的信息，公共机构也应该毫无保留地提供。

《信息权利法 2005》规定，如果要公布的信息涉及第三方机构且被其认为包含机密信息，各级公共信息官应在收到请求的 5 天之内书面通知第三方机构，告知相关事宜并要求其口头或书面说明这些信息是否可以发布。除了法律保护的贸易或商业机密外，如果公共利益高于第三方利益，则信息可以发布。第三方机构应在收到信息通知的 10 天之内回复。第三方机构回复后，各级公共信息官应在收到请求的 40 天内确定信息是否发布。

（七）俄罗斯

俄罗斯《预算法典》中关于"秘密条款"的规定成为俄罗斯预算信息不纳入公开范围的主要依据。秘密条款一般只存于联邦预算，联邦主体和地方预算不允许设定秘密条款。俄罗斯联邦预算中涉及的"秘密条款"应在联邦议会两院的秘密会议上进行审查，与联邦预算"秘密条款"相关的材料由联邦议会两院主席与两院特别委员会进行专门审查，专项秘密计划的通过以及将这些计划纳入联邦预算支出的项目，按照联邦总统的提议进行。在俄罗斯，属于机密的预算支出范围较广，几乎涵盖了预算支出的各个领域，例如全国性问题（即一般公共管理支出）、国防、国家安全和法律维护、国民经济、住房、教育、医疗卫生、体育等。

三、各国预算公开例外事项的法律依据

各国有关预算公开的例外事项的规定，主要以本国《信息自由法》、《国家保密法》、《个人隐私权法》等为法律依据。特别是各国《信息自由法》中列举的豁免公开的政府信息，一般也成为预算公开的例外事项所遵循的基本法律依据。如美国、德国、印度等国家，《信息公开法》成为这些国家规范政府信息公开、预算信息公开的主要法律依据。还有部分国家，如英国、日本、韩国、俄罗斯等，除了遵循《信息自由法》的约束外，财政部门还通过制定有关部门信息公开指南、目录，或者通过预算相关法律，就预算信息公开专门作出规定。如日本除出台有内阁决议案《关于预算监督、效率化小组指南》、《关于充实和公开预算执行信息》、《关于预算执行等信息分布的指南》以及之后的《为提高行政透明度的预算执行》，内阁官房国家战略室还公布有《有关充实预算执行信息公示的指南》等。英国除了内政部（Home Office）编写有《信息自由法案》的解释说明文件外，信息委员办公室还编发有《信息自由法案》指南。同时，包括财政部门在内的各政府部门也按照《信息自由法案》，在其"信息公布

方案"项下公布有发布信息的目录等。俄罗斯《预算法典》中专门就联邦预算所涉及的"秘密条款"作出了规定。

（一）一般共性

1. 预算信息公开与否主要以国家《信息公开法》相关规定为依据，有的国家单独就预算公开的例外事项做出了规定，有的国家则没有做单独规定

政务公开需要有明确的政府信息公开范围界定。如果对政府信息公开的内容、范围规定不完善，缺乏明确的标准，将导致政府信息公开实施过程中政府享有过多的自由裁量权，从而使政务公开流于形式。就 OECD 国家来看，无论是联邦制还是单一制国家，一般在国家法规层面，如《信息自由法》、《信息公开法》等法规中就政府信息公开的原则、不公开或回避公开信息的范围及内容等作出了明确规定。而关于信息公开例外事项的规定也成为预算公开例外事项的基本依据。

一些国家，如美国、加拿大、澳大利亚等国家，除国家层面的《信息公开法》外，一般不制定实施细则、目录和指南。在预算信息公开方面，各政府部门、地方政府一般不另行规定，主要遵照国家相关法规执行。凡是不在豁免公开范围的信息，原则上公民都可以依法获得。

一些国家的政府部门、地方政府在国家法规的基础上就本部门、本级政府政务公开作出进一步细化规定。如英国各级政府部门依据《信息自由法案》颁布实施了本部门的信息公布目录和指南。《英国财政稳固性准则》中明确规定：政府制定和贯彻财政政策时，要把透明作为一项重要原则。除非对英国国家安全、国防、国际关系、调查、起诉、预防犯罪以及民事诉讼过程、隐私权、其他党派与政府秘密通信的权利、政府进行商业活动的能力等造成实质性伤害或损害政府决策和政策咨询过程的完整性。如德国财政预算遵循 7 大原则中就包括公开性。即在议会进行的所有关于财政预算的讨论，以及最终通过的预算都必须公开，便于公众接触和使用。但同时也规定，有些支出可按合适的限制条件进行分类，便于有该信息接触权的人接触。并就预算中"需要保密的事项"做出规定。在日本，总体来看，各政府部门关于"不公开信息"的规定大都依据《信息公开法》例外事项而制定。日本财务省列举了不能公开的 6 种信息，与《信息公开法》相关规定基本一致。但同时规定：信息的公开与否由财务省内主管部门负责人依据相关法律做出判断，对此行政权力的约束由财务省召集的信息公开和个人信息保护审查委员会实行。

2. 以"公开为原则，不公开为例外"，一般采用列举法，将涉及国家机密、商业秘密、个人隐私、行政内部行为等信息规定为不公开信息

当今世界，政府信息公开已是全球大势所趋。就 OECD 国家来看，目前大都制定有《信息公开法》等法律，以规范政府信息的公开。就各国《信息公开法》的实质内涵而言，重在强调政府信息的公开。大多数国家在法律上赋予了公民无条件享有政府信息的权利，但同时也规定公民获取官方信息的要求也不可能无限度地加以保障。这就是所谓的"公开为原则，不公开为例外"。至于不公开或豁免公开的信息，一般采用列举法，作为"例外事项"列举需要特别保护或需要经过权衡才能予以公开的信息。

而就各国有关信息公开例外事项的规定来看，如美国《信息自由法》（1966年）规定了9项豁免公开的政府信息，主要涉及国家机密、商业秘密、个人隐私和内部行政行为的信息；德国《信息自由法》规定：涉及国家安全、决策过程及个人数据、企业商业秘密的信息受到保护；英国《信息自由法案》明确列举了25类可以免于公开的信息，包括涉及国家安全、国防、国际关系联合王国内部关系、经济利益、法院档案、法律职业特权、商业秘密以及与公共机构实施侦察和诉讼、审计职能、会议特权、政府政策的制定、王室成员及其家族的通信、个人信息相关的信息；日本《信息公开法》规定：包括个人信息、商业信息、有关公共安全的信息、审计讨论中的信息以及行政机关的内部信息在内的6类豁免公开信息和2种"部分公开信息"的情况；韩国《公共机关信息公开法》规定了8项不能公开的事项，包括可能损害国家重大利益的情报、可能危及国民的生命、安全、财产以及有可能明显损害其他公共安全和利益的情报等。

概括起来，各国信息立法中规定的例外事项主要可分为三大类。一类是公共利益例外信息，主要是涉及国家安全、国防、外交等重大国家与社会利益的信息；二类是行政特权例外信息，包括机关内部人事规则、内部联系、执法文件等；三类是私人利益例外信息，包括个人隐私、商业机密等。各国家的信息立法之所以对豁免公开的事项加以明确规定，是为了明确信息公开与保密的边界，在有些情况下，不公开更符合公共利益。只有公开和保密互相平衡才有利于国家利益和国家安全，才有利于社会的健康发展。因此，两者都构成《信息公开法》的内容。

3. 各国政府信息、预算信息公开的范围和力度不断加大，一些国家传统认为涉及国家机密部门的相关信息也逐步公开

虽然有关国家机密、商业秘密、个人隐私、行政内部行为等信息作为各国普遍认可的不公布信息。但就上述用语来看，许多为不确定性法律概念，各国难免因解释的不同而出现执行中的宽严差异。但就调研国家政府信息、预算信息公开的程度来看，近年来其信息公开的范围和力度在不断加大。如美国虽然《信息自由法》明确规定涉及国家机密、商业秘密、个人隐私和内部行政行为的信息可以不公开。不过，美国联邦政府的国防、外交和公共安全等传统认为涉及国家秘密的部门的预算信息实现了公开，且公开的时间、完整和详细程度等与教育、卫生等其他部门基本没有差别。如国防部预算对各军种的人员经费、行政经费、和武器装备的购买费用都有详细的列举，国土安全部、联邦调查局（FBI）的预算详尽程度跟一般行政部门没什么区别，按项目分类和经济分类来列举。美国联邦政府预算相对不公开的是情报部门的预算，但仍可以从美国科学家联合会官方网站（http://www.fas.org/irp/budget/index.html）找到从2006年以来有关情报预算支出的信息。虽然没有像教育等部门详细的人员支出、项目支出信息（这些项目支出的具体数字进行了留白或涂黑等技术处理），但仍有各个支出项目的简要描述。

英国是个相对具有保密传统的国家，为了把政府文化从"以保密为原则"转化为"以公开为原则、不公开为例外"，为确保《信息自由法》的顺利推行，英国政府先后废止或修改了大约 300 个禁止政府信息公开的法律条文，建立健全了以《信息自由法》为主体的政府信息公开法律体系。与《信息自由法》相配套，英国还修订了《数据保护法》，制定了如《公共部门信息再利用条例》等实施细则和详细的信息公开目录和指南对《信息自由法》进行补充。同时，还建立专门的政府信息公开监督机构—信息专员署，明确规定其职责，要求信息专员必须保证政府机构执行《信息自由法》的规定，每年向议会报告政府信息公开的执行情况，并提交相关报告。同时，要求各政府部门建立本部门的未公布信息索引，向公众告知有哪些未公布信息以及该信息源的联系方式。就预算信息公开的程度来看，目前凡是符合条件的预算信息（对国家不构成实质性伤害或损害政府决策和政策咨询过程完整性的信息）都可以公开。

在德国，虽然没有在法律文本层面界定主动公开政府信息的范围，但从法律传统来看，凡是涉及公众利益的重要政府信息，如涉及食品卫生、医疗等领域的政府信息，政府都有义务通过各种途径最大可能地让普通民众获得。韩国、日本等亚洲国家虽然政府信息公开工作起步晚于欧美，但在政务信息公开方面推进很快，公开程度也很高。这些国家除了制定出台有全国性的信息公开法外，还制定有部门信息公开实施细则、办法、指南或目录等，对政府信息公开作了全面规定。其规定内容详尽，甚至对信息公开程序、收费标准、各部门公开资料联系方式等都作了明确规定和披露。

（二）各国差异及原因分析

1. 各国有关政府信息、预算信息公开的例外事项的规定相似，但界定范围存在一定差异

当今世界，政务公开已经成为各国行政管理体制改革的世界性潮流。许多国家纷纷出台法律，就政务信息公开作出规定。就各国信息公开的基本原则来看，法律大都赋予了公民享有获取政府信息的权利，但是获取官方信息的要求也不可能无限度地得以保障，一般都规定有信息公开的例外事项，就免于公开或部分免于公开的信息加以界定。

从典型国家政府信息公开法中关于豁免公开的规定来看，大部分国家豁免公开的内容相似，如涉及国家安全和外交的信息、商业秘密、决策过程及公民隐私等，但不同国家对豁免公开信息的界定范围存在一定差异。如美国专门将金融管理部门为控制金融机构而使用的信息、油气井信息作为一项豁免公开信息内容；德国、日本规定决策过程的信息可以不公开。因为过早公开会危害决策成功或者行政机构将要采取的措施，包括决策草案、直接准备工作和决定的信息；日本豁免公开信息中有两项分别为"公开后可能会对本机关与其他机关之间的关系产生不良影响的信息"和"公开后会对行政机关的公务活动造成妨碍的信息"，如行政机构监察、检查、取缔或考核，以及合同、交涉或诉讼、调查研究等事务；韩国规定对于公开会导致房地产投机、使个别利益人获益的信息予以豁免；而英国对有关与女王和皇室的信息予以豁免公开；印度规定内阁公文，包括部长级会议的记录以及政府机构及其部长提出或为他们提出的意见和建议等免于公开。俄罗斯规定秘密条款只存在于联邦预算，联邦主体和地方预算不允许设定秘密条款。在俄罗斯，属于机密的预算支出范围较广，几乎涵盖了预算支出的各个领域，包括全国性问题（即一般公共管理支出）、国防、国家安全和法律维护、国民经济、住房、教育、医疗卫生、体育等。且近年来俄罗斯属于机密一级的预算支出规模有扩大趋势。总体而言，各国在信息豁免公开方面的界定差异，不仅受其政治体制等因素影响，还与其民族传统和社会经济环境等有着密切关系。

2. 各国在是否制定有实施细则或编制有预算信息公开目录、指南等方面存在较大差异

以美国为代表的大部分国家，在规范政务信息公开方面主要实行的是中央集中立法模式。由最高立法机关统一制定效力及于全国的信息公开法律，这些国家一般不制定政府信息公开的实施细则、办法、目录或指南等，凡是不属于《信息公开法》豁免公开范围的信息，原则上公民都可以依法获得。公民获取信息均按法律程序和规定办理。而以英国、日本、韩国为代表的国家，普遍制定有政府信息公开实施细则、办法、目录或指南，对信息公开法令进行补充。如英国除了出台有《公共部门信息再利用条例》、《公共部门信息再利用指令》外，内政部（Home Office）编写和发布了对《信息自由法案》的解释说明文件，信息委员办公室编发了《信息自由法案》指南，包括程序指南、技术指南、特殊部门指南和例外指南等内容。同时，各政府部门也按照《信息自由法案》，在其"信息公布方案"项下公布有发布信息的目录等。日本除了出台有《行政机关信息公开法实施细则》、《独立行政法人信息公开法实施细则》外，部分政府机构在就信息公开作了一些特殊规定。如内阁决议案《关于预算监督、效率化小组指南》、《关于充实和公开预算执行信息》、《关于预算执行等信息分布的指南》以及之后的《为提高行政透明度的预算执行》，内阁官房国家战略室公布的《有关充实预算执行信息公示的指南》等。而早在20世纪80年代中期，日本许多地方政府就出台了有关政务信息公开的条例等。如今日本47个都道府县都制定有《信息公开条例》，就信息公开执行机构（知事部局）、公安委员会、警察本部长·议会等的信息公开手续等作出了规定。而全国几乎所有的市町村、特别区均出台了相应的条例或规定，就执行机构和议会在信息公开方面的手续多处规定。

应该说，是否制定信息公开目录、指南、实施办法等，在一定程度上可以归因于英美法系和大陆法系的立法思想差别，但英国政府在政府信息公开方面的做法同时也能说明目前各国的做法有相互借鉴和趋同的倾向。虽然存在上述差异，但从上述国家实施实践看，基本能满足信息公开机构对于法令可执行性、可操作性的要求，同时能为公民索取信息提供全面具体的指导。

下 篇

典型国家预算公开制度借鉴篇

第十五章
对我国预算公开的启示

一、各国预算公开历程的启示

通过以上对各个国家预算发展历程中的共性进行提炼，我们发现高的预算透明度若想形成，首先，需要纳税人权利意识的提升和公民知情权的觉醒，公民要意识到对政府监督和约束的重要性；其次，国家需要出台各项法律来规范政府的预算公开制度框架，明确预算公开的内容、方式、途径、例外事项处理等相关事项，颁布旨在提高预算透明度的专门法律，最后，国家可以通过网络等媒介很好地去展现预算数据。除此之外，我们也要强调西方国家"新公共管理"运动对于预算公开进程的有力推动。以下分别从五个方面分析各国预算公开发展历程对中国预算公开的启示与借鉴。

（一）民主思想推动预算公开进程

民主，即由全体公民——直接或通过他们自由选出的代表——行使权力和约束政府。西方国家，例如美国、英国、德国等国家，运用宪法和人民的代表——议会来约束政府的行为，已成为民主国家的典范。民主思想推动着社会公民去行使自己对国家的监督权，他们要求政府公开其收支计划以及政府明细的支出项目，从而推动着政府预算公开的进程。

英国作为君主立宪制国家，其政治体制就决定了君主在国家活动中应受到宪法的限制，从《大宪章》的颁布开始，人民及其代表议会就不断地从君主那里夺得财政权力。到了14世纪中叶，英国议会就获得了对政府财政的监督权，在接下来几百年的发展中，议会始终秉承着民主思想，代表英国公民监督政府的预算行为，推动着预算公开的发展。美国的民主思想早在建国前就扎根于每一个美国人心中，相较于欧洲国家，美国民众更加不信任政府，认为政府需要约束，需要监督。正是这种思想推动着美国财政改革的快速发展，与英国缓慢的预算公开进程相比，美国几乎在预算制度建立伊始就提出了对预算透明度的要求，而这正是归功于美国民众及其代表——议会对政府的严格监督。

另外，印度预算公开的发展经验也值得我们思考。印度人民为了获得更好质量的生活，要求政府公开信息，从而发现了印度政府中严重的腐败问题。印度人民民主的启蒙意识推动着他们不断要求政府公开财政信息，包括预算信息，从而推动了意义重大的信息公开法律《信息权利法》的颁布。这一自下而上的过程体现了人民对于政府预算公开强大的推动力量。从以上三国的预算公开经验来看，民主思想，包括宪政思想中分权制衡与有限政府的思想，极大地推动了政府预算制度的完善，同时提高了预算透明度。

（二）制定完善的法律以规范政府的预算公开行为

法律对于现代国家具有重要的作用，一项制度或政策的施行，基本都需要国家以法律法规或管理条例的形式来规范制度施行过程中的每一个环节，保证下级政府能够规范地操作以达到良好的效果。对于政府预算公开同样如此。综观英国、美国、德国、澳大利亚等国家，预算制度的正式确立基本都与某项专门法律有着重要联系，而预算公开进程的发展也总是以一部部法律法规的颁布实施作为其里程碑。英国于 1990 年以后制定的《公民宪章》、《开放政府》、《获得政府信息实用守则》等法律法规有力地推动了政府信息公开，于 2005 年全面生效的《信息公开法》则标志着英国政府信息公开制度进入了全新发展时期。美国 1976 年通过的《政府阳光法案》要求政府公开支出预算信息以利于公众监督，近期美国又出台了《联邦资金责任透明法案》等促进预算公开的法案。德国于 2005 年通过的《信息自由法》是德国政府信息公开最重要的法律依据，保障了公民对政府信息的普遍知情权。同样，澳大利亚政府于 1982 年制定的《信息自由法》规定了政府有义务向公众发布政府信息。可见，各个国家不仅有一部专门的《信息自由法》，还有诸如宪法、国际法规，政府采购法、联邦预算法以及联邦制国家各地方政府颁布的法律法规等一系列相关法律来完善预算制度，提高预算透明度，加快预算公开进程。

（三）完善预算信息公开的呈现方式

完成预算公开的规范化和法制化之后，如何将政府预算信息简单、有效地呈现给公众，就成为了我们需要考虑的问题。在预算信息公开并受民众监督的过程中，信息面向的民众基本都是非专业人员，始终处于信息劣势地位，因此需要各级财政和审计部门发挥作用，利用其专业性和监督权，保证信息的可靠、可信和可读，使公众顺利实现预算参与及民主监督的目标。

以美国德克萨斯州为例，当地议会预算局官方网站每年都会公布地方财政预算。其预算报告一般都是 PDF 格式，内容非常丰富和专业，并配有各式饼状图、柱状图及表格，表格中还有以往财政年度数据的对比。网站中的"德州预算资源"系统，类似于图书馆检索系统，负责教民众傻瓜化操作查询，帮助其顺利实现查询、打印和下载。这对我国的政府预算网的设计有一定的启示，在预算信息的呈现方式上，应尽可能用通俗易懂的语言、形象生动的图表以及翔实准确的解释来表达，以便人大代表理解、审议和社会公众了解、监督。

（四）"新公共管理"运动的借鉴

新公共管理主要强调绩效政府，将管理企业的方式运用到政府中，提高政府效率，并将政府绩效评价和社会公众利益结合在一起，因此，新公共管理对政府财务信息披露提出了以下几点挑战：首先，从信息披露整体模式来看，需要较高的信息披露的透明度，这种预算公开不仅强调公开，还强调财务信息的使用者能够通过政府披露的信息判断政府的财务状况、运营业绩和潜在的财务风险。其次，政府预算信息应完整、充分。政府预算报告不仅要包括一般预算、基金预算、专用基金和财政周转金，还应包括对国有企业的投资及国家债权债务等。最后，新公共管理还对政府财务信息的相关性提出了挑战，即政府财务报告应提供更多的对评价其业绩以及对资源提供者进行决策有用的财务信息。

（五）预算公开进程从"地方"向"中央"推进

从对各国预算公开进程个性的分析中，我们可以看出有的国家（如美国）的预算改革（包括透明度改革）是从地方试点，并推向中央的，而有的国家（如英国）的预算公开过程是自上而下一体化的，那我国在推进预算公开时，应该选择哪种方式呢？中国的每一项改革，几乎都离不开地方或基层的试验，这种自下而上的试验模式可以把改革的风险降低到最低程度，预算公开也是如此。中国作为一个大国，各个地区的经济发展水平不同，公民对于预算监督和预算公开意识的强烈程度也是不同的，因此应该考虑到各个省的差异，鼓励对预算透明意识觉醒较早、发展较快的省份先进行预算公开的试点，进而推广到其他省份。

二、各国预算公开的目标定位

通过上述各国预算公开的比较分析，我们可以看出，财政预算反映整个国家的政策，规定政府活动的范围和方向。财政预算公开是预算民主的体现，是公共财政的本质要求，是推进政务公开的重要内容。同时也可以看出，预算公开必须借鉴各国经验，紧密结合国情（政治体制特征、经济发展阶段、文化等因素）特点和发展阶段，选择适宜的预算公开模式。

传统观点认为，公共财政是"集众人之财，办众人之事"，这样的定义没有完整地揭示出公共财政的内涵，其中非常重要的一点是应加上众人之事由众人决定。既然由众人来决定，当然首先要让众人知晓。预算公开首先就是为了满足让众人知晓，保障公民知情权这个最基本的条件。究竟如何给预算公开的目标定位，大致存在以下主张：

（一）预算信息公开的基本目标定位是保障公民的知情权、参与权和监督权

这种观点所表述的预算目标定位可以算是预算公开的阶段性目标。如果把这个阶段性目标放在最终目标中来分析，公众对财政预算的知情、参与和监督只是一种手段而非最终要达成的目标。

一是保障公民的预算知情权、参与权和监督权。预算公开与预算参与和预算监督紧密相连，环环相扣，通过预算公开，为公众更好地参与预算、监督预算提供便利条件。二是提升政府的预算管理水平，提高财政资金使用效益。从20世纪90年代末开始，中国财政改革的重心已经从财政体制方面转向财政管理方面，开始集中构建与公共财政相适应的预算管理框架，推出了以加强财政支出管理为重心的重大改革，像部门预算、国库集中收付制度、政府采购制度、政府收支分类改革等。预算管理模式的改革，客观上要求有一个功能强大的、全面追踪预算执行的交易信息，反映政府的资产与负债状况，评价政府活动的产出与绩效等。这就提出了提升政府预算透明度的现实要求。这种观点可视为对预算公开的现实目标的比较全面的定位。只有公开了，才能更好地参与和监督，并提高财政资金使用效益。这种定位基于我国财政预算的现实状况，既有利于保障公众对财政预算的知情权、参与权和监督权的目标，又有利于政府提升财政预算管理水平的目标，从社会公众和政府两个方面为预算民主的实现提出了改革的方向。

（二）预算公开的最高目标是解释政府公共受托责任

预算信息公开既是完善民主制度的前提，又是提高政府公信力、重塑公众政治生活、巩固党和政府的合法性基础的重要手段。第一，从完善民主制度角度而言，除了选举制度外，民主制度的另一个重要维度就是国家向社会分权，即国家管理中的公众参与。公众参与预算体现了代议制民主和直接民主的结合，有利于解决代议制民主中存在的代表失职、政治冷漠、追求狭隘利益等弊端。第二，公众参与也是分权改革的进一步延伸。在中央向地方分权产生的改革动力和改革效益逐渐减弱时，实行向社会公众分权，即实行公众参与决策和公众监督，无疑会成为推动政治体制改革的新的动力。因此，公众的参与是未来预算改革的一个价值取向，而公众的参与又必须以预算信息公开为前提和基础。第三，从重塑公众政治生活、提高政府公信力来看，政府管理的关键在于公开，任何监督都不如公开有效，所以"法治政府"应当是"阳光政府"。预算信息公开和公众的预算参与及监督，对于将公众由普通群众提升为负责任的公民，将政府由一个国家权力的拥有者提升为公共利益的组织者、保障者，都将起到非常积极的作用，即一方面打造负责任的政府，另一方面打造负责任的公民。可以说，当前要求财政预算信息公开不仅仅是为了解决今天中国所面临的现实问题，更是为了法治国家的建设和公民社会的建设。

政府行为，乃至预算的法治性是由市场经济决定的，之前所比较的国家多为发达

的市场经济体制国家，市场经济发展相对成熟，预算制度也随之相对成熟，这反映了预算制度，乃至预算公开，受到市场经济体制成熟度的影响和约束。市场通过预算的法律权威直接控制了政府的经济命脉，使得政府活动必须符合其利益。通过预算公开，可以让市场全面了解政府的财政收支状况和施政决策情况，明晰财政风险，监督资金的分配、使用，评价资金的运用效率和政府施政效能，督促政府更好地履行公共受托责任，优化国家公共治理，确保政府真正完全彻底地为国家最高主权者人民的利益服务。

党的十八大报告指出，"未来经济体制改革的核心问题是处理好政府和市场的关系，必须更加尊重市场规律，更好发挥政府作用"；"推进权力运行公开化、规范化，完善党务公开、政务公开、司法公开和各领域办事公开制度，健全质询、问责、经济责任审计、引咎辞职、罢免等制度，加强党内监督、民主监督、法律监督、舆论监督，让人民监督权力，让权力在阳光下运行"。在这一大背景下，对于预算公开的目标定位，我们更倾向于第三种观点。这种观点把预算公开的现实目标与更高目标统一起来，既关注了预算公开目标设定的实际可操作性，为现实的预算公开实践指明了努力的方向，同时又站在更高的理论高度，把预算公开放在公民社会建设与法治国家建设的广阔视野中来考察，无疑大大提升了预算公开的价值，更加凸显了预算公开的意义。

但是预算公开，并不意味着完全公开，应当遵循有限度的原则。从理论上看，国外学者对预算透明度的"度"的限制进行了研究。多数研究认为，透明应该有所限制，因为它可能会破坏某些支持社会正常运转的规则，而且，当某一领域存在不可调和的冲突时，过度的财政透明会阻碍政治联合的形成，从而不利于问题的解决。而且，过分的透明度也许会损伤信任。如果缺少一定的忠诚度和组织结构，组织就无法有效运作，要使得民主制度完全起作用，就必须增大政府机构的信用程度，这就要对政府信息的完全公开予以一定限制。

因此，应按照循序渐进原则，积极稳妥的推进预算信息公开工作，注重防范各种风险，加强与其他改革的协调和配合。从近期操作来看，应以细化预算编制、统一预算公开的形式和内容为重点，完善法律基础、制度基础和技术基础，构建责权分明的公开主体体系，合理界定信息公开和免除公开的范围，把基础工作做扎实，使预算信息公开在法律和制度框架内规范、有序推进，在完善预算公开的基础上逐步提高财政透明度；从长远设计而言，应将预算信息公开放在整个政治、经济和社会改革的大环境中统筹考虑，与其他预算改革、政府管理和决策体制改革以及社会管理改革等结合起来，实现预算信息公开的深层次目标。

三、各国预算公开的责任机构

（一）明确预算信息公开的权力配置模式

在预算问题上，立法机构和行政机构的权力如何配置、他们分别扮演什么样的角色，是一个很重要的问题。在解决完预算权力在行政和立法部门的配置之后，下一步就明确预算信息由谁作为公开主体的问题。目前根据大多数国家的做法来看,各级政府行政序列的财政部门及各部门掌握着预算管理中的大量信息,是预算公开的责任主体,并向立法机构负责。有些国家还专门成立信息公开办公室,统领政府对外的重要事项发布、预算信息公开等事项。

(二) 加强立法机构预算监督的组织建设

发达国家预算监督的有效运行,一方面得益于其完备的预算法规体系,另一方面是其拥有完善的监督组织机构。以美国为例,美国在宪法中详细规定了国会的财政权,这使议会监督预算的权力有了强有力的保障。美国国会每年通过一项预算法案并不断制定法规对预算加以控制,使美国国会预算监督法规体系逐步完善。美国的预算监督控制机构较多,就美国联邦预算而言,主要有国会参众两院预算委员会、拨款委员会、拨款小组委员会和国会预算办公室。(1) 预算委员会。是根据1974年预算法在国会设立的常设委员会,分别设立于参众两院,其主要任务是,对预算进行综合考察,包括收入部分、支出部分,以及各种支出之间的比较,并向国会提出建议,规定预算的支出、收入、盈余、亏空、公债总额。(2) 拨款委员会。是国会中很有权力的委员会,国会通过的拨款法案主要根据这个委员会的建议和报告。每一小组委员会主管一定的行政机关的拨款。(3) 拨款小组委员会。是实际掌握预算拨款权力的机关,拨款委员会向全院提出的建议和报告主要根据小组委员会的建议和报告。(4) 国会预算办公室。也是根据1974年的预算法设立的机构,它由专家组成,不是由国会议员组成。设立国会预算办公室的目的是帮助国会编制预算,主要任务是预算报告、费用估计、经济预测和财政政策分析、记录支出和收入法案、进行特别研究等。

(三) 加强立法机构预算审计机构的独立性

从世界范围来看,各国政府建立的审计机构主要有以下几种模式:(1) 行政模式。在行政模式下,国家最高审计机关隶属于政府行政部门,审计机关是国家行政机构的一部分,其根据政府所赋予的职责权限执行审计业务,向政府负责并报告工作。(2) 司法模式。国家最高审计机构隶属于司法部门,具有司法性质,拥有最终判决权。此模式下的审计机构一般以审计法院的形式存在,其机构和人员的设置也参照司法机关的模式,设有法庭、法官和检察官,享有司法地位,有权对违反规定的情况进行相应的处理、处罚,使得审计机关具有很高的权威性。(3) 立法模式。国家最高审计机关隶属于立法部门,直接在议会或国会的领导下,依据法律所赋予的权力执行审计业务,完全独立于政府,负责向议会或国会报告工作。(4) 独立模式。国家最高审计机关不隶属于任何权力部门,独立于立法、司法、行政部门之外,单独形成国家政权的一个分支,按法律赋予的职权独立地开展审计工作,直接对法律负责的一种审计模式。

纵观发达国家预算审计机构,大都采取了独立性较高的立法模式或是独立模式。例如,澳大利亚、英国和美国都采用了立法模式,审计署隶属于议会,不受行政干预,负责对所有政府部门的预算执行情况进行审计监督;审计署自身的预算执行情况则由议会聘请独立会计师进行审计监督。而德国和日本则采用了独立模式。德国联邦审计院是宪法规定的独立的审计机构，既不隶属于议会也不隶属于联邦政府，其成员拥有司法中立地位，对联邦预算的执行进行独立审计。

四、各国预算公开的内容与范围

（一）政府预算报告和财务报告是政府财务信息内容披露的主要载体

在西方国家，政府财务信息披露的主要方式为政府预算报告和政府财务报告，此外还有其他一些定期或不定期公开的经济文件。如美国的相关财政信息披露渠道还有总统经济报告、国会预算办公室的相关决定、财政公告、月度财政收支公告、国债月报、社会保险和医疗保险托管基金报告等。

1. 政府预算报告

大多数国家都把预算报告作为定期对外披露财务信息常规的、主要的手段。在西方国家，公众习惯上已经把预算当成是了解和监督政府的主要信息来源渠道。财务信息使用者透过预算，不仅可以了解政府在当前年度以及以后一年的收支计划、政策意图和政策重点，知晓政府的整个收支规模，预测政府的相关政策对经济、社会和公众作为纳税人、债权人和投资者自身利益的影响，并且可以监督政府资金使用的绩效和效率。随着时代的进步，现代预算制度呈现出涵盖信息范围越来越宽、信息越来越细化的趋势。以美国为例，对外公开的预算文件包括美国政府预算、政府预算补充材料、政府预算附录、对政府预算的特别分析、政府预算的历史数据以及其他预算文件。

2. 政府财务报告

政府财务报告是为满足信息使用者的需求而编制的以财务信息为主要内容、以财务报表为主要形式、全面系统反映政府财务受托责任的综合报告。政府财务报告是全面反映政府财务状况和披露政府财务信息的主要载体。在目前已建立政府财务报告的国家中，财务报告的内容通常包括财务报表体系、管理讨论分析、报表附注等财务信息和非财务信息。政府财务报告主体通常编制下列财务报表：财务状况表：资产负债表、财务业绩表、现金流量表以及预算执行情况表。

3. 政府财务信息披露内容全面、充分

信息披露的内容是财务信息使用者关心的重点，是信息披露的实质，决定着政府财务信息披露作用的发挥。很多国家通过法律明确，除国防、外交、国家安全、个人隐私以外的信息均应对公众披露。

4. 政府预算报告的主要内容

预算报告披露的内容应尽可能全面，包括所有政府的收支应包括所有对财政状况具有现时或未来影响的决策，诸如财政直接支出、或有负债、贷款、税式支出和其他准财政支出。预算文件应反映财政政策的目标、宏观经济的框架、预算的政策基础和可识别的主要财政风险，提供预算的主要假设，明确描述年度预算中实行的新政策，应在总额基础上报告预算数据，区分收入、支出和融资，并根据功能类别和经济类别对支出进行分类，应在同样的基础上报告预算外活动的数据，应说明主要预算项目所要达到的目标。

（二）预算公开的内容包括基本信息与拓展信息

预算报告中普遍包含了对未来经济发展的预测，使预算更具科学性、前瞻性和说服力。透明清晰的预算流程，使得公众不仅获知最终的预算信息，还能在预算过程中行使监督权。以上各国在财政预算公开的同时，一般要求从预算方案到预算审计的整个过程中的信息均需要公布。该工作与整个预算过程是紧密联系的，而透明清晰的预算流程保证了预算信息及时、连续地公开。这样公众可以在知道相关信息的情况下通过各种渠道发表自己的观点，相关团体进而可以通过游说等措施表达自己的利益诉求，以便在预算成为法案之前对预算进行修改。而且，公众可以根据预算编制过程中的各种变化知道相关部门是否行使其职权，从而对其进行监督。

（三）全面的预算信息和清晰的信息结构，使公众易于理解预算内容

这些国家的政府预算报告几乎涵盖了政府的所有收支信息，即一般预算信息，基金预算，甚至还包括与财政扶持相关的非行政机构的预算信息。此外，这些国家在预算报告和政府财务报告中对信息进行了科学的分类，并基于权责发生制对政府的财务信息进行科学的披露，便于公众较好地理解政府的预算信息和财务状况，提高了透明度。

五、各国预算信息公开方式和途径

（一）实现预算公开的途径和方式的多样化

1. 拓宽主动公开的途径

借鉴国际经验，我们可以看到，主动公开是主要的预算公开方式，与被动公开相比，这更有利于树立透明民主的政府形象，从而加强公众对政府的信任度。

虽然我国也有主动公开预算信息的做法，但公开的力度仍旧不够。政府可以指定专门的预算宣传部门，负责向公众发布和解释各部门的公共预算政策。目前在全国两会期间，我国财政部的相关负责人都会在人民网、新华网等主流媒体与公众在网上就年度财政预算进行互动的在线交流。但这种公开毕竟是临时的、短暂的，未来可以考虑将这种形式长期化、固定化，比如按照月度、季度或者半年举行定期的预算发布会将相关预算信息及时进行发布。就地方政府而言，目前大部分地方尚未做到像中央那样主动地公开预算信息，但也有个别地方政府开始进行了摸索并取得了成效，比如河南焦作市成立"财政信息服务大厅"，让市民可以在此通过电子屏、触摸屏和文本资料

免费查询到所需预算信息，焦作还在火车站、人民广场、市行政服务窗口等人流聚集区的电子屏幕上进行关于"公共财政与百姓生活"动态报道。其他地方可以借鉴焦作的做法，加强主动公开预算信息的力度。

首先，书面文件的公开。预算作为一种正式的法律文书，以书面的形式进行公开是非常必要的，这也是国际的普遍做法，通常各国公开的书面文件包括预算政策、预算、预算执行情况、审计等。我国有必要进一步加大预算书面文件的公开力度，通过书面文件将分散于各预算单位、各政府网站的预算信息进行整合，从而为信息使用者提供规范的、完整的预算信息。

从国际经验看，这些书面文件通常是免费的，少数文件要收取一定的费用。在中国香港人流密集的地区还有人免费发放预算信息。目前我国有些地方和部门在书面文件公开方面也有了一定的进步，比如国家地震局不仅在网上公开预算，而且制定专门的书面文件，而且可根据公民的申请将预算文件邮寄给个人。再比如河南焦作市成立"财政信息服务大厅"，让市民可以在此通过电子屏、触摸屏和文本资料免费查询到所需预算信息。其他地方和部门也可以借鉴该经验，重视预算书面文件的制作和公开，并且尽量主动公开而不是等公民申请再公开。

2. 政府网站的公开

目前，政府网站作为我国政府预算信息的主要方式，也是公众了解政府预算信息的主要渠道，因此，政府网站预算信息的完善对于推进我国预算公开至关重要。

首先，要在政府网站上设置预算专栏。从中央和几个省级政府预算公开的情况来看，无论是人民政府网站、财政部门的网站、还是其他部门网站上，在网站首页基本都没有设置预算专栏，公众必须尝试打开很多个网站专栏才能确定预算信息的所在。虽然很多政府网站首页都设有"政府信息公开"一栏，预算信息就在这一栏下，但是该栏中还有非常多其他的政府信息，特别是当与几百上千条的公告信息混杂在一起时加深了公众查询预算信息的难度。为了便于公众获知预算信息，应将预算信息从"政府信息公开"一栏中脱离出来，在政府网站首页专门成立预算专栏，这也是 IMF 制定的财政透明度标准中方便公众获取信息的原则的重要体现。从我国国情来看，各级人民政府网站比财政部门网站更为合适向公众公开预算信息，因为人民政府网站上有大量公众需求的信息，公众对人民政府网站的关注度远远大于财政部门网站。因此可以考虑在省人民政府网上设置预算专栏，对预算信息的统计应该全面，涵盖财政部门在内的所有政府部门网站、人大网站上的预算信息等。

3. 发挥人大网站预算公开的作用

从目前我国预算信息公开的网站来看，大部分信息来自于政府、财政部门以及各预算部门和单位，来自于人大网站的预算信息量非常少。当然，在当前我国人大不断加强自身建设的情况下，个别地方人大在预算信息公开方面进行了一些探索，比如广东省人大就在其网站上公开了相关预算信息。作为国家立法机关，人大在预算监督方面应该发挥重要的作用。因此，与政府相比，人大在其网站上公布的预算信息应侧重于对预算编制、审批、执行预算情况的监督情况以及监督机关对违反预算法律行为的查处情况等。

4. 成立专门预算网站

随着我国预算公开的推进，政府完全可以专门设置一个预算网站，在该网站上对所有的政府预算信息进行全面详细的公开，并且在该网站上应该设置一个官民互动的预算板块，在该板块中，官民可以就预算问题向政府提出任何的疑问，政府部门相关负责任人必须在规定的时间内及时解答，通过这种互动的方式有效增强预算透明度。

（二）规范预算信息公开的形式

从国外经验看，各国选择何种预算信息公开的形式是以满足信息使用者需求为宗旨，目前我国政府在公开预算信息时，并没有十分重视选择某种预算信息公开的形式，未来可借鉴国际经验，在以下方面进行改进。

1. 统一预算信息发布的格式

从我国预算公开的情况来看，预算信息发布的格式非常不统一，有的部门所有的预算信息都是直接放置在网页中的文字版本，有的部门所有的预算信息都是直接放置在网页中的图片形式，有的部门所有的预算信息是需要下载的图片形式，有的部门文字说明是文字版，预算表是图片形式；有的部门文字说明下载下来，一些是 Word 形式，一些是图片形式；有的部门预算表下载下来，一些是图片形式，一些是 PDF 格式，一些又是 EXCEL 形式……特别是存的图片形式的部门预算，拍摄得很不清楚，图片又无法点击放大，公众根本无法看清楚预算信息的内容。因此，发布预算信息时，建议不要以照片形式发布，建议将所有的文字信息制作成 PDF、WORD 两种格式供公众下载，预算表以 EXCEL 的格式供公众下载，之所以选择下载的形式，是因为随着预算改革的推进，包括预算文字说明和预算表的预算内容将会比现在大大增加，如果直接放在政府网页中容量比较有限，而下载的 PDF、WORD、EXCEL 格式都会比较清晰，减少字迹不清楚造成的阅读难度。

2. 增强预算信息的可读性

首先，编写预算说明。目前预算报告是预算公开的主要内容，但是预算报告的信息非常少，对上一年度的预算执行情况的描述就占到了一半的篇幅，对本财政年度预算工作的布置也有浓墨重彩的描述，真正涉及本财政年度预算收支的信息少之又少，因此预算编制说明的公开非常重要。从几个省级政府预算公开的情况来看，北京、上海、广东、浙江 4 个省市中只有北京市公开了预算编制说明，对预算报告中 2012 年度的公共财政资金使用情况进行了具体说明。可以看到，北京市 2012 年预算报告中对收支的公开只是在款这一级别，但是在预算编制说明中细化到了 18 类支出，且将各项收支细化到款级，并将 2012 年的预算数与 2011 年预算执行数比较，并解释了各部分支出增减的原因，大大增强了公众对于预算报告的可读性。

其次，图文结合的运用。在预算公开中多使用图表，可以大大增强预算报告的可读性。中央今年的预算公开这方面做得非常好，为省级政府和其他地方政府预算公开的推进做了很好的榜样。可以看到，在2012年公共预算收支情况的总体说明中，以公共预算收入为例，配有上年结转、财政拨款收入、事业收入、事业单位经营收入、其他收入、用事业基金弥补收支差额占2012年公共预算收入的比重各部门收入比例的饼状图，支出部分也同样配有各部分支出占总支出的饼状图。在2011年中央部委决算的公开中也有很多图表，其中可以看到2011年度"三公经费"中公费出国、公车消费、公务接待费占"三公消费"的比例的饼状图。这些图表的使用以直观的方式便于公众解读政府预算，有效地增强预算公开的可读性。

最后，技术手段的运用。预算公开中可以运用一些高科技的手段，开发一些实用性的电子政务公开系统与平台，实现预算公开的平民化。我们可以借鉴美国德克萨斯州的经验，德州议会预算局官方网站专门设有"德州预算资源"（TBS）的系统，系统类似于大学图书馆的检索系统，负责教民众傻瓜化操作查询，即使不会使用搜索工具，系统界面上的帮助按钮也能帮助公民顺利实现查询、打印和下载。除此外，德州政府预算报告中也运用了大量的饼状图、柱形图，公众可以从PDF格式的预算报告中了解到非常丰富而且专业的预算信息。

（三）构建预算信息公开的参与机制

公共预算的初衷就是要让公众了解预算的过程和内容，并且在预算的过程当中提出各自的意见和建议，如果没有有效的公民互动参与机制，公民根本不能在预算过程中提出自己的意见。没有公民参与的预算反映的只是"政府偏好"。互动参与机制就是要把预算中的"政府偏好"转变为"公民偏好"，根据公民对公共需求偏好度的高低程度来安排公共财政资金的使用和公共项目的轻重缓急。

从国外来看，参与预算的主要方式包括公众听证、公民问卷、公民咨询委员会、公民陪审团等，政府可以综合利用多种方式，并且在不同的阶段，应该选择不同的参与方式，这样可以对多种参与方式实现"扬长避短"。目前我国可以预算听证制度作为切入点，构建预算信息公开的参与机制。从国外经验看，预算听证是目前运用最多的参与方式之一，可以看到，许多发达国家的法律中明确了预算听证这种公民参与方式，如美国《国会的预算与财政管理》规定了"各个财政年度提出预算共同议案时，参众两院的预算委员会应当举行听证会"，美国联邦政府，每年至少有四个预算听证会。我国《立法法》规定了听证制度，但《立法法》的规定不适用于预算的审议，目前预算法没有预算听证的内容，但是很多地方人大的监督管理条例中都明确了"预算初审阶段，人大常委会要建立预算审查听证制度和辩论制度，直接面向社会就部门预算案或某些预算项目举行听证会，要求有关部门对预算草案或项目的可行性、效益性、预测依据等举行说明，充分听取公众和专家的意见，提高公众的参与度，增强预算透明度和认可度。"

1. 听证项目的选择

由于公共预算的专业性，加上我国政府的宣传和公开力度不够，社会公众对于预算的重要性认识度不高，各地预算听证往往出现这样的情况，主动报名的社会公众人数比较少，实际参加人数远远少于原定名额，很大程度上削弱了预算听证的作用。公众对预算越感兴趣，参与的热情才会越高，因此，要提高公众参与度，政府应以民生为突破口，选择公共财政预算、社会保障资金预算这些与公众切身利益相关的预算项目进行听证。

如果只有政府相关部门拥有预算听证项目的选择权，作为理性的利益人，往往不能做出站在公众角度最优的选择。建议人大等政府部门可以选出事关民生、社会关注的项目由公众进行网上投票，政府有关机构以此推选出代表公众心声的项目。对经公示拟安排的项目组织财经、技术、管理方面的专家论证，对经过专家论证的项目仍需听取社会意见的进行社会听证。

2. 提前多渠道发布听证公告

建议可以提前30天发布听证会的通告，向社会公众告知听证会的内容、时间、地点和程序。对于听证会的内容公开得越详细，人大网站上应该可以免费下载预算表在内的所有预算听证信息，越早让公众知晓预算的听证的相关内容，公众知情权得到最大满足，才能准备得越充分，才能最大程度发挥听证会的作用，促进公共决策的科学化和民主化。政府应该针对不同的人群，综合运用电视台、报纸、网站等媒体上多渠道发布听证公告。要使预算编制更加科学合理，需要吸收不同年龄段和社会阶层的人参与到听证会中，相比而言，中老年人和一些社会弱势群体不常使用网络媒体，而他们更多时候是预算过程中的重要利益相关者，这时候就需要政府发挥报纸、电台、广播等传统媒体的作用。除此之外，在人民广场、火车站、市行政服务窗口等人群集聚的地方设立电子屏幕，在小区内各居委会的张贴栏发布听证会的相关信息，全方位多渠道地加大预算的宣传力度，提高公众的参与热情。

3. 科学设置听证程序

在听证会上，需要听到不同利益群体感性的呼唤，也需要听到专家学者理性的见解。建议预算听证可以包括三类人：第一类是预算草案的提出机构，他们必须就以上两个听证事项的预算方案做一个定时说明，要讲清楚政府的预算资金怎么花，以及花钱的理由和依据。第二类是听证会的主角——听证陈述人，由若干名人大代表、社会公众、专家组成，他们可以针对这两个预算项目提出自己的意见，并与第一类角色进行辩论。第三类也是由若干名人大代表、社会公众、专家组成的旁听人，他们虽然不享有发言权，但可以在会后提交书面意见。设计足够的表达和辩论时间，使多元利益主体能够充分对话，协商讨论，推动预算编制的合理性。建议在听证会开始之前，应进行听证会的相关模拟，预算的提出机构应对棘手的问题进行预计并作相应解答，对预算项目进行充分的调查研究，以避免或使听证会上的意外情况减至最小，使听证会能够顺利进行。

4. 实现听证制度在预算中的常态化

听证会是传统的公民参与方式，但如果公民发现政府部门根本不重视他们的发言，他们的意见根本对政府决策无关紧要时，公众参与预算听证的热情就大大降低。当公民对听证会讨论的内容一无所知，有的甚至将听证会成为发泄自己不满情绪的地方，政府采用这种公民参与方式的积极性也大为降低。因此，预算听证制度要发挥作用，离不开长效机制的建立和政府与公民双方的努力，而我国现阶段还要做的是在预算法中对预算听证作出明确规定，赋予预算听证法律保障，实现听证制度在预算中的常态化。

另外还可以通过咨询委员的方式，组织财政、金融、管理等各方面专家对必要的项目支出和民生项目进行科学论证。通过这种方式可以有效弥补公民问卷阶段公民专业知识的缺乏，他们更多的是感性的角度来判断自身需要公共投入，提的相关预算意见可能缺乏实践上的可行性，专家们的专业知识和理性判断可以给政府部门在预算编制中提供合理性的建议。经过了公民问卷调查和咨询委员会，预算编制就已经初步结合了民意的"公共性"和专家的"专业性"，但这样还远远不够，经过专家论证后的预算项目还应该通过预算听证、公民论坛、咨询委员会的形式再次让公民发表意见，当预算讨论的内容不是很多的情况下，每个公民都应该有机会充分发表自己的意见。

（四）规范人大预算公开的流程

在我国当前预算公开水平较低的情况下，要求一蹴而就地实现像西方国家那样高水平的公开不太可能。既然难以实现对全体公民的预算公开，可以考虑先提高对人大的预算公开水平。因为人大代表是由公民选举产生的，可以代表公民的利益。借鉴西方国家经验，在我国现有人大预算公开流程中，可适当加入质询和预算修正程序，相应地，预算审议时间也要延长。

1. 预算质询

预算质询是指立法机关审议预算的过程中，如果议员对政府预算编制存在疑问，可能是认为财政资金配置存在不合理之处，需要政府部门进一步解释，可以依据一定的法定程序，要求政府相关人员以口头或书面的形式回复议员们的问题。预算质询源于质询制度中的正式质询，在质询期间往往伴随着激烈的辩论的争吵，在这个过程中能够更好地发现和确定公众利益。通过预算质询的方式，能对政府形成压力和动力，促使财政资金得到合理有效的配置。

西方发达国家质询制度很重要的一点是对议会质询时间、政府答复、质询方案公开等方面做了明确规定，使质询成为一种稳定的制度。从议会质询时间来看，意大利将每次会议举行前40分钟规定为质询时间；法国每周三或周五下午是议会质询时间，要求政府官员为他们解答疑惑；英国规定议员们在每周一至周四的下午都可以行使质询权，英国下议院更是从1960年起就将重要会议开始前的15分钟作为质询时间，议员们可以就公共政策中的疑问对首相进行质询。从政府官员答复时间来看，意大利规定政府必须在20天内向议会提交书面形式的答复报告。德国的时间更短，政府必须在14天内答复议员的质询，如果政府官员没有在规定期限内作出答复，还必须承担一定的行政责任。相比之下，我国质询制度无论是质询的时间、答复的时间、还是质询案的公开上都没有作出明确规定，未来应该就书面质询进行明确规定，以加强人大预算质询的力度。

为解决我国人大质询权的虚置状态,强化人大对预算审议的制约力,有必要建立常态的预算质询机制,并将政府质询案的相关内容对公众公开。在人大常委会对预算案三个月的审议过程中,可以规定每月的某一天(比如周一)是人大质询时间,财政部门领导和其他相关负责人必须在这一天接受人大预工委、财经委工作人员对预算案的质询,财政部门领导必须以口头或书面的形式作出答复,特别对于一些关系民生等重大公共利益的预算项目,应该规定财政部门必须在15天内以书面报告的形式作出答复。除此之外,在延长人代会审议预算时间的基础上,每年各级人大会议一天的预算审议时间中,应专门安排三个小时的时间作为预算案质询时间,人大代表就公共财政资金安排中不合理的方面提出自己的疑问和意见,财政部门的官员必须就人大代表的问题进行回答。

2. 预算修正

预算修正是指在预算质询的基础上,依照法定的程序,议员们对预算安排提出合理性建议,并对政府预算案产生了实质性影响,促成预算案的调整。从世界各国对预算修正权的规定来看,主要有三种类型:一是没有限制的预算权,议会可以不经政府同意对预算收支作出任何的变动;二是有限制的预算权,议会的预算修正权被限制某些特定的范围内,预算修正也多是对预算总支出数的调整;三是平衡预算权力,议会可以对预算收支进行增减,但前提是存在一个制衡机制来平衡总预算。预算修正包括预算收入项目修正、预算收入金额修正、预算支出减额修正、预算支出增额修正四种类型。美国国会可以说拥有着至高无上的预算权,也就是没有限制的预算权。国会可以任何调整总统的预算提案,对预算的增额修正没有限制,议会对政府的拨款请求可以做任意的增减,不仅如此,如果议会觉得某项支出项目公共需求性不强或者支出数额不合理,可以拒绝对这些项目的拨款请求。当国会认定政府预算案中存在违规问题时,议会也会对其采取必要的行政制裁。我国目前宪法和预算法都没有对预算修正权作出规定,但是省市的监督管理条例中对预算修正都作出了规定,实践中的预算修正也经常发生,期待能将预算修正写入预算修正案中,有效强化我国人大的预算权。

人大预算修正程序的缺失使得人大对预算缺乏实质性的约束,虽然预算法中没有预算修正的规定,但我国目前已经有七个省市的预算监督条例中明确了预算修正,其中重庆、湖北、海南、云南四省(市)明确了人大可以表决形式处理预算修正。2006年浙江温岭市新河镇诞生了国内第一起人大代表行使预算修正权的案例。我国可以考虑在预算法或者宪法中明确规定人大的预算修正程序。重庆、湖北、广东、海南、云南等七个省(市)的监督管理条例都明确了10名人大代表以上可以提出预算修正案,地方政府层面如浙江温岭规定了5名人大代表以上可以提出预算修正案。除了人大代表外,应该借鉴《广东省预算审批监督条例》,规定大会主席团、人民代表大会常务委员会、人民代表大会各专门委员会也是预算修正案提案主体。建议人民代表大会常务委员会、人民代表大会各专门委员会成为预算案的修正主体,因为人民代表大会的会议时间很短,审议预算报告特别是预算修正案的时间就更少了,这就削弱了预算修正的作用。在这种情况下，人民代表大会各专门委员会在人大会议召开之前就已经对部门预算草案等进行过审查，相比人大代表，更熟悉政府部门的预算编制情况，也更具备相应的专业素质。相比政府部门，不直接牵涉预算带来的既得利益，更能客观看待问题。因此，这些主体成为预算草案的修正主体，对推进预算编制的科学性更有优势。

在人大代表提出预算修正案后，大会主席团审议后决定是否将其纳入人代会会议议程中；一旦预算修正案确定纳入大会议程，在领衔提案人向大会说明议案后，允许其他代表对此预算修正调整议案进行询问和辩论。人大代表对预算修正案分别进行表决，获半数以上赞成为通过。修正案由大会主席团审查并决定是否列入大会议程，这样的规定对修正案起到了过滤的程序，因为代表们自身的专业素质和对公共管理领域的熟悉程度等都影响着预算修正案的质量，很多出发点是善意的，但是并不能从理性的角度考虑全面看待问题。除此外，应优先表决修正案，再就关于预算的决议草案进行表决，这样的规定可以在有限的审议时间内，赋予预算修正案优先的审议权，使之能有较多的讨论空间，避免了在时间仓促的情况下，预算修正成了走过场。

3. 延长预算审议时间

前述国家之所以能够启动预算质询和质询程序，有一个重要原因是议会拥有足够长的预算审议时间。如果政府只是向他们公开了预算，但他们没足够的时间就其中预算提出任何的疑问，不能对公共财政资金配置中的不合理之处提出任何的意见，并促成政府预算案的调整，预算对立法机关的意义荡然无存。如果立法机关在审批、监督预算时都不能对预算产生实质性影响，我们很难想象预算向公众公开会是怎么样，成效如何已经是不言而喻了。只有立法机关有足够多的预算审议权力，包括预算质询权、预算修正权在内的强大预算权，才能更好地代表公众监督政府预算。从国外来看，法国议会在每年10月的第一个星期二召开特别会议专门讨论国家预算草案，预算审批时间从10月份到12月份长达三个月之久；丹麦在下一个财政年度的财政法案开始前至少四个月提交议会审议；德国议会审议预算的时间也达四个多月之久；美国预算案的审议时间最长，从每年2月份就开始审议下一年度的预算案，时间长达10个月之久。这种时间充分的预算审议制度，使议会代表们有足够的时间讨论预算，从根本上保障了预算的严肃性和法治性。相比之下，我国人大的预算权很弱，每年人民代表大会只有几天时间，在会上需要讨论和审议的事项非常多，对于预算草案的审议一般只安排一天左右的时间，通常还是和政府工作报告一并审议，预算审查时间过于吃紧使得每年人大会议的预算审议成为"走过场"。同时，代表们鲜少对政府预算行使质询权，即使对预算产生疑问，由于人大代表预算修正权的缺位，他们提出的建设性意见根本不能对政府预算的调整产生实质性影响。

六、各国预算信息公开的例外事项及依据

就一些国家有关政府信息、预算信息例外事项的规定可以看出，立法模式的差异在一定程度上可以归因于英美法系和大陆法系的立法思想差别。但就各国在政府信息、

预算信息公开方面的立法内容来看，各国有着相互借鉴和趋同的倾向。

我国自2002年第一部信息公开的地方性法规《广州市政府信息公开规定》出台以来，到2008年5月1日起全国性立法《中华人民共和国政府信息公开条例》的出台，逐步建立起了我国的政府信息公开制度。此后，部分中央政府部门和地方政府陆续出台了有关信息公开的规章等。到目前为止，大多数中央政府机关制定了信息公开（政务公开）的部门规章，多数有地方立法权的政府出台了信息公开地方政府规章或地方性立法。下面，针对当前我国各类信息公开立法中关于"例外事项"规定中存在的问题，借鉴各国在政府信息、预算信息公开方面的经验，其借鉴和启示意义如下。

（一）健全和完善相关法律体系，进一步扩大和细化《条例》中关于"例外事项"的范围和规定，便于实际操作和运用

作为政府信息公开的重要一环，预算信息公开已是全球大势所趋。欧、美、日、韩等国家普遍大力推行政府信息公开，并建立了完善的法律制度加以规范。如美国联邦政府除了出台《信息自由法》外，还先后制定了《联邦咨询委员会法》、《隐私权法》、《阳光中的政府法》以及《电子情报自由法》等。日本在规范政府信息公开方面，除了《关于行政机关持有信息公开的法律》（即《信息公开法》）外，还包括《独立行政法人持有信息公开的法律》、《关于个人信息保护的法律》，以及部分政府部门制定的有关信息公开的指南、目录等。而且，这些国家对信息公开与保密的界限、不公开信息的范围等都作出了较为明确的规定，针对性和可操作性强。其中，英国在严格区分信息公开"绝对例外"和"相对例外"的基础上，将"公共利益测试"和"损害测试"作为约束政府机关信息公开裁量权（"相对例外"范围）的判断基准，建立起较为完备的政府信息公开例外规则；德国、日本就"部分公开信息"的范围，俄罗斯就"联邦预算秘密条款"作了详细界定。

如英国对列举的25类可以免于公开的信息进行了分类，其中8类信息属于绝对例外，如与国家安全有关的信息、损害国防的信息、损害国际关系的信息、损害大不列颠联合王国内部关系的信息等，不需要进行相关评估；另外17类为相对例外，如与公众健康、安全有关的信息，与个人有关的信息、商业秘密等。这类信息的公开是以信息本身是否适合为标准的，即如果能证明该信息的公开比保密对公共利益更好，则可以被公开，反之，则不能公开。日本分别列举了两种"部分公开信息"的情况。一是当与公开申请有关的行政文件中记载有不公开信息时，如能容易区分不公开信息时，行政机关负责人须对申请人公开剔除不公开部分的行政文件。但当剔除之后所公开之文件无意义时，可不受此限。二是当与公开申请的相关行政文件中记录有前款规定"可识别特定个人"时，可通过剔除这些信息中能识别姓名、出生年月日及其他特定个人的内容，并判断即使公开也将不会对个人权利和利益产生损害时，剔除后剩余部分可视为没有包括"可识别特定个人"信息。同时，日本还列举了"基于公益原因的裁量性公开信息"。即使公开申请的相关行政文件中记载有不公开信息时，行政部门负责人如认为对社会公益上特别有必要，可对申请者公开该行政文件。这在一定程度上给

各政府部门在信息公开方面一定的自主权和裁量权,有利于政府部门尽可能扩大信息的公开范围。俄罗斯则就如何审查适用于联邦预算的"秘密条款"作出了详细规定。规定:联邦预算法的秘密条款应在联邦议会两院的秘密会议上进行审查,与联邦预算秘密条款相关的材料由联邦议会两院主席与两院特别委员会进行专门审查,专项秘密计划的通过以及将这些计划纳入联邦预算支出的项目,按照联邦总统的提议进行。

由此可见,各国政务公开、预算信息公开是建立在完善的法律体系基础之上的。而关于"例外事项"的明确规定,不仅为各国政务公开、预算公开提供了法律依据,同时也便于政府各部门实际操作和运用。凡是不在"例外事项"列举范围内的政府信息都属于应公开的内容。这样政府信息公开就实现了"以公开为原则,以不公开为例外",达到了政府信息公开范围的最大化,政府信息保密范围的最小化。

目前,我国涉及公民知情权的《政府信息公开条例》(2008年5月1日起施行)规定:我国政府信息划分为三类,即主动公开的政府信息、依申请公开的政府信息与不予公开的政府信息。其中,关于"不予公开信息",仅规定涉及国家机密、商业秘密、个人隐私的政府信息不得公开。关于"依申请公开信息",规定:行政机关认为申请公开的政府信息涉及商业秘密、个人隐私,公开后可能损害第三方合法权益的,应当书面征求第三方的意见;第三方不同意公开的,不得公开;行政机关认为不公开可能对公共利益造成重大影响的,应当予以公开,并将决定公开的政府信息内容和理由书面通知第三方。行政机关对政府信息不能确定是否可以公开时,应当依照法律、法规和国家有关规定报有关主管部门或者同级保密工作部门确定。就条例上述内容来看,特别是信息公开的范围规定显得过于含糊、原则,特别是信息公开"例外事项"的规定太笼统、不够细化,缺乏统一规范和标准,不便于实务部门的实践操作及应用。同时,"行政机关公开政府信息,不得危及国家安全、公共安全、经济安全和社会稳定"这一获取信息要求的限制性解释,很可能导致各政府部门相当不确定地使用这些特殊情况规定。

作为规范预算信息公开的部门性法规,《财政部政务公开规定》、《财政部机关政府信息公开实施暂行办法》、《财政部政府信息公开指南》、《财政部政府信息公开目录》中关于"不予公开信息"的规定与该条例一致,并未做进一步细化和解释,而该条例中关于"不予公开信息"的规定又过于笼统,使得基层财政部门在确定是否可以公开相关预算信息时,往往缺乏规范的标准,对于把握不准的部分信息,只能向上级部门请示,不仅增加了行政成本也影响了信息公开的效率。

(二)统一地方政府、部门规章与《条例》之间有关"不公开信息"范围的规定

典型国家有关政务信息公开、预算信息公开中关于"不公开信息"范围的规定来看,无论国家是否单独就预算公开的例外事项作出了规定,一般来讲,预算信息公开的基本依据是《信息公开法》。即便有一些国家财政部门另行制定有信息公开实施细则、办法、指南或目录,其中有关例外事项的规定与《信息公开法》信息公开范围是

保持一致的，只是依据各部门具体业务有所细化，更便于指导实务部门操作。

但就我国现行《政府信息公开条例》与地方政府、各政府部门的下位立法来看，在"例外事项"规定上存在一定的纵向冲突。《政府信息公开条例》就信息公开例外范围仅规定了"国家秘密、商业秘密、个人隐私"三类。而就已出台中央政府部门信息公开部门规章来看，除了《财政部门政务公开暂行办法》、《气象部门政府信息公开办法》、《商务部政务公开暂行办法》等法规外，都对免于公开事项进行了列举。提出大约十类信息公开"例外事项"。其中，包括国家机密、内部事项和内部文件、与本人生产生活科研等特殊需要无关、可能引起公众混乱的信息、影响刑事诉讼进行的信息、其他法律法规规定免于公开的 6 类信息被规定为"绝对例外事项"，政府机关无裁量公开的权力。而其他 4 类信息则在规定上各有不同，有的属于"绝对例外"事项，有的则规定了特定条件下可予以公开，即所谓的"相对例外事项"。而就政府信息公开地方立法中关于"例外事项"的规定来看，除了《河北省实施〈中华人民共和国政府信息公开条例〉办法》（以下简称《条例》）未具体列举例外事项外，其他立法均列举了信息公开的例外事项，共涉及 8 类信息。包括国家机密、商业秘密、个人隐私、调查与讨论过程中的信息、与行政执法有关的信息、政府内部事项及内部文件、公开可能造成社会负面影响的信息、其他法律法规规定免于公开的信息等。显然，《条例》与下位立法在信息公开例外范围上不一致，部门规章和地方政府规章中对于信息公开例外范围的规定明显有超越上位法所划定的范围。同时，两者就共同认定的"例外事项"（国家机密、商业秘密、个人隐私三类信息）的属性认识上也存在一定差异。一些部门规章将商业秘密规定为"绝对例外"事项，而另一些部门规章则将个人隐私规定为"绝对例外"事项，与《条例》第 12 条关于"不得公开"的规定不符。

为避免各部门、地方政府规章与《条例》规范之间的矛盾冲突，今后，我国应进一步扩大和细化《条例》中关于信息公开例外范围的规定。《条例》作为统摄我国政府信息公开的上位立法，应就信息公开"例外事项"进行较为全面的列举，至少应涵盖如下 6 类信息：国家机密、国家安全信息；商业秘密；个人隐私；公务信息（有关行政过程、行政执法、法院审判等的公务信息）；机关内部事项与文件；其他法律、法规规定免于公开的信息。

（三）在保证国家政务安全的前提下，加强对公民隐私权、商业秘密等保护的立法建设

现代宪政理念赋予了公民获得政府信息的权利。因此，政府在信息公开方面，不是以行政权力为基础，而是由民众的权利决定的。因此，各国信息公开法大多是以保护信息公开申请人获得公共机构信息的权利为宗旨的。就 OECD 国家政府信息公开法中关于豁免公开的规定来看，大部分国家将涉及国家安全和外交的信息、商业秘密、决策过程及公民隐私等界定为豁免公开信息。而且，各国政府信息、预算信息公开的范围和力度不断加大，一些国家传统认为涉及国家机密部门的相关信息也逐步公开。但就各国免于公开信息的规定来看，一个重要判断标准就是是否侵害个人隐私权、商

业秘密等。如德国《信息自由法》第 5 条的规定：有关个人数据应得到保护。公开官方信息可能涉及第三者权利时，必须进行权衡。只有当公开信息的利益被估价为高于第三者的保护利益或者第三者同意公开其数据，才能公开信息。韩国规定：公共机关认为请求公开的信息的全部或部分跟第三人有关的时候，应及时通知第三人，必要时应听取其意见。第三人可以请求公共机关不予公开与自己相关的信息。如果公共机关不顾第三人的非公开请求而作出公开决定时，应及时书面通知公开决定的理由和公开实施日。第三人可以以文书的形式向做出该决定的公共机关提出异议，也可以提起行政复议或行政诉讼。也就是说，各国的政务信息公开不再以保护行政机构自身行为为出发点，而强调个人隐私权、商业秘密的保护。

目前，《中华人民共和国政府信息公开条例》中虽然将个人隐私、商业秘密作为"不公开信息"的内容之一，同时规定公民有复议、诉讼等权力。但由于这些规定很笼统，由于没有建立追责机制和赔偿机制，使得这一规定不免流于形式。而且，"个人隐私权、商业秘密的保护"是一个涵盖内容非常宽泛的概念，仅靠《条例》这一行政性法规很难做到并全面落实。因此，今后，我国应尽快制定出台《个人隐私权保护法》等法规，明确有关个人隐私、商业秘密的内容。同时，应适应新形势的需要修订《国家保密法》等法律，科学界定公开与保密的关系。从不同角度规范政府信息公开，形成政府信息公开和公民权利保障的法律规范体系。使对公民隐私权、商业秘密等的保护上升到法律层面，使实务部门有法可依。

（四）有效的诉讼机制不仅确保了政府信息公开的法治化，同时也为公民提供了有效监督途径

尽管信息公开立法的首要目的是在信息的公开与其他社会公共利益保护之间寻求平衡，但不可忽视的是，信息的公开也可能会对特定的权利或利益造成损害，尤其是在涉及商业知识产权、个人隐私时表现的较为明显。为此，就需要建立起规范政府信息公开裁量权、保障公民正当权益的制度体系。综观发达国家，有效的诉讼机制、监督机制是这些国家信息公开法治化及对公民隐私权、商业秘密等保护的重要基础。在美国，涉及信息公开的诉讼有两种。一种是"情报自由法诉讼"，即公众有权针对政府信息不公开而向法院起诉，请求法院命令政府信息公开；另一种是"反情报自由法的诉讼"，英国政府对行政部门在信息公开中的职能进行了严格分工，还建立有专门的独立政府信息公开监督机构——信息专员署，明确规定其职责，要求信息专员必须保证政府机构执行《信息自由法》的规定，每年向议会报告政府信息公开的执行情况，并提交相关报告。日本则设有独立的"情报公开审查会"，专门处理有关信息公开中的行政不服案件。而"情报公开审查会"成员并不是行政机关内部人员，而是由法官、律师、社会人士、学者等组成，目的在于从独立第三者的视角来做出判断。可以说，上述国家完善的诉讼机制和监督机制不仅有力地保障了公民对信息的知情权，同时也为保护公民隐私权和商业秘密等提供了有效的法律途径，成为公民行使监督权的法律保障。

而目前我国的《政府信息公开条例》虽然设有保护第三方合法权益的规定（第23条），要求书面征求第三方的意见，第三方不同意公开的，不得公开。对于公民（法人或者其他组织）对于不依法履行行政府信息公开义务或存在侵权行为不服时，可采取向主管部门举报、依法申请行政复议或行政诉讼。但就具体的申诉、诉讼程序及救济途径等并未做进一步规定。同时，也没有涉及保护第三方权益及其对行政决定不服时的救济途径等。另外，我国对政府信息公开工作的监督机关规定为监察机关和上级行政主管部门。但由于就具体的监督职责、调查处理方式、程序等并未作出明确规定，使得监督职能流于形式，不便于实践操作。借鉴美国、英国、日本等国家经验，今后在我国政府信息公开相关法规体系中，应进一步明确对行政决定不服时的申诉、诉讼等权限的行使程序，明确对第三方权益的保障措施和救济途径，包括明确在信息公开过程中，由于行政机关的违法给申请人或第三方造成损失的经济赔偿和责任追究等。从强化外部监督、增强公民自身维权意识、保障公民享有获取政府信息公开权益等角度出发，促进政府合法、合规履行政务信息公开的义务。同时，今后还应在有关政府信息公开的司法解释中明确信息公开例外的裁量基准，明确规定"公共利益"和"损害"测试中应考虑和不应考虑的因素。在"公共利益"测试中不仅要反面列举涉及公共利益的因素，还需正面列举与公共利益相关的因素。在"损害"测试中，明确"损害"必须在"明显而且重大可能性"的情况下才可成立。如此，既为政府机关裁量是否公开相关信息提供了指导性准则，也为法院审查相关行政行为是否明显不当提供了参考依据。

第十六章
中国预算公开现状与提升路径

2013年11月党的十八届三中全会《关于全面深化改革若干重大问题的决定》（以下简称《决定》）中，提出财政是国家治理的基础和重要支柱，科学的财税体制是优化资源配置、维护市场统一、促进社会公平、实现国家长治久安的制度保障。《决定》明确提出深化财税体制改革的目标是建立与国家治理体系和治理能力现代化相适应的现代财政制度。现代财政制度是实现国家治理现代化的重要制度基础，是规范政府与市场、政府与社会、中央与地方关系的一系列财政制度安排。而全面规范、公开透明的现代预算制度是现代财政制度建设的突破口，公开透明是现代预算制度的核心特征之一。典型国家预算公开的历程、内容、形式、法律依据等做法，可以为我国预算公开提供一定的启示和借鉴。

一、中国预算公开透明的历程

新中国成立以来，中国的预算公开之路走"不公开—适度公开—非涉密事项一律公开"的公开路径。新中国成立初期至改革开放前，我国实行的是计划经济体制，国家分配论占据财政理论的主导地位，国家财政计划、国家预决算及各项财务机密事项，属于保密内容。改革开放以来，随着向市场经济体制的转轨，以及纳税人权利意识的提升，中国的预算信息、财政政策逐步公开，公开的形式、公开的内容、时间节点、公开途径等逐步规范统一，预算公开成为提升政府执政公信力，解释政府公共受托责任履行情况的一个主要途径。

（一）改革开放前预算公开透明的状况

1951年颁布的《保守国家机密暂行条例》规定，"国家财政计划，国家概算、预算、决算及各种财务机密事项"属于保密内容，是国家机密。1997年7月原国家计委、财政部、国家保密局等8部委根据1988年9月通过的《中华人民共和国保守国家秘密法》的相关规定联合制定了《经济工作中国家秘密及其密级具体范围的规定》。根据该规定，在国民经济和社会发展中列入绝密级的财政事项有：全国财政收入、财政支出、国家年度预算草案、中央年度预算草案及其收支款项的年度执行情况、国家年度决算草案、中央年度决算草案和未公布的国家决算、中央决算收支款项等。列为机密级事项的有：各省、自治区、直辖市及计划单列市和省会城市财政收入、财政支出等。因此，预算因为"保密"、"国家秘密"等理由迟迟没有公开。

（二）改革开放后至党的十八大前预算公开透明状况

随着改革开放及公共财政改革的推进，我国政府预算开始了透明化进程。1979年，我国政府行政部门正式恢复预算编制，并履行向全国人大提交国家预算报告经审议批准后予以执行的法定程序，从而在内容和程序上恢复了预算的本来面目。但直至20世纪90年代中期以前，我国预算透明化的进展是比较缓慢的，进入20世纪90年代中期以后，我国预算透明度伴随着公共财政改革进程的加快而得到较快提高。

1994年的分税制改革，从制度上基本规范了中央和地方的预算分配关系，扩大了预算分配的范围，显著提高了政府预算收入分配透明度。自1998年以来，一系列针对加强财政预算支出管理的改革则大大提高了政府预算透明度。1998年全面推开的政府采购制度，旨在将政府的支出纳入合法、合规、合理的轨道，同年的预算外资金收支两条线管理将有关部门取得的非税收入与发生的支出脱钩，收入上缴国库或财政专户，支出由财政根据各单位履行职能的需要按标准核定，提高了预算外资金的透明度。2000年开始推行部门预算改革，部门预算编制的改革是政府预算透明度提高的一个里程碑，各级政府部门预算从只按单位和支出类别设置一个笼统的预算资金收支表转变成了涵盖部门各项收支的由多个专门预算表格组成的一本综合预算。这种完整细化的编制要求使得部门预算能更清楚地反映每一个职能部门掌握各项资金的情况，财政资金的来龙去脉也更加透明。2001年国库集中收付制度的推行将政府所有财政性资金（包括预算内和预算外资金）集中在国库或国库指定的代理行开设的账户，同时所有财政支出（包括预算内和预算外支出）均通过这一账户进行拨付，进一步增强了财政资金的透明度，有利于对财政资金的流向和流量进行监督和控制。2007年新的政府收支分类改革旨在使政府每一项支出通过功能和经济分类得到"多维定位"，以更加清晰地反映支出最终去向。实行新的收支分类改革后政府预算反映全面，公开透明，便于监督，使公众更容易明白，一定程度上解决了"外行看不懂，内行说不清"的问题。

2008年5月1日正式实施的《中华人民共和国政府信息公开条例》，更是将政府预算的公开问题提到了法规层面。该条例明确规定，县级以上各级人民政府及其部门应当在各自职责范围内确定主动公开的政府信息的具体内容，并重点公开包括财政预算、决算报告在内的政府信息。这为预算透明的法制化奠定了基础。2008年9月财政部发布的《财政部关于进一步推动财政预算信息公开的指导意见》也明确规定要公开财政预算信息，并指出"财政预算信息"是财政政务信息的重要内容，具体包括预算管理体制、预算分配政策、预算编制程序等预算管理制度，以及预算收支安排、预算执行、预算调整和决算等预算管理信息。

以中央层面财政部为例，自 2009 年起，财政部每年都会按照《政府信息公开条例》的要求，以较规范的格式，在其网站上公布政府信息公开工作年度报告，包括公开内容、公开的形式等，其中尤其重点反映预算信息公开的情况。例如，《财政部 2009 年政府信息公开工作年度报告》中提及，"初步建立了财政预算信息披露制度"，通过门户网站、报纸、电视、广播等途径，向社会及时公开国家财政收支月度执行基本数据、年度预算执行情况、决算报告和 2000~2007 年全国财政收支决算；2009 年 3 月 20 日在人大批准预算后的第一时间在门户网站上公开了 2009 年预算报告和中央财政预算主要数据，包括 4 张收支预算表格，其后主动公开了 2009 年中央财政农林水事务支出表、2009 年中央财政科学技术支出表、2009 年中央财政教育支出表、2009 年中央财政社会保障和就业支出表、2009 年中央财政环境保护支出表、2009 年中央财政医疗卫生支出表等 6 张预算支出表；2009 年 7 月 6 日及时向社会公开了 2008 年全国财政收支决算报告和 8 张决算数据表。另外，2009 年财政部共收到政府信息公开申请 45 件，其中，申请公开相关财政数据的占 60% 左右，均依法按时予以了答复。《2014 年财政部政府信息公开工作年度报告》提及，财政部信息公开的形式多样化，除门户网站、新闻媒体外，还增加了"公报年鉴"的形式，在 2014 年公开中央财政收入预算表等 4 张表的基础上，2014 年财政部预算公开的内容更加细化。在完善政府收支分类科目设置、细化预算编制的基础上，2010 年中央本级支出预算表及中央对地方税收返还和转移支付预算表，基本上做到了按"款"级科目对外公开。其中，2010 年中央本级支出预算进一步细化为 23 类 123 款科目，比 2009 年增加了 82 款内容。同时，为方便社会各界更加深入地了解预算有关情况，还公开了中央财政预算有关数据及编制情况说明，比较详细地解释了中央财政预算的主要考虑和有关数据的增减变化情况。

（三）党的十八大以来预算公开现状

1. 预算公开步入到常态化、规范化阶段

党的十八大以来，财政部和各级财政部门贯彻落实党中央和国务院常务会议的相关精神，预算公开步入到常态化、规范化阶段。各级政府在预算公开的时间节点、内容、公开途径等方面均逐步统一，切实做到依法公开、主动公开。2014 年，财政部把政府信息主动公开工作作为推进依法行政的重要手段，不断扩大公开范围、细化公开内容。新出台的财政法规、规章、规范性文件，基本做到了自公布之日起 20 个工作日内在网站上公开。基本实现按月在门户网站公开国家财政收支月度执行情况、全国彩票销售情况、全国国有及国有控股企业经济运行情况，按季公开全国税收增长的结构性分析。2014 年，通过财政部门户网站及手机版网站主动公开信息 18 万余条，通过政务微信发布信息 1 900 余条，网站日均浏览量超过 200 万人次。

2014 年，财政部共收到政府信息公开申请 1 362 件，均按有关法律规定进行办理，其中不予公开政府信息 45 件。本年度财政部没有向政府信息公开申请人收取费用。2014 年度，收到以财政部为被申请人的涉及政府信息公开的行政复议申请 95 件，均依法审理终结。人民法院收到以财政部为被告的涉及政府信息公开的行政诉讼一审案件和二审案件各 3 件。2015 年，财政部及时向社会公布了 2014 年部门预算，包括财政部 2014 年收支预算总表、关于财政部 2014 年收支预算总表的说明、财政部 2014 年财政拨款支出预算表、关于财政部 2014 年财政拨款支出预算表的说明等。

从财政部两年的信息公开工作报告来看，凸显了规范化。另外，2015 年的报告内容比前几年明显更加细化，预算信息的公开力度更大。而且"依申请而公开"的信息条目明显减少，特别是其中申请预算信息公开的比例从 60% 降到了 33%，这充分说明，随着预算信息法制化、规范化、公开化的推进，越是"主动"公开预算信息，"被动"公开信息的事件就越少。

2. 党的十八大以来强化对权力运行的制约，成为驱动预算公开的因素之一

公共权力本来源于公众的赋予，但是，在权力的运行中，实际上在公众和权力行使者之间建立起了一种典型的委托—代理关系。在一层又一层的委托代理过程中，会使本来属于公众所有的公共权力转移到了一部分人甚至是极少数人手中。在这种情况下，如果没有有效的制约和监督权力运行的机制，就很容易产生设租寻租、权钱交易、黑箱操作等腐败行为，用公共权力来为小团体甚至官员个人谋利益。政府预算的权力在于对有限公共资源的分配，在这种分配活动中，有众多的利益相关方，各方表现出来的行为特征是：资金的需求方有追求预算规模最大化的冲动，而资金的供给方则面对稀缺资源有取得诱发设租寻租收益的可能。所以，在政府预算这种涉及公共资金分配的活动中就需要第三方监督制衡方的介入。但是在实践中，由于分配活动所涉及的利益主体众多，环节及链条比较长，使得这种监督的成本高、效率低，公共资金分配和使用中的腐败案例大量出现证明了这一点。因此，要加强对政府预算权力运行的制约和监督，就要把权力关进制度的笼子里。

3. 党的十八届三中全会《关于全面深化改革若干重大问题的决定》关于预算公开的部署，成为推动预算公开的因素之一

党的十八届三中全会《关于全面深化改革若干重大问题的决定》中指出：要强化权力运行制约和监督体系，"坚持用制度管权管事管人，让人民监督权力，让权力在阳光下运行，是把权力关进制度笼子的根本之策。"实践表明，腐败与权力失去监督、失去控制不无关系。那么，制约和监督权力运行的突破口是什么？加强对政府权力运行的制约和监督，将权力关进制度的笼子里，需要依靠什么为载体来对权力运行进行有效的制约和监督？由于政府权力的运作，施政行为的开展离不开预算资金的财力保障，因此管住了政府花钱的行为，控制了政府预算的资金流，也就实现了对政府施政行为的有效控制，可以实现对权力运行的有效制约与监督。过去若干年，我国在这方面进行了一些制度的建设，如部门综合预算改革旨在细化编制涵盖部门全部收支的预算；规范的政府采购制度改革旨在将政府的支出纳入合法合规的轨道；国库集中收付制度改革旨在将政府每一笔资金的流入流出纳入全方位的监督视野；预算外资金管理改革旨在能够提供给社会公众完整的政府收支的画面；收支分类改革旨在使政府每一项支出通过功能和经济分类得到"多维定位"，以清晰地反映支出最终去向；要求公开财政预算及"三公经费"等财政信息以期实现政府预算在阳光下运行等。可以看出，各种改革都是在朝着预算过程的全面规范、公开透明、利于监督的现代预算制度目标靠近，应该说改革取得了阶段性成果。同时，强化人民代表大会对预算的监督权力，引入参与式预算变被动参与为主动参与，以期建立起多主体的制约和监督机制等。

4. 2014年新《预算法》的修订，为预算公开提供了法律保障

1994年《预算法》自颁布实施至今，已经有二十年历史了。不可否认，1994年《预算法》在规范政府间财政关系、加强财政资金管理方面，发挥了重要的作用。但二十年来，中国的财政收支规模、结构，财政的职能定位等，均发生了重大变化。尤其是党的十八届三中全会关于财政职能定位的最新论断，全面深化财税体制改革方案的顶层设计与路线图等，需要1994年《预算法》在立法宗旨、原则、预算管理模式、监督等方面有重大的突破。2014年8月31日，运行了二十年的、具有"经济宪法"之称的《预算法》，历经四次大的讨论完成修订，自2015年1月1日起施行。2014年《预算法》增加规定，除涉及国家秘密的事项外，经本级人大或其常委会批准，预算、预算调整、决算、预算执行情况的报告及报表，应当在批准后20日内由政府财政部门向社会公开，并对本级政府财政转移支付的安排、执行情况以及举借债务的情况等重要事项作出说明。各部门预算、决算及报表应当在本级政府财政部门批复后20日内由各部门向社会公开，并对其中的机关运行经费的安排、使用情况等重要事项做出说明。2015年1月1日，新《预算法》正式实施，为各级财政部门预算公开提出了法律约束，也为纳税人主动申请公开提供了法律依据。

在2014年《预算法》修订中，明确了预算公开的范围、公开主体和公开的时间节点规定。《预算法》第14条规定：一是各级政府总预算。经本级人民代表大会或本级人民代表大会常务委员会批准的预算、预算调整、决算、预算执行情况的报告及报表，并对本级政府财政转移支付安排、执行的情况以及举借债务的情况等重要事项作出说明；二是经本级政府财政部门批复的部门预算、决算及报表，并对部门预算、决算中机关运行经费的安排、使用情况等重要事项作出说明；三是各级政府、各部门、各单位应当将政府采购的情况及时向社会公开。《预算法》第89条规定：对预算执行和其他财政收支的审计工作报告应当向社会公开。

在公开时间期限界定上，各级政府总预算、预算调整、决算和预算执行情况的报告及其报表，应当在各级人大及其常委会批准后20日内公开；部门预算、决算，应当各级政府财政部门批复后20日内公开。公开主体界定上，政府预算、预算调整、决算和预算执行情况的报告及其报表，由本级政府财政部门负责公开；部门预算、决算及报表，由各部门负责公开。

2014年9月26日，国务院印发《国务院关于深化预算管理制度改革的决定》（国发〔2014〕45号），对预算公开提出明确要求。即扩大部门预决算公开范围，除涉密信息外，中央和地方所有使用财政资金的部门均应公开本部门预决算。细化部门预决算公开内容，逐步将部门预决算公开到基本支出和项目支出。按经济分类公开政府预决算和部门预决算。加大"三公"经费公开力度，细化公开内容，除涉密信息外，所有财政资金安排的"三公"经费都要公开。对预决算公开过程中社会关切的问题，要规范整改、完善制度。

2014年10月23日，党的十八届四中全会通过的《中共中央关于全面推进依法治国若干重大问题的决定》明确提出，"全面推进政务公开。坚持以公开为常态、不公开为例外原则，推进决策公开、执行公开、管理公开、服务公开、结果公开。各级政府及其工作部门依据权力清单，向社会全面公开政府职能、法律依据、实施主体、职责权限、管理流程、监督方式等事项。重点推进财政预算、公共资源配置、重大建设项目批准和实施、社会公益事业建设等领域的政府信息公开。"

2016年2月，中共中央办公厅、国务院办公厅根据新形势、新情况，印发了《关于进一步推进预算公开工作的意见》，要求各地区、各部门强化主动公开意识，坚持以公开为常态、不公开为例外原则，进一步扩大预算公开范围，细化公开内容，加快公开进度，规范公开方式，进一步推进预算公开工作。

为贯彻落实党中央、国务院、全国人大决定，2008年以来，财政部制定了预算公开的一系列规章和规范性文件，如《关于进一步推进财政预算信息公开的指导意见》（财预〔2008〕390号）、《关于进一步做好预算信息公开工作的指导意见》（财预〔2010〕31号）、《财政部关于推进省以下预决算公开工作的通知》（财预〔2013〕309号）、《关于深入推进地方预决算公开工作的通知》（财预〔2014〕36号）等。

二、中国预算公开的影响因素

一国的预算信息公开势必与一国的政治、经济、历史文化、法治、管理技术、组织特征等环境因素密切相关，如果脱离了对预算透明环境基础的研究完全按照西方标准来设计中国的预算透明度提升路径与透明度范围，不仅给出的政策建议缺乏理论与实证数据的支持，而且在可操作性上会大打折扣。

（一）激励因素

1. 加强预算管理的需要

政府预算是政府的年度财政收支计划，是政府政策的重要工具，对政府活动和经济发展具有重要意义。政府预算通过其收支活动和收支指标，反映政府活动的范围和方向、政府各部门的情况，以及国民经济和社会发展各方面的活动。从理论上来讲，政府预算是一个对政府收入和支出进行决策的过程；而政府预算管理则是处理这些收入与支出过程中的技术问题。有效的预算管理可以通过改善信息管理，以适当的方式向公众披露相关的、充分的信息，帮助公众做出更好的公共选择，进而增进预算资源的运作效率和社会福利。

从20世纪90年代末开始，中国财政改革的重心已经从财政体制方面转向财政管理方面，集中构建与公共财政相适应的预算管理框架，推出了以加强财政支出管理为核心的重大改革，如部门预算、国库集中收付制度、政府采购制度、政府收支分类改革等。预算管理模式的改革，客观上要求有一个功能强大的政府会计和报告系统，全面追踪预算执行的交易信息，反映政府的资产与负债状况，评价政府活动的产出与绩效等。这也提出了提升政府预算透明度、改革政府会计体系的现实要求。

2. 财务丑闻

真实性反映是预算透明度的重要内容。如果信息是不真实的，公众等外部主体就不能够"透过现象看本质"，也就不能清楚地了解政府受托责任的履行情况。2003年以来的"审计风暴"不断暴露出纳税人资金在使用过程中出现的各种违规违纪现象，但从近些年来的审计公报来看，似乎在"重复着昨天的故事"，一些违规问题是屡审屡犯，甚至带来了社会公众的"审计疲劳"，导致政府公信力的大幅度下降。这些财务丑闻也引起社会公众和媒体关注现行预算信息披露方面的缺陷，提高预算透明度的呼声日渐高涨。

3. 资本市场和国际组织的推动

希腊主权债务危机的爆发，使得国际信用评级机构更加关注一国政府的主权债务风险。中国目前是世界上许多大的国际组织的重要成员，中国经济也是世界经济的重要组成部分，在经济日益全球化的今天，遵守或者尽可能地遵循国际公认的游戏规则已经成为许多国家（尤其是大国）应尽的一项重要义务。从世界范围来看，定期编报政府综合财务报告，反映政府的各项资产、负债、收入、费用（或者支出）和现金流量等信息，已经成为国际上加强政府公共管理、提高财政透明度的重要手段和通行惯例。

国际货币基金组织作为维护全球财政货币稳定的国际组织，其发布的《财政透明度手册》和《政府财政统计手册》尽管对于成员国没有强制约束力，但是对于各国的财政透明度和财政统计有着很强的指导作用。按照国际货币基金组织《财政透明度手册》和《政府财政统计手册》的要求，各国需要建立起一套以权责发生制为基础的、能够充分反映政府财务状况、运营绩效和现金流量的政府会计体系，为进一步提升各国的财政预算透明度打下基础。

（二）社会经济文化驱动因素

1. 社会经济状况

随着国民素质的提高，公民民主法治意识的逐步增强，越来越多的人开始关心政府的财务状况和财政资金使用情况，对政府收支的合法性、政府财务状况的好坏、财政支出的效益和效率做出判断。综合国际经验，人均国民收入水平的提升和国民教育程度的提高，成为预算透明度提升的重要经济基础。

2. 政治文化

中国有着2000年的封建历史和与之相伴的高度集权的政治管理体制，传统上就缺乏一种开放、参与的政治氛围，这在一定程度上不利于预算透明度的提升。随着改革开放的推进和市场经济的建立与完善，公共决策的民主化程度和开放程度正日益提高，公众对提高财政预算透明度，建立一个透明的政府会计和报告体系的需求日益提高。

人大对政府预决算的审议日益严格，也进一步促进了政府公共决策的民主与开放，这在一定程度上有利于预算透明度的提升。

（三）政治管理系统的驱动因素

1. 管理文化

管理文化是政治文化的一部分，管理文化对管理人员的开放程度和公共政策过程中民众普遍参与程度有一定影响。管理文化上的财政民主和公众参与，将成为中国财政透明度提升的重要文化基础。

2. 政治竞争

政治竞争主要是信息使用者和信息供给者之间的力量对比。政治竞争导致为满足信息使用者改进信息质量的要求，实现一个更公开透明的财政管理系统。在中国，全国人大是代表各方利益的立法机构，监督和审议财政预决算报告和财政资金的使用，财政部门作为执行机构提供政府财务信息。随着全国人大在中国社会政治经济生活中的地位日益提高，对政府资金使用的监督力度也日益增强，从而能对行政部门的信息披露施加更大的影响。

（四）中国预算公开的障碍因素

1. 组织的特征

一个国家政府财务组织特征和组织之间的协调程度决定着预算信息披露的实施效果。在中国，预算部门、国库部门和政府会计部门是中国政府财务信息的主要负责部门，掌握着政府预算编制、收支执行和账务处理的重要信息，都属于财政部门的内设业务机构。如果在财政部门内部建立一个协调三个部门政府预算信息公开的机构，专门负责协调政府预算的信息公开事务，应当不会成为预算透明度提升的重大组织障碍。

2. 法律系统

尽管从国际经验来看，大陆法系传统的国家比英美法系传统的国家在预算透明度的提升方面更缺乏灵活性，但这只是意味着改革的具体路径可能存在差异，在改革的总体目标上偏差不应太大。中国基本上属于大陆法系的国家，提升政府财政透明度，首先需要协调和完善现行相关的法律法规体系，形成预算透明度提升的重要法律依据。

3. 管辖权的规模

随着管辖权规模的增加，实施一个新会计准则和财务报告的技术问题会随之增加，实施的成本费用也会提高。中国有31个省、自治区、直辖市（不含港、澳、台），政府机构数量庞大，地区经济发展差距比较明显，给中国预算透明度提升带来了一定的难度。

（五）中国预算透明度提升的驱动因素定性评估

基于Lüder政府会计环境评估模型来对中国预算透明度提升的环境因素进行评估，

我们可以发现，预算透明度的提升既有经济、管理方面的正面因素，也有组织体制方面的负面因素（见表16-1）。预算透明度的提升有来源于外部政治、经济、社会方面的压力因素，也有信息技术革新等方面的推力因素。结合中国历史、文化等因素，循序渐进地推进财政管理、政府会计等领域的改革，为预算透明度的提升提供技术支撑，逐步提升政府的预算透明度，从而促进现代意义上的公共预算和民主财政的形成，倒是一条可行的社会成本较低的改良道路。

表16-1　　　　　　　预算透明度提升的环境因素归纳

因　素	明细指标	效应评估
激励因素	财政管理的需要	正面提升（＋）
	财务丑闻	正面提升（＋）
	资本市场的驱动	正面提升（＋）
	国际组织的推动	中性或负面（－）
社会结构变量	社会经济状况	正面提升（＋）
	政治文化	正面提升（＋）
政治管理系统的结构变量	人员培训和聘用	中性或负面（－）
	管理文化	正面提升（＋）
	政治竞争	正面提升（＋）
实施障碍	组织的特征	中性或负面（－）
	法律系统	负面影响（－）
	管辖权的规模	负面影响（－）

资料来源：作者根据相关资料归纳整理。

三、中国预算公开的制度保障与技术支撑

（一）预算公开的指导思想

全面贯彻落实党的十八大和十八届三中、四中全会精神，按照《预算法》、《政府信息公开条例》和全面深化财税体制改革的总体要求，将公开透明贯穿预算改革和管理全过程，进一步扩大预算公开范围，细化预算公开内容，完善预算公开机制。通过公开推动建立和完善现代预算制度，进一步规范政府行为，防范化解财政风险，实现有效监督，推进国家治理体系和治理能力现代化。

（二）预算公开的基本原则

1. 依法公开原则

财政信息公开是以自然人或组织获得政府财政信息的权利为基础的，而不是以权

力为基础。这就决定了财政公开不是由政府决定的，而是由法律赋予的公众获得政府财政信息的权利决定的，即依法公开。依法公开是指财政公开必须由财政公开的主体在法定权限范围内按照法定程序进行公开。具体来说，财政公开主体、范围与内容由法律规定，公众获得政府财政信息的权利由法律授予，财政公开义务的履行、财政责任的追究必须依据和遵守法律法规。亦即做到主体合法、依据合法和程序合法。强调依法公开，不仅是依法治国、依法行政的要求，而且也是规范财政行为，提高财政透明度，防止滥用权力以维护公众利益的需要。明确规定民众有获得政府财政信息的权利，而不是政府的一种恩赐与施舍。因此财政信息公开，不是各级政府机关可自主取消的一种办事制度，而是应承担的法定责任与义务，必须依法公开。

2. 以公开为原则，不公开为例外

建立透明预决算制度，首先要遵循"公开是原则、不公开是例外"的原则。除涉密内容外，所有涉及财政资金的情况都要公开，包括财税政策、预决算管理制度、预算收支安排、预算执行情况、决算情况、绩效评价等。世界各国信息公开法律制度的一个共同原则就是：政府信息公开是原则，不公开是例外。财政信息是政府的一项重要信息，因此，财政公开是原则，不公开是例外，公开原则是社会主义市场经济法则和社会主义经济体制的内在要求，也是财政公开法律制度的一项基本原则。这一原则所表达的意思是：凡是政府财政信息都应当公开，除了法律规定例外的信息。财政公开规定行政行为必须及时全面公开，只有法律明确规定的例外情况可以免除公开之责任。

由于政府财政公开实践中的一个最大难题在于合理地确定公开与不公开的范围，为避免政府的职员以各种借口扩大不公开的范围，架空政府信息公开制度，各国都将公开作为原则确立下来。如《芬兰政府活动公开法》第1条确立了公开的基本原则："除本法或者其他法律另有其他特别规定外，官方文件必须公开"。财政不公开例外大多以国家安全和公共利益以及商业秘密和个人隐私为主要内容，而且也应以法律的规定为准则。在这一方面，我国《保密法》规定了七个领域的国家秘密的范围。

3. 免费原则

所谓免费原则是指除法律另有规定，政府提供财政信息不得收费。免费原则有三层含意：

第一，不得谋取利益。随着信息社会的来临与信息经济价值的凸显，政府部门借手中垄断的信息寻租的现象已经非常普遍。实践中，有的政府机关直接利用手中的财政信息谋取不当利益，如果放任政府机关借信息牟利，或者变相抬高获得信息的成本，都会影响财政信息公开制度的实施，增加公众获得财政信息的成本，因此，世界各国均将免费作为一项原则确立下来。

第二，收取成本费用。任何自由的实现都是需要费用的支出，获得政府财政信息权利的实现或许还要比其他权利需要更多费用的支出。政府为了提供财政信息，必须检索、复制被申请公开的信息，处理公开信息的申请的确会增加政府的负担。为了减轻政府机关的负担，也为了杜绝各种不合理的申请行为，必须由申请人承担检索、复制与寄送信息的成本费用。例如,《芬兰政府活动公开法》第 34 条规定,以文件副本或者打印方式提供文件,或者以技术界面或者其他电子形式提供文件,以及国家机关提供的恢复和寄送服务,可以按照具体的规定收费。以其他公开方式提供信息不得收费。

第三,减免经济困难的人应当支付的费用。财政公开法律制度规定的收取成本费用的规定,是为了减轻政府的压力和限制不合理的申请。比如重复申请信息和无目的申请信息,但是不能使成本费用成为实现获得政府财政信息权的障碍。如果在收费的规则上没有对穷人的特别保护,获得政府财政信息的权利就有可能成为富人的特权。因此,世界各国普遍规定了对于经济特别困难的信息申请人减免费用的规定。

4. 强化责任

建立透明预决算制度,要不断强化各级各部门的责任意识,明确预算公开是各级政府应当依法履行的义务。各级各部门应当依法主动公开预算信息,积极推进本地区和本部门的预算公开工作。上级财政部门加强指导和督促,上下联运,共同推进预算公开。同时强化问责,对于未依法公开预算信息的部门和单位,要对负有直接责任的人员追究行政责任。

5. 促进改革

建立透明预决算制度,要与其他改革措施相配套、相协调。高度关注预算公开过程中的舆情反映,主动释疑解惑,对预算公开发现的问题及时检查整改。以预算公开为抓手,促进预算管理制度改革,加快建立全面规范、公开透明的预算管理制度。

(三) 预算公开的总体要求

按照 2014 年《预算法》的要求,一是细化政府预决算公开内容。除涉密信息外,政府预决算支出全部细化公开到功能分类的项级科目,专项转移的支付预决算做到按项目按地区公开。二是扩大部门预决算公开范围。除涉密信息外,中央和地方所有使用财政资金的部门均应公开本部门预决算。三是细化部门预决算公开内容。逐步将部门预决算公开到基本支出和项目支出。四是按经济分类公开政府预决算和部门预决算。五是加大"三公经费"公开力度,细化公开内容,所有财政资金安排的"三公经费"都要公开。六是积极推进财政政策公开。

(四) 预算公开的主要内容

此次改革,要在目前中央和地方财政预算公开、中央部门预决算公开、"三公经费"公开等已经取得进展的基础上,进一步做好以下透明预决算改革:

1. 政府预决算公开

各级财政部门应该及时公开经本级人大批准的政府预算报告及报表,经本级人大常委会批准的预算调整、决算、预算执行情况报告及报表,并对本级政府举借债务情况作出说明。按月公开本地区财政收支月度执行情况和累计执行情况。公开的报表应当涵盖一般公共预算（即公共财政预算）、政府性基金预算、国有资本经营预算、社会保险基金预算。除涉密内容外，政府预决算应全部细化公开到支出功能分类项级科目。在此基础上，逐步将本级一般公共预决算细化公开到支出经济分类。

2. 部门预决算公开

加大部门预决算公开力度，各部门公开经本级财政部门批复的本部门预决算，"三公经费"财政拨款总额和分项数额。公开的内容包括本部门和所属单位的收支情况、财政资金安排和使用情况、机关运行经费安排和使用情况、资产增减变化情况，以及本部门职责、机构设置情况，并对专业性较强的名词进行解释。基本、"三公经费"决算要公开说明因公出国（境）团组数及人数，公务用车购置数及保有量，国内公务接待的年终奖、人数、经费总额，以及"三公经费"增减变化原因等信息。除涉密内容外，部门预决算全部细化公开到支出功能分类项级科目。在此基础上，逐步将部门预决算按基本支出和项目支出公开，并进一步细化公开到支出经济分类。

3. 专项转移支付公开

各级财政部门公开由本级预算安排的专项转移支付预决算。除涉密内容外，公开专项转移支付项目名称及预算安排情况、管理办法、分配结果，预算执行及决算情况。在此基础上，将本级预算安排的专项转移支付按地区公开。

4. 基层民生支出公开

在全面公开预决算的基础上，基层政府负责分配专项支出的各部门和单位，要另行单独公开本部门分配的专项支出情况，重点是与人民群众利益密切相关的教育、医疗卫生、社会保障和就业，住房保障和"三农"等专项支出，内容包括上级政府下达的转移支付资金和本级政府安排的专项资金。

县（市）级政府负责分配专项支出的各部门和单位，要重点公开本部门分配的专项支出的项目、资金管理办法、资金来源、分配标准以及到乡（镇）、部门的分配结果。乡（镇）级政府负责分配专项支出的各部门和单位，要重点公开本部门分配的专项支出项目和政策、资金来源、发放标准、发放形式等，并重点反映到人（户）、到项目的分配结果。对于分配到人（户）的专项支出，要通过政府门户网站、乡镇服务大厅、社区（村组）公示栏等，将分配到人（户）的姓名、地址、金额等情况详细公开；对于分配到项目的专项支出，要在施工场所外利用公告栏、公示牌等公开工程概算、资金来源以及施工单位等信息。

5. 地方政府债务公开

各级推进各级地方政府债务情况公开，包括政府债务余额变动、债务举借及还本付息、债务资金用途、土地收储及出让、资产抵质押、政府担保承诺、风险控制等情况。结合权责发生制政府综合财务报告制度改革工作，逐步全面公开地方政府资产负债状况、收入费用情况等。公开的政府债务情况包括本部门及所属单位的政府债务余额变动，债务期限结构及融资成本，债务资金投向及债务收支，债务项目现金流及形成的资产，还本付息、还款计划及偿债资金来源，资产抵质押、担保承诺及债务单位主要财务指标等。

6. 预算绩效信息公开

结合预算绩效管理工作的实际进展，逐步把绩效目标作为部门预算编制的重要内容，随同部门预算公开。把预算绩效情况作为预算执行结果的组成部分，随同部门决算公开。对纳入绩效评价范围的预算支出，尤其是一些社会关注度高、影响力大的民生项目和重点项目支出，将绩效评价结果及相应的绩效报告、绩效评价报告等绩效信息及时公开。

7. 财税政策和规章制度公开

除涉密内容外，积极公开已经出台的财政和税收发展战略、方针政策以及其他重要政策，已经发布的财政、财务、会计管理法规规章，以及各类实施细则、管理办法等规范性文件，财政工作中具有普遍指导意义或涉及公众、企业和社会利益的文件，以及部门预算编制、财政国库管理、政府采购、非税收入征收使用管理、会计管理和财政监督等方面的各项财政管理制度。①

（五）深化预算公开的保障措施

1. 进一步明确财政预算公开的主体、范围、程度等内容

在预算法实施条例中，首先，明确规定预算公开主体及其义务与责任，即各级政府财政部门负责本级政府总预算的公开，各部门负责本部门预算的公开。同时明确规定公民、法人或者其他组织有权根据自身生产、生活、科研等特殊需要向各级政府财政部门申请获取预算信息。其次，还应明确规定不履行预算公开义务的法律责任。再次，明确规定预算公开的范围，增强预算的完整性。财政信息应该包括收支信息、债务信息、绩效信息、风险信息等。除目前已经和将要向人大提供的一般公共预算、国有资本经营预算、政府性基金预算、社会保障基金预算外，还应当通过深化改革预算管理制度，提供有关政府债务信息及或有负债的信息，政府预算的绩效信息及税式支出的信息等，以满足社会获取政府有关收支、负债、绩效、风险等全面信息的需要。最后，明确规定预算信息的具体化程度，增加透明度。例如作为财政信息公开透明的基础性制度安排的政府收支分类改革，关系到内行人是否说得清和外行人是否看得懂。目前的支出分类体系分为两层，即按功能分类和按经济分类。功能分类解决的是政府行使了哪些职能，如国防、教育、医疗等；经济分类解决的是财政的钱到底花到什么具体用途上，如工资福利、公用支出、基本建设等。改革的目的是要通过两层分类实现"多维定位"，以准确真实的反映预算信息。但是存在的主要问题一是如何使分类归口进一步科学规范，如按现行科目分类不能清晰准确地反映政府的行政管理支出；二是细化经济分类并予以公开，目前社会公众反映比较强烈的"三公"支出主要通过经济分类科目反映，但由于经济分类的不具体和不公开引起社会公众的不满，也不利于

---

① 本部分内容转引自楼继伟：《深化财税体制改革》，人民出版社2015年版，第96～100页。

人大监督。

2. 明确政府财政信息的公开频率

从法律形式上明确"预算透明"、明确政府发布预算信息的受托责任、界定和限制预算过程的自由裁量权，有了这些还远远不够，还应从法律上规范预算信息的公开频率等。逐步实现预算信息公开法定化，改变目前预算信息公开由政府甚至是财政部（厅、局）说了算的不正常状况，从法律上明确由预算的审查和批准机关来决定预算公开的内容、形式和频率。

3. 界定和限制预算过程的自由裁量权

为约束政府，法律中很重要的一项内容就是要明确界定预算过程的自由裁量权的范围和内容，并确保行政部门与公共官员对自由裁量权的行使始终处于一个透明和受监督的环境之下。比如要对预算草案的主要内容作出具体规定；对预算在什么情况下调整，调整的内容和范围有多大，应报人大常委会审批等，都应该作出明确的规定和法律解释。[①] 我国的政府部门和公务人员在征税、预算和其他方面拥有的各种正式和非正式的自由裁量权，其程度和范围达到了令人惊人的地步：所拥有的自由裁量权使其实际控制的资源远远大于他们理论上的权力。[②] 与滥用税收权力相比，我国在预算支出上的自由裁量权问题更为严重，大量的预算支出处于"黑箱"之中。代表民意的立法机关对预算过程的实际控制要么严重不足，要么流于形式。其结果是政府部门与工作人员的浪费行为愈演愈烈，预算资金的分配并不能反映政府的战略重点和政策目标。建立法治需要适当的自由裁量权，但一定要有"度"。对此，哈耶克有着非常精辟的表述：不管任何人，只要他享有过量的自由裁量权，都必将导致人治而非法治；但是，法治的目标，不是去消除自由裁量权，而是去寻找最佳的自由裁量权水平，使其受到限制并且具有可预见性。[③]

4. 规范工作程序，做好保密审查工作

主动公开范围内的预算信息，自预算信息形成或变更之日起20日内，由制作或保存该预算信息的部门或单位，通过政府公报、政府网站、新闻发布会以及报刊、广播、电视等方式公开。同时要完善预算公开工作机制，明确公开的主体、时间、方式和原则，确保预算公开积极稳妥推进。

保密审查是预算公开的重要环节。按照《中华人民共和国保守国家秘密法》以及其他法律法规和国家有关规定，做好保密审查工作，凡是属于国家秘密的预算信息，不得公开；对于主要内容需要公众广泛知晓或参与，但其中部门内容涉及国家秘密的预算，应经法定程序解密并删除涉密内容后公开。

5. 加强财政信息化建设，拓展预算信息公开渠道

政府预算透明度需要丰富多元的信息公开渠道以及现代信息和技术手段的支持。

---

① 彭健：《政府预算理论与制度创新》，中国财政经济出版社2006年版，第410页。
② 王绍光：《中国政府汲取能力下降的体制根源》，载于《战略与管理》1997年第4期。
③ Ronald A Cass：《产权制度与法制》，载于《经济社会体制比较》2007年第5期。

利用现代科技手段，建立完备的预算编制系统、良好的国库运作系统和国库信息处理系统、预算执行分析报告系统、部门间信息共享系统以及宏观经济政策分析系统等，提高宏观经济预测与分析能力，科学合理确定预算指标，提高预算编制的质量，尽可能减少预算管理过程中的随意性；建立有效的预算监督机制，建立政府与公众之间畅通的信息沟通渠道，从而增强预算的透明度。

6. 回应社会关切，严肃公开纪律

公开预决算信息的部门和单位，对一些涉及财税政策、规章制度的专业名词，应该作出详细地解释说明，对于预算公开过程中的社会普遍关注的问题应及时主动回应，方便公众理解。预算公开是各部门和单位应当依法履行的义务，各级财政部门应督促本地区部门和单位主动公开预算信息，加大预算公开考核力度，建立健全定期考评机制。

主要参考文献

[1] 2007年财政管理与财政监督培训团：《澳大利亚财政管理与财政监督的基本情况及其启示》，载于《财政监督》2008年第6期，第66~68页。

[2] 艾伦·希克：《联邦预算——政治、政策、过程》（第三版），中国财政经济出版社2011年版。

[3] 财务省财务综合政策研究所调研报告：《我国预算、财政体系的透明度》，2002年9月。

[4] 财宣：《从香港预算管理到财政预算改革》，载于《深圳商报》2002年7月15日。

[5] 财政部预算司：《预算管理国际经验透视》，中国财政经济出版社2003年版。

[6]《财政法》，日本电子政府网站e-Gov。

[7] 曹顺宏：《美国的政府预算信息公开制度》，载于《学习时报》2011年11月21日。

[8] 陈朝建：《公共治理：地方政府透明化之分析与评估——以桃园县龟山乡为例》，台湾法律网，2009年。

[9] 陈立齐：《美国联邦政府财务报告的新发展》，载于《预算管理与会计》2011年第11期。

[10] 陈立齐：《美国政府的财务报告》，载于《预算管理与会计》2010年第9期和第11期。

[11] 陈立齐：《美国政府会计准则研究——对中国政府会计改革的启示》，中国财政经济出版社2009年版。

[12] 程宗璋：《美、英、日三国公共财政法律体系及其特点》，载于《财经科学》2003年第3期。

[13] 楚安生：《"庞廷事件"与英国的保密法》，载于《世界知识》1985年第8期。

[14] 德国财政部：Monthly Report June 2013. http：//www.bundesfinanzministerium.de/Content/DE/Monatsberichte/2013/06/Downloads/monatsbericht_2013_06_english.pdf?__blob=publicationFile&v=4。

[15] 电子政府综合窗口：http：//law.e-gov.go.jp/。

[16] 电子政府的综合窗口e-Gov：http：//www.e-gov.go.jp/。

[17] 丁传宗：《实现直接民主的新方式》，华中师范大学，2010年。

[18] 董妍：《新西兰财政信息公开制度的国际影响及其启示》，载于《黑龙江政

法管理干部学院学报》2012 年第 6 期，第 134~137 页。

［19］董妍、耿磊：《澳大利亚财政预算信息公开制度述评——以 1998 年〈预算诚信章程法〉为中心》，载于《南京大学学报（哲学·人文科学·社会科学版）》2010 年第 6 期，第 24~33 页。

［20］冯邦彦：《评新财政预算案与香港长远利益》，载于《港澳经济》1994 年第 6 期，第 32~34 页。

［21］冯雷：《德国北威州财政预算制度经验探寻》，载于《人民与权力》2011 年第 8 期，http：//www.jsrd.gov.cn/jsrd/qk/rmyql/2011/1108/16/201109/t2011090 2_629 28.html。

［22］高宏贵、魏璐：《论财政预算公开原则——以政府治道变革为视角》，载于《江海学刊》2010 年第 2 期。

［23］关冠雄（澳门特别行政区廉政公署）：《预算公开的法律基础与现实意义》，《财政预算公开与防治腐败》研讨会论文集，2010 年。

［24］关于行政机关持有信息公开的法律，http：//law.e-gov.go.jp/。

［25］关于独立行政法人持有信息公开的法律，http：//law.e-gov.go.jp/。

［26］广西财政厅课题组：《预算信息公开问题研究》，载于《经济研究参考》2011 年第 17 期。

［27］郭驰：《英国地方税收管理的启示》，载于《涉外税务》2006 年第 6 期。

［28］国际货币基金组织：《财政透明度》，人民出版社 2001 年版。

［29］国际货币基金组织：《财政透明度手册》。

［30］财政部国际司：《德国财政预算控制与风险防范管理情况介绍》，［EB/OL］. http：//gjs.mof.gov.cn/pindaoliebiao/cjgj/201305/t20130523_884087.html。

［31］韩君：《地方政府公共预算研究——深圳与香港比较》，载于《甘肃行政学院学报》2012 年第 4 期，第 34~51 页。

［32］郝永林：《澳大利亚绩效预算考察报告》，载于《天津经济》2005 年第 2 期，第 1~3 页。

［33］河北省财政集中支付考察团：《香港的公共财政管理及借鉴》，载于《四川财政》2002 年第 2 期，第 44~46 页。

［34］胡锦光、张献勇：《预算公开的价值与进路》，载于《南开学报（哲学社会科学版）》2011 年第 2 期。

［35］何俊青：《西方新公共管理中管理主义思想和实践的梳理与反思》，载于《科技进步与对策》第 26 卷，2009 年第 4 期。

［36］《科罗拉多州财务报告》STATE OF COLORADO COMPREHENSIVE ANNUAL FINANCIAL REPORT FOR THE FISCAL YEAR ENDED JUNE 30, 2012" at http：//www.colorado.gov/dpa/dfp/sco/cafr/cafr12/cafr12.pdf。

［37］李笑冰：《中外政府预算制度比较分析》，载于《新西部》2011 年第 33 期。

［38］李云驰：《美国、英国政府信息公开立法的比较与借鉴》，载于《国家行政

学院学报》2012年第3期。

[39] 李杰刚、徐卫、刘鹏：《加拿大政府预算透明度考察》，载于《经济研究参考》2011年第50期。

[40] 李昊：《预算公开法律制度研究》，中国政法大学硕士学位论文，2011年。

[41] 李云驰：《美国、英国政府信息公开立法的比较与借鉴》，载于《国家行政学院学报》2012年第3期。

[42] 林志成、袁星侯：《从香港预算管理看内地预算改革》，载于《中国财政》2002年第6期，第26～27页。

[43] 林大茂、王宏武：《澳大利亚公共财政支出预算管理的启示》，载于《中国财政》2008年第2期，第72～73页。

[44] 刘晓凤：《德国经验对我国部门预算管理的启示》，载于《武汉金融》2007年第4期，第11页。

[45] 刘晓凤：《德国部门预算管理经验对我国的借鉴》，载于《安徽教育学院学报》2007年第5期，第41～45页。

[46] 刘笑霞：《国外政府财务报告的发展及其启示》，载于《经济问题探索》2008年第10期。

[47] 刘真真：《香港财政预算案——政府不唱独角戏》，载于《经济观察报》2012年2月13日。

[48] 刘志宏：《英国财政预算改革之研究》，载于《政策研究学报》2012年第12期，第35～66页。

[49] 罗伯特·李等：《公共预算体系》（第八版），中国财政经济出版社2011年版。

[50] 罗昌财：《中国政府预算民主化改革研究》，西南财经大学2010年博士论文。

[51] 罗纳德·德沃金、冯川：《英国是否需要权利法案》，载于《南京大学法律评论》2001年第2期。

[52] 罗晓京：《澳门财政预算制度分析》（一），载于《港澳经济》1998年第6期，第30～33页。

[53] 罗晓京：《澳门财政预算制度分析》（二），载于《港澳经济》1998年第7期，第24～27页。

[54] 罗晓京：《澳门财政预算制度分析》（三），载于《港澳经济》1998年第8期，第22～24页。

[55] 罗晓京：《澳门财政预算制度分析》（四），载于《港澳经济》1998年第9期，第12～13页。

[56] 门淑莲、颜易：《我国预算公开存在的问题及对策》，载于《甘肃社会科学》2012年第4期。

[57] 门淑莲：《政府预算公开透明需要三大支撑》，载于《新视野》2013年第4期。

[58] 美国各州政府信息公开指南网站, http://www.rcfp.org/open-government-guide。

[59] 美国科学家联合会官方网站, http://www.fas.org/irp/budget/index.html。

[60] 美国情报部门预算信息来自http://www.dni.gov/index.php/newsroom/pressreleases/96 - press-releases - 2012/756 - dni-releases-fy - 2012 - appropriated-budget-figure? highlight = YTozOntpOjA7czo2OiJidWRnZXQiO2k6MTEzOjk6ImJ1ZGdldGluZyI7aToyO3M6NzoiYnVkZ2V0cyI7fQ = =和http://www.defense.gov/releases/release.aspx? releaseid = 15648。

[61] 彭健:《英国政府预算制度的演进及特征》,载于《东北财经大学学报》2008年第2期。

[62] 日本防卫省、自卫队官方网站, http://www.mod.go.jp/。

[63] 日本财务省官方网站, http://www.mof.go.jp/。

[64] 日本政府统计的综合电子窗口 e-Stat, http://www.e-stat.go.jp/。

[65] 日本总务省官方网站, http://www.soumu.go.jp/。

[66] 苏彩足等:《APEC经济体财政透明化程度之比较》,行政院研究与发展考核委员会报告。

[67] 苏明、李成威、赵大全、王志刚:《关于预算公开的若干问题研究》,载于《经济研究参考》2012年第50期,第3~17页。

[68] 苏钱贵:《宪政视角下的公共预算公开制度研究》,华中师范大学硕士学位论文,2012年。

[69] 谭必勇:《欧美国家档案馆参与政府信息公开的路径及其启示》,载于《档案学通讯》2010年第6期。

[70] 谭伯源:《政府会负起相关责任,亦受立法会监督》,载于《南方都市报(深圳)》2012年1月17日。

[71] 唐红超:《德国财政的预算与监督职能》,载于《湖北社会科学》2004年第10期,第49页。

[72] 屠海鸣:《人到中年——香港财政预算案日趋稳健》,载于《沪港经济》1996年第4期,第28~29页。

[73] 万文翔、李莉等:《德国财政预算政策研究》,载于《中国财政》2012年第10期。

[74] 万文翔、李莉等:《德国财政预算对我国的启示》,载于《中国财经报》2012年1月21日。

[75] 王绍光:《从税收国家到预算国家》,载马骏、侯一麟、林尚立主编:《国家治理公共预算》,中国财政经济出版社2007年版。

[76] 王绍光、马骏:《走向预算国家——财政转型与国家建设》,载于《公共行政评论》2008年第1期。

[77] 王晓萍:《关于德国政府预算执行的管理情况》,载于《吉林人大》2010年第12期,第20页。

[78] 王洛忠、李姗、李帆：《中国政府预算公开的现状、问题与对策》，载于《财政监督》2011年第12期，第6~8页。

[79] 王瑞生：《从区域预算到部门预算》，载于《国土资源通讯》2005年第4~5期，第50~52页。

[80] 魏陆：《基于政府门户网站视角的中美预算公开信息比较与评价》，载于《当代财经》2012年第1期。

[81] 吴超林：《澳门公共财政监督的基本框架研究》，载于《财政监督》2009年第8期，第31~33页。

[82] 吴永立：《绩效预算管理的国际比较及对我国的启示与借鉴》，载于《会计之友》2012年第11期，第11~15页。

[83] 夏镇平、高抒宇：《英国中央政府政务公开的主要做法和经验》，载于《中国行政管理》2006年第1期。

[84] 项怀诚、刘长琨：《印度财政制度》，中国财政经济出版社1999年版。

[85] 萧蔚云：《香港特别行政区行政与立法机构的关系》，载于《中国法律》香港基本法论坛部分，第21~22页。

[86] 徐仁辉：《台湾财政透明度研究》，载于《财税研究》2005年第4期，第15~23页。

[87] 徐允人：《联邦德国的预算管理体制及其借鉴》，载于《财政研究》1987年第1期，第9页。

[88] 许志永：《中国和印度信息公开法律比较》，http://finance.sina.com.cn/roll/20080510/02474852847.shtml。

[89] 亚利桑那州财务报告 State of Arizona Comprehensive Annual Financial Report, for the fiscal year ended June 30, 2012" at http://www.gao.az.gov/financials/CAFR/FY12_CAFR-021513.pdf。

[90] 亚利桑那州预算信息来自 http://www.azgovernor.gov/documents/AZBudget/2013/FY2013_ExecBudget_AppendixBook.pdf。

[91] 闫霏：《国外政府信息公开法律体系的比较和借鉴》，载于《新华月报》2012年10月19日。

[92] 闫肃：《香港特区政府的信息公开管理》，载于《中国行政管理》2011年第6期，第123~126页。

[93] 杨平：《公民预算知情权的法律保障》，载于《甘肃政法学院学报》2010年第3期。

[94] 杨轾波：《我国财政制度透明化的国际比较及演进路径研究》，载于《财政监督》2012年第33期。

[95] 亦谋：《改善民生拓展经济乎——浅析港府公布新年度预算案》，载于《港澳经济》1996年第4期，第13~14页。

[96] 《英国信息立法简史》，载于《保密工作》2011年第2期。

[97] 预算司:《德国财政预算制度及政府间财政关系》,财政部网站,http://www.mof.gov.cn/pub/yusuansi/zhengwuxinxi/guojijiejian/200810/t20081020_82834.html,2008年10月20日。

[98] 翟司霞:《中央财政预算透明度评价研究》,载于《管理评论》2013年第2期。

[99] 张东明:《进入后经济危机时期联邦德国政府财政收支滚动预算趋势分析》,载于《财政研究》2011年第11期,第72~76页。

[100] 张菁:《印度权利法与信息监督机制》,载于《情报杂志》2009年第6期。

[101] 张平:《我国财政透明度的现状及其国际比较研究》,载于《财经理论与实践》2010年第5期。

[102] 张新宇:《从〈权利法案〉看英国革命》,载于《西华大学学报(哲学社会科学版)》2006年第6期。

[103] 赵大全:《公共财政的公共性与透明度问题研究》,财政部科学研究所博士论文,2011年。

[104] 赵芳、樊江宏:《英国公共部门信息再利用模式分析》,载于《图书馆学研究》2011年第3期,第86~90页。

[105] 赵丽江、陆海燕:《参与式预算:当今实现善治的有效工具——欧洲国家参与式预算的经验与启示》,载于《中国行政管理》2008年第10期。

[106] 赵扬清、黄振豊:《公共债务相关信息披露之研究》,行政院主计处委托研究报告,2002年。

[107] 钟术:《澳门的财政预算制度与博彩税收入》,载于《上海财税》1999年第12期,第27~28页。

[108] 钟欣:《澳门财政金融制度概述》,载于《中国财政》1999年第12期,第7~9页。

[109] 周斌:《英国政府信息公开制度的立法及其保障措施》,载于《兰台世界》2011年第8期。

[110] 周美多、金笑驰:《澳大利亚年初预算报告研究及其对中国的启示》,载于《电子科技大学学报(社科版)》2013年第3期,第50~56页。

[111] 朱芒:《开放型政府的法律理念和实践——日本的信息公开制度》,载于《环球法律评论》2002年。

[112] 朱秋霞:《德国财政制度》,中国财政经济出版社2005年版。

[113] A Citizens Guide on Using the Freedom of Information Act and the Privacy Act of 1974 to Request Government Records: Second Report——By the Committee on Government Reform of the House of Representative of the United States.

[114] Alasdair Roberts. 2010. A Great and Revolutionary Law? The First Four Years of India's Right to Information Act (http://onlinelibrary.wiley.com/doi/10.1111/j.1540-6210.2010.02224.x/full).

[115] Alta Fölscher: Budget Transparency: new frontiers in transparency and accountability [M], London, Transparency & Accountability Initiative.

[116] Anu Pekkonen & Carmen Malena: Budget Transparency [R], CIVICUS.

[117] Australia Government, 2008, Operation Sunlight-Enhancing Budget Transparency.

[118] Australia Government ComLaw, 2012, Charter of Budget Honesty Act 1998, http://www.comlaw.gov.au/Details/C2012C00230.

[119] Australia Research Council, 2013, Australia Research Council Budget 2013 – 14, http://www.arc.gov.au/about_arc/arc_budget.htm.

[120] Carl Emmerson, Christine Frayne & Sarah Love: Updating the UK's Code for Fiscal Stability [R], Institute for Fiscal Studies, London.

[121] Berit Adam and Christiane Behm, The Use of Budget Reforms to Modernize Governance in German Local Government, Public Money & Management, 26 (4), Sep, 2006: 217 – 20.

[122] Blondal J R. Budget Reform in OECD Member Countries [J]. OECD Journal of Public Budgeting, 2003, 2 (4).

[123] Budgetary Principles Act. 1969 – 08 – 19.

[124] Data Protection Act 1998, UK.

[125] Elina de Simone: The Concept of Budget Transparency: between democracy and fiscal illusion [J], PUBLIC CHOICE E POLITICAL ECONOMY, 2009 (24 – 25).

[126] Freedom of Information Act 2000, UK.

[127] Following the Money 2013: How the 50 States Rate in Providing Online Access to Government Spending Data at http://uspirgedfund.org/sites/pirg/files/reports/USP_Following_the_Money_screen_final.pdf.

[128] Freedom of Information Act 2000.

[129] Federal Budget Code. 1969 – 08 – 19.

[130] Germany: Report on Observance of Standards and Codes—Fiscal Transparency. IMF Country Report No. 03/286. September 2003.

[131] GPO 网站, http://www.gpo.gov/fdsys/browse/collectionGPO.action?collectionCode = BUDGET。

[132] Government of Western Australia, 2000, Government Financial Responsibility Act 2000, http://www.austlii.edu.au/au/legis/wa/consol_act/gfra2000382/.

[133] https://www.gov.uk/government/organisations/home-office/about/publication-scheme.

[134] http://internationalbudget.org/blog/2013/04/29/the-ibp-releases-new-landmark-book-on-the-causes-and-consequences-of-budget-transparency/.

[135] http://budgetresponsibility.independent.gov.uk/wordpress/docs/release_poli-

cy. pdf.

[136] http://news.xinhuanet.com/world/2009-07/30/content_11795053_1.htm.

[137] http://www.gov.uk/government/uploads/system/uploads/attachment_data/file/119090/twitter_policy.pdf.

[138] http://www.gov.uk/government/publications/agos-twitter-policy.

[139] http://www.gov.uk/government/news/budget-2013-an-overview.

[140] http://data.gov.uk/about-us.

[141] http://www.gov.uk/government/uploads/system/uploads/attachment_data/file/5967/1997468.pdf.

[142] http://www.caigou2003.com/perspective/international/others/20111130/others_514623.html.

[143] http://www.participatorybudgeting.org.uk/documents/PB%20document%20two%20colour_lowres%20website%20version.pdf.

[144] http://www.qstheory.cn/jj/hqsy/201111/t20111122_125239.htm.

[145] http://www.bundesfinanzministerium.de/Content/DE/Monatsberichte/2013/06/Downloads/monatsbericht_2013_06_english.pdf?__blob=publicationFile&v=4.

[146] HM Treasury 2012. Government Financial Reporting Manual.

[147] IBP: Open Budget Survey 2006-2012, http://internationalbudget.org/what-we-do/open-budget-survey/.

[148] IMF: Code of Good Practices on Fiscal Transparency [R], 2007, http://www.imf.org/external/np/fad/trans/code.htm.

[149] IMF, 2001: Code of Good Practices on Fiscal Transparency.

[150] IMF: Manual on Fiscal Transparency [Z], March 23, 2001, http://www.imf.org/external/np/fad/trans/manual/index.htm.

[151] India international focus.

[152] June Pallot: Transparency in Local Government: antipodean initiatives [J], The European Accounting Review, 2001 (10).

[153] John Jansen, 2001, New Zealand's Fiscal Policy Framework: Experience and Evolution, Treasury Working Paper 01/25.

[154] Jón R. Blöndal, Daniel Bergvall, Ian Hawkesworth & Rex Deighton-Smith. 2008. Budgeting in Australia [J]. OECD Journal on Budgeting, vol.8, no.2, pp1-64.

[155] Local Government (Access to Information) Act 1985, UK.

[156] Ministerial Guidelines, page3.

[157] New Zealand Treasury, 1996, Fiscal Responsibility Act 1994 - An Explanation. www.treasury.govt.nz.

[158] New Zealand Treasury, 2005, A Guide to the Public Finance Act, http://www.treasury.govt.nz/publications/guidance/publicfinance/pfaguide/17.htm.

［159］ OECD: Best Practices for Budget Transparency［R］, 2002, www. oecd. org/dataoecd/33/13/1905258. pdf.

［160］ OECD: The Legal Framework for Budget Systems: an international comparison［J］, OECD journal on budgeting, Vol. 4. No. 3, 2004.

［161］ OMB 网站, http: //www. whitehouse. gov/omb/budget。

［162］ OECD, 2002: OECD Best Practices for Budget Transparency.

［163］ Oxford Analttica, 2005: Taiwan Fiscal Transparency, www. oxan. com.

［164］ The Code for Fiscal Stability 1998, UK.

［165］ The Re-Use of Public Sector Information Regulations 2005, UK.

［166］ The Code for Fiscal Stability.

［167］ The Government of Western Australia, 2013, Western Australia State 2013 – 14 Budget Paper, http: //www. ourstatebudget. wa. gov. au/.

［168］ The Right To Information Act 2005, No. 22 of 2005, India.

［169］ Бюджетная стратегия Российской Федерации на период до 2023 года (Проект). М. : Минфин России, август 2008.

［170］ Федеральный закон от 26. 04. 2007 N 63 – ФЗ 《О внесении изменений в Бюджетный кодекс Российской Федерации в части регулирования бюджетного процесса и приведении в соответствие с бюджетным законодательством Российской Федерации отдельных законодательных актов Российской Федерации》. СЗ РФ от 30. 04. 2007, N 18.

［171］ См. 《Почему мы не платим налоги?》 Р. Терехин http: //slon. ru; а также 《Страх и совесть. Как россияне относятся к обязанности платить налоги》 Исследование фонда 《Общественное мнение》 за 2011 год. http: //fom. ru.

［172］ Федеральный закон от 6 октября 1999 г. N 184 – ФЗ 《Об общих принципах организации законодательных (представительных) и исполнительных органов государственной власти субъектов Российской Федерации》. СЗ РФ от 18. 10. 1999 г. N 42.

［173］ Федеральный закон от 06. 10. 2003 N 131 – ФЗ 《Об общих принципах организации местного самоуправления в Российской Федерации》. СЗ РФ от 06. 10. 2003, N 40.

［174］ Письмо Минфина РФ от 04. 08. 2011 N 06 – 05 – 17/3 – 2 《О повышении информированности граждан об использовании бюджетных средств в субъектах Российской Федерации》.

［175］ Кассационное определение Пермского краевого суда от 05. 08. 2010 по делу №33 – 6658.

［176］ Решение Ярского районного суда от 02. 30. 2012 по делу №2 – 59/2012.

［177］ Определение Ростовского областного суда от 08. 06. 2012.

[178] Определение Липецкого районного суда от 10.05.2012 по делу №33-1001012.

[179] Определение Верховного Суда от 21.01.2009 N 7-Г08-22.

[180] Определение Верховного Суда РФ от 30.01.2008 N 7-Г07-21.

[181] Основные результаты и направления бюджетной политики на 2012 год и период до 2014 года. Опубликовано Министерством финансов РФ в декабре 2011г. http://www.minfin.ru.

[182] Финансовое право/Отв. ред. д.ю.н., проф. Н. И. Химичева. — М.: Норма, 2005. С. 170.

[183] Поступление администрируемых ФНС России доходов в федеральный бюджет в январе-мае 2012 года (предварительные данные). http://www.nalog.ru/nal_statistik/analit/budjet_fed/3938284/ (дата посещения сайта: 30 ноября 2012г.).

[184] Постановление Правительства РФ от 30.09.2004 N 506 《Об утверждении Положения о Федеральной налоговой службе》. СЗ РФ от 04.10.2004, N 40.

[185] Руководство по обеспечению прозрачности в бюджетно-налоговой сфере, опубликованное Международным валютным фондом в 2001 г. (в ред. 2007 г.).

[186] Бюджетное послание Президента РФ Федеральному собранию РФ "О бюджетной политике в 2012-2014 годах" //Доступ из справ.-правовой системы "КонсультантПлюс".

[187] Руководство по обеспечению прозрачности в бюджетно-налоговой сфере (2007 год): Международный валютный фонд.

[188] Программа повышения эффективности управления общественными (государственными и муниципальными) финансами на период до 2018 года, http://www1.minfin.ru/ru.

图书在版编目（CIP）数据

预算公开国际比较研究/李燕，肖鹏主编. —北京：经济科学出版社，2016.10
ISBN 978-7-5141-7531-8

Ⅰ.①预… Ⅱ.①李…②肖… Ⅲ.①国家预算—财务公开—对比研究—世界 Ⅳ.①F811.3

中国版本图书馆 CIP 数据核字（2016）第 299710 号

责任编辑：高进水　刘　颖
责任校对：曹　力
责任印制：王世伟

预算公开国际比较研究

李　燕　肖　鹏　主编

经济科学出版社出版、发行　新华书店经销
社址：北京市海淀区阜成路甲 28 号　邮编：100142
总编部电话：010-88191217　发行部电话：010-88191522
网址：www.esp.com.cn
电子邮件：esp@esp.com.cn
天猫网店：经济科学出版社旗舰店
网址：http://jjkxcbs.tmall.com
北京季蜂印刷有限公司印装
787×1092　16 开　19.5 印张　410000 字
2016 年 10 月第 1 版　2016 年 10 月第 1 次印刷
ISBN 978-7-5141-7531-8　定价：46.00 元
（图书出现印装问题，本社负责调换。电话：010-88191510）
（版权所有　侵权必究　举报电话：010-88191586
电子邮箱：dbts@esp.com.cn）